neue frau
herausgegeben von
Angela Praesent

Sarah Lloyd

CHINA ERFAHREN

Ein Reisebericht

Deutsch von
Petra Post und
Andrea von Struve

rororo
Rowohlt

Die englische Originalausgabe erschien unter dem Titel
«Chinese Characters – A Journey through China»
bei Collins, London

Deutsche Erstausgabe

Umschlagentwurf Isa Petrikat-Velonis

22.–27. Tausend April 1990

Veröffentlicht im Rowohlt Taschenbuch Verlag GmbH,
Reinbek bei Hamburg, August 1988

Satz: Baskerville (Lasercomp Monotype), LibroSatz, Kriftel
Druck und Bindung: Clausen & Bosse, Leck
Printed in Germany
1480-ISBN 3 499 12339 8

Für meinen Vater

Vorbemerkung

Wenn ich könnte, würde ich gern jene Chinesen mit Namen nennen und ihnen danken, die mir vertraut haben und ihre Geschichten erzählten. Aber ich kann ihnen nur im Herzen danken. Es gab Chinesen, die wegen antikommunistischer Überzeugungen und entsprechenden Äußerungen Ausländern gegenüber in Arbeitslagern festgehalten oder erschossen worden sind. Mag solches unter dem gegenwärtigen Regime auch unwahrscheinlich sein, könnte doch bei einem politischen Umschwung die Sicherheit der Betroffenen gefährdet sein. Außerdem möchte ich meinem Lektor und meinem Agenten danken, meinen Freunden in Hongkong, die mich untergebracht haben, und dem Ausländerexperten Jan, der ebenfalls einen andern Namen erhalten mußte. Von den Namen, die in diesem Bericht häufiger erscheinen, ist (mit Ausnahme bekannter politischer Gestalten) nur der von Rosy der wahre.

Die chinesische Währungseinheit ist der Yuan; drei Yuan entsprechen etwa einem amerikanischen Dollar. Ein Yuan sind 10 Jiao oder 100 Fen. Ausländische Besucher erhalten in China sogenannte Foreign Exchange Certificates (FEC), die ein zweites Währungssystem darstellen und für den ausschließlichen Gebrauch von Ausländern gedacht sind. Dieses Geld trägt dieselben Bezeichnungen wie gewöhnliches «Volksgeld», *renminbi* genannt.

PROLOG

Ich kletterte durch den Zaun und betrat eine andere Welt. Es war wie ein Traum, als eine alte, schwarzgekleidete Frau leicht schwankend den Weg entlang kam, gebeugt unter der Last ihrer Schultertrage. Sie bog nach links in ein Feld ein – eine Erscheinung aus vergangenen Zeiten mit ihrer seitlich geknöpften Jacke, den wadenlangen Hosen und dem ausladenden Strohhut auf dem Kopf. Das schmale, schwarze Baumwolltuch an der Krempe ihres Hutes wehte sanft im Wind und schützte ihre Augen vor der Sonne.

Ihr Gesicht lag im Schatten. Sie war bemüht, mir den Rücken zuzukehren, während sie die jungen Pflanzen wässerte, als könnten Augen, ebenso wie Kameras, eines Menschen Seele stehlen. Sie stützte die großen Holzeimer mit den Händen, die Nackenmuskeln wie Seile gespannt. Wasser floß in bogenförmigen Rosetten dahin und fing die Sonnenstrahlen ein wie ein silberner Faden.

Den ganzen Tag, den ersten, den ich in Asien verbrachte, streifte ich an der Küste dieser abgelegenen, zu Hongkong gehörenden Insel umher. Ich folgte schmalen Pfaden durch Felder hindurch, erklomm die Landspitzen und stieg wieder zum Meer hinab, das einen salzigen Geruch verströmte. Die Wellen klatschten träge auf den felsigen Strand, schwappten gegen drachenförmige Gebilde aus rotbraunen Meeresalgen, welche die Flut angeschwemmt hatte. Eine Gruppe von Männern flickte Netze; einige Jungen wateten im seichten Wasser und versuchten Fische aufzuspießen.

Ich durchstreifte Dörfer; die umliegenden Felder umgab ein Dickicht aus hohem Gras und Bambus. An den sich anschließenden Hügelketten lagen, wie willkürlich verstreut, die Gräber der Vorfahren. Die niedrigen, grauen Häuser mit ihren flachen, glasierten Ziegeldächern scharten sich eng aneinandergedrängt am Wege; zugleich Durchgangsstraße und Wohnzimmer, öffentlich und privat und von schattenspendenden Matten bedeckt, dienten sie als Erweiterung für Küche, Vorratskammer und Hof. Die Häuser standen so dicht, daß ich mir wie ein Eindringling in eine häusliche Szenerie vorkam. Ich ging schnell und leise hindurch, um nicht die alte Frau beim Nähen und den Mann beim Holzhacken zu stören oder das Mädchen, das Kohlblätter auf Schnüre zog, um sie zum Trocknen aufzuhängen, und die Kinder, die mit Steinen spielten. Vögel sangen in Bambuskäfigen; Wäsche baumelte an Bambusstangen. An den Mauern lag Brennholz aufgestapelt, davor standen große, runde Körbe, Taubenschläge, Blumentöpfe, Tische und Stühle. Die Häuser wurden durch Miniaturschreine mit Weihrauchgaben, Bildern von Schutzgöttern und den verblaßten, roten Bannern vom letzten Neujahrsfest beschützt. Schweine grunzten im Koben; Hühner gackerten im Auslauf; Hunde machten mit Gebell darauf aufmerksam, daß es sich um Privateigentum handelte.

Die Häuser selbst wirkten geheimnisvoll. Zwar waren die Türen nur angelehnt, aber die Räume blieben im Dunkeln und verrieten nichts über ihre Einrichtung. Die Fenster waren klein und mit einem Staubschleier bedeckt. In meiner Vorstellung sah ich Hausaltäre, Ahnentafeln und Schriftrollen und sehnte mich danach, einen Blick hineinzuwerfen.

Ich durchstreifte Gemüsefelder – das am sorgfältigsten bearbeitete und am intensivsten genutzte Land, das ich je gesehen hatte, lange Streifen Erde, erhöht wie Schokoladenriegel, dazwischen etwa dreißig Zentimeter breite Pfade, die Ränder sorgsam abgedichtet. Frauen jäteten Unkraut mit Hacke oder Händen; Männer brachten Wassereimer an Schultertragen von Brunnen. Es war eine Gartenlandschaft, ein Wandteppich, aus dem Grün der Pflanzen gewebt. Kürbisse wuchsen an Pergolen, Erbsen an

Reisiggerüsten, Pfeilkraut und Wasserbrotwurzeln in von Wasser überfluteten Feldern, Sellerie und Karotten mit ihrem fedrigen Grün. Zwischen den einzelnen Beeten gab es Komposthaufen, Wasserspeicher und glasierte Kübel, in denen menschliche Exkremente aufbewahrt wurden. Es gab Vogelscheuchen auf Stöcken mit schwarzen Bauernhemden und rosa Plastikfetzen, die an Bindfäden flatterten. Vögel zwitscherten im Dickicht und balancierten auf Leitungsdrähten. Es gab Schreine für die Erdgötter mit Trögen für Weihrauchstäbchen. Wassergeister wohnten in Quellen; Erntegötter herrschten über Felder. Es gab große Tempel mit Figuren auf dem Dachfirst und Tüchern aus verblaßtem, rotem Satin, mit Blumen bestickt. Die Gräber, Schreine und Tempel sahen auf das Meer hinaus.

Die Melaleucabäume biegen sich im Wind. Die Berge sind entweiht, ihr Inneres aufgerissen von zerstörerischen Maschinen. Hinter Sheung Shui betreten wir Sperrgebiet. Hier gibt es Beete mit Brunnenkresse und Flüsse und Teiche. Der Zug hält: die Menschen staunen über den Regen. Güterwagen warten auf einem verlassenen Rangiergleis, zum Bersten voll mit quiekenden Schweinen. Dann kommt Lo Wu. Ein Pfeil weist nach China. Ich betrachte die Gesichter, als wir die Grenze überqueren, Soldaten in Grün, rundbäckig und verlegen dreinblickend, junge Mädchen mit großen Schirmmützen, die die Pässe kontrollieren. Ihr harmloses Aussehen ist seltsam beängstigend, es verrät weder etwas von ihrer Vergangenheit noch von dem Land, das vor mir liegt.

UNTERWEGS

Es war noch nicht ganz hell, als wir den Fluß überquerten und Kanton hinter uns ließen. Die städtischen Wohnsiedlungen gingen allmählich in ländliche Anbauflächen über. Wir fuhren durch eine Art Niemandsland, geprägt von einem lebhaften Wechsel aus Beton und Ackerland, eine merkwürdige Verschmelzung, ungeplant und vorübergehend. Die Wolken hingen tief, grau und kalt. Es war Anfang Februar, Chinesisch Neujahr.

Der Morgen dämmerte über den Stoppelfeldern. An einem Teich hütete ein Hirte seine Entenschar. Auf einem abgeernteten Zuckerrohrfeld weidete eine Büffelherde. Abseits der Straße gab es traditionelle Dörfer mit enggedrängten Häusern, um kleine Gassen und dichte Bambushaine geschart. Abgesehen von den schlanken Baumreihen entlang der Straße, hätte dies auch China vor der Befreiung sein können. Vieles ließ erkennen, daß die Menschen arm waren: die Mauern aus Lehmziegeln und die Hütten aus Schilfmatten, die von Hand bestellten Felder und die zerbeulten Strohhüte. Die durchhängenden Hausdächer, die Komposthaufen, die von Wagenrädern durchfurchte Erde am Straßenrand trotzten jeglicher Ordnung und Kontrolle. Als wir an den Fluß kamen, hielten wir an. Wir stiegen aus dem Bus und überquerten das Wasser in einem Boot.

Die zwölfstündige Fahrt in Richtung Süden nach Zhanjiang führte uns abwechselnd durch sanfte, vereinzelt mit Kiefern bewachsene Hügel und terrassenförmig angelegte Reisfelder, die sich wellenartig kräuselnd auszudehnen schienen. Dieses Bild sollte typisch für einen Großteil Südchinas sein, eine harmonische Landschaft von menschlicher Größe und Gestaltung. In den ersten Tagen folgten meine Augen wie gebannt dem Puzzle aus uneingezäunten Gärten, verweilten kurz bei den eleganten, rotbraunen Gräsern, den salatgrünen Farnen und den dunklen Rhododendren, die wie Flaum die Hügel unterhalb der Kiefern bedeckten. Diese standen in so großen und unregelmäßigen Abständen und waren so kümmerlich gewachsen, daß ich zunächst dachte, sie hätten sich selbst ausgesät. Ihre Äste waren so spärlich, daß mein Blick über mehrere wellige, gefurchte Hügelketten dahinwanderte, bis er in der Ferne an den Kronen winziger Kiefern hängenblieb, die sich dunkel, schablonenhaft, gegen den Himmel abzeichneten. Viertausend Jahre lang hatten diese Hügel die Ebene ernährt, hatten ihre Kräuter sammeln und ihre Erde abtragen lassen, um die ausgelaugten Äcker wieder fruchtbar zu machen.

Nur ein einziges Mal an diesem Tag wurde meine westlich geprägte Vorstellung von China durch ein Landschaftsbild bestätigt: kiefernbewachsene Bergkämme, die sich im Dunst verloren, und Bambus, der wie riesige Farne die Ufer des breiten, silbrigen Flusses säumte, auf dem Flöße aus Bambusrohr und Sampans wie Insekten auf einer Glasscheibe dahinglitten. Die Landschaft erinnerte mich vor allem an Indien. Ich fühlte mich wieder nach Pandschab versetzt, umgeben von Reisfeldern und Raps und hoch aufragendem Zuckerrohr; ich spürte die trockene, braune Erde und die kraftvoll-grobe Beschaffenheit des Lehmbodens, der mit der Hand umgegraben wurde. Es gab dort die gleichen Baumarten, die gleichen Tümpel am Wegrand und die gleichen buntscheckigen Hirtenstare, die in der Erde pickten. Aber hier herrschte ein Überfluß an Grün, der in Indien fehlte; der Ackerbau wurde sorgfältig betrieben, die Hänge waren bewaldet und die Teiche fischreich.

Die Ähnlichkeit mit Indien kam für mich genauso überraschend wie die Anmut des Baustils, der ein sicheres Gespür für Rhythmus und Harmonie ausdrückte und sich von Stunde zu Stunde änderte. Ich bemerkte wokförmige Giebelwände an ehemals öffentlichen Gebäuden, Drachenornamente auf Gesimsen und mit Holzschnitzereien verzierte ehemalige Tempel; ich sah ganze Ortschaften mit nach oben geschwungenen Dächern, jenem bewußt angewandten Kunstgriff, einen Eindruck von Licht und Erleuchtung zu vermitteln, Heim und Himmel miteinander zu verbinden, *yang* durch eine Geste mit *yin* in Einklang zu bringen.

Das hatte ich nicht erwartet. Auf revolutionären Wandzeitungen wurde das Landleben immer als Inbegriff von vollkommener Ordnung und selbstloser Produktion hingestellt, als ein Netz aus Kanälen, Strommasten und Überlandleitungen, ein Land, das streng in Kommunen unterteilt war, in dem die Menschen in weißgetünchten Gebäuden auf engstem Raum zusammenlebten. Diese Darstellungen verfälschten die Wirklichkeit der natürlich gewachsenen Dörfer und unregelmäßig angelegten Felder und schufen statt dessen ein Bild von emsigen, rotwangigen Arbeitern, die sich die abgezirkelten Felder vornahmen, von Traktoren, die den idealen Boden bearbeiteten, und von Anhängern, vollbeladen mit den geernteten Kohlköpfen, von Fabriken für Agrarprodukte und modernen Wasserkraftwerken; sie waren genauso naiv und idealisierend wie die Reklame für eine Pauschalreise. Während der gesamten acht Monate meines Chinaaufenthalts sah ich kein einziges Mal, daß Traktoren zur Feldarbeit eingesetzt wurden; statt dessen wimmelte es auf den Straßen von kleinen, zweirädrigen Handtraktoren, die, mit einer Lenkgabel versehen, den Transport von Lasten übernahmen. Nie sah ich eine dieser Kommunen, wie sie auf Plakaten geschildert wurden. Die Felder waren klein und lagen brach. Die rotwangigen Genossen bekam ich nie zu Gesicht.

In dem Begriff «Kommune» schwingt im Westen immer noch ein drohender, unheilvoller Unterton mit, obwohl er in China offiziell gar nicht mehr benutzt wurde. Eine Kommune war keine sichtbare Einheit, sondern ein Verwaltungsbezirk, in dem vierzig-, fünfzig- oder auch hunderttausend Einwohner zusammengefaßt waren und dessen Zentrum ein Ort mit Marktrecht war. Die einsame Hütte auf dem fernen Hügel war möglicherweise zwanzig Meilen von der nächsten Behausung entfernt, gehörte aber dennoch einer Volkskommune an. Wäre ich mit einem Fallschirm hier gelandet, hätte ich zunächst nicht sagen können, in welchem Land ich mich befand oder um welches Wirtschaftssystem es sich handelte – es hätte ebensogut ein feudalistisches mit Grundherren, Pächtern und Leibeigenen sein können. Auf dem Land war der Kommunismus so wenig erkennbar, als wäre Chinas jüngste Geschichte nur ein Traum gewesen.

Auf den gesamten vierhundert Kilometern zwischen Kanton und Zhanjiang, einer Hafenstadt im Süden von Guangdong – und die Hauptstadt dieser Provinz –, sah ich kaum eine Stadt. Daß vier Fünftel der Bevölkerung auf dem Land lebten, war augenfällig. Dort, wo das Land bebaut wurde, lagen die Dörfer etwa einen Kilometer voneinander entfernt und waren durch schmale Feldwege miteinander verbunden. Es gab keine Straßen, keine Straßenschilder und keine Straßengräben. Es gab nur wenig Verkehr, ein paar Busse und Fahrräder und gelegentlich einen tiefgrünen Lastwagen der Volksbefreiungsarmee. Diese Hauptverkehrsverbindung zwischen zwei Großstädten war gerade so breit wie ein englischer Feldweg.

Obwohl wir numerierte Sitzplätze hatten, gab es Panik beim Einsteigen. Alle schubsten und drängelten in den Bus, ohne vorher die Fahrkarten vorzuzeigen, und wurden dann wieder am Rockzipfel hinausgezerrt, auf eine für Reisende und Schaffner gleichermaßen unwürdige Weise. Dann stürmte jeder zu seinem Sitz, Sack und Pack wurden im Gang aufeinandergetürmt, während Fahrer und Beifahrer, beide in mehrere Lagen blauer Baumwolle gehüllt und mit weichen Schirmmützen auf dem Kopf, sich vorn im Bus aus einer Kiste für die Füße und einer schmuddeligen, wattierten Decke ein Lager herrichteten. Während der eine fuhr, machte es sich der andere gemütlich und zog genüßlich an seiner *bong*, einer Wasserpfeife aus Bambusrohr, die dann vorn herumgereicht wurde.

Die meisten Mitreisenden waren Männer. In ihrer sackartigen, proletarischen Einheitskleidung in Blau-Grün-Grau wirkten sie auf mich alle gleich, nicht voneinander zu unterscheiden.

Sie rauchten, redeten oder dösten vor sich hin, mit dem Kopf an den Vordersitz gelehnt. Ich saß hinten, neben einer jungen Bauersfrau mit struppigem Haar und einem Baby auf dem Rücken. Als das Baby unruhig wurde, löste sie die Bänder des Tuchs, worin es eingewickelt war, entfernte den Tragriemen, schob meine Knie beiseite und hielt es ab, damit es sein Scherflein zu den bereits vorhandenen feuchten Häufchen aus Erdnußschalen, Melonenkernen und Zigarettenkippen beitragen konnte. Der Bus roch nach Kot und Nikotin, Knoblauch und – unvermittelt frisch – nach Mandarinen.

Vor mir saß ein pensionierter Lehrer, der mit seiner Frau nach Zhanjiang unterwegs war, um die Neujahrsfeiertage gemeinsam mit seinem Sohn zu verbringen. Er konnte etwas Englisch – oder hatte vielmehr vor vierzig Jahren einmal Englisch gelernt, wie er sogleich richtigstellte. Die Stirn vor Konzentration gerunzelt, kramte er in seinem nachlassenden Gedächtnis nach Worten, und nachdem er drei, vier passende gefunden hatte, präsentierte er sie mir wie ein Geschenk. Ich hielt mich indessen krampfhaft an seiner Rückenlehne fest, da der Fahrer ungeachtet der Straßenverhältnisse aufs Gaspedal trat und wir hinten in die Luft geschleudert wurden und unsanft, unter Flüchen, wieder auf unseren Sitzen landeten. Nur die letzten siebzig Kilometer war die Straße ungeteert – aber angenehm glatt.

Um neun Uhr hielten wir zum Essen an. Da ich annahm, daß wir noch öfter Rast machen würden, verzichtete ich auf die Mahlzeit und schaute mir lieber das hinter fahlbraunen Feldern gelegene Dorf an – ein Fehlschluß, wie sich herausstellen sollte. Sogar der Lehrer, der sich wie alle anderen reichlich mit Klößchen und Klumpen von gedämpftem Reis eingedeckt hatte, beschwerte sich nachmittags bei seiner Frau: «Was ist bloß mit diesem verfluchten Fahrer los? Hat er denn überhaupt keinen Hunger?»

Aber mein Ausflug ins Dorf hatte sich gelohnt. Das dunkle, holzkohlengeschwärzte Mauerwerk war mit Farbklecksen übersät, mit scharlachroten Neujahrswünschen links und rechts der Türen und Glücksbringern darüber: eine Laterne, ein Mandarin und eine welke Frühlingszwiebel. Ein Konfetti aus abgebrannten Feuerwerkskörpern sprenkelte die Straßen, eine Frau kniete vor einem Schrein. Am Ufer eines Flüßchens standen wacklige Hütten auf Pfählen, und auf den Sampans zogen die Bewohner den Fisch zum Trocknen auf Schnüre auf.

Kurz nach unserer Rast kamen wir durch eine Gegend mit engverschachtelten Dörfern, von turmähnlichen Gebäuden überragt. Bis zum dritten oder vierten Stockwerk schlicht, fast wie eine Festung, entfalteten sich diese im fünften oder sechsten Stock zu einer Blüte aus Balustraden, Kuppeln und Gewölben und sogar Türmchen in der Art fürstlicher Burgen. Ich hielt sie für Wachtürme, zur Verteidigung gegen Banditen und die Armeen eroberungswütiger Kriegsherren, war mir aber nicht sicher. In diesem Moment drehte sich der Lehrer wieder zu mir um und fixierte mich mit schwermütiger Miene. Ich erwiderte seinen Blick in der Hoffnung, von ihm etwas über die Geschichte dieser Häuser, die einer so märchenhaft gespenstischen Phantasie entsprungen schienen, zu erfahren.

«Das ist Land», verkündete er mit Nachdruck, «nicht Stadt.»

Während wir in diesem alten, arg mitgenommenen Bus dahinholperten, spürte ich eine Verbundenheit mit dieser Landschaft, die sich auf einer Zugfahrt nie einstellen könnte. Ein Zug führte ein Eigenleben, das ihn von dem Leben jenseits der Fenster abschnitt. Aber der Bus war ein Teil des Landes, durch das er fuhr, hatte eine Beziehung zu den Menschen auf der Straße – alte Männer, zu Fuß unterwegs, die Hosenbeine mit Schnur zusammengebunden, junge Männer auf Fahrrädern oder einen Handkarren hinter sich her ziehend, Mädchen mit Rattenschwänzen, zu zweit oder dritt – und paßte sich unter Hupen und Ausweichmanövern den geographischen Gegebenheiten an. Züge folgten dem Weg des geringsten Widerstandes, schlängelten sich durch Tunnels, umfuhren Ortschaften und Städte, rumpelten auf Bahndämmen entlang – ein künstliches Netz über einer jahrhundertealten Landschaft aus Hügeln und Flüssen, Kanälen und Feldern, in die sich die Straße einfügte. Im Bus gab es keine Gemeinschaft: die Fahrt war laut, die

Straße holprig, die Sitze unbequem, die Aufmerksamkeit richtete sich auf das Land.

Das chinesische Wort für Landschaft ist *shan-shui*, Berge und Wasser. Es ist ein weit bescheidenerer Begriff als der deutsche, da «Landschaft» auch Mensch, Betrachter, Besitzer mit einschließt – christliches Herrschaftsprinzip im Gegensatz zur taoistischen Lehre vom Einswerden mit der Natur.

Während westliche Nationen sich inzwischen bemühten, den letzten Rest unzerstörter Natur zu bewahren, schienen es die Chinesen paradoxerweise auf die Ausbeutung der ihren abgesehen zu haben. Da nur ein Achtel Chinas landwirtschaftlich nutzbar ist, und das auch nur mit Hilfe künstlicher Bewässerung (die übrige Fläche besteht aus Gebirge, Wüste und Hügelketten), muß um jedes Fleckchen Boden gerungen werden. Wo Ackerbau betrieben wird, haben Vieh, Schafe oder gar Naturschutzgebiete keinen Platz. Ebensowenig können es sich die hoffnungslos armen Bauern leisten, ihre Ernte mit Vögeln und wilden Tieren zu teilen. In den fünfziger und sechziger Jahren zog die Partei gegen die sogenannten vier Plagen zu Felde: Fliegen, Moskitos, Ratten und Spatzen. Jeder lief mit einer Fliegenklatsche herum, und die Vögel wurden von einer mobilisierten, auf Töpfe und Pfannen einschlagenden Bevölkerung so lange herumgescheucht, bis sie vor Erschöpfung tot zu Boden fielen.

Noch nie hatte ich so wenig Vögel gesehen. Es gab Nistplätze zwischen den Feldern – Tümpel und Flußufer, Klippen und Gestrüpp –, aber die Lüfte waren leer, die Gewässer still. Immer noch wurden Vögel abgeschossen: ich sah sie reihenweise gerupft in den Nudelbuden liegen. Sie wurden als musikalische Zierde in Käfige gesperrt, und die Verwendung von Insektenvertilgungsmitteln war weit verbreitet.

In den botanischen Gärten in der Nähe von Kanton hatte ich mich über die fehlenden Schildchen gewundert. Ich fragte einen der Botaniker, einen Mann mit borstigem Haar und spitzbübischem Grinsen, mit Namen Yao.

«Früher hatten wir Porzellanetiketten», gab er zur Antwort, «aber die Leute haben sie zerschossen.»

«Zerschossen?»

«Na ja, früher kamen sie hierher, um Vögel zu schießen, hauptsächlich, um sie zu essen, aber auch nur so zum Spaß. Als die Partei dann verbot, Tiere in Parks oder anderen Schongebieten zu erlegen, ärgerten sie sich und schossen statt dessen auf die Etiketten.» Anderswo gab es keine Möglichkeit, diese Vorschrift durchzusetzen. Geschützte Pflanzen wurden herausgerissen, um sie als Zierpflanzen zu verkaufen, und einige Arten waren schon fast ausgestorben. «Dann benutzten wir Aluminiumetiketten», erzählte Yao weiter, «aber die wurden gestohlen. Und jetzt haben wir welche aus Plastik. Die will niemand.»

Sogar die Bäume mußten in China strammstehen, sozialistische Bäume in Reih und Glied oder in Regimentern in staatlichen Schonungen: fremde Arten in verfremdenden Formationen. Von dem heimischen subtropischen Wald mit seinen Fischschwanzpalmen und Bambusgewächsen, den riesigen Schachtelhalmen, Schilfpalmen und Farnen, den ich an den Hängen westlich von Kanton gesehen hatte, war entlang der Hauptstraße Richtung Süden und in ganz Südostchina nichts mehr übrig. Keine Blumen blühten, selbst Insekten waren rar. Nichts war sicher, weder Pflanze noch Vogel noch Fisch noch sonstiges Getier – und auch nicht der Mensch, wie ich später feststellen sollte.

Inzwischen wurde ein Amt für Umweltschutz innerhalb des Land- und Forstwirtschaftsministeriums eingerichtet, und langsam begann man umzudenken. Aber 1984 herrschte die weitverbreitete Meinung, daß die Natur nur zum Nutzen der Menschen existierte. Die einzige Ausnahme, der Pandabär, der in den Bergen West-Szetschuans lebte, war eine Frage internationalen Prestiges. Nur etwa tausend blieben übrig, wovon die Hälfte vom Aussterben bedroht war, als der Pfeilbambus, die Hauptnahrungsquelle des Panda, nach seiner Blüte abstarb. Zoologen versuchten, den Panda in einer anderen Gegend anzusiedeln, hätten dann aber auch eine unwillige tibetische Bevölkerung umsiedeln müssen. Währenddessen hielt man die Pandas mit Schafsköpfen und Schweinefleisch, dem Lieblingsgericht der dortigen Bevölkerung, am Leben.

1905 segelte ein amerikanischer Bodenspezialist, Dr. F. H. King, auf dem damaligen Hauptverkehrsnetz, einem weitverzweigten System von Wasserwegen, durch China. Seine Beobachtungen hielt er in dem Buch *Farmers of Forty Centuries* fest. Seit damals hat sich wenig geändert. Die Bauern wendeten noch dieselben landwirtschaftlichen Methoden wie vor 4000 Jahren an. Fast jede Arbeit wurde mit der Hand verrichtet. Kanalufer, Straßenböschungen und Feldränder wurden zusätzlich zu den Äckern bebaut, aufbereitete Tümpel zur Fischzucht genutzt. Jedes Blatt und jeder Halm wurde kompostiert und wieder untergepflügt. Man sammelte Kräuter in den Bergen, pflückte Wasserhyazinthen von den Teichen, fegte jedes heruntergefallene Blatt von der Straße auf, fischte Wasserpflanzen aus den Seen und dem Meer. Alles wanderte auf den Kompost: Schlamm aus Kanälen, Stroh von undichten Dächern, Ziegel von eingestürzten Lehmmauern, Dung und Holzasche und Getreidestoppeln und Samen und jede Menge menschlichen Abfalls. Am Straßenrand sah ich Sammelbehälter für Altpapier, Metall, Plastik und Glas. Federn wurden zu Staubwedeln, Lumpen zu Papier, Flicken, Mops und gepolsterten Sohlen von Stoffschuhen, Knochen zu Knöpfen, wollene Strickjacken (aufgezogen und neu gestrickt) zu langen Unterhosen, Haare zu Perücken, Kohlenstaub zu Briketts. Der Kot der Seidenraupe ergab Dünger und Medizin, die Schmetterlingspuppen wurden verspeist, und der Abfall an Seide zu Steppdecken verarbeitet – Mehrzweckernten, mehrfach geerntete Felder, jede Möglichkeit wurde wahrgenommen.

1905 erforderte die Armut noch größere Anstrengungen, um das Äußerste aus dem Boden herauszuholen. Die Gegend um Kanton brachte damals jährlich vier Ernten hervor, und ein Sechstel eines fruchtbaren Morgen Lands reichte aus, um einen Chinesen zu ernähren. Dr. King sah, wie Bauern die Erde von Reisfeldern und Obstgärten austauschten, in dem Glauben, daß beide Böden davon profitierten. Er sah fast zwei Meter hohe Stapel frisch geschnittenen Klees, der zwischen Lagen von Schlamm in Fäulnis überging. Er sah Böden, dick bedeckt mit

Schlick aus dem Kanal, und terrassenförmig angelegte, kaum serviettengroße Felder.

Damals war die Straße kaum mehr als ein Feldweg, gerade breit genug für einen Karren, von Sänften und Kulis, Bauern und Händlern mit Schultertragen und einrädrigen Handkarren bevölkert, die zur Steigerung der Antriebskraft mit Segeln ausgestattet waren. (Berichten zufolge immer noch in Gebrauch.) Abholzung wurde schon seit Hunderten von Jahren betrieben, nur wenige Bäume spendeten den schmalen Feldwegen Schatten, und die Hügel standen gerodet und kahl da. Tempel und kleine Schreine waren über die Felder verstreut, Grabhügel überzogen wertvollen Ackerboden. Der durchschnittliche Grundbesitz einer Bauernfamilie betrug damals einen Morgen Land, zwang die Armen zur Kindestötung und die Ärmsten der Armen, als Banditen herumzuziehen. Der Überlebenswille rief Brutalität hervor: Sippen bekämpften einander, Banditen plünderten, Kriegsherren waren darauf aus, ihren Machtbereich auszudehnen.

Jahrhundertelang hatten die Chinesen geglaubt, die Natur wimmelte von übersinnlichen Kräften, die sie verehrten, besänftigten und fürchteten. Die Welt besaß eine Seele: Bäume, Teiche, Felsen, Quellen, sogar der Erdboden lebte. Nach der überlieferten Wissenschaft des *feng-shui*, wörtlich «Wind-Wasser», durchzogen Energieströme das Universum und beeinflußten das Schicksal der Menschen. Durch geschickte Manipulation der äußeren Lebensbedingungen, angefangen bei der Lage einer Stadt, in der die Menschen lebten, über den Standort ihrer Gräber, bis hin zur Anordnung der Möbel in ihren Wohnungen, und die zeitliche Abstimmung von Ereignissen, konnte man das Gute anziehen und das Böse abwenden. Doch wenn ich danach fragte, ob *feng-shui* immer noch praktiziert wurde, erhielt ich nur eine schroffe Abfuhr, oder man leugnete seine Existenz. Während der Kulturrevolution war der alte Volksglaube verboten, die sogenannten Erdwahrsager wurden verfolgt und flohen nach Taiwan oder Hongkong. Gebildete Chinesen hatten keine Zeit für *feng-shui*, einer Antithese zur Philosophie des wissenschaftlichen Denkens, der man inzwischen allgemein huldigte.

«Wie kann es sein», spottete mein botanischer Freund Yao, «daß man allein dadurch, daß man seine Großmutter an einem günstigen *feng-shui*-Ort zum richtigen Zeitpunkt beerdigt, wohlhabend wird? *Feng-shui* ist weiter nichts als das blinde Vertrauen in abergläubische Bräuche, die weder auf einer wissenschaftlichen Grundlage noch auf gesundem Menschenverstand basieren. Der Respekt der Leute davor war früher rein materialistischer Natur. Und was das *yin-yang*-Prinzip betrifft, so kann man das auf alles beziehen. Wenn man lacht, ist es *yang*. Wenn man weint, ist es *yin*. Was soll das für einen Sinn haben?»

Schließlich erfuhr ich doch, welche bedeutende Rolle *feng-shui* im alltäglichen Leben der Bauern noch spielte, obwohl mir keiner der Erdwahrsager Näheres erzählen wollte. Statt dessen suchte ich nach einem sichtbaren Zeichen in der Anlage und Gestaltung von Dörfern entlang der Straße – ein ebenso illusorisches Unterfangen wie die Suche nach der legendären Musterkommune. Nichts in den Dörfern wies darauf hin, daß sie nach den Angaben des ortsansässigen Geomanten gebaut worden waren, maßgebend schienen allein Topographie und Schutzfunktion gewesen zu sein. Die Erfordernisse des *feng-shui* deckten sich häufig mit praktischen Erwägungen, was auch immer Yao und die Pragmatiker glauben mochten, und stimmten mit planerischen Entwürfen überein: Grabstätten an trockenen Berghängen und Wohnstätten, durch Nadelgewächse oder Hügel vor kalten Nordwinden geschützt, den Eingang Richtung Süden und fließendes Wasser in der Nähe. Wurde mittels *feng-shui* etwas offenbart, das der Landschaftsplaner intuitiv erfaßte? Gründete sich des Planers Analyse auf eine Kenntnis lebensspendender Kräfte, deren Existenz er wahrscheinlich abstreiten würde?

Fahlbraune Felder von unterschiedlicher Form und Größe säumten die Straße. Wir verlangsamten unser Tempo und umfuhren eine kleine Neujahrsprozession, die sich durch ein Dorf bewegte, um künftiges Unheil abzuwenden. Ihr Anführer trug eine Drachenmaske, und hinter ihm sprang ein Dutzend Menschen sich windend und krümmend herum, schwang einen

Schweif aus schäbigem Flickwerk auf Stangen hin und her. Andere schwenkten Fahnen, schlugen auf Trommeln, schmetterten Becken, ließen Knallfrösche los und drohten mit Dreizacken und Speeren. Ihre stampfenden Füße wirbelten Staubwolken auf – wie die Hufe galoppierender Pferde.

Ich hatte das Chinesische Neujahrsfest oder Frühlingsfest, wie es richtig hieß, in Kanton verbracht. Als am Silvesterabend die Dämmerung hereinbrach, lagen die Straßen wie ausgestorben da. Durch die älteren Wohnviertel kreuzten und schlängelten sich Gassen, an grauen Ziegelmauern und holzverkleideten Wänden vorbei. Die letzten Einkäufer eilten nach Hause, junge Mädchen mit frischen Dauerwellen, eine Frau mit einem Huhn, das an einer Schnur baumelte. Ein Mann war gleich mit dem Streichen seiner Tür fertig. Läden und Verkaufsstände waren geschlossen und verrammelt, wie zur Sperrstunde in einer belagerten Stadt. Knallfrösche knatterten in festlicher Verschwendung, ihre erschöpften Überreste wie Blütenblätter des Klatschmohns über die Steine verstreuend. Ein Geruch von Schießpulver lag in der Luft.

Der Himmel war purpurfarben. Von den Dächern reckte, dunkel und stachelig, die Königin der Nacht ihre langen Kaktusglieder über graue und weiße Mauern. Jede Tür war von willkommenheißenden Neujahrsversen eingerahmt, golden auf scharlachrotem Grund. Durch die offenen Fenster sah ich Familien in neuen, leuchtenden Kleidern um ein Festmahl aus Gans oder Ente versammelt, in frisch mit Papier ausgekleideten, mit farbenprächtigen Scherenschnitten und Neujahrsbasteleien geschmückten Räumen, überquellend von Schalen süßlich duftender Narzissen und reich mit Früchten beladenen Kumquatbüschen, von ausladenden Pfirsichbäumchen, blaßrosa Blüten an kahlen Zweigen. Der Duft von Blumen und gebratenem Fleisch vermischte sich an den Türschwellen mit dem würzigen Geruch von Weihrauch. Den Göttern wurden Früchte als Opfergaben dargeboten, den Ahnen zu Ehren Papiergeld verbrannt. Entlang des Kanals schimmerten die vielen Scheiben der Sprossenfenster wie bunte Weingummirhomben. In dieser Nacht würde niemand schlafen gehen.

Am Neujahrstag drängten sich Scharen herausgeputzter Menschen in den Straßen, kauften Kekse und Süßigkeiten, ließen sich im Strom puffender, schwerfälliger Schlangen dahintreiben. Daß sich Menschen an einem kalten, nassen Tag so voller Begeisterung durch die Stadt schoben, in den Pavillons der Parks für Aufnahmen posierten, die Blumen an den Eingängen der Restaurants bewunderten, lediglich von der Erinnerung an das Festmahl vom Vorabend und der Vorfreude auf die kommenden drei Feiertage berauscht, ließ die Mühsal ihres täglichen Lebens erahnen.

Nach Zhanjiang zu färbten sich die grauen Dörfer rosa, und die Erde wurde rot und trocken. Wellenförmig ausgewaschen, befanden sich in den Senken hier eine Sisal- oder Ölpalmenplantage, dort eine Hecke aus Krummholzkiefern. Verglichen mit der Erinnerung an das neujährliche Kanton, erschien hier alles arm und mager: das Land, die Menschen, die Ernte, die Bäume. Nur die Schweine waren rund und rosa und wühlten mit ihren Rüsseln in steinigen Feldern nach Knollen.

Bei Einbruch der Dämmerung erreichten wir Zhanjiang. Nachdem ich zehn Tage lang Kanton erkundet hatte, eine für China untypische, da vom Ausland am stärksten beeinflußte Stadt, freute ich mich darauf, endlich das wahre China, das China Maos, kennenzulernen. Aber ich wurde schnell eines Besseren belehrt. Das totalitäre System offenbarte sich auf einen Schlag: breite, leere Straßen, die von großen, grauen Gebäuden und gestutzten Bäumen flankiert wurden, eine Platzverschwendung, die der chinesischen Tradition intensivster Bodennutzung zuwiderlief, und die rosigen Plakate über die Ein-Kind-Familie, die voller Zuversicht in eine geistig erneuerte Zukunft blickte. Das für ausländische Gäste obligatorische Hotel stand wachsam und dominierend am Ende der Straße, groß und abstoßend wie alle anderen Gebäude auch, aber mit einer Reihe flatternder roter Fähnchen versehen.

Sogar innerhalb der wenigen, Touristen zugänglichen Hotels galten unterschiedliche Vorschriften für «ausländische Freunde» und gewöhnliche Chinesen. Während Chinesen zwischen verschiedenen Unterkünften wählen konnten, mußten westliche Touristen Zimmer der oberen Preiskategorie nehmen und für dieses Privileg weit mehr als jeder andere – ob ausländischer Experte, Student oder hochgestellter Chinese – bezahlen. Eines Abends in Szetschuan, Monate später, war ich darüber besonders verärgert, da sämtliche Ausländern zugeteilte Betten belegt waren und mir nichts anderes übrigblieb, als mich nachts quer durch die Stadt zu einem noch teureren Etablissement zu begeben. Ein Chinese hingegen, der kurz nach mir angekommen war, hatte einen der begehrten Schlafplätze (für ein Viertel des Preises) ergattert. Neugierig folgte ich ihm einen Gang entlang, um eine Ecke herum, über einen Hof, einige Stufen hinauf, nach rechts, dann links, dann wieder links in ein anderes Gebäude und in einen Raum, in dem sich einhundertzehn Betten und sieben Fernseher befanden. Mindestens achtzig Betten waren noch unbelegt – ich wäre für jedes dankbar gewesen.

Aber bei meiner Ankunft in Zhanjiang war das Hotel noch halb leer. Vom Fenster aus blickte ich auf einen öden, viereckigen Hof, von gefängnisähnlichen Mauern umschlossen. Die Unterkunft war spartanisch, aber ausreichend, ein Prototyp der noch folgenden fünfzig Hotelzimmer. Ein hartes Holzbett, eine zusammengelegte Steppdecke diagonal über dem Fußende. Ein Kopfkissen, mit einem Handtuch bedeckt und mit Laub gefüllt. Ein Moskitonetz, das in einem Knoten von der Decke hing. Weißgetünchte Wände voller zerquetschter Moskitos. Terrazzofußboden und blaue Gummischuhe. Ein Schreibtisch mit Stuhl, ein Eimer, ein Spucknapf, ein Spiegel, ein Aschenbecher, ein Ventilator (aber kein Heizofen), eine Wäscheleine, ein paar Teetassen, eine Thermoskanne und eine Emailleschüssel.

Was chinesische Gepflogenheiten anbetraf, so sprach das Hotelzimmer Bände: Maos Aufruf zu Genügsamkeit, traditioneller Lerneifer, propagierte Hygiene und Sparsamkeit, die nationale Vorliebe für Tee und Tabak. Das Bettzeug zusammenzufalten rührte aus jener Zeit, als Betten aus Platzmangel im Wohnzimmer standen und Besuchern als Sitzgelegenheiten dienten.

Steppdecken wurden so drapiert, daß ihre Drachen-Pfingstrosen-Stickereien zur Geltung kamen. Schuhe waren in einem Land allgegenwärtig verdreckter Fußböden, das von Bilharziose heimgesucht wurde, unbedingt erforderlich. Fußboden wurde mit Erdboden gleichgesetzt und bespuckt, mit Abfall überhäuft, aber selten gründlich geputzt. Möbel im rechten Winkel zur Wand anzuordnen ging auf die konfuzianische Tradition von Sittlichkeit und Ordnung zurück. Die Lässigkeit westlicher Arrangements wirkte auf die meisten Chinesen immer noch anstößig. Die Kargheit des Mobiliars – nichts «feudalistisch» Altes, nichts «bürgerlich» Elegantes, nichts «sinnlich» Bequemes – symbolisierte Disziplin und gediegene Zweckdienlichkeit, zwang zum Denken und Handeln in enggesteckten Bahnen.

Die meisten Gäste waren Männer. Sie reisten in staatlichen Geschäften und, nicht daran gewöhnt, von zu Hause fort zu sein, machten einen seltsam gehemmten und verlorenen Eindruck. Während westliche Touristen ein Zimmer wirklich bewohnten, ihre Habseligkeiten ausbreiteten, die Möbel entsprechend ihren Bedürfnissen zurechtrückten und sich so benahmen, als wären sie zu Hause, verhielten sich Chinesen im Hotel zurückhaltend und wußten nichts Rechtes mit ihrer Zeit anzufangen. Sie lehnten an der Rezeption, blätterten in den Propagandazeitschriften, studierten eifrig die Zeitungen in den Glasvitrinen, schlurften mit leeren Thermoskannen den Gang entlang, hingen auf ihren Betten oder lümmelten auf dem Treppenabsatz vor dem Fernseher herum. Ihre Türen waren angelehnt, unabhängig von der Temperatur oder dem Lärm draußen. Vielleicht fühlten sie sich einsam. Vielleicht wollten sie zeigen, daß im Zimmer nichts Verdächtiges vor sich ging. Vielleicht sollte auch nur der Rauch abziehen.

Der Krach war sogar bei geschlossener Tür unerträglich. Stimmen drangen durch die offenen Lüftungsgitter, Wasser rumorte in den Rohren neben meinem Bett, Schritte von eisenbeschlagenen Schuhen hallten durch den Gang, und lebhaftes Kartenspiel tobte im Nebenraum. Erst um Mitternacht wurde es endlich ruhig. Um vier Uhr morgens begann der Spektakel von neuem: Aufstehen, Kofferpacken und den Bus erwischen; Hupen, Lautsprecher, Radios, Motoren und am lautesten und scheußlichsten die Knallfrösche zu Neujahr.

Ich befand mich schließlich in einem kommunistischen Land. Obwohl ich davon weder in Kanton selbst noch auf meiner Reise Richtung Süden viel zu spüren bekam, machte das Hotelpersonal in Zhanjiang und anderswo doch deutlich, daß es nicht dazu da war, die Gäste zu bedienen oder zu hofieren, sondern nur eine vom Staat auferlegte Pflicht zu erfüllen hatte. Wenn mein Chinesisch nicht ausreichte, so war es mein Problem, nicht ihres. Morgens um sieben kam das Zimmermädchen, ohne anzuklopfen, herein, obwohl ich noch im Bett lag. Während ich schlief, pochte sie an die Tür, um mich daran zu erinnern, sie auch richtig abzuschließen. Ließ ich sie offen, wenn ich heißes Wasser holte, wurde ich wegen meiner Nachlässigkeit gerügt. Bekam ich das Schloß nicht auf, erwiderte das Mädchen leichthin, sie könne mir auch nicht helfen, und ließ mich hilflos im Gang stehen. Sehr oft konnte ich überhaupt nicht ins Zimmer, weil das Mädchen mit den Schlüsseln nirgends zu finden war. Dann marschierte ich den Gang auf und ab und schlug gegen Türen, bis sie schließlich am Ende des Ganges auftauchte und gemächlich, bedächtigen Schrittes, auf mich zukam, einen Stapel Spucknäpfe oder einen Mop aus Lumpen in den Blaus und Olivgrüns chinesischer Einheitskleidung unter dem Arm.

Nach zwei trostlosen Nächten unter klammen, muffigen Steppdecken und zwei Regentagen in unfreundlichen, grauen Straßen, von Raps und Reis zehrend, fuhr ich weiter Richtung Süden. Es war der bisher graueste, dunstigste und nieseligste Tag. Während der sechsstündigen Fahrt zur Halbinsel Leizhou konnte ich wenig von der vorbeiziehenden Landschaft erkennen, nur die in Nebel gehüllten Bäume, ärmliche Dörfer aus Lehm und Stroh und weite Flächen kargen Lands. An der Spitze der Halbinsel ging ich an Bord eines Tankschiffs und trat die zweistündige Überfahrt nach Haikou an, einer Stadt im Norden der Insel Hainan.

Ich fuhr nach Hainan, um das kalte Wetter, das das Festland

heimsuchte, gegen die tropischen Strände der Südküste dieser Insel einzutauschen. Aber von Haikou abgesehen, sei die Insel immer noch verbotenes Gebiet, teilte man mir auf der Behörde lächelnd und Tee trinkend mit. Sie könnten mir jedoch einen Wagen mit Fahrer zur Verfügung stellen, für 100 DM pro Tag, und einen besonderen Vermerk in mein Visum eintragen, was sie gerne für mich erledigen würden. An der Busstation weigerte man sich, mir einen Fahrschein für den normalen Bus zu verkaufen, weil ich keine Genehmigung besaß, doch schließlich entdeckte ich eine Mini-Busgesellschaft, die sich nicht um irgendwelche Vorschriften scherte, solange ich den Fahrpreis bezahlte.

Als wir die Ostküste entlang Richtung Süden fuhren, kündigte die Vegetation bereits das tropische Klima an. Braungelbe Felder wurden von Ananasgewächsen und Pfeffersträuchern abgelöst. Senken erhoben sich zu kautschukbedeckten Hügeln, an die sich eine Ebene fruchtbarer, schwarzer Erde anschloß, wo mattschwarze Büffel und aus Basalt gebaute Dörfer im Silberdunst schimmerten und junge Reispflänzchen ihre dünnen Halme emporreckten. Weiter südlich wurden die Reissetzlinge in schneckenspurähnlichen Reihen gepflanzt, und Bauern in blauen Hemden und konischen Hüten waren tief über lichtüberflutete Felder gebeugt.

Auf der anderen Seite der Bucht, gegenüber dem kleinen Hafen von Sanya, wo Frauen in schwarzen Sarongs Fische am Kai trockneten, begann die private Welt des Gästehauses. Ringsum durch Mauern abgeschirmt, öffneten sich die Zimmer zur Veranda hin, von Kokospalmen beschattet und von hochrangigen Kadern (Parteifunktionären) und ausländischen Gaststudenten, die hier ihre Ferien verbrachten, frequentiert. Während der Kulturrevolution hatte die ganze Anlage zum Privatbesitz der Mao-Witwe Qiang Qing gehört. Sie büßte nun für die Missetaten der Vergangenheit in einem Pekinger Gefängnis, wo es ihr immer noch besser als den meisten Chinesen ging.

Durch die zerzausten Fransen der Kasuarinen sah man die weiße Sichel eines Korallenriffs die graugrünen Wellen zerteilen. Kader kamen in Gruppen und standen in ihren hochgeknöpften

Anzügen am Rand des Wassers. Sie blickten aufs Meer, drehten sich zu ihren Genossen um, fuchtelten mit den Armen, tauschten Platitüden aus und gingen weiter. Ausländer streckten sich auf dem scharfkantigen, weißen Strand aus und röteten ihre Glieder unter unbarmherzig glühenden Wolken. Die Menschen vom Dorf aber machten sich das Meer zu eigen, fingen Fische von geflickten Booten, pflückten Strandschnecken von Korallenbänken und gruben nach Herzmuscheln im Watt. Ganz aus Knien und Strohhüten bestehend, kauerten sie an der Küste, bewegten sich, ohne sich aufzurichten, weiter – wie eine Kolonie Krebse.

Dorf und Gästehaus trennte eine fast zwei Meter hohe Mauer, Symbol für die im ganzen Land herrschende Kluft zwischen Reich und Arm, Privilegierten und Nicht-Privilegierten. Die Kader im Gästehaus nahmen sechsgängige Menüs zu sich, Schlange und Seepolyp, Entenei und Aubergine, Huhn und Garnele, während die Dorfbewohner einfachen gekochten Reis aßen. Jedes Zimmer hatte einen eigenen Schlüssel – im Dorf hingegen gab es nichts zu stehlen. Es war ein freundlicher Ort mit palmwedelgedeckten Lehmhütten, sein Rhythmus vom Baldachin der Palmen bestimmt, der bewegliche Schattenrosetten auf den Sand warf. Die fehlenden Mauern zeugten von Vertrauen; Früchte hingen zum Verzehr an den Bäumen. Wären nicht die Strohhüte gewesen, die asiatischen Gesichter und die Neujahrswünsche, die die Türen einrahmten, hätte dies eher Haiti als China sein können. Hier gab es die gleiche Vegetation, die gleichen sonnenversengten Hügel, den gleichen trägen Zyklus eines Lebens, an Farbe und Wärme und den Früchten des Landes und des Meeres reich gesegnet. Ich berührte die Pflanzen, fühlte die gegen die nahende Kälte gespeicherte Wärme, saugte den Geruch des Meeres ein und lauschte dem Aufklatschen der Wellen am Strand – schon bald würde ich all dies verlassen müssen.

Nach drei weiteren Tagen im klapprigen Bus über holprige Straßen erreichte ich Nanning, die Hauptstadt der Provinz Guangxi. Schon lange vor der Stadtgrenze kündigte sich ihre Nähe durch breitere Straßen, qualmende Schornsteine und große Flächen Ödlands an. Dann kamen Fabriken, Stromleitungen, Menschenschlangen an Bushaltestellen und Rohbauten inmitten von Gemüsefeldern. Graue Wohnblocks folgten auf brachliegende Felder, folgten auf Telegraphenmaste, folgten auf Geröllhaufen, folgten auf staubige Pfade, folgten auf armselige Hütten. Menschen drängten sich um Essensbuden und wühlten in den städtischen Müllhaufen. Aber im Zentrum von Nanning herrschte ein farbenprächtiges, geschäftiges Treiben, und tintenschwarze Bäume standen Spalier.

Es war Winter in Nanning und regnete schon seit einem Monat. Die Feuchtigkeit hatte die gesteppten Decken durchdrungen, und die Menschen grauten sich davor, ins Bett zu gehen, tranken *mao tai*, einen wodkaähnlichen Schnaps, um einzuschlafen, lagen aber trotzdem steif da und wurden nicht warm. Doch ich – im Vorübergehen – genoß den Regen, die glänzenden Straßen, die sich in Pfützen spiegelnden Gebäude und Fahrräder, die tropfenden Bäume, die wie frisch gespülte Flaschen funkelten, die Plastikregencapes in hinreißenden Pastelltönen – Rosa und Hellblau und Aquamarin –, die wie Opale in einer silbergrauen Unterwasserlandschaft glitzerten. Ich setzte meine Kapuze auf und planschte ungesehen zum großen offenen Markt, mit seinem Angebot an schillernden Schuhen und hauchdünnen Tüchern wie Feenflügel, gestreiften Plastiktaschen, Mänteln, Bändern, Knöpfen und Socken, deren Farbenpracht es mit jedem Regenbogen aufnehmen konnte. Und Schnüre und Säcke und Sägen und Sättel und Fischnetze. Und gekochter Reis, in Bananenblätter gerollt, und Gongs und Zimbeln, Münzen und Armreifen aus Jade und gesalzene Gemüse in Plastikschüsseln. Und die chinesischen Hackklötze aus Baumstämmen und Eier, Fleisch, Fisch und Früchte, Hunde und Hühner, Enten und Affen, Tauben und Schildkröten, Eulen und Eidechsen, Schlangen und Katzen und Schuppentiere. Und nach einem Monat kam die Sonne hervor. Eine Brise wehte die Blätter in einem Schauer von den Bäumen, und ein Mann stand alleine auf dem Dach des höchsten Gebäudes und schaute in die Sonne. In Nanning war der Frühling eingezogen.

BEI XIUYING ZU HAUSE

Es klopfte an meine Zimmertür. Ein junges Mädchen mit Rattenschwänzen stand im Gang und blickte mich unsicher an.

Ein Wortschwall brach über mich herein. «Es tut mir leid, Sie zu stören – ich übersetze gerade eine Kurzgeschichte aus einer Zeitschrift, aber da gibt es Wörter und Ausdrücke, die nicht in meinem Wörterbuch stehen. Ich arbeite in der Universitätsbibliothek – sehen Sie, hier ist mein Ausweis.» Sie zog die Karte aus einer leuchtendroten Hülle und hielt sie mir vor die Nase. «Ihr Name stand im Hotelregister, aber sie versuchten, mich davon abzuhalten, zu Ihnen hochzukommen. ‹Was willst du von einer Ausländerin?› fragten sie mich. Da erzählte ich ihnen, wie dringend ich Hilfe brauche und daß Sie meine letzte Rettung sind. Ich war verzweifelt, verstehen Sie?»

«Komm herein», sagte ich. Wir setzten uns nebeneinander auf mein Bett. Sie legte eine Mappe auf ihren Schoß, eine Sammlung von Geschichten aus dem *Asian Magazine*, von einem Freund in Peking kopiert. Sie stellte sich mir als Yen Xiuying vor. (Yen ist der Familienname, Xiuying wird ‹Chiuing› ausgesprochen.)

«Das ist das einzige Material, das ich zum Übersetzen habe.» Sie blätterte hastig die schmieriggrauen, schlechtgedruckten Seiten durch und verzog das Gesicht. «Seit der Kulturrevolution ist in China keine neue Literatur mehr entstanden, nur Bücher, in denen die politischen Fehler der Ultralinken analysiert werden. Die Welt muß voller guter Bücher sein, nur wir können hier keine bekommen. Als die Bücher meiner Eltern beschlagnahmt und verbrannt wurden, war ich noch ein kleines Kind.» Die jüngste Kampagne fand im Herbst 1983 statt, als man in einem Feldzug gegen die «geistige Verschmutzung» in China, mit anderen Worten, gegen die korrumpierenden westlichen und feudalistischen Einflüsse, Bibliotheken und Buchläden schloß und nach Romanen und anderem konterrevolutionären Material durchsuchte. Westliche Kleidung, westliche Diskomusik und westliche Gepflogenheiten – kurze Röcke, Schnurrbärte und Schriftsteller, die sich mit menschlichen Problemen befaßten – waren gleichermaßen verpönt in diesem vorübergehenden Wiederaufleben des Maoismus.

«Es gab ein paar vernünftige Taschenbücher in den Hotelbuchläden in Kanton», fiel mir ein. «Aber wahrscheinlich würden sie dich dort nichts kaufen lassen.»

«Ja», stimmte sie mir zu, «sie würden uns nicht hereinlassen. Sie glauben, wir würden irgend etwas anstellen.»

«Was denn anstellen?»

«Wir könnten die ausländischen Gäste stören. Manche Chinesen würden sie um ausländische Währungen oder Exchange Certificates bitten.» Foreign Exchange Certificates waren die Währung, mit der Besucher bezahlen sollten. Die meisten Touristen tauschten sie mit großem Gewinn gegen die einheimische Währung, *renminbi*. «Sie meinen, wir machen die Sofas und Teppiche schmutzig und werfen Zigarettenkippen auf den Boden», fuhr sie fort. Dann kam sie auf den eigentlichen Grund zu sprechen. «Es gibt Mädchen, die für Geld mit Ausländern schlafen.» Diese Eröffnung wurde später von einem Neuseeländer bestätigt, der sich von einem dieser Mädchen den Tripper geholt hatte.

Xiuyings Offenheit überraschte und beeindruckte mich. Ich war erstaunt, daß sie den Mut hatte, das Thema Sex überhaupt anzusprechen; in ihrer sprichwörtlichen Prüderie durften junge Frauen gar nicht wissen, daß es so etwas gab. Nicht, daß man ihnen erzählte, Sex sei schlecht, man erzählte ihnen überhaupt nichts. Aber diese Offenbarungen kamen erst später. Wir verbrachten die ersten zwei Stunden unserer Bekanntschaft damit, daß wir den Übersetzungstext durchgingen, eine Geschichte über einen jungen indischen Einwanderer in Kuala Lumpur und seine Schwierigkeiten, an der Universität aufgenommen zu werden, die nur einen geringen Prozentsatz an Ausländern zuließ. Die Geschichte stammte von 1962.

Xiuying wollte nicht nur die genaue Bedeutung jedes einzelnen Wortes und jedes Satzes wissen – an sich schon keine einfache Aufgabe, da im Text Ausdrücke in Malaiisch und die Namen von Hindufesten vorkamen, ebenso Verweise auf archaische Prüfungsordnungen und Begriffe wie «Hamburger», zu deren Erläuterung es Zeichnungen und zehnminütiger kulturgeschichtlicher Exkurse bedurfte, weil sie ganz sichergehen wollte –, sie wollte auch den tieferen Sinn der Geschichte verstehen. Jedesmal, wenn sie etwas Neues begriffen hatte, lächelte sie und freute sich. «Du bist meine Retterin!» rief sie aus. Aber wenn sie mich darum bat, ausführlicher auf das malaiische Bildungssystem einzugehen oder zu erklären, warum sich Chandra ärgerte, als er keinen Studienplatz bekam, schien sie mit meinen Antworten weniger zufrieden.

«Warum sollte er studieren dürfen, wenn seine Noten nicht gut genug sind?» fragte sie naserümpfend.

«Seine Ergebnisse waren nicht schlecht, sondern die Konkurrenz zu groß, und es gab zu wenig Plätze für Ausländer.»

Chandras Lehrer hatte ihm geraten, den Eingangstest zu wiederholen, woraufhin Chandra seinen Lehrer beschimpfte. Diese Reaktion war Xiuying völlig unbegreiflich.

«Er ist einfach faul», wiederholte sie.

«Nicht unbedingt», erwiderte ich. «Der Autor will damit sagen, daß das System ungerecht ist.»

«Aber er war nicht gut genug, um hineinzukommen», beharrte sie. Mir war klar, daß sie an Chandras respektlosem Verhalten und seinem Mangel an Fleiß Anstoß nahm. Aber sie empörte sich vor allem darüber, daß Chandras Chancen, wie gering auch immer, doch weit größer waren als ihre eigenen. Yen Xiuying war in dem Bewußtsein aufgewachsen, daß nur drei von hundert Schülern Zugang zu höherer Schulbildung hatten und daß sie dafür mit Leib und Seele arbeiten mußten, Tag für Tag mit an Besessenheit grenzender Hingabe. Manche, die das Ziel nicht erreichten, begingen Selbstmord, weil das Lernen seit zweitausend Jahren mit das Wichtigste im Leben war: die Leiter zum Erfolg. Sie empfand kein Mitgefühl für Chandra.

Nur eine sehr beherzte und entschlossene Chinesin hätte den Schneid, ein großes Hotel zu betreten und an die Tür einer Ausländerin zu klopfen. Nur eine Bauersfrau oder eine aufmüpfige Natur würde ohne jede Förmlichkeit und Vorrede gleich zur Sache kommen. Das imponierte mir an ihr, und wir kamen sofort gut miteinander aus.

«Bist du verheiratet?» wollte sie wissen.

«Nein, ich bin nicht verheiratet.»

«Glaubst du denn nicht an die Ehe?»

«Schon, aber nicht unbedingt für mich. Ich weiß, daß es für dich etwas anderes ist.»

«In China heiratet fast jeder. Sogar Blinde und Taube. Nur die mit einer körperlichen Mißbildung will niemand. So wie mich.»

Sie berührte ihr Gesicht. Ein graubraunes Muttermal bedeckte die ganze linke Gesichtshälfte. Es war das erste, was mir ins Auge fiel, als ich die Tür öffnete, aber nachdem ich mich mit ihr unterhalten und angefreundet hatte, nahm ich ihre Ehrlichkeit und Lebenskraft wahr, ihre mandelförmigen Augen und ihre pfirsichweiche Haut, jeder ihrer Züge in perfekter Harmonie zueinander. Ihr Muttermal zählte nicht länger.

Der Anti-Schönheitskult wurde immer noch vom kommunistischen Regime betrieben, aber Xiuying wollte nichts davon wissen. In staatlichen Zeitschriften wie *Women of China* ließen sich Bauernmädchen und unscheinbare Arbeiterinnen im grellen, wenig schmeichelhaften Scheinwerferlicht photographieren. Maos Verherrlichung der kräftigen, sonnengebräunten Bäuerin verfehlte ihre Wirkung bei den intellektuellen Klassen, die dem westlichen Schönheitsideal nacheiferten. Ein heller Teint bedeutete Status, außer bei Ausländern, und blieb nach wie vor ein Hauptschönheitsmerkmal.

«Du hast ein sehr hübsches Gesicht, Xiuying. Aber selbst wenn es nicht so wäre, würde man dich schon allein wegen deiner Persönlichkeit heiraten.»

«Nein», widersprach sie, «Männer wollen eine schöne Frau, die sie vorzeigen können. Aber das ist mir egal!» fuhr sie trotzig fort. «Ich werde nicht heiraten. Ich werde mich ganz auf meine Arbeit konzentrieren.»

«Erzähl mir von der Bibliothek.»

«Ich werde dir erzählen, wie es dazu kam, daß ich dort arbeite. Nach der Schule wurde ich, wie alle anderen auch, aufs Land geschickt. Wir fanden es schrecklich. Ich hatte das Glück, daß ich von der Feldarbeit befreit wurde, um den Kindern im Dorf Englisch beizubringen. Danach studierte ich Englisch an der Universität. Meine Lehrer waren alle Chinesen, deshalb ist mein Englisch auch voller Fehler», fügte sie entschuldigend hinzu. Ich widersprach ihr, wie es von mir erwartet wurde. Xiuying blickte starr geradeaus, auf die weißgetünchte Wand. «Ich wollte Englischlehrerin werden. Meine Noten waren gut genug, aber die Kader in meinem Fachbereich sagten, ich könne keine Lehrerin werden wegen meines Aussehens.»

«Das haben sie wirklich in deiner Gegenwart gesagt?»

«Sie sagten, mein Muttermal sei unattraktiv. Sie behaupteten, mir einen Gefallen zu tun, indem sie mir eine Stellung in der Bibliothek gäben. Würden sich die Leute in England über mich lustig machen?»

«Ein paar würden dir vielleicht auf der Straße etwas Unfreundliches nachrufen.»

«Das passiert hier auch.»

«Und die Bibliothek?»

Hätte ich Xiuying vor acht oder sogar nur fünf Jahren gefragt, ob ihr der Beruf Spaß macht, hätte sie geantwortet: «Mein Land braucht mich für diese Arbeit.» Sie hätte nicht zuzugeben gewagt, daß ein Beruf dem anderen vorzuziehen sei. Heute gestand sie ein: «Der Job ist langweilig. Die Leute, mit denen ich zusammenarbeite, interessieren mich nicht, deshalb konzentriere ich mich ganz aufs Übersetzen. Wenn die anderen im Wohnheim abends zusammensitzen und schwätzen, übersetze ich Geschichten, damit andere sie auch lesen können.»

«Wie denken die anderen Mädchen darüber?»

«Sie halten mich für hochnäsig, weil ich mich zurückziehe. Aber ich mag diesen Tratsch nicht, so gehässig und immer dasselbe, wer was über wen gesagt hat und was in den Familien der Kollegen abläuft.» Die Geschlechter unternahmen selten etwas gemeinsam. Während die Jungen spielten oder auf ihren Instrumenten übten, strickten die Mädchen Pullover und unterhielten sich. Über jedes ihrer Opfer wurde in allen Einzelheiten hergezogen, über Charakter, Verhalten, aber vor allem über das Aussehen. Ein Mädchen war «fett», wenn es runde Wangen hatte oder wenn es etwas dicker war als eine andere. Das *Asian Magazine* war erschöpft, und Xiuying brauchte neue Geschichten zum Übersetzen. Spontan fiel mir nichts ein. Sie hatte einmal einen Amerikaner kennengelernt, der ihr Exemplare von *Reader's Digest* geschickt hatte. «Aber dann hörte er einfach auf damit», sagte sie schmollend, «ich weiß nicht warum.»

Am nächsten Tag regnete es. Ich fuhr mit dem Bus durch die Vororte hinaus zur Universität, um mich mit Xiuying dort zu treffen. Teenager kommandierten die Fahrgäste mit der Autorität eines Feldwebels herum und schrien: «Kaufen Sie Fahrkarten! Kaufen Sie Fahrkarten! Wer hat noch keine? Es ist ein ausländischer Gast im Bus, paßt auf, daß ihr ihn nicht zerquetscht!» Diese Schaffnerinnen, die wachsam an den Türen saßen, bestimmten, ob und wann diese geöffnet wurden, um immer noch mehr Menschen zu erlauben, sich hochzuhieven und ihren Weg ins Innere zu erkämpfen. In der Menge eingepfercht, konnte ich wenig von der Stadt erkennen.

Die Bibliothek war ein imposantes Gebäude, das man durch ein Tor und einen tristen Garten voller herabgefallener Blätter betrat. Marx, Engels, Lenin und Stalin blickten starr aus dunklen Rahmen auf eine lange, leere Eingangshalle hinunter: Porträts von Männern, die entschlossen ihr Ziel verfolgten, Männer, die nicht zögerten, alles niederzumähen, was sich ihnen in den Weg stellte. Ich stieg die breite Treppe zu den oberen Stockwerken hinauf. In einem Raum befand sich der Titelkatalog, in dem eine Handvoll Studenten herumsuchte; in einem weiteren ein Schalter, mit einer Schlange von Entleihern davor, die Bestellzettel ausfüllten. Der dritte war ein Lesesaal mit Zeitungen und Zeitschriften, alle offensichtlich veraltet. Ich überflog einige der fünfzehnhundert Titel: *Stomatologie*, *Magazin für Onkologie*, *Zeitschrift für Otorhinolarynologie*, *Mikrocomputeranwendungen*, *Geophysikalische Studien* und eine der wenigen populärwissenschaftlichen Publikationen: *Speisepilze*. Es gab nichts Schöngeistiges. Kunst und Geisteswissenschaften wurden ignoriert, Naturwissenschaften vergöttert.

Im Vorübergehen sah ich einen verschlossenen Raum am ersten Treppenabsatz mit der Aufschrift: «Exspozicio Esperantajo», ein Hinweis darauf, was einige Chinesen immer noch für die Weltsprache der Zukunft hielten, dann betrat ich den letzten Saal, wo ich zum erstenmal Bücher entdeckte. Sie waren nicht auf Regalen offen zur Schau gestellt, sondern lugten verstohlen hinter einem Ausgabeschalter hervor. Ein Buch mußte bestellt werden, alles wurde genau notiert. Wenn man nichts von der Existenz eines Buches wußte, warum sollte man es dann ausleihen wollen?

Der Lesesaal war groß und still, die traubengrünen, gerafften Vorhänge siebten das Licht der hohen Kirchenfenster. Studenten betraten dieses Heiligtum auf Zehenspitzen, hängten ihre Taschen über die Stuhllehnen, setzten sich in ihren wattierten Mänteln an Tische und vertieften sich in ihre Bücher. In dieser geweihten Stätte des Wissens, kühl wie eine Gruft, sprach niemand. Es bemerkte auch niemand die Anwesenheit einer Fremden. Niemand unterbrach seine heilige Kommunion mit dem Text, um müßig umherzuschauen, um zu sehen, wer hereingekommen war, oder um aus dem Fenster zu gucken. So viel Gelehrsamkeit: ein wahrer Seligkeitsrausch. Lernen um des Lernens willen, um der Realität zu entfliehen und der Kälte zu trotzen.

Der nächste Tag war Sonntag, und Xiuying fuhr nach Hause. Die Woche über wohnte sie auf dem Campus, um nicht täglich eine Stunde mit Hin- und Herfahren zu vergeuden.

«Du mußt kommen und meine Familie besuchen», erklärte sie bestimmt. «Meine Mutter wird für dich kochen.»

«Hat sie keine Angst, eine Ausländerin im Haus zu haben?» Während der zehn Jahre der Kulturrevolution war den Chinesen der Umgang mit Fremden untersagt. Selbst jetzt noch waren Einladungen selten.

«Sie wird dich herzlich willkommen heißen. Nur die anderen Leute finden es vielleicht ungewöhnlich.»

Es war mehr damit verbunden als ein Verbot. Ich erinnerte mich, von einer Familie in Hongkong gehört zu haben, die ein englisches Mädchen, die beste Freundin ihrer Tochter, bei sich zu Gast hatte. Unter anderen Umständen, so erzählten sie später, würden sie nie eine Fremde zu sich nach Hause eingeladen haben, schon wegen der unterschiedlichen Sitten, Gebräuche und Ansichten.

«Denk daran, daß du versprochen hast, uns zu besuchen», erinnerte mich Xiuying.

Ihr Haus befand sich in einem alten Stadtviertel und bereitete mit seinem betagten Mauerwerk und den verwitterten, selbstgebrannten Ziegeln einen liebenswürdigen Empfang. Ich stieg eine Treppe hinauf zu einem Hof im ersten Stock, von triefender Wäsche unter Wasser gesetzt. Frauen putzten an einem Wasserhahn Gemüse für die Fünf-Uhr-Mahlzeit. In der Mitte des Hofs ermöglichte ein Lichtschacht den Ausblick auf ähnliche Tätigkeiten eine Etage tiefer.

Xiuying kam mir entgegen, um mich zu begrüßen, und klatschte in die Hände vor Vergnügen.

«Wie mutig, daß du ganz allein hierhergekommen bist», lachte sie und führte mich in die Küche, damit ich ihre Mutter kennenlernte. Ihr Vater arbeitete fünfhundert Kilometer entfernt.

Rußgeschwärzt vom Kochen der drei Familien, die sich die Küche teilten, verloren sich die Wände in höhlenähnlicher Düsternis. Woks und Hackmesser schimmerten in dunstgeschwängertem Licht. Siebe und Körbe webten einen Wandteppich aus Bambus. Ein antiker Tisch stand staubig in der Ecke, mit eingemachtem Gemüse und Kohlesäcken beladen. Reis brodelte in Kochtöpfen, und Frauen in Schürzen strahlten zur Begrüßung.

«Das ist ein furchtbar schmutziger Ort», bemerkte Xiuying. Hätte ich ihr eine blitzblanke, hygienische Musterküche aus einer westlichen Frauenillustrierten gezeigt, sie hätte sie sicher fälschlicherweise für ein chemisches Labor gehalten. Sie zog mich schnell fort, über einen Hof zum Wohnbereich ihrer Eltern, einem der vielen kleinen Zimmer gegenüber. Schäbige Holzmöbel drängten sich auf engstem Raum, ein Schränkchen neben dem Kleiderschrank, ein Tisch, der Speisevorräte barg, in lässiger Unordnung mit Dingen vollgestellt. Hinter einem Vorhang befand sich der Schlafplatz ihrer Eltern, eine fensterlose Zelle, kaum größer als das Bett. Xiuying entschuldigte sich wieder.

«Meine Mutter würde sich gerne mit dir unterhalten. Aber sie kann kein Englisch.» Mit dieser charakteristischen chinesischen Geste wies sie mit dem Kinn auf ihre Mutter. Diese stand lächelnd in der Türöffnung, und mit ihrem kurzen, mit Klammern zurückgehaltenen Haar, den sackförmigen Baumwollhosen, der blauen Schürze und den Ärmelschützern verkörperte sie den Inbegriff chinesischer Mutterschaft: warmherzig, hart arbeitend, ihre anspruchslose Würde ein Ergebnis jahrelanger Disziplin und Selbstbeherrschung. Groß geworden in einer Zeit, in der die Entfaltungsmöglichkeiten der Frauen äußerst beschnitten waren, wirkte sie ruhig und zufrieden und fand Erfüllung in ihrer Familie.

«Sag ihr bitte, daß ich mich auch gerne mit ihr unterhalten hätte.» Was hätte Xiuyings Mutter mir nicht alles über ihre privilegierte Kindheit, ihre Verheiratung als Fünfzehnjährige mit einem wildfremden Mann und die politischen Umschwünge seit der kommunistischen Machtübernahme erzählen können. Sah man sie heute in ihrer bescheidenen Umgebung, konnte man sie sich schwer als Teenager vorstellen, das Haar geölt und mit Nadeln aufgesteckt, das Gesicht weiß gepudert und die Wangen rot geschminkt, in bestickte Seidengewänder gehüllt, wie sie eine Ehe einging, die ihr bestenfalls ein Leben in Unterwürfigkeit bescherte, schlechtestensfalls einen Alptraum aus Oberflächlichkeit und Langeweile, Glücksspiel und Klatsch, Mah-Jong und Opium und die Beaufsichtigung der Dienerschaft, wo sie ihren

Mann mit Huren und Konkubinen teilen mußte (die westliche Praxis, erst die alte Frau loszuwerden und dann eine neue zu nehmen, betrachtete man als unpraktisch), eine Sklavin im Dienst an Ehemann und Schwiegermutter, Geschlechtskrankheiten und Sex ausgeliefert (gegen den alle «tugendhaften» Ehefrauen einen Widerwillen empfanden) und den nervtötenden Nettigkeiten der sozialen Etikette. Während Männer *yang* waren und als positiv, leidenschaftlich, lebendig und aktiv galten, waren Frauen *yin*: dunkel, weich, feucht, kalt, ruhend, negativ und tödlich. Unwissenheit war eine weibliche Tugend.

Xiuyings Großmutter hatte in dem Haus, in dem ihre Nachkommen heute zwei kleine Zimmer bewohnten, tatsächlich wie eine Gefangene gelebt. Wenn sich männliche Besucher ankündigten, mußte sie sich zurückziehen, und während ihre Töchter normale oder «große Füße» hatten, waren ihre noch gebunden worden.

Jetzt war es an mir, schockiert zu sein. Ich hatte bisher noch keine gebundenen Füße gesehen, da der Süden ein relativ fortschrittlicher Teil Chinas war.

«Hast du ihre Füße jemals unverbunden gesehen?»

«Ja», antwortete Xiuying traurig, «es war schrecklich. Ihre Zehen waren ganz verkrüppelt.» Zur Veranschaulichung verschränkte sie die Finger, krümmte sie, bis sie knirschten, und preßte sie gegen die Handfläche. «Von den jahrelangen Bandagen sah die Haut ganz weiß und ungesund aus.»

«Wie empfand das deine Großmutter?»

«Als sie fünf Jahre alt war und ihre Mutter und Großmutter damit anfingen, ihr die Füße zu verbinden, schrie sie ununterbrochen. Aber sie *zwangen* sie. Ihr taten die Füße jahrelang weh, aber als ich sie kennenlernte, hatte sie sich damit abgefunden. Man sagt, man hätte es getan, weil Männer kleine Füße attraktiv fanden und um die Frauen daran zu hindern, das Haus zu verlassen.»

In den fünfunddreißig Jahren nach 1949 hatte sich das Leben der chinesischen Frauen radikaler gewandelt als in den vorangegangenen fünfundzwanzig Jahrhunderten. Ihre Emanzipation, wie unzureichend auch immer, stellte möglicherweise die größte Errungenschaft der Kommunisten dar. Das Ehegesetz von 1950 gab Frauen das Recht zu heiraten, wen sie wollten, und – theoretisch – auch das Recht, sich scheiden zu lassen. In den nächsten Jahren wurden die Verlobung von Kindern, Mädchenhandel, Kindestötung, Prostitution, Polygamie und Konkubinat verboten, alles ehemals gängige Praktiken und seit langem von westlichen Missionaren verurteilt. Frauen erhielten Anspruch auf sechsundfünfzigtägigen Mutterschaftsurlaub, auf kostenlose Krippen und Kindergärten und das Recht auf gleichen Lohn für gleiche Arbeit. 1953 wurde ein Netz von Frauenverbänden aufgebaut, um dem Widerstand gegen diese radikalen Neuerungen durch gemeinsame Umerziehung von Frauen und Männern zu begegnen. Die Frauenverbände betonten die Gleichheit der Frau, ermutigten Männer, im Haushalt mitzuhelfen, und Frauen, ihre Rechte wahrzunehmen. Später konzentrierten sie sich auf Geburtenkontrolle und Haushaltshygiene, bevor sie dann 1978 aufgelöst wurden.

Soweit die Theorie. Aber es gab überall genügend Hinweise darauf, daß sich die Gleichberechtigung keineswegs allgemein durchgesetzt hatte, so die ältere Frau, die, unter der Last der Körbe an ihrer Schultertrage schwankend, im Bus den letzten Sitzplatz ergattert hatte, damit ihr Ehemann – mit leeren Händen – sich setzen konnte. Es wurde offensichtlich am Verhalten der Männer, die ihre Frauen schlugen, ihnen für die Geburt einer Tochter die Schuld gaben und sich weigerten, im Haushalt zu helfen. Das wurde nach dem Sturz der sogenannten Viererbande besonders deutlich, als viele Männer erklärten: «Da sieht man, was passiert, wenn eine Frau die Macht hat!» Und ebenso am Wiederaufblühen der Prostitution, der Tötung von weiblichen Babies und am Mädchenhandel, die Beweise dafür fanden sich auf Anschlägen an Gerichtsgebäuden, in der gegenwärtigen Kampagne gegen Kindestötung. Eine Frau wollte mir sogar ihr Kind verkaufen. Die Gleichberechtigung der Frau im China nach der Befreiung war wohl nicht ganz so selbstverständlich, wie es den Anschein hatte.

Emanzipation konnte verschiedenes bedeuten. Sofern sie überhaupt darüber nachdachten, hieß Befreiung für die Generation von Xiuyings Mutter fließendes Wasser und eine Toilette im Haus, Schweinefleisch zum Mittagessen und das Recht, nur Hausfrau sein zu dürfen. Xiuying und ihre Freundinnen verstanden darunter das Recht zu lesen, einen befriedigenden Beruf auszuüben, eine anständige Wohnung und modische Kleidung zu besitzen und, vielleicht am wichtigsten, zu lieben, wen sie wollten.

Xiuying schien von der Tyrannei der Vergangenheit unberührt. Während die Generation ihrer Eltern sich noch gut an die Zeit vor der Revolution erinnerte, konnte Xiuying die Gegenwart nur damit vergleichen, wie sie sein könnte oder sollte, und setzte all ihre Hoffnungen auf die Zukunft. Sie flüchtete vor der politischen Realität in ihr Privatleben und ihre Arbeit. Sie half ihrem jüngeren Bruder bei seinen Englischaufgaben. Sie sorgte sich um ihre Mutter, die grauen Star hatte; die einzig wirksame Medizin, laut Doktor, war in China nicht erhältlich. Wäre es zuviel von mir verlangt, sie in Hongkong zu besorgen? Und wenn ich schon mal dabei sei, fügte sie schnell hinzu, ihre ältere Schwester hätte auch ein Problem: obwohl schon seit zwei Jahren verheiratet, gäbe es immer noch keine Anzeichen einer Schwangerschaft, plage sie das Gefühl der eigenen Wertlosigkeit und die Drohung ihres Ehemanns, sie zu verlassen.

Während ihre Mutter unser Essen auf dem kleinen Kohlenherd kochte, bot mir Xiuying Obst an, eine kostspielige Angelegenheit, die man sich nur zu besonderen Anlässen leistete. Eine Mahlzeit war das größte Gastgeschenk der Chinesen, und die Etikette untersagte jede Knauserei bei Lebensmitteln. Es gab Schalen mit gewürztem Spinat, mit Rührei, mit gezuckerten Tomaten, mit halbrohen, noch lebenden Muscheln: ein Festessen, verglichen mit meinen sonstigen Mahlzeiten. Als Gast wurde mir die Ehre zuteil, auf dem einzigen Stuhl zu sitzen, und während ich von allem etwas aß, pickte Xiuying, auf einem Hocker, wählerisch im Spinat. Ihre Mutter und Schwester – die offenbar unser Festmahl nicht teilten – hielten sich im Hintergrund nahe der Tür.

«Greifen Sie zu, greifen Sie zu!» redete Xiuyings Muter mir gut zu. «Vielleicht ist das Essen nicht nach Ihrem Geschmack, weil Sie nicht mehr essen?» Ich aß und versicherte ihr, daß es gut schmeckte.

Nach dem Essen führte mich Xiuying einen endlos langen Gang entlang. Die Dielen knarrten, als wir uns an acht Schlafstellen vorbeiquetschten, die an die Wand gerückt waren.

«Wofür sind die Betten?»

«Das ist ein Hotel.»

«Ein Hotel?» Ich hatte angenommen, alle Hotels seien staatseigene Betonklötze mit Terrazzofußböden im sozialistischen Einheitsstil. Aber was ich hier im Vorbeigehen sah, war eine schäbige Absteige nach indischer Art. Zu beiden Seiten öffneten sich Türen zu Bretterverschlägen mit jeweils fünf oder sechs Bettgestellen, Matten statt Matratzen darauf, Krug und Waschschüssel halb darunter verborgen. Stimmengewirr drang aus dem rauchigen Halbdunkel, und Hülsen von Sonnenblumenkernen lagen überall auf dem Boden verstreut. So mußte es früher in einer Opiumhöhle ausgesehen haben, von einer geisterhaften, zugleich trostlosen Atmosphäre durchdrungen.

Die letzte Tür im Gang führte zu Xiuyings Zimmer, das sie mit ihren jüngeren Geschwistern teilte. Die Wände reckten sich nach einem Sparrenwerk mit schuppenförmig übereinandergelegten Ziegeln. Ungehindert drangen Straßenlärm und der unverkennbare Geruch von gebratenen Peperonis durch die Fenster herein. ‹Zwei kleine Zimmer für eine sechsköpfige Familie›, dachte ich und schämte mich fast beim Gedanken an meine eigenen fünf.

«Verglichen mit dem nächtlichen Tumult, ist das gar nichts», bemerkte Xiuying trocken. «Jede Nacht sind andere Leute im Hotel. Jede Nacht ist Krach!» Die etwa zwei Meter hohen Bretterwände, die ihr Zimmer von den übrigen Kammern abtrennten, dämpften nur wenig die hitzigen Diskussionen, das Aufeinanderstapeln der Koffer, das Schreien der Säuglinge und das Zuschlagen der Türen. Obwohl nur wenige Busse oder Züge vor dem Morgengrauen fuhren, standen die Überängstlichen schon gegen Mitternacht auf, um nur ja nicht ihren Anschluß zu verpassen. «Manchmal bitte ich sie, weniger Lärm zu machen, und manchmal sind sie auch leiser, aber nicht oft. Selbst jetzt tratschen sie über dich, fragen sich, was eine Ausländerin hier zu suchen hat. Es wird viel Gerede geben», sagte sie. Neuankömmlinge nahmen bereits ihr Lager in Beschlag. Für acht Jiao die Nacht, weniger als eine Mark, konnte ein Chinese in einer Privatunterkunft übernachten, wohingegen ich als Ausländerin in einem der großen und anonymen staatlichen Hotels fünfmal soviel bezahlen mußte.

Ich dachte, wie unerträglich es mir wäre, wie Xiuying mitten in einer Herberge zu leben, an Betten voller Fremder vorbei zu müssen, um in die Küche zu gelangen oder zum elterlichen Zimmer oder aufs Klo am Ende der Straße; mit zweiundzwanzig Jahren ein Zimmer mit Bruder und Schwester zu teilen, und das vor einer allnächtlich aufdringlichen Geräuschkulisse. Sogar Xiuying empfand diese Zustände als untragbar, suchte Zuflucht in der Universität und Erlösung in wissenschaftlicher Arbeit. Lärm als traditionelle Form der Geistervertreibung und als modernes Mittel, die eigene Hoffnungslosigkeit zu überspielen, war ihr fremd.

Wir saßen in einer Ecke auf Xiuyings Bett. Meine Absätze berührten den Pappkarton, worin sie ihre Habseligkeiten aufbewahrte. Die Wände waren mit einer dünnen Schicht weißen Papiers bespannt, das inzwischen vergilbt und brüchig war wie die pergamentartige Haut eines alten Weisen. Mitten im Zimmer thronte das Fahrrad ihres Bruders, dick in braunes Packpapier eingewickelt. Dagegen wirkte der kleine Bambusstuhl unscheinbar. In eine Ecke verbannt, staubte er vor sich hin, genutet und verzapft, ganz ohne Nägel gearbeitet. Ich fand ihn wunderschön. Durch die jahrelange Benutzung leuchtete er tief golden, glatt, aber eckig, sehr chinesisch.

«Ich finde ihn scheußlich. Bauern machen so was», meinte sie abfällig. «Du kannst ihn mitnehmen.»

Das hätte ich getan, wenn ich ihn hätte transportieren können. Xiuyings Abneigung gegenüber allem von Hand Gefertigten, ihre Bewunderung für Maschinen forderten meinen Widerspruch heraus. Zwei gegensätzliche Welten prallten aufeinander.

«Maschinen ersetzen Menschen! In England sind Millionen arbeitslos, weil alles automatisiert wird. Dasselbe wird hier in China passieren.»

Und ebenso wie mit der Küche, den wunderschönen Körben aus geflochtenem Bambus und dem handgearbeiteten Stuhl, so auch mit meinen Kleidern.

«Warum ziehst du so etwas an?» wollte sie wissen. Ich hatte dieselbe Kritik in Indien erfahren. «Ihr Ausländer tragt immer solch billiges, ausgebeultes, altmodisches Zeug. Du ziehst dich an wie eine Bäuerin!»

«Wir brauchen zum Reisen bequeme, praktische Kleidung», verteidigte ich mich. Mir erschien das logisch, aber die Chinesen gingen nur in ihren besten Kleidern aus. Viele Touristen zogen sich unauffällig an, um nicht hervorzustechen. Sie fanden es geschmacklos, Reichtum zur Schau zu tragen in einem Land, wo die Menschen arm waren. Chinesen, die sich in Übersee aufgehalten hatten, kannten diese Art von Feingefühl nicht; sie kehrten in ihre Dörfer zurück mit teuren Armbanduhren und schicker westlicher Kleidung, protzten mit ihrem Status und verhöhnten ihre «rückständigen» Mitmenschen.

Xiuying blieb unbeeindruckt. «Aber dein Hemd! Es ist so grob!» Die Baumwolle war handgesponnen. «Und deine Hose, nur Arbeiter tragen Kord!» Mir war das nicht aufgefallen. Sie war mit ihrer Abkanzelei noch nicht zu Ende. «Dein Halstuch! Gefällt es dir wirklich?»

«Dir nicht?»

«Nein!»

Aber zumindest wusch ich meine Kleider mit der Hand, mit einem Stück Kernseife im Wasserstein oder, falls es keinen gab, auf dem Boden der Dusche. Xiuying war überrascht und ein wenig versöhnlicher gestimmt: «Ich habe gedacht, Ausländer würden ihre Wäsche nie selbst waschen.»

Das letzte Mal, als wir uns trafen, trug Xiuying die chinesische Einheitstracht: ausgestellte Hose, Jacke mit breitem Revers, im typischen Stil der fünfziger Jahre.

«Du denkst, wir wären rückständig!» beschuldigte sie mich

und wurde rot. Diese Art von Kleidung war in China die neuste Mode, und Xiuying unterwarf sich dem Diktat, jung und modisch zu sein. «Aber wir halten euch auch für rückständig!»

«Inwiefern?»

«Eure Kleidung!»

Seitdem war ich mir in China meiner eigenen Unzulänglichkeit in Modefragen stets bewußt . . .

Diesmal trug Xiuying ein glänzendes Oberteil, rot wie Tomatensuppe, und himmelblaue Trainingshosen, beides aus Synthetikstretch. Ich konnte es ihr nicht verübeln. Ihre Vorliebe für alles Grelle, Neue und Schöne, ihr Abscheu gegenüber allem Natürlichen und Alten und damit Häßlichen war eine Reaktion auf das chinesische «Modediktat» und, wie ich aus eigener Erfahrung wußte, nur zu verständlich. Es war die logische Konsequenz einer sozialistischen Revolution, die jeden in praktische Einheitskleidung des Industriearbeiters steckte – düstere Farben, schlichter Stil und ein weiter Schnitt, der die Figur verbarg. Xiuyings Modegeschmack demonstrierte ihr Aufbegehren gegenüber Zwängen, gegen rationierte Baumwolle (fünf Meter pro Person im Jahr), gegen schäbige, alte Kleider, die jahrelang – für alle Fälle – aufbewahrt wurden. In der Mitte der fünfziger Jahre und dann wieder zu Beginn der sechziger waren zeitweise lebhaftere Farben und ein modischerer Stil erlaubt, wurden aber durch den «Großen Sprung nach vorn» und die Kulturrevolution wieder unterdrückt. 1984 blühten sie erneut auf, zusammen mit größerer Auswahl und der Öffnung zum Westen.

«Was sagen eure Kader zu der Art, wie ihr euch anzieht?» fragte ich sie.

«Ich muß vorsichtig sein, um zu vermeiden, daß ich kritisiert werde – ich würde diese Sachen nicht zur Arbeit tragen. Um so mehr glauben die Kader vom linken Flügel, modische und farbenfrohe Kleidung zeugten von geringem politischen Bewußtsein und dem Widerwillen, für höhere Ideale Opfer zu bringen. Um sich mit den Arbeitern zu identifizieren, trägt man weite blaue Jacken und Hosen. Pah!» ereiferte sich Xiuying.

Xiuying konnte sich keine aufwendige Garderobe leisten.

Zwei Drittel ihres Gehalts verschlang allein das Mensaessen («Ist es gut?» – «Nein, fürchterlich.»), und den Rest versuchte sie zu sparen. Ein Jahr lang hatte sie für ihr Fahrrad gespart, und jetzt sparte sie für eine Uhr. «Sie kostet hundert Yuan», meinte sie wehmütig, «aber ich muß mir meine Zeit genau einteilen. Ohne Uhr sitze ich herum und warte.» Als ich drei Monate später einen Mann traf, der bei einem Straßenhändler drei Mark für seine Armbanduhr bezahlt hatte, dachte ich an Xiuying und seufzte voller Mitgefühl. Die Preise in China wurden mit der Zeit stabiler, Grundnahrungsmittel waren lange niedrig gehalten worden und «Luxusartikel», wie Uhren, lächerlich hoch. Xiuyings größter Stolz war ein Sommerkleid, das ihr eine Freundin aus Taiwan geschickt hatte, ein duftiger Traum aus schimmerndem, cremefarbenem Nylon, kurzärmelig, überall mit Falten und Rüschen versehen, der ganze Neid ihrer Freundinnen und unbeschreiblich häßlich. Sie hielt es sich an. Gefiel es mir? Ich verneinte.

Sie trug es im Sommer zum Tanzen. «Wir tanzten Walzer zur Melodie mit dem Titel *Die blaue Donau.*» Ihre Augen blickten schwärmerisch, während sie sich der heißen Nächte erinnerte, und ihre Traurigkeit verflog.

«Haben deine Eltern nichts dagegen?»

«Sie sind weniger puritanisch als die meisten anderen.»

Bei diesen Erinnerungen kamen wir auf das Thema Männer zu sprechen. Mit zweiundzwanzig näherte sie sich allmählich dem heiratsfähigen Alter. Ich versicherte ihr erneut, daß ihr Muttermal kein Hindernis sei.

«Das sagen die Leute immer. Meine Freundinnen behaupten, ich wäre schön, wenn ich nicht dieses Mal hätte. Das sagen sie, um mich zu trösten, aber ich will ihr Mitleid nicht. Vielleicht würde mich jemand wegen meines Körpers nehmen?» überlegte sie. «Meine Figur ist besser als mein Gesicht.»

Sie hatte eine hübsche, kompakte Figur, typisch chinesisch, mit rundem Po und kaum vorhandener Taille, kurzen, stämmigen Beinen und kleinen Brüsten. Ich besitze ein Foto von Xiuying, von ihrer Zimmergenossin aufgenommen, das sie zwischen der Bibliothek und einer Akalypha mit blutroten Blättern zeigt. Sie trägt ein türkisfarbenes Kleid, schwarze Kniestrümpfe und Plastiksandalen. Ihr Kopf ist, in unsicherer Nachahmung westlicher Fotomodelle, seitlich geneigt, die eine Hand übers Haar streichend.

«Ich dachte, jemand wollte dich heiraten?» erinnerte ich sie. Sie hatte am Tag davor so etwas angedeutet.

Sie hielt inne und schaute auf den Boden. «Es gab einen Mann, aber ich lehnte ihn ab. Er war vierzig, verheiratet und hatte Kinder. Er ging nach Amerika und wollte sich scheiden lassen. Wir schrieben uns gegenseitig und hatten geplant, daß ich nachkommen sollte. Aber schließlich entschied ich mich dagegen.» Viele Chinesen wären nicht so wählerisch, wenn sie die Chance erhielten, Kommunismus gegen westlichen Lebensstandard einzutauschen. Es gab Zeiten, in denen täglich tausend illegale Einwanderer in Hongkong eintrafen.

«Haben die Mädchen hier einen Freund, bevor sie heiraten?» fragte ich sie.

«Oh nein! So war es nicht.» Sie faßte meine Frage persönlich auf. «Wenn ein Mädchen vor der Ehe mit einem Jungen schläft, verliert er jegliche Achtung vor ihr und heiratet eine andere. Es gibt Jungen, die ein Mädchen dazu zu überreden versuchen, aber ich glaube, es ist besser, man läßt es. Wenn der Junge in der Hochzeitsnacht oder davor entdeckt, daß du keine Jungfrau mehr bist, könnte er alles abblasen, und du müßtest die Schande ertragen.»

«Und außereheliche Beziehungen?»

«Das kommt vor, aber selten.»

«Wird Ehebruch bestraft?»

«Man hat ständig Angst, daß es herauskommt. Wenn man dich erwischt, wirst du dein Leben lang von den Nachbarn kritisiert und abfällig behandelt. Hältst du daran fest, wird einer oder werden beide aus der Einheit ausgeschlossen und für zwei oder drei Jahre in ein Arbeitslager geschickt.» Isolierung galt als härtere Strafe als soziale Ächtung, und die meisten Menschen hatten zuviel Angst, um sich überhaupt in eine solche Situation zu begeben.

«Kommt so etwas in England vor?»

«Ich würde annehmen, daß kaum die Hälfte aller verheirateten Paare ihrem Partner gegenüber treu ist.»

«Aber werden diese Leute nicht von der Gesellschaft geschnitten?»

«Es gibt Gerede, aber das schläft schnell wieder ein. Ehebruch ist zu alltäglich.»

«Findest du es richtig?»

«Ich denke wie du.»

Abgesehen von den Kindern, gab es keinen Hinweis darauf, daß Sex in China überhaupt existierte: das Fehlen sexueller Reize, die geschlechtsneutral züchtige Kleidung, der Mangel an Sinnlichkeit, die steife äußere Fassade und der Verzicht auf Zärtlichkeitsaustausch in der Öffentlichkeit machten viele Besucher glauben, die Chinesen seien verklemmt. Man mußte schon nach Hongkong oder Taiwan gehen, um auf Pornographie zu stoßen (obwohl der Schwarzmarkt in China selbst auch blühte), oder zurück zur klassischen erotischen Literatur wie *Kin Ping Meh* oder in die dreißiger Jahre, als sexuelle Stimuli auf der Straße verkauft wurden, oder 1949, als Shanghai 80 000 Prostituierte beherbergte und Geschlechtskrankheiten sowie Bilharziose ein Viertel der Bevölkerung dahinrafften, um zu erkennen, daß die Chinesen körperlich genauso reagieren wie alle anderen auch. Und englische Freunde von mir, die Beziehungen mit Chinesen hatten, sahen diese unergründliche asiatische Maske sich auflösen in Leidenschaft, Launenhaftigkeit, Freude und Wut.

Deshalb war es nicht gerade fair von Xiuying, als sie fragte: «Warum wird im Westen soviel Wert auf Sex gelegt? Meine Freundinnen und ich sind so voller Bewunderung für eure Lebensweise, eure Freiheit, eure Bildung und eure modernen Ansichten; das einzige, das wir nicht verstehen, ist eure Einstellung zu Sex.»

Ich versuchte es ihr, so gut es ging, zu erklären und streifte zum Schluß Homosexualität, um zu sehen, wie sie reagieren würde.

«Davon habe ich noch nie etwas gehört!» rief Xiuying aus. «Chinesen tun das nicht!» Selbst jene Chinesen, die die Existenz von Homosexualität einräumten, taten sie als westliche Dekadenz ab.

«Ich weiß, es ist kein öffentliches Thema», entgegnete ich. «Aber sieh dir eure Literatur an. Oder Hongkong. Homosexualität existiert in jeder Gesellschaft. Sie ist illegal und eine strafbare Handlung, deshalb würde niemand diese Gefühle zugeben, und du würdest nie davon erfahren.» Ein amerikanischer Homosexueller, der in Peking lebte, glaubte, daß es in China von latenten Schwulen wimmelt, die es nicht wagten, sich offen dazu zu bekennen; überführte «Missetäter» werden ins Gefängnis gesteckt und angeblich sogar erschossen.

Xiuying war ernüchtert: für einen Augenblick hatte ich sie zum Schweigen gebracht. Dann erklärte sie: «Ich habe noch nie über diese Dinge gesprochen und würde es auch mit meinen Freundinnen nie tun.» Trotz allem übte dieses Thema auf sie eine unwiderstehliche Faszination aus, und nur widerstrebend kam sie auf die Frage nach ihrer Heirat zurück, eine Angelegenheit, die ihr die größten Sorgen bereitete. «Es gab da einen Mann, der mich heiraten wollte», vertraute sie mir an, «ein junger Arzt, der in Shanghai in der Ausbildung war. Ich liebte ihn nicht genug, deshalb wies ich ihn ab, sagte ihm aber, ich hoffte, wir würden trotzdem gute Freunde bleiben. Und das sind wir, worüber ich froh bin. Männer empfinden oft Bitterkeit für Mädchen, die sie abgewiesen haben. Aber er war nicht stark genug, um einen guten Ehemann abzugeben, und wir hätten keine kräftigen Kinder bekommen.»

«Worauf legt ein chinesisches Mädchen bei ihrem künftigen Mann Wert?» erkundigte ich mich.

Ihre Augen zwinkerten verschmitzt. Früher standen Parteimitglieder hoch im Kurs, aber heute lagen die Dinge anders. «Einen großen, gutaussehenden Mann mit gutem Gehalt, Antialkoholiker, Nichtraucher, Akademiker aus ähnlicher sozialer Schicht, mit Verwandten im Ausland und der Fähigkeit, etwas ‹durch die Hintertür› zu erreichen, und ohne Eltern, um die man sich kümmern muß. Und natürlich muß er seiner Frau gehorchen», fügte sie spaßhaft hinzu.

Sie schien etwas zu überlegen. «Ich liebe meinen Lehrer.»

«Deinen früheren Englischlehrer?»

«Er ist fünfunddreißig. Findest du das zu alt?»

Ich erwähnte Freunde von mir in England, ein Ehepaar, dessen Altersunterschied fünfzig Jahre betrug. Sie schnappte nach Luft.

«Liebt er dich?» fragte ich.

«Ja, aber er ist verheiratet. Er und seine Frau kommen nicht gut miteinander aus; sie ist ungebildet, und die Ehe war arrangiert.» Ich bemerkte eine Spur von Aufgeblasenheit in ihrem Ton. «Sie tut mir leid», sagte sie.

«Aber was willst du machen? Er kann sich nicht scheiden lassen.»

Scheidung galt als gesellschaftlich destabilisierend und irgendwie unmoralisch, als Gesichtsverlust gegenüber Partner und Partei gleichermaßen. «Man kann eine Scheidung durchsetzen, wenn absolut keine Aussicht auf Versöhnung besteht. Normalerweise werden Ehepaare von dem Komitee wieder heimgeschickt, um an ihrer Ehe zu arbeiten», erklärte sie mir.

Ihre Situation war hoffnungslos verzwickt. Kein Wunder, daß sie sich in ihre Arbeit stürzte.

«Seht ihr euch oft?»

«Wir könnten uns jeden Tag sehen, wenn ich wollte, aber ich versuche, mich von ihm fernzuhalten. Doch nach einer Weile wird es unerträglich, und ich gehe zu ihm.»

Irgend etwas, das sie vorher erwähnt hatte, vermittelte mir den Eindruck, daß sie jeden körperlichen Kontakt mit einem Mann meiden würde. «Hast du nie das Bedürfnis, ihm die Arme um den Hals zu legen?»

«Natürlich, und ich mache es auch. Wir umarmen und küssen uns, aber das ist alles.»

«Würdest du gerne mit ihm schlafen?» Die Unverschämtheit meiner Frage ließ sie ungerührt, vielleicht wegen ihrer Persönlichkeit, vielleicht weil ich ihrer Wißbegier genauso freimütig begegnete. Unter anderen Umständen hätte diese Offenheit Peinlichkeit und Befremden hervorgerufen.

«Manchmal», erwiderte sie. «Wenn ich dieses Gefühl habe, versuche ich mich statt dessen auf meine Arbeit zu konzentrieren.» Die Partei veröffentlichte eine Broschüre über die Sublimierung des Geschlechtstriebs: kaltes Wasser, lockere Unterwäsche, körperliche Ertüchtigung und jede Menge Marx und Mao. Sexualität wurde nicht als Triebfeder menschlichen Verhaltens angesehen, sondern als etwas durch den Willen des einzelnen Kontrollierbares. Romantische Liebe wurde als Marotte der zügellosen Bourgeoisie abgetan; sie war spontan, privat, verschwendete Energie, die anderweitig genutzt werden könnte. «Wenn ich mit ihm schliefe, würde man mich ächten.»

«Schlafen deine Freundinnen mit Männern?»

«Einige von ihnen. Aber wir können nirgends hingehen.» Ihre Freundinnen wohnten zu Hause oder im Wohnheim; Parks als Alternative überging sie geflissentlich. Auf dem Land war es einfacher, wo die Mädchen den Ruf hatten, freizügiger zu sein, und immer hinaus auf die Felder gehen konnten. «Was passiert, wenn in England eine unverheiratete Frau schwanger wird?» In China wurde sie möglicherweise in ein Arbeitslager verbannt; trotzdem werden viele vor der Ehe schwanger.

«Sie kann abtreiben lassen», erklärte ich. «Die meisten Frauen praktizieren irgendeine Form der Verhütung. Manche entscheiden sich für das Kind und ziehen es allein auf.»

«Und sie werden nicht ausgestoßen?» Sie blickte mich mit großen Augen an.

«Nicht mehr.»

«Für uns wäre es schwierig, Verhütungsmittel zu bekommen, die Leute würden reden.»

Mir schien es, daß entgegen Xiuyings moralischen Beteuerungen nicht die Überzeugung, daß außerehelicher Sex an sich schon etwas Schlechtes sei, sie und andere davon abhielt, mit Männern zu schlafen, sondern vielmehr das Risiko einer Schwangerschaft, die Schwierigkeit, danach einen Ehemann zu finden, und die Angst vor lebenslanger Isolation. Sie fürchteten weniger die eigenen Schuldgefühle als die schmachvolle Schande, die sie und ihre Familien zu ertragen hätten; Schande, vor der es kein Entrinnen gab, keine Flucht in die Anonymität einer fremden Stadt; Schande, die sich unheilvoller auswirken konnte als das Gesetz. Unter diesen Gegebenheiten würde auch mancher im Westen sexuelle Enthaltsamkeit üben.

«Was meinst du?» wollte Xiuying wissen. «Sollte ich weiterhin Gefühle für diesen Mann hegen?» Eine solche Affäre bezeichneten die Chinesen als «Blumen im Spiegel und der Mond im Wasser» – eine Illusion. Xiuying war verliebt in die Liebe.

«Unter diesen Umständen wäre es vielleicht leichter, ihm aus dem Weg zu gehen, es sei denn, du könntest eure Beziehung in reine Freundschaft umwandeln.»

Sie seufzte und schaute weg. Im Profil bedeckte das Muttermal vollständig ihr Gesicht. «Wirst du mir schreiben?»

Ich versicherte es.

«Wir lieben uns seit zwei Jahren. Ich habe es nie jemandem erzählt.»

«Es gab niemanden, dem du es erzählen konntest. Es war richtig, es geheimzuhalten.» Sie konnte weder ihr Glück noch ihren Kummer mit jemandem teilen. Hätte irgend jemand bemerkt, daß Xiuying und ihr Lehrer zuviel Zeit miteinander verbrachten, und sie bei einem Kader angezeigt, hätte dies öffentliche Schande bedeutet.

«Was sind denn deine Gründe, daß du nicht heiraten willst?» fragte sie mich.

«Ich reise viel, ich mag meine Arbeit, und ich habe keine Angst vor dem Alleinsein. Aber wenn ich jemanden finden würde, mit dem ich mir die Ehe vorstellen könnte, dann vielleicht.»

Ich war überrascht, als sie verkündete: «Meine beste Freundin denkt genauso wie du.»

«Würdest du auch in Erwägung ziehen, einen westlichen Mann zu heiraten?»

«Oh, nein!» empörte sie sich. «Ich würde nur einen Chinesen heiraten.»

«Aber wieso?» beharrte ich. «Was würde dich davon abhalten?»

«Er wäre mir untreu», erwiderte sie, ohne zu zögern, aber hinter ihrer Abwehr vermutete ich tiefer liegende Tabus. «Bestimmt würdest du auch keinen Chinesen heiraten. Oder?»

«Ich würde einen Chinesen oder Afrikaner ebenso gern wie einen Engländer heiraten. Entscheidend sind Charakter und Übereinstimmung.»

Der Widerwille der Chinesen gegenüber Rassenmischung rührte von ihrem jahrhundertelangen Isolationismus, einem ausgeprägten Überlegenheitsgefühl und ihrer Abneigung gegenüber fremden Lebensgewohnheiten. Obwohl die Ehe mit Ausländern seit 1979 offiziell erlaubt war, wurde sie immer noch allgemein mißbilligt.

«Was ist mit Hassan und Marguerite?» fragte ich Xiuying. Hassan war Iraker und Marguerite Französin, beide studierten Chinesisch in Nanking. Xiuying hatte sie kennengelernt, als sie zu mir ins Hotel kam. «Sie stammen aus Ländern mit völlig verschiedenen Religionen und Kulturen. Marguerite ist mehr als zehn Jahre älter als Hassan.»

Sie wich meiner Frage aus. «Sie ist sehr schön, findest du nicht? Ich sagte ihm, seine Frau sei schön.»

«Sie sind nicht verheiratet.»

«Oh!» Sie war zutiefst schockiert, als sei es etwas völlig anderes, zu wissen, daß diese Dinge im Westen üblich waren, und sich damit auseinanderzusetzen. «Aber sie schliefen im selben Zimmer!»

«Sie sind seit fünf Jahren zusammen, und soweit ich es beurteilen kann, haben sie eine enge und liebevolle Beziehung zueinander. Sicherlich sind nicht alle verheirateten Paare in China glücklich?»

«Das stimmt», gab sie zu. «Es gibt viele, und meistens ist der Mann schuld. Wir hören oft, daß Ehepaare sich streiten, sich sogar schlagen, aber wir lassen sie in Ruhe, und morgens haben sie sich wieder beruhigt. Manchmal sind die Frauen stärker als ihre Ehemänner.» Sie lächelte voller Genugtuung.

Glücklicherweise stand die Ehe für Paare in China weniger im Mittelpunkt des Lebens als im Westen. Da gab es noch die Arbeitskollegen, die Nachbarn, gemeinsame Aktivitäten im Kulturpalast. Man erwartete von Ehepaaren nicht, daß sie immer glücklich waren.

Ich nahm ihre Bemerkungen über körperliche Gewalt zwischen Eheleuten zum Anlaß, sie nach der Behandlung von Tieren zu fragen. Hunde als Haustiere wurden 1950 ausgerottet und waren in den Städten immer noch verboten. Ich hatte lebende Enten von der Lenkstange baumeln sehen oder in einen Korb mit Deckel gequetscht. Ich hatte gesehen, wie Fische und andere Tiere, die für den Kochtopf bestimmt waren, noch lebendig gehäutet und zerhackt wurden. Ich hatte Pferde gesehen, das Fell bis auf die blanke Haut vom Geschirr abgescheuert, Schweine, die in schlauchförmigen Käfigen transportiert wurden, Kätzchen, die an einem Strick um den Hals geführt wurden, Hühner, die in Bündeln zusammengebunden auf der Straße lagen, und Kinder, die einen Bären im Zoo anspuckten. Trotzdem meinte ich eher Gedankenlosigkeit als Grausamkeit wahrzunehmen, die unbekümmerte Annahme, Tiere hätten dem Menschen zu dienen.

«Ich habe gehört», sagte Xiuying, «daß sich in deinem Land alte Menschen Tiere halten, weil sie einsam sind. Wir halten Hunde, um unsere Häuser zu bewachen. Wir halten Katzen, um Mäuse zu fangen. Die Leute in England können sich den Luxus leisten, sich um Tiere zu kümmern. Die Chinesen sind zu sehr damit beschäftigt, sich umeinander zu kümmern. Hätten wir genug Zeit, würde immer noch das Geld fehlen, um sie zu füttern. Statt dessen sorgen wir für unsere alten Menschen.»

Eins zu null, dachte ich. Doch ich hörte auch von Selbstmordfällen bei älteren Menschen, die von ihren Kindern verlassen worden waren, und von Gerichtsurteilen gegen den betreffenden Sohn oder die Tochter. «Ich würde nie meine Mutter und meinen Vater im Stich lassen», erklärte Xiuying.

Xiuying war zäh, eigensinnig und emanzipiert. Trotz einer langen anti-individualistischen Tradition blieb sie ihre eigene

Frau. Ihr Streben nach Erfolg, ihre Suche nach Perfektion – vollkommene Liebe, vollkommenes Wissen – konnten von ihrer Familie leicht als Egoismus interpretiert werden. Sie würde nicht eher heiraten, bis sie sich sicher war. Selbst in ihrer Freizeit verkroch sie sich hinter Büchern und entzog sich der Gemeinschaft.

Sie hätte keine Gnade vor den Augen des alten Seemanns gefunden, den ich in Kanton traf, der den Zeiten hinterhertrauerte, als Frauen noch Gewänder trugen und sich die Haare ölten und wie Frauen aussahen und zu Hause blieben. Sie hätte keine Gnade vor den Augen jenes Mannes gefunden, der die Geschichte der Menschheit entscheidend beeinflußte: Konfuzius. Während er ihren Respekt vor Bildung, ihre Loyalität ihrer Familie gegenüber und ihre Tugendhaftigkeit gewürdigt hätte, würde er sie als zu eitel, zu unternehmungslustig, zu eigenwillig empfunden haben; zu sehr ihrem Ehrgeiz und persönlichen Glücksstreben verhaftet.

Konfuzius sprach: «Mit Weibern und Knechten ist doch am schwersten auszukommen! Tritt man ihnen nahe, so werden sie unbescheiden. Hält man sich fern, so werden sie unzufrieden.»

Ebensowenig hätte Mao Xiuying als selbstlose Heldin der neuen sozialistischen Ordnung gepriesen. Als Universitätsabsolventin galt sie per Definition als «Intellektuelle», fast gleichbedeutend mit Konterrevolutionärin. Sie hatte keinen ideologischen Standpunkt, kein Interesse an Politik, außer an deren Auswirkungen auf ihr persönliches Leben. Sie war offen für «bourgeoise» Ideen aus dem Westen, sah auf die Arbeiterklasse herab und verachtete alles Bäuerliche. Xiuying gehörte zu den Neuen Chinesen, bot einen Vorgeschmack auf das China der Zukunft. Ich mochte und achtete sie. Vielleicht verstand ich sie besser als die meisten Chinesen.

Sechs Monate später, zu Hause in England, brachte ein Brief Xiuyings Neuigkeiten von ihrer Familie. Xiuying selbst hatte sich wieder verliebt, in einen «Medizinstudenten, der in dem Krankenhaus arbeitet, wo sich meine Mutter in Behandlung befindet. Unser gemeinsames Interesse für Sprachen und unser

Ehrgeiz, uns durch Bildung zu vervollkommnen, verbinden uns. Jeder Erfolg beim Übersetzen wird die Vorurteile gegenüber meiner Herkunft entkräften, die mich wahnsinnig machen. Deshalb nahm ich mir in meinem vorigen Brief die Freiheit, dich um ein paar moderne Kurzgeschichten zu bitten, deren Stil und Botschaft gleichermaßen geschätzt werden . . .»

Jeder ihrer Briefe enthielt die Bitte um Bücher oder Zeitschriften. Ich sandte ihr Bücher, aber vielleicht waren es die falschen. Ihre Begeisterung ließ nach: «Erinnerungen an Dein herzliches Lachen, das mir in den Ohren klingt» (die Chinesen sind von einer Sammelleidenschaft für Klischees besessen), und schon nüchterner: «Mein Bruder fragte, warum meine ausländische Schwester so lange nicht geschrieben hat.» Eine Freundschaft war zweckgebunden und verpflichtend. *Guanxi* oder freundschaftliche Bande zu pflegen war eine Hauptbeschäftigung in einem Land, in dem man viel über Beziehungen erreichte. Viele meiner Bekanntschaften erwiesen sich als Mittel zum Zweck, mit einem materiellen Gewinn für den betreffenden Chinesen verbunden. Als ich das jedoch einem Engländer gegenüber erwähnte, der zwanzig Jahre in Hongkong gelebt hatte, entgegnete er: «Oh, aber das ist gegenseitig! Die Chinesen kennen in ihrer Güte und Gastfreundschaft keine Grenzen, sie sind weit freigebiger, als sie es sich leisten können.» Die Chinesen gaben, was immer sie besaßen. Aber Xiuying hatte nichts, was sie geben konnte.

EIN SPAZIERGANG DURCH KUNMING

7 Uhr früh. Es dämmert. Schellen klingeln an unsichtbaren Fahrrädern, und die Luft riecht nach Staub. Zwischen den Häuserblocks schimmert der Himmel lila und rosa. Die Straßenlampen haben die Farbe von rosigen Pfirsichen.

Peking Lu, die gerade, breite Straße, die vom Bahnhof Richtung Norden ins Zentrum von Kunming führt. Schemenhafte Figuren gleiten in den Schatten dahin oder stehen dicht gedrängt um den Stand mit gedämpftem Brot an der Ecke einer Seitenstraße. Zigaretten tanzen wie Glühwürmchen in ihren Händen. Aufsteigender Dampf glänzt silbrig im Dämmerlicht, Holzkohle glimmt im Rost darunter. Sie reiben sich die Hände, räuspern sich, füllen sich den Mund mit weichem, warmem Brot. Es ist kalt.

Der Himmel wird heller. Die Häuserblocks schimmern in den Pastelltönen der morgendlichen Wolken: lachsfarben, beige und grau. Ihre Läden schlummern verschlossen hinter Gittern, ihre Gleichförmigkeit durch Bäume verschleiert. Im Vorhof eines Gebäudes übt ein Mann Tai Chi, wie ein Insekt, das der Morgendämmerung seine Reverenz erweist. Eine Frau geht vorbei, schlenkert drei Frühlingszwiebeln in der Hand. Maskierte Straßenfeger lehnen ihre Besen an einen Baum und kippen ihre Abfallkörbe in blaßblaue Karren. Akrobaten, zwei Männer und ein Affe, sind über ihr nächtliches Lager gebeugt, am Zusammenfalten, Verschnüren und, sich aus dem Schlaf schälend, für einen neuen Tag bereit.

Der Himmel färbt sich rötlich. Blumenbeete erglühen in der

Intensität des ersten Lichts, Tupfen von leuchtendrotem Klatschmohn, kirschrosa Stockrosen, orangefarbene Ringelblumen auf fetter, rostbrauner Erde. Die Sonne steigt am granatapfelroten Himmel empor.

Halb acht, und die Stadt ist erwacht. Busse, zum Bersten voll mit Pendlern. Handgemalte Plakate über eine strahlende Technologiezukunft. Fahrräder, Fahrräder und noch mehr Fahrräder, Gesicht folgt auf Gesicht, weder lächelnd noch ärgerlich noch verbittert noch verwundert; Säcke mit Gemüse am Lenker festgebunden, pausbäckige Kinder, die auf der Mittelstange schaukeln, Schnüre mit lebenden Hühnern und Schweinekadaver. Warteschlangen an Bushaltestellen, blaue Kleidung, Atem wie Nebel. Vor zwanzig Jahren waren hier Felder.

Peking Lu ließ dem gegenwärtigen Planungsdrang nach Größe, Form und Symmetrie freien Lauf, fünfmal so breit wie die herkömmlichen Straßen der Stadt, besitzt sie die Ausmaße einer englischen Autobahn. Breit ist großartig. Breit ist schön. Hier wird sich die prächtige neue Zukunft entfalten, wenn es in Kunming von Autos, Lastwagen und Mitsubishibussen wimmeln wird. Die spalierstehenden Bäume verstärken die Atmosphäre hoffnungsvoller Erwartung. Die riesigen Gebäude, die die Straße säumen, spiegeln das Selbstverständnis der Partei wider, demonstrieren Stabilität, Verläßlichkeit, Macht, sogar Trägheit. Die traditionellen Bauwerke mit ihrem eleganten Gitterwerk, den Reispapierfenstern und geschnitzten, hölzernen Stützbalken vermitteln weder Einheit noch Stärke.

Kunming, mit seinen zwei Millionen Einwohnern, ist die Hauptstadt der südlichen Provinz Yunnan. Von allen chinesischen Städten würde ich hier am ehesten leben wollen, wegen des ausgewogenen Klimas in knapp 2000 m Höhe, des vergleichsweise vielfältigen kulturellen Lebens, der reizvollen Umgebung und der noch erhaltenen alten Gassen. Von Chinas sechsundfünfzig ethnischen Minderheiten leben allein dreiundzwanzig in Yunnan, ihre bunte Kleidung sprenkelt die Straßen von Kunming.

Doch vieles wurde zerstört. Pagoden verfallen, Torbögen, Villen und Tempel sind verschwunden. Seit 1949 haben sich die Grenzen der Stadt immer mehr nach außen verlagert, Weizenfelder wurden vernichtet, die Fläche verdoppelte, verdreifachte sich, bedeckt von großzügig angelegten neuen Alleen und Fabrikanlagen, Sportplätzen und Wohnsiedlungen, Eisenbahndepots und Rangierbahnhöfen, deren Planung und Details gedankenlos die Gesetze des *feng-shui* verletzen. Die Menschen strömten wegen der Arbeitsplätze, der Schulen und der medizinischen Versorgung in die Städte, und der Staat benötigte Arbeiter, um die neuen Fabriken zu füllen. Peking Lu ist das Ergebnis all dessen. Östlich und westlich von ihr folgen Straße auf Straße mit fünf- oder sechsstöckigen Wohnblocks, verschachtelt wie Parkett, in einer sterilen Gleichförmigkeit von Fülle und Leere. Der Nachkriegsarchitektur des Westens entlehnt, die damals noch in den Anfängen steckte und deren Mängel noch nicht erkannt wurden, entwickelte sich in China eine Bauweise nach sowjetischem Vorbild, die als Legitimation marxistischer Ideale fungierte. Dieser Stil hat nichts mit China gemein, entfremdet die chinesischen Städte ihrer gewachsenen sozialen Strukturen, ihres traditionellen Charakters. Diese Wohnsilos wurden nicht fürs Auge errichtet, sondern aus vermeintlicher Notwendigkeit geboren und durch das Chaos abgesegnet, in dem sie entstanden sind. Das Gleichheitsprinzip reduzierte die gestalterischen Maßstäbe auf den kleinsten gemeinsamen Nenner, beraubte die Menschheit ihrer Menschlichkeit, degradierte Menschen zu Zahlen.

Ich biege nach Westen in die Jin Bi Lu ein (bei Wegbeschreibungen geben die Chinesen immer Himmelsrichtungen an) und betrete eine Welt aus ockergetünchten Häusern und olivgrünen Fensterläden, aus knorrigen Platanen, wie Kelche zurechtgestutzt, und Stiefmütterchen in Blumentöpfen, die neben den Türen stehen. Am Fluß entlang neigen sich die frühlingsgrünen Trauerweiden, und ältere Bewohner begrüßen die Sonne. Sie beugen sich, schwingen ihre Beine, lockern ihre Glieder und traben beschwingt von dannen. Ein junger Mann spuckt an die Kaimauer, Zahnbürste und Zahnputzbecher in der Hand. Die

Wäsche auf der Leine bauscht sich im leichten Wind; die Luft ist schneidend, der Morgen noch kalt.

Westlich vom Flußufer und parallel dazu verlaufen noch ältere Straßen, altertümliche Gassen mit verkleideten Häusern, rostrot, dschungelgrün, mit Rautenfenstern aus Gitterwerk, Friesen mit Blumen- und Vogelschnitzereien und schmalen, mit Balustraden versehenen Balkonen. Topfpflanzen thronen auf Vorsprüngen, Papageien balancieren auf Metallstangen, Singvogelkäfige hängen an Haken. Durch halboffene Türen erhascht man einen flüchtigen Blick in Höfe, klein und geheimnisvoll, zum Teil verborgen, von Holztäfelungen und Fenstern aus Reispapier umgeben, von zweifarbigem Weinlaub umrankt, mit einem Durcheinander aus Hühnerkörben, Sieben und Weidenkörben, mit Woks und Gefäßen übersät. Auf der Straße sind Mops aus Lumpen zum Trocknen hingestellt. Man hört gedämpfte Tritte von Baumwollschuhen, Fahrradgeklapper von der Jin Bi Lu, Wasserplatschen, Zersplittern von Holz, das mit einem Beil gespalten wird, das Glucken der Hennen, das Gurren der Tauben. Rauch steigt aus gerade erst entzündeten Kohlepfannen empor. Hölzerne Eimer drängeln sich neben Wasserhähnen. Topfpflanzen riechen dumpf nach Erde und Blättern. Frauen tauchen auf, um Spülwasser in den Rinnstein zu kippen und tropfende Wäsche an Stangen über den Fenstern aufzuhängen. Ein Mann wird rasiert, ein Fahrrad repariert. Großmütter sitzen auf Bambushockern, enthülsen Erbsen oder stricken in der frühen Morgensonne.

Zwischen den Holzhäusern der ehemaligen Kaufleute und höheren Berufsstände findet sich gelegentlich das Herrschaftshaus einer Großgrundbesitzerfamilie, hinter Torbögen und prachtvollen, zerfallenen Mauern verborgen. Die um Innenhöfe gruppierten Räume, das reichverzierte Balkenwerk und die gemeißelten Ecksteine verbreiteten ursprünglich eine anheimelnde Behaglichkeit. Aber in den letzten fünfunddreißig Jahren haben sie sich, vielfach in Besitz genommen und vernachlässigt, fast in Slums verwandelt, ihre Ziegeldächer von Unkraut überwuchert, ihre Höfe angefüllt mit Maschinen und Brennstoffvorräten, ihre

Harmonie durch neue Backsteinmauern zerstört. Ihr Holzwerk zerfällt und wird mit Beton ausgebessert, ihre Eingangshallen sind zu Werkstätten umfunktioniert, ihre zerbrechlichen Balkone biegen sich unter Holz- und Kohlehaufen. Hier zeigt sich das Gleichheitsprinzip in seiner extremsten Form, Gleichheit auf herzloseste und dümmste Weise: der langsame, sichere Untergang eines künstlerischen Erbes, auf das selbst der gefühlloseste Chinese stolz sein sollte. Wenn die Häuser schließlich völlig verfallen sind – falls die Planer ihnen gestatten, so lange bestehen zu bleiben –, werden diese letzten Überreste einer tausendjährigen Tradition durch nichts ersetzt werden können. In weniger als einer Generation, wenn die heutige Jugend das mittlere Alter erreicht hat, werden diese Bauten nur noch auf den Schnappschüssen der Besucher existieren, als künstliche, für Touristen aufpolierte Schmuckstücke, in der Erinnerung der Älteren und in verblaßten Träumen.

Jetzt am Vormittag steuern die Einkäufer auf die Märkte der Seitengassen zu, wo blaugekleidete Frauen auf niedrigen Hockern inmitten von Bergen von Grün sitzen und ihre Produkte mittels einer Meßlatte aus Bambus und einem Schiebegewicht abwiegen. Hier gibt es Hühner und Enten und Schweine und Frösche. Ein Mann verkauft Farnkraut, ein anderer Tofu, ein dritter enthäutet Aale, und der Boden ist blutbespritzt. Am Ende der Gasse werden riesige Mengen Kohl von Lastwagen und Karren ab- und wieder aufgeladen, ein ständiges Kommen und Gehen, bis die Straße von einem Teppich faulender Blätter bedeckt ist. Der Weg wird von Fahrrädern und Käufern versperrt; Landfrauen in bestickten Schürzen, Stadtfrauen in Polyester und Dauerwelle. Sie feilschen um Preise, die Gemüter erhitzen sich, fangen an zu kochen. Schultertragen krachen aufeinander wie die Geweihe brunftiger Hirsche, zu einem Chor aus Schreien und Fahrradklingeln. Eine Wiederholungsvorstellung findet um vier statt, da die Chinesen mindestens zweimal am Tag einkaufen gehen. Ohne eine bestimmte Vorstellung, was sie kaufen wollen, nehmen sie alles, was billig und frisch und gut ist, und befördern es an einem Stück Schnur nach Hause.

Ich trete wieder ins Sonnenlicht und bin an der Dongfeng Lu angelangt, dem breiten, neuen Boulevard, der das Herz des alten Kunming in West-Ost-Richtung durchtrennt. Geschichtsepochen überlappen sich wie in einer Collage, ohne Zusammenhang und Richtung. Das moderne Kunming hat kein eigentliches Zentrum, nichts Großes oder Zentrales, das ins Auge sticht. Für die Maoisten galt die Stadt als Symbol der Sünde, deshalb wurde das Äußerste unternommen, um ihr Ausmaß zu begrenzen. Kaum großstädtischer als die Hauptstraße eines verschlafenen Nests, überwiegen hier gemächliches Tempo, provinzielle Läden, halbleere Straßen mit wenig Autoverkehr. China hatte nie etwas für bombastische Selbstdarstellung oder eitle Extravaganzen übrig. In den dreißiger und vierziger Jahren spürte man eine Weltoffenheit anderer Art, die sich in der Eleganz der Menschen ausdrückte, in unverbreiterten Straßen und unzerstörten Tempeln, in Mönchen und Kaufleuten, Missionaren und Mandarinen, in fliegenden Händlern, die beckenschmetternd ihre Ware feilboten, in öffentlichen Hochzeiten und Beerdigungen, in traditionellen Festen und Tempelfeiern, in Rikschas und Bettlern und Opiumhöhlen, in der ganzen Mannigfaltigkeit eines vielschichtigen städtischen Lebens. Keine Zeremonien beleben mehr die Straßen. Hochzeiten und Beerdigungen sind Privatangelegenheiten. Die Mönche, Mandarine und Missionare gibt es nicht mehr.

Ich laufe die Dongfeng Lu weiter Richtung Westen, unter staatlich gestutzten Platanen, an Steinquadern entlang, an einem Schneider, einem Photographen, Minoritätenladen vorbei und erreiche das Kaufhaus von Kunming. Grau und düster und fünf Stockwerke hoch, erinnert es an ein Krankenhaus oder einen Wohnblock, abgesehen von seiner verkaufsgünstigen Lage mitten auf einer Verkehrsinsel und der spärlichen Auslage an Schuhen im Schaufenster. Keines der neuen Gebäude besitzt eine eigene, charakteristische Note: Schulen sehen aus wie Fabriken, sehen aus wie Kliniken, sehen aus wie Bahnhöfe, sehen aus wie Verwaltungszentren, alle wurden auf dieselbe Art und Weise konstruiert.

Die Gemeinsamkeiten gehen noch weiter, da jedes chinesische Kaufhaus, sei es in Kashgar oder Peking, dem in Kunming ähnelt. Überall herrscht dieselbe Tristesse kahler Weitläufigkeit, dieselbe Düsternis der Treppenaufgänge und dieselbe eintönige Ausstattung wie bei Woolworth während des Krieges: Ladentische aus Glas, schlechte Beleuchtung und ein dürftiges Angebot. Ich schlendere herum, auf der Suche nach Mützen, kämpfe mich durch die dahintreibenden Ströme von Käufern, die sich teilen, wieder vereinigen, Schlangen bilden, vorbei an Frühlingsgewitter-Radios, Fliegender-Mann-Nähmaschinen und Weiße-Kaninchen-Süßigkeiten; es gibt hier sicherlich mehr Auswahl als in anderen kommunistischen Staaten, und vieles davon ist auch erhältlich – so viel, daß mehrere Ladentische mit den gleichen Waren dekoriert werden, um den Eindruck von Überfluß zu erwecken, aber jedesmal, wenn ich etwas Bestimmtes suche, kann ich sicher sein, daß es sich im obersten Stockwerk befindet. Und die Wände sind hoch, und es gibt keinen Aufzug. Und sie haben es nicht vorrätig und bekommen es auch so schnell nicht wieder herein, und niemand weiß Bescheid.

Die Feindseligkeit des Verkaufspersonals in China ist legendär. Handel wird mit Kapitalismus assoziiert, und im Dienstleistungsgewerbe werden niedrigere Löhne als in der Industrie bezahlt, was durch mürrisches Wesen, Groll gegen die Kunden und die Weigerung, sie zu bedienen, wettgemacht wird. Noch darf ihnen nicht gekündigt werden.

«Ich würde gern ein paar Mützen ansehen», rufe ich einer Verkäuferin am Ende des Ladentisches zu: sie liest Zeitung, ignoriert mich geflissentlich. «Bitte» und «danke» fehlen im chinesischen Verkaufsvokabular, und ich versuche, sie mir abzugewöhnen. Beim Abschluß einer Transaktion sagen beide Parteien «Gut-gut-gut-gut . . .» oder etwas Ähnliches, was bedeutet, daß beide davon profitiert haben, aber keiner dem anderen zu Dank verpflichtet ist. Wohlerzogene Dankeschöns haben den Beigeschmack von alter Feudalherrschaft, als würde man mit einem Dank den anderen herabsetzen, ihn das Gesicht verlieren lassen. Da die Pflicht des Verkaufspersonals im Dienst am Kunden besteht, gibt es zu «bitte» oder «danke» keinen Anlaß. Nach einigen Minuten, die sie absichtlich verstreichen läßt, um zu zeigen, daß sie nicht jedermanns Lakai ist und auf den leisesten Wink gehorcht, schon gar nicht auf den einer kapitalistischen Ausländerin, kommt sie schwerfällig auf mich zu, langt nach der nächstliegenden Mütze, läßt sie auf den Ladentisch fallen und schlendert davon. Es ist nicht die Art von Mütze, die ich will, aber inzwischen wird schon der nächste Kunde schroff abgefertigt. Die Chinesen sind sorgfältige Käufer. Sie schauen sich um und lassen sich Zeit, denn es gibt keine Garantie für Größe oder Ersatz. Schließlich unterbreche ich sie. «Ich wollte eine braune.» Die Mütze ist sowjetischer Machart mit fellgefütterten Ohrenklappen. Millionen Chinesen tragen sie, und das so lange, bis das Fell, vom Alter und von Motten zerfressen, abfällt, aber es ist nicht so leicht, die richtige zu finden.

Sie nimmt die erste Mütze, legt eine braune hin und starrt an mir vorbei in die Luft. Ein «Diene dem Volk»-Spruchband hängt rot und bedeutungsschwanger an der Wand.

«Diese ist zu groß. Haben Sie eine kleinere?»

«*Mei you.*» Das allumfassende *mei you*, das am häufigsten benutzte Wort der chinesischen Sprache. Es bedeutet: nein, haben wir nicht.

«Sie müßte etwas kleiner sein», erkläre ich.

«Nicht vorrätig.» Träge bewegt sie sich davon und läßt mich stehen.

Nicht alle Verkäuferinnen wirken so desillusioniert wie diese. Viele sind in gleichem Maße höflich, wie diese unverschämt ist, und bringen es trotz allem fertig, ein freundliches Gesicht aufzusetzen und den Besucher mit einem strahlenden Lächeln zu begrüßen.

Das Ende einer Epoche. Kaufhäuser werden bald mit Reformen in anderen Bereichen gleichziehen. Verkaufsleiter, die fünfunddreißig Jahre lang unter dem Diktat einer zentralen Wirtschaftsplanung Fragen des Einkaufs und Verkaufs und die Höhe der Gehälter regelten, werden in Zukunft umlernen müssen. Sie werden Arbeiter einstellen und wieder entlassen müssen und Profite erwirtschaften.

Barhäuptig und hungrig biege ich in die Seitengassen ein, um irgendwo Mittag zu essen. Seit sich Dengs neue politische Linie durchsetzte, tauchen Tausende kleiner Geschäfte in den Nebenstraßen auf: Schneider, Reparaturwerkstätten, Restaurants und Läden. Sogar staatlich geführte Restaurants geben ihre Gewohnheit auf, über Mittag zu schließen.

Fast laufe ich an der unscheinbaren Garküche vorbei, die sich, kaum größer als ein Loch in der Mauer, zur Straße hin öffnet. Eine Leiter führt zur Ein-Zimmer-Behausung dieser Ein-Kind-Familie hinauf. Es ist gemütlich hier in diesem winzigen Raum, auf einem niedrigen Hocker, gerade in der richtigen Höhe, um den Reis vom Rand der Schale zu schlürfen. Während die Frau sich um das Feuer kümmert, blicke ich zwischen Thermosflaschen hinaus und fühle mich in die Idylle des alten Kunming zurückversetzt: ein Berg von Kohlköpfen, ein Pferd, das geräuschvoll Blätter frißt, und dahinter ein kleiner eingezäunter Park. Sie rührt im Wok herum, während ich Wünsche äußere: «Mehr Ingwer, nicht viel Öl, kein Tofu (Sojabohnenquark) . . .» Die Frau lächelt nur und wiegt ihr Baby auf dem Rücken in den Schlaf. Mein Gemüse brutzelt und dampft im Wok und ist, kaum hineingeworfen, schon gar.

Sie schenkt Tee in frische Schalen, und wir versammeln uns um das Feuer. Das Baby ist aufgewacht und saugt an ihrer Brust, während ihr Mann stolz zuschaut. In den Gassen ist alles ruhig. Die Stunde der *xiu-xi*, der Mittagsruhe, wenn Büroangestellte ihre Schlafmatten auf den Schreibtischen ausrollen. Im Park, hinter dem Geländer, unterrichtet eine Frau ihre Arbeitskollegen in Tai Chi. Das Pferd frißt Kohlblätter, und das Baby trinkt an der Brust seiner Mutter.

Das Jingying Wenyi Chashi liegt, zur Straße hin offen, inmitten von rostfarbenen Häusern. Das kleine Vorderzimmer ist vollgepackt mit Tischen und älteren Männern. Alles stammt aus der Zeit um die Jahrhundertwende oder vermittelt zumindest diesen Eindruck: die Stammgäste, das Mobiliar, das Porzellan und die getäfelten Wände in der Farbe getrockneten Blutes.

Ich sitze auf einer Bank und trinke langsam und bedächtig meinen Tee.

Teehäuser werden als fragwürdige Überbleibsel einer feudalistischen Gesellschaft angesehen, als Brutstätten konterrevolutionären Denkens. Während des «Großen Sprungs nach vorn» gab es Versuche, sie zu schließen, aber danach tauchten sie wieder auf und werden zusehends beliebter.

«Ich bin siebenundachtzig», stellt sich mein Nachbar vor. «Und er ist zweiundneunzig.» Dampf steigt züngelnd aus ihren Porzellantassen empor, Rauch quillt aus ihren *bongs* und metallköpfigen Pfeifen, jede anders, jede ein Meisterstück handwerklichen Könnens. Ich lächle anerkennend. Dem Alter zollt man in China Respekt, sogar Verehrung.

«Und wie alt sind Sie?»

«Sechsunddreißig.» Oder siebenunddreißig nach chinesischer Rechnung, nach der ein Kind bei seiner Geburt schon als einjährig betrachtet wird.

«Ah!» Sie nicken mitfühlend. Ein dürftiges Alter.

Es ist schwer vorstellbar, allein in einem Teehaus zu sitzen. Obwohl die alten Männer ihre gewohnten Sitzplätze und speziellen Freunde haben, gehören wir alle irgendwie zusammen. Ich werde stillschweigend akzeptiert, weder angestarrt noch ignoriert. Die Männer stopfen ihre Pfeifen und spucken auf den Boden. Eine Gruppe spielt Karten. Ein Paar spielt Schach.

Eine Frau kommt mit einem dampfenden Kessel herein, ein bäuerliches Gesicht mit roten Wangen und kurz geschorenem Haar. Sie gießt ein, schenkt nach, und der Tee in unseren blumenbemalten Tassen entfaltet sich wie Kohlblätter. Für fünf Pfennige kann man den ganzen Tag lang Tee trinken.

Es ist halb eins und Zeit zum Geschichtenerzählen. Die Sonne steht hoch, und die Schatten verschlucken nur mehr die Schnitzereien an den Häuserfronten. Ein Mann zwischen siebzig und achtzig, mit lichtem Haar und eingefallenen Wangen, steigt auf die Plattform in einer Ecke des Teehauses und läßt sich langsam auf einem Hocker nieder. Die Unterhaltung bricht ab. Die Karten werden weggeräumt. Alle Augen sind auf den Erzähler gerichtet, den Erben einer langen Tradition umherwandernder Geschichtenerzähler, die die chinesische Vergangenheit lebendig halten. Eindringlich schildert er die heutige Folge der fortlaufenden Saga über einen Kaiser der Ming-Dynastie, seine Darstellung von opernhaft übertriebener Mimik und Gestik begleitend. Er rollt mit den Augen, läßt den Kiefer fallen, die Sehnen am Hals sind angespannt wie die Saiten einer Geige. Er öffnet und schließt und öffnet erneut seinen Fächer. Er haut mit der Faust auf die Bank. Er steht auf, setzt sich, trägt mit Überzeugung vor und vergißt keine einzige Zeile.

Es kann keine neue Geschichte sein, aber das Teehaus ist zum Bersten voll, und die alten Männer sind sichtlich gefesselt. Die Kessel stehen müßig auf dem Tisch, der Tee in den Deckeltassen wird langsam bitter.

Nach Beendigung seiner Episode verläßt der Geschichtenerzähler das Teehaus, und ein Dutzend alter Männer geht ihm nach. Die anderen bleiben sitzen, holen Tabaksbeutel hervor, teilen Karten aus. Man hört das Klappern von Teetassen, schläfriges Stimmengemurmel, das Aufknallen von Spielkarten und das Gluckern von Wasser, wenn sie an ihren *bongs* ziehen.

Mit dem Alter wandeln sich die Chinesen zu ihrem Vorteil. Sie besitzen Würde und eine heitere Gelassenheit. Im Westen neigen wir dazu, alles zu schnell erreichen zu wollen, und allmählich verlieren wir, was wir am meisten schätzen: unsere Jugend, unsere Attraktivität, unsere Vitalität, unsere Fähigkeit, andere Menschen für uns zu gewinnen. Im Fernen Osten bedeutet Partnerschaft theoretisch, Liebe und Verständnis aufzubauen und stetig zu vertiefen bis ins hohe Alter hinein, dem Zenit, einem ehrenvollen Stadium voll Weisheit und Gelassenheit. Wie Konfuzius schon sagte: «Ich war fünfzehn, und mein Wille stand aufs Lernen, mit dreißig stand ich fest, mit vierzig hatte ich keine Zweifel mehr, mit fünfzig war mir das Gesetz des Himmels kund, mit sechzig war mein Ohr aufgetan, mit siebzig konnte ich meines Herzens Wünschen folgen, ohne das Maß zu übertreten.»

Ich beobachte das geschäftige Treiben auf der Straße. Lamellenförmige Schichten chinesischer Geschichte – imperialistisch, nationalistisch, maoistisch, pragmatisch – ziehen an meinen Augen vorüber. Fahrräder gleiten in würdevollem Tempo dahin – eine wahre Entspannungstherapie. Einer transportiert ein Sofa auf dem Gepäckträger, ein Bauer, der es zum Verkaufen in die Stadt bringt. Eine Prozession von Kindern mit Besen in der Hand, stolz mit den roten Halstüchern der Jungen Pioniere, zu guten Taten unterwegs. Alte Damen humpeln, wacklig wie Kegel, ihre Füße, bloße Stümpfe und mit Bandagen umwickelt, in kaum zehn Zentimeter lange Schuhe gepreßt. Ein Papagei schaukelt auf einer Kupferstange. Eine Frau geht vorbei, befördert Körbe an einer Schultertrage, ihr Haar in Lockenwicklern. Ein Mädchen kauert am Randstein, eine Schüssel zwischen den Knien, und taucht, mit dem gleichmäßigen Geklapper einer Strickmaschine, Eßstäbchen in die Nudeln. Zwei Eingänge weiter unten säubert ein Mann sein Miniaturgärtchen, eine Landschaft aus gezackten Sandsteingebilden, Bonsais und Tempeln, in einer flachen Schale arrangiert. An der Straßenecke stellen die Orchideenverkäufer ihre Pflanzen auf. Kleine Jungen spielen mit einem Federball, halten ihn mit ihren Knien in der Luft. Eine Waschmaschine schleudert ihr Programm auf dem Bürgersteig und ergießt sich auf die Straße.

Von einer Bank im Teehaus erhebt sich ein ältlicher Mann und überquert die Straße. Er nimmt einen Besen und fegt das Pflaster mit langsamen, sorgfältigen Bewegungen. Sein Haar ist ganz kurz geschnitten. Seine Kleider sind grob, zerlumpt und braun. Dann bückt er sich und steigt in einen brusthohen Verschlag aus Segeltuch und Pappe, der an der Fassade des gegenüberliegenden Hauses lehnt. Jäh wird mir bewußt: diese Baracke ist sein Zuhause. Aber ich will sichergehen.

«Wohnt dieser Mann dort?» frage ich die alten Männer. Einer spricht etwas Englisch.

«Ja.»

«Wer ist er?»

«Er ist der Sohn eines Ministers der Qing-Dynastie.»

Das kann nicht sein!

Aber es stimmt. In einer blitzartigen Ernüchterung werden

Chinas Geschichte und Politik für mich Realität. Trotz meines Einblicks in Xiuyings Familie existierte die Revolution bis zu diesem Zeitpunkt für mich nur als nüchternes Faktum in den Büchern anderer Leute. Die Qing-Dynastie erschien eher als ein Traumland, als eine Epoche in der Jugend meiner Großmutter. Daß die Reichen jetzt arm, vertrieben oder tot waren und daß ehemalige Bauern hohe, einflußreiche Positionen innehatten, war jenseits meiner Erfahrung; daß die Straßen, die ich entlang-ging, Szenarien dramatischen Geschehens waren, entzog sich meiner Vorstellungskraft. Bis jetzt.

«Warum lebt er in diesem Schuppen?»

Seine Geschichte wurde ohne Scham und Zurückhaltung erzählt. «Sein Vater war Minister in der Provinz Hebei. Während der japanischen Besatzung Ende 1930 flohen sie nach Kunming und verloren nach 1949 den Rest ihres Vermögens. Weil er von außerhalb kommt, hat er keinen Anspruch auf eine Aufenthaltsgenehmigung und deswegen auch keine Arbeitserlaubnis. Er hält sich mit dem Verkauf von Kräutermedizin über Wasser.»

Da steckt mehr dahinter, aber die alten Männer schweigen. Viele Einwohner von Kunming kommen aus anderen Provinzen, aber sie haben einen Ausweis – und Arbeit und ein Heim. Noch nach fünfunddreißig Jahren haftet einer privilegierten Herkunft ein Stigma an. Ohne behördliche Anmeldung erhält er nicht nur keinen Job, sondern hat auch kein Recht auf Wohnungs- oder Lebensmittelbezugsscheine, auf die ihm zustehende Ration an Baumwolle oder Korn.

«Was geschah mit seiner Familie?»

«Seine Eltern sind tot. Er hatte eine Frau, aber sie verließ ihn und heiratete einen anderen.»

Ich sehe mir wieder die Baracke an. Töpfe und Körbe sind vor dem Fenster des Hauses aufgetürmt. Ein Brennholzstapel versperrt die Eingangstür. Auf dem Bürgersteig stehen Tisch und Stuhl.

«Macht es den Leuten, die in dem Haus wohnen, nichts aus?»

Offensichtlich nicht. «Sie haben auch eine Hintertür.»

Der Sohn des Ministers der Qing-Dynastie taucht wieder aus

seinem Anbau auf und grüßt einen vorbeigehenden Freund. Etwas in seinem Gebaren bestätigt die Geschichte: die stattliche, nordische Gestalt, die aufrechte Haltung und eine Spur von einstiger Autorität in seinen Bewegungen und seiner Sprache.

Wieder kommt Bewegung in das Teehaus. Eine neue Persönlichkeit tritt ein, eine Frau mittleren Alters mit einem Packen Zeitungen über dem Arm. Die meisten Männer kaufen eine, ein einzelnes, cremefarbenes, gefaltetes Blatt, ein Muster an horizontalen und vertikalen Schriftzeichen und wenigen, kleinen und unscharfen Photos. Sorgfältig lesen sie das Gedruckte, sprechen jedes Wort deutlich aus, um auch ihre Freunde teilhaben zu lassen; da die meisten Stadtmenschen nur ein wenig lesen können, geht es verständlicherweise recht mühsam. Ich frage sie, was drinsteht, da ich vermute, daß in meiner *China Daily* Artikel gänzlich anderen Inhalts abgedruckt sind.

«Hier gibt's was Neues über das Programm zum Nationalen Frauentag. Und hier steht etwas über ein Restaurant, das aufgefordert wurde, für mehr Sauberkeit in der Küche zu sorgen. Diese halbe Seite ist ein Fortsetzungsroman. Das sind Witze. Hier die Sportnachrichten und der Rest lokale Ereignisse.» Das hört sich relevanter an als die Marxismustheorie, die von den Zeitungen vor zehn Jahren verbreitet wurde, aber noch immer fehlen Kommentare zu Religion, Umwelt, Ausland und Kunst. Lediglich die «internen» Veröffentlichungen mit geringer Verbreitung enthalten echte Informationen, Berichte über Korruption, Armut, Brutalität, wovon das meiste auf mündlichem Weg, durch die «Kleine-Straße-Nachrichten» durchsickert.

Ich verlasse das Teehaus und wandere sich windende Lehmziegel-Gassen entlang, zwischen niedrigen, weißgetünchten Häusern und schrägen Ziegeldächern hindurch. Magere weiße Hühner picken in den Ritzen im Pflaster, und ein Junge wäscht sich das Gesicht in einer weißen Emailleschüssel. Eine Frau wendet Melonenkerne auf Matten zum Trocknen, Salzen, Rösten und Verkaufen. Die Stadt scheint wie weggezaubert, und ich befinde mich plötzlich in einem Dorf in Chinas feudalistischer Vergangenheit. Da gibt es Handkarren und Büsche und Schultertragen und schlammbedeckte Innenhöfe und Stapel von trocknendem Holz, und die Gesichter sind die von Bauern.

An der Kreuzung zweier Gassen treffe ich Qi Fushen, einen älteren Pensionär mit Bürstenhaarschnitt und einem Gesicht, das sich wie altes Leder runzelt, wenn er lacht. Als Mitglied des örtlichen Nachbarschaftskomitees ist er mit verantwortlich für diesen Triumph an Reinlichkeit, die sauberen Wege und frischgetünchten Mauern, die neu angelegten Gärten und die strohgedeckte Schutzhütte an der Wegkreuzung, wo sich alte Männer zum Kartenspielen treffen. In die Mauern sind Landschaftsmalereien und Tafeln mit sorgfältig gemalten Kreideschriftzeichen eingelassen, die die Bewohner anspornen, die Älteren zu achten und die moralischen Grundsätze der Jungen zu stärken. Aber trotz der gepflegten, ordentlichen Gassen zerfallen die Häuser, vollgestopft mit Menschen, ohne fließendes Wasser und Klosett. Das Nachbarschaftskomitee verwaltet etwa vierzigtausend Einwohner und ist dem Bezirkskomitee unterstellt. Dieses wiederum untersteht der Verantwortung des Stadt- bzw. Gemeindekomitees, das Fabriken, ländliche Kreise und Volkskommunen führt. Das Nachbarschaftskomitee ist in Straßenkomitees und Hofkomitees, die etwa ein Dutzend Haushalte einschließen, unterteilt. Die Hälfte der sich in Qi Fushens Obhut befindlichen Anwohner arbeiten in der Fabrik. Ein Viertel besteht aus Kindern und Studenten, ein Achtel lebt im Ruhestand. Das Gebiet umfaßt Schulen, eine Klinik, Werkstätten, Kooperativen und Läden.

«Was macht ihr sonst noch?» frage ich ihn.

«Alles, was notwendig ist», gibt er zur Antwort. «Wir führen Gesundheitskampagnen durch, fördern Familienplanung, unterstützen politische Studien und setzen uns für die Gleichbehandlung von Frauen ein. Wir sorgen für Alte und Kranke. Wir helfen den Schulabgängern bei der Gründung von Kooperativen. Wir vermitteln in Streitigkeiten und geben moralischen Rat. Wir in China glauben, daß Vorbeugung vor Strafe schützt», erklärte Qi Fushen.

Theoretisch verkörpern diese Komitees den idealen Kommunismus, sie helfen und pflegen und lindern die ärgste Not, indem sie das korrupte Beamtentum durch Fair play ersetzten und damit die äußeren Bedingungen für positives, soziales Engagement schufen. In der Praxis üben sie ein Höchstmaß an Kontrolle aus, sie unterdrücken, schnüffeln herum, belästigen, bespitzeln Besucher, durchsuchen Wohnungen nach Anzeichen mangelhafter Hygiene und illegalen Flüchtlingen vom Land, nehmen Bestechungsgelder an, damit sie Sonderrechte gewähren oder den Mund halten. In diesem dichten Netz gegenseitiger Kontrolle ist jeder seines Nachbarn Wächter oder, wie die Chinesen es nennen, ein «Polizist mit kleinen Füßen».

Wir sind am Ende der weißgetünchten Gassen angelangt und betreten eine Ladenstraße mit grünen Fensterläden. Die Waren sind in Regalen aufeinandergeschichtet und in Säcke gefüllt, auf die Straße gestellt und an durchhängenden Schnüren befestigt. Das Sonnenlicht tanzt auf Reihen grüner Flaschen, den Scheiben der Schränke und den Schraubverschlüssen der Einmachgläser.

Neben einem Laden bleibe ich stehen; an der Wand kleben Plakate. Die rosaroten Farben auf leimfaltigem Papier beleben die Mauern sämtlicher chinesischer Städte. Die fließenden, handwerklich geschickten, pechschwarzen Kalligraphien stellen wahre Kunstwerke dar, muten durch ihre Unverständlichkeit geheimnisvoll an. Je mehr ich davon sehe, desto bedeutsamer erscheint mir ihre Botschaft.

«Was bedeutet dieses hier?» erkundige ich mich bei Qi Fushen.

«Das ist Werbung für Tomaten.»

Ich kann nicht glauben, daß das alles sein soll. «Und das daneben?»

Qi Fushen legt die Stirn in Falten und studiert die gedruckten Zeichen. «Hier geht es um eine Privatschule, die vor kurzem eröffnet wurde. Es zählt die Fächer auf, die angeboten werden.»

«Was ist mit dem rosafarbenen?»

«Das hier kündigt einen Tanzabend heute im Theater an.»

Ich sage ihm, daß mich diese Informationen fesseln.

«Nein», meint Qi Fushen, «uninteressant.»

Ich verabschiede mich und setze meinen Weg fort, durch enge Gassen, vorbei am staubigen Konfuziustempel, den geplünderten und zerstörten Gedenktafeln der konfuzianischen Jünger, zum «Park am Jadesee». Chinas Erbe liegt in diesen Parks; sie werden sorgfältig gepflegt und wohlgenutzt. Hier findet man Weiden und friedliche Teiche, ihr jadegrünes Wasser wirkt kühlend und beruhigend in einer staubig braungelben Stadt. Im Sommer verschwinden die Teiche unter Lotosblüten, aber im Frühling trauern die Weiden über Wasserfällen, tauchen ihre Zweige ein. Ich wandere zwischen Seen hindurch, auf weidengesäumten Dämmen entlang, über winklige Brücken, zu einem Schmuckstück chinesischer Handwerkskunst: ein Innenhof mit ehrwürdigen Bonsaibäumen, Pavillons, Wandelgängen mit chinesisch-roten Säulen, nach oben geschwungenen Dächern mit glasierten grünen Ziegeln, geometrischem Gitterwerk, Mondbögen, Drachen und ausgehöhlten grauen Steinen. Der Blick fällt durch einen Torweg aus Bambus auf Lichtungen inmitten von Kirschbäumen in einem rosafarbenen Blütenmeer; alte Männer spielen Schach unter ihren Zweigen, schaukeln auf Bänken an diesem duftigen Nachmittag voll dahingleitender Blütenblätter.

Kunming im Frühlingssonnenschein ist die verführerischste aller chinesischen Städte. Blauer Himmel, junge Blätter entfalten sich in den zarten Pastelltönen von Melone und Traube, rosa und weiße Blütenwolken schweben über Mauern. Nach den in Winterschlaf versunkenen, in einen Mantel der Düsternis gehüllten Städten, deren Schönheit sich in die nackten Zweige der Bäume und das zarte Grau von Rauch und Wolken zurückgezogen hat, verströmt Kunming den Zauber einer wiederauferstandenen Welt.

Ich verlasse den Park durch das Südtor und lenke meine Schritte Richtung Hotel, die Straßen sind nun belebt von Menschen und Betriebsamkeit und dem plötzlichen Ausbruch unternehmerischen Talents. Es ist schwierig, ein paar Meter durch Kunming zu laufen, ohne durch irgend etwas abgelenkt zu werden – hier eine Straße mit Schneidern bei der Arbeit, dort eine farbige Ladenfront, mit handgemalten Schriftzeichen verziert, hier ein Zweig karmesinroter Kamelien an einer Mauer mit meergrünem Gitterwerk, dort eine Gruppe Schulmädchen beim

Federball- oder Hüpfspiel oder chinesischem Seilspringen, hier ein Tofuladen, wo beschürzte Matronen mit ihren Armen in dampfenden Fässern rühren und Eimer mit Flüssigkeit in eine vibrierende Schleuder kippen, dort eine Privatbibliothek, wo ein Kind für einen Pfennig in Bilderbüchern schmökern und stöbern kann, hier ein alter Mann, der wahrsagt, indem er einen Finken aus seinem Käfig hüpfen und ein numeriertes Holzstäbchen auswählen läßt, ein Relikt aus jenen Tagen, als es in den Städten noch von Knochenwahrsagern, Physiognomiedeutern, Handlesern und Astrologen wimmelte, dort eine Thai-Frau in einem langen, bunten Sarong oder eine Sani mit ihrem Kopfschmuck aus geflochtenem Haar.

Die elementarsten Arbeiten werden immer noch mit der Hand verrichtet. Ich beobachte eine Frau beim Verschweißen von Beuteln, indem sie das Plastik falzt und es langsam durch eine Kerzenflamme zieht. Ich beobachte Männer, die Ziegelsteine mit einem zuckerzangenähnlichen Gerät hochheben, je vier auf einmal. Ich beobachte Zahnärzte, die mit nikotinverfärbten Fingern goldgefüllte Münder befühlen. Ich beobachte eine Gruppe Jugendlicher, die, inmitten einer Einöde aus halbverfallenen Mauern, wattierte Baumwolldecken herstellen. Ich beobachte Männer und Frauen, die Sand schaufeln und Säcke abladen, an schweren Handwagen zerren, eiserne Schubkarren hochwuchten und unter Tragstangen schwitzen. Sogar Produktionskooperativen arbeiten nur teil-mechanisiert, jeder Schuppen ist mit blaugekleideten Arbeitern und öligen, schwarzen Maschinen vollgepackt.

Nach Dengs Machtübernahme sind Straßenstände und private Kleinbetriebe wieder aufgetaucht und beleben die Gassen mit einer jähen Explosion von Ärzten, Zahnärzten, Hühneraugenoperateuren und Warzenentfernern, Wahrsagern, Schustern, Schirmflickern, mit Kleiderhändlern und Nudelständen, mit Händlern, die gebratene süße Kartoffeln oder geröstete Kastanien oder Melonenkerne feilbieten. Viele von ihnen kommen kilometerweit vom Land angeradelt und sitzen oder hocken den ganzen Tag auf dem Boden, um ein paar Erdnüsse zu verkaufen und ein paar Pfennige zu verdienen. Ihre Gegenwart scheint in einem Land wie China natürlich, und dennoch waren ein Jahrzehnt lang alle Straßenstände verboten.

Wo die Gasse etwas breiter wird, treffe ich auf einen Menschenauflauf, in ihrer Mitte zwei Tibeter, von den Hochebenen umwittert, die sich gewitzt durchs Leben schlagen. Ich kann die Berge spüren in ihrem fernen Blick und die im Schnee schimmernde Sonne in ihrer braungebrannten Haut. Meine Augen wandern an ihren Mänteln aus Yakfell hinunter zu den Messern an ihrem Gürtel, über ihre kniehohen Stiefel zu der Knochenansammlung zu ihren Füßen. Hier liegen Köpfe, Beine, Füße und Rümpfe einstiger Affen, Antilopen und Bären. Während der eine die Menge unterhält, zerschmettert der andere Beinknochen mit der Axt. Kaum habe ich meine Kamera aus der Tasche geholt, ertönt der Ruf eines Dritten, der als Wache aufgestellt ist. Der Knochenzertrümmerer schaut mit drohendem Blick hoch. Er spricht tibetisch, aber es gibt keinen Zweifel an der Bedeutung seiner Worte. «Wenn du dieses Foto machst», warnt er mich zähnefletschend, «kommt dein Bein als nächstes dran.» Mit unnötiger Heftigkeit schlägt er mit der Axt zu, und der Schienbeinknochen splittert nach allen Seiten.

An der Changchun Lu und der Wucheng Lu vorbei, um das Krankenhaus für traditionelle Medizin und den kleinen, eingezäunten Park herum, wo ich Mittag gegessen hatte, befinde ich mich wieder in der Umgebung des Teehauses, in der Vogelmarktstraße, meiner Lieblingsstraße. Sie vermittelt eine Harmonie, eine seltene Eigenschaft chinesischer Straßen, ein Gefühl von Abgeschlossenheit und heiler Welt. Unter einem Tunnel aus Platanen versammeln sich die Vogelhändler, stellen ihre Bambuskäfige aus: Futterschälchen aus Keramik und wulstige Stangen und Säcke mit Körnern und zirpende Grillen als Begleitung zum Vogelgesang. Vereinzelte Sonnenstrahlen dringen durch die Blätter und sprenkeln die Schatten wie Zitronenspritzer. Alte Männer trinken Tee auf Hockern am Straßenrand, die Hosenbeine hochgerollt, um Luft an die elfenbein-zarte Haut zu lassen. Blumenmädchen stricken zwischen dem Rosa und dem Krapprot abgeschnittener Kamelien, und eine blutrote Rose erglüht in der Sonne wie Feuer. Hier ergänzen sich ländliche Idylle und städtische Kultur auf ideale Weise. Arbeit, Familie und Geselligkeit sind zu einem Geflecht aus Marktständen und Heim verwoben. Jedes Sinnesorgan wird durch die puderquastene Weichheit der zum Verkauf angebotenen jungen Eulen, den Chor der Vogelstimmen, den Duft der Azaleen, den Geschmack frisch gebrühten Tees und die Harmonie kräftiger Blau- und Grüntöne angeregt. Grüne Blätter, blaue Kleidung; grüne Häuser, blauer Himmel.

Ich biege bei den Orchideenverkäufern um die Ecke und bin wieder am Teehaus angelangt, wo eine Schar Vogelliebhaber ihre Käfige auf Bambusstangen aufgehängt hat. Die Vogelzucht ist altehrwürdiges chinesisches Brauchtum, ehemals dem Bürgertum vorbehalten, aber neuerdings bei pensionierten Arbeitern sehr beliebt, die über genügend freie Zeit verfügen, sich ihrem Hobby zu widmen und den hin und her schwingenden Käfig auf dem Weg ins Teehaus oder zum Park spazierenzutragen. Durch das ständige Abmühen um einen sicheren Stand, bekommt der Vogel die notwendige körperliche Bewegung, und sein Besitzer hat Gesellschaft und frische Luft.

Die späte Nachmittagssonne wirft schräge Strahlen auf rostrote Häuser, glitzert im Staub und tanzt im Dampf, blitzt in den glänzenden Rädern, in einem Feuerrad funkensprühender Speichen. In diesem malerischen Licht und dem munteren Geklapper und Geklingel stimmen die Vögel ihr Abendlied an.

«Der nicht zugedeckte Käfig, der in der Mitte hängt, gehört dem Lehrervogel», erklärt ein Mann. «Er kostet weit mehr als hundert Yuan, weil er eine wunderschöne und ungewöhnliche Stimme besitzt. Die anderen Vögel sind seine Schüler.» Zwei Dutzend Käfige hängen in einem Kreis, ganz mit Tüchern bedeckt, bis auf eine Öffnung zum Lehrer hin. «Jeder Vogelbesitzer zahlt dem Eigentümer des Lehrervogels täglich einen Jiao, der damit allmählich seine Ausgaben hereinholt. Es sind alles *hua mei*, Vögel mit gemalter Braue. Schwarzdrosseln mit wunderschönen, leuchtendgelben Augenlidern. Aber der Gesang des Lehrers ist außergewöhnlich. Man hat ihm beigebracht, verschiedene Vogelrufe nachzuahmen, selbst Laute von anderen Tieren und vom Menschen.»

Ich gehe die Dongfeng Lu zurück, ihr breites Band aus Teer durch die schmelzende Sonne in Gold verwandelt, auf einen großen, freien Platz am östlichen Ende zu. Öffentliche Plätze gehören nicht zum traditionellen Bild chinesischer Städte und wirken bei Tag kahl und nackt. Aber wenn die Sonne untergeht, die Schatten der Laternenpfähle sich auf dem Pflaster abzeichnen, werden sie zum Treffpunkt der Drachensteiger. Diese flatternden Libellen, Schmetterlinge und Kraniche aus Papier sind ein vertrauter Anblick in westlichen Kinderzimmern, aber hier in den Lüften Chinas ist ihre eigentliche Heimat, wo sie sich emporschwingen, zwischen den abendlichen Schwalben herabstoßen und tauchen, während die Sonne in der Straße des Ostwinds versinkt.

In der knappen halben Stunde zwischen Abenddämmerung und Sonnenuntergang strömen die Menschen nach draußen, Lichter werden angezündet, und man fühlt sich in das alte China zurückversetzt. In den abendlichen Gassen drängeln sich Spaziergänger um Tabakverkäufer und Stände mit Reiskuchen. Die Händler vom Tage haben zusammengepackt und sind verschwunden, unter der Last ihrer Tragstangen schwankend, mit ihren Handkarren davonrollend, mit dem Fahrrad zu ihrem fernen ländlichen Zuhause radelnd. Ich wende mich wieder Richtung Süden und halte auf ein staatliches Restaurant zu, denn wenn ich nicht bald etwas esse, wird alles verschlossen sein. Ich spähe zwischen den roten Schriftzeichen auf der Scheibe hindurch, aber statt etwas Eßbarem entdecke ich die obligatorische, wöchentliche politische Arbeitsgruppe. Ein Parteikader liest aus einem Notizbuch vor, während die Köche und Kellnerinnen in den verschiedensten Positionen unsagbarer Langeweile an den Tischen kauern. Sie lehnen auf dem Ellbogen, sie gähnen, sie seufzen, sie starren durch das Fenster auf die Passanten.

In der Nähe des Hotels gibt es ein weiteres Großrestaurant, sogar offen und aus allen Nähten platzend. Ich kämpfe mich nach vorn, um zu sehen, was sie haben; wartet man geduldig ab, kommt man niemals dran. Ich stehe nach einem Essensbon Schlange und stehe nochmals an, bis die Suppe fertig ist. Wir werden vollgespritzt und herumgestoßen wie Boote im Sturm von herein- und hinausdrängelnden Menschen mit überschwappenden Suppenschalen, während ungehaltene Bedienungen mit schwankenden Stapeln von Tellern im Zickzack hindurchsteuern. Der Raum brodelt: Leute, Lärm, Licht, abgenagte Knochen, schmutziges Geschirr und vollgekleckerte Terrazzotischplatten – die Kunden mögen es heiß und hell, als Entschädigung für ihre Wohnungen, die es nicht sind. Sie rauchen, sie spucken, sie schlürfen, sie schreien, sie widmen sich ihrem Essen mit dieser eigenartigen, typisch chinesischen Intensität. Ich genieße solche Orte, wenn ich in der richtigen Stimmung bin: sie sind lebendig, sie machen Spaß – eine echte Kostprobe Chinas.

Als die Suppe endlich kommt, finde ich keinen Platz zum Hinsetzen. Ich ziehe zwei Eßstäbchen aus dem Behälter an der Wand (die Partei bemüht sich, sie allmählich durch Messer und Gabel zu ersetzen) und stehe mitten zwischen Tischen, während ich in meiner Suppe nach Grünzeug fische und vom Rand der Schale die Brühe in Schlucken trinke. Ranken treiben wie Algen um Felsen in einem See: Lilienblüten, Holunderschwamm, Erbsenblätter. Ich fühle mich zu den Stränden meiner Kindheit zurückversetzt, den Geruch der Fischleimfabriken in der Nase.

Am Ende der Halle bricht ein Streit aus. Die Schlangen wachsen immer länger, schlängeln sich hinaus auf die Straße, und niemand bekommt etwas zu essen. Ein Mann mit gerötetem Gesicht und einem kleinen Schnurrbart und einem rosa Unterhemd, das durch sein dünnes weißes Hemd scheint, ist betrunken und beschimpft einen Angestellten. Menschen schreien, Menschen schieben. Die Kellnerinnen kreischen, der Betrunkene taumelt. In der allgemeinen Aufregung schnappe ich mir einen Stuhl und nehme meine Tasche auf den Schoß, da der Fußboden, wie immer und überall, viel zu schmutzig ist. Nach erneutem Schlangestehen arbeite ich mich genießerisch durch mein hundertjähriges Ei, das aufgeschnitten, in einem

Beet frischen Korianders mit Ingwer und scharfer Sojasoße, serviert wird.

Chinesische Tische sind normalerweise rund, damit jedem jedes Gericht zugänglich ist. Die optimale Größe eines Tisches läßt zwölf Personen Platz finden, weshalb in einem Restaurant mehrere Paare oder Gruppen etwas Gemeinsames bestellen können. Die Männer an meinem Tisch rauchen während des Essens, und eine Zigarette tanzt über meinem Teller. Da der Aufruhr andauert, beschweren sie sich über die schlechte Bedienung, brüllen rüde die Kellnerin an und schlingen gierig ihre Mahlzeit hinunter. Sie nehmen ihre Schalen in die Hand, beugen den Kopf, schürzen die Lippen und saugen den Reis auf. Nachdem die Schüsselchen halb geleert sind, handhaben sie ihre Eßstäbchen auf dieselbe Weise wie Arbeiter Kies schaufeln. Sie spucken die Knochen aufs Tischtuch, wischen sich die Hände daran ab, stützen die Ellbogen auf und geben einen lauten Rülpser von sich. Sie schneuzen ihre Nase zwischen Finger und Daumen und schmieren den Rotz ans Stuhlbein. Nicht sie sind primitiv, sondern ich, die ich in Unkenntnis der Regeln das Salz mit der Hand nehme, die Finger in den Mund stecke und mein Essen in Sojasoße ertränke.

Wieder draußen, wundere ich mich über die leeren Gassen. Die Wohnblocks gleichen Schachbrettern mit hellen Feldern aus Licht und Menschen, die sich in Räumen ohne Vorhänge bewegen. Ich sehe einen Mann, der an einem Tisch eine Kette untersucht, hinter ihm Kochtöpfe, auf einem Grammophon übereinandergetürmt, ein Laken, das den Schlafplatz verdeckt, ein Goldfischglas und ein Fahrrad. Im angrenzenden Zimmer streicht ein anderer Mann ein rosageblümtes Bettuch glatt. Im nächsten sitzt eine Frau und näht im Licht einer Tischlampe.

Mit dem Wiedereintreten in die Welt der holzverkleideten Häuser tauche ich mit der Dunkelheit in das Labyrinth der Gassen. Innenräume, die tagsüber dem Blick verborgen bleiben, schimmern nun im sanften Paraffinlicht einer Vierzig-Watt-Birne. Jetzt bin ich die Unsichtbare. Ich verlangsame meinen Schritt und luge durch Gitter und halboffene Tore, halte inne, um den Kochduft von Gewürzen und Reiswein zu schnuppern und dem Spiel der *erhu* zu lauschen, einem zweisaitigen Instrument, das mir eindringlich bewußt macht, in welchem Land ich mich befinde. Was am Tage scharf umrissen und unpersönlich ist, verwandelt sich nachts in eine verschwommene Traumwelt orientalischer Gerüche und Geräusche; Menschen wuseln in mittelalterlichen Behausungen zwischen Besitztümern, die in alle erdenklichen Ecken und Winkel gezwängt, geschichtet und aufgehängt sind. Körbe, Vogelkäfige, Taschen und Kochtöpfe baumeln von Haken an der Decke. Brennholz und Bettzeug sind in der Nische über dem Kleiderschrank verstaut. Truhen aus Kampferholz sind wie Pyramiden aufeinandergestapelt. Bambusleitern dringen in die oberen Stockwerke vor. Hauskatzen zerren an der Leine, die am Tischbein festgebunden ist. Spiegel und Kalender schmücken die Wände.

Gegen halb elf ist Ruhe in Kunming eingekehrt. Fahrräder gleiten unbeleuchtet durch die Nacht. Schattenhafte Figuren lösen sich von Mauern und treiben durch Lachen von mattem, blattwerkgefülltem Licht dahin. Selbst in den Hauptstraßen sind die Geräusche gedämpft: Fahrräder, Stimmen, Tritte, eine Klingel. Die Sterne leuchten in Konstellationen, von chinesischen Astronomen nach ihrer Vorstellung zusammengefaßt. Im buttergelben Rechteck eines offenen Eingangs hängen Frauen Nudeln zum Trocknen über Gestelle. Ein Pampelmusenmond schwebt zwischen den Zweigen. Ich laufe ungestört mitten auf der Fahrbahn. Die Straßen sind leer. Die Stadt schläft.

AUSFLUG ZUM SCHWARZEN-DRACHEN-TEICH

«Stört es Sie, wenn ich mich ein Weilchen mit Ihnen unterhalte?»

«Pst!» machte ich. Die alten Männer hatten sich umgedreht und blickten uns streng an. Einer von ihnen schnauzte den Jungen an, der sich mir genähert hatte und nun vor mir stand, ein Jugendlicher, vielleicht halb so alt und halb so groß wie ich, gekleidet wie eine Waldnymphe, ganz in Grün. Es war früher Nachmittag im Teehaus in Kunming: Zeit zum Geschichtenerzählen.

In den Städten kam es häufig vor, daß meine Englischkenntnisse gefragt waren, und normalerweise freute ich mich darüber. Mehrere Freundschaften waren auf diese Weise zustande gekommen, denn viele Chinesen reagierten ängstlich oder abweisend, wenn sie spontan von einem Fremden angesprochen wurden.

Ich hatte geglaubt, der junge Mann sei gegangen, aber nach Beendigung der Geschichte tauchte er erneut auf und wiederholte seinen Vers: «Entschuldigen Sie bitte, stört es Sie, wenn ich mich ein Weilchen mit Ihnen unterhalte?» Da die Chinesen im allgemeinen spontanen Bekanntschaften mit Argwohn begegneten, auf Förmlichkeiten größten Wert legten und das natürliche Wachsen einer Freundschaft bevorzugten, mußte dies, so nahm ich an, ein entschlossener junger Mann sein. Er setzte sich an meinen Tisch und schlürfte seinen Tee. Dann, statt die rituellen Fragen zu stellen, um meine Persönlichkeit richtig einzuschätzen und Zeit zu gewinnen, zog er sein Notizbuch hervor und kam gleich zur Sache. Könnte ich ihm erklären, was Digraph bedeutete? Nein. Ich bezweifelte, daß es so geschrieben wurde.

«Aber es stand so im Buch!»

Seinem Gesichtsausdruck nach zu urteilen, war ich auch keine besondere Hilfe, wenn ich den Unterschied zwischen lernen und studieren oder wissen und erkennen erläutern sollte, deshalb begann ich, ihm Fragen zu stellen. Cheng Weimin war das egal, Hauptsache er übte und ich verbesserte sein Englisch. Studierte er Englisch an der Universität?

Sein Gesicht blieb unbewegt, ein aufgeschlossenes Gesicht, ernst und schelmisch zugleich: «Ich arbeite Nachtschicht in der Kunming Werkzeugmaschinenfabrik Nummer 4.»

«Wie kommt es, daß du dort arbeitest?»

«Wir leben dort; unsere Einheit besitzt eigene Unterkünfte. Mein Vater arbeitet noch, und meine Mutter wurde vor drei Jahren mit fünfundfünfzig pensioniert. Sie teilten mir ihren Platz zu.»

«Wieviel verdienst du?» Dies war eine übliche Frage; sie wurde mir häufig von Leuten gestellt.

«Fünfunddreißig Yuan.» Etwas mehr als dreißig Mark im Monat, kaum mehr, als ich, in Ermangelung anderer Alternativen, für Kuchen ausgab. Ich hatte schon Arbeiter in Dienstleistungsbetrieben getroffen, die noch weniger verdienten (und andere, die zehnmal soviel erhielten), aber zumindest war sein Lohn höher als vor der Befreiung. Auf Grund seiner bäuerlichen Herkunft hätte er damals täglich weit länger arbeiten müssen, vor allem, um die Familienschulden abzuzahlen. Arbeiter wurden nach einer Acht-Punkte-Skala entlohnt, nach ähnlichen Kriterien wie ihre westlichen Kollegen. Weimin gehörte zur niedrigsten Lohnstufe, dennoch sah er nicht arm aus. Seine Kleider waren sauber, seine Manieren einwandfrei. Armut trog in China.

«Und deine Eltern?»

«Mein Vater verdient achtzig Yuan. Meine Mutter bekommt vierzig Yuan Rente, drei Viertel ihres früheren Gehalts. Aber sie hilft freiwillig im Kindergarten mit.»

«Ich dachte, Männer und Frauen erhalten den gleichen Lohn?» Obwohl sich die Stellung der Frau seit der Zeit, als Landarbeiterinnen ein Sechstel des Verdienstes ihres Ehemannes gezahlt wurde, gewaltig verbessert hatte, kam ich doch zu dem Schluß, daß Frauen in den achtziger Jahren nach wie vor nicht gleichberechtigt waren, daß ihnen immer noch die traditionell «weiblichen» Beschäftigungen wie Nähen und Feinarbeiten zugeteilt wurden, eintönige Tätigkeiten, die zudem noch schlechter bezahlt waren. Millionen verrichteten ungelernte Arbeiten, wurden in Hausfrauenkollektiven oder in Heimarbeit ausgebeutet. Männer nahmen es Frauen auch heute noch übel, wenn sie das gleiche verdienten, obwohl dies die Gesetze schon seit dreißig Jahren vorschrieben und obwohl Frauen in China Berufen nachgingen, die im Westen Männern vorbehalten waren. «Frauen tragen die Hälfte des Himmels», verkündete Mao Tse-tung, und die Hälfte der Schaufeln ebenfalls, wahrscheinlich weit mehr. Gemeinsam mit Männern verrichteten sie schwere Arbeiten, und ihnen wurde häufig die körperlich anstrengendere Aufgabe zugewiesen: Zement mischen, Boote bauen, Karren ziehen und Exkremente auf Schultertragen schleppen. Auf der Baustelle waren es die Frauen, die Schwerstarbeit leisteten, während die Männer Ziegelsteine aufeinanderschichteten.

Im Fall von Weimins Mutter schien die Antwort einleuchtend: «Mein Vater verdiente mehr, weil er länger dort beschäftigt war.» Das galt auch für Ärzte, Lehrer, Parteikader (jedoch nicht für Bauern); je älter man war, desto höher der Verdienst, eine Frage von Ehrerbietung gegenüber dem Alter, eine gerechte Belohnung für größere Erfahrung und jahrelange harte Arbeit. Aber es schien ebenso denkbar, daß Weimins Vater besser verdiente, weil man ihm einen verantwortungsvolleren Posten zugeteilt hatte. Männer erklommen die Lohnskala schneller und bekamen im Durchschnitt eineinhalbmal soviel wie ihre Ehefrauen. Weimins Eltern waren ein typisches Beispiel: Frauen stellten die neue ausgebeutete Klasse dar, Chinas neues Proletariat. Obwohl die Partei Berufstätigkeit von Frauen als Schlüssel zu deren Emanzipation sah, waren Frauen *gezwungen*, selbst für geringe Bezahlung zu arbeiten, oder sie hatten nichts zu essen.

«Bekommt ihr Urlaub?» fragte ich.

«Wir arbeiten sechs Tage die Woche und haben mittwochs frei» – die gestaffelte Arbeitszeit reduzierte den sonntäglichen Andrang in den Läden –, «einige meiner Kollegen arbeiten auch durchgehend und heben sich ihre freien Tage auf. In den meisten Betrieben gibt es noch keinen Jahresurlaub, lediglich an nationalen Feiertagen – Tag der Jugend, Tag der Arbeit, internationaler Frauentag, Tag der Volksbefreiungsarmee . . .» Xiuying hatte Glück, daß sie an der Universität beschäftigt war.

«Angenommen, du hättest einen anderen Beruf gewollt», deutete ich zaghaft an, «wäre das möglich gewesen?»

«Es wäre schwierig gewesen.» Er meinte unmöglich. Nur eine Handvoll Privilegierter konnte Einfluß auf ihre berufliche Laufbahn nehmen.

«Was wäre zum Beispiel, wenn du gerne Arzt werden wolltest?»

«Dann hätte ich schon in der Schule eine besondere Begabung auf diesem Gebiet zeigen müssen, um anschließend die Eignungsprüfungen der medizinischen Fakultät abzulegen. Die Anforderungen sind sehr hoch.»

«Gefällt dir dein Job eigentlich?» Er wirkte zu intelligent, zu aufgeweckt, zu zart für die Kunming Werkzeugmaschinenfabrik Nummer 4.

Der Kessel ging herum, und unsere Tassen wurden gefüllt. Weimin trank behutsam in kleinen Schlucken, hielt mit den Zähnen die groben Teeblätter zurück. Draußen liefen kichernde Mädchen vorbei und drehten sich nach uns um. Weimin ignorierte sie. «Ein paar Jahre lang halte ich schon durch. Es ist zwar eintönig, dafür aber sicher, doch den Rest meines Lebens möchte ich dort nicht zubringen.» Fabrikarbeiter liefen keine Gefahr politischer Entfremdung. Die Miete war billig, die Ausbildung umsonst, und Weimin durfte nicht gefeuert werden. Bis jetzt. Kurz nach unserer Bekanntschaft führte Deng seine Wirtschaftsreformen ein. Bis Mitte der achtziger Jahre würde die Sicherheit der Arbeitsplätze nicht länger gewährleistet sein, da nach und nach alle Fabriken von staatlicher Kontrolle unabhängig wurden, Lohn im Verhältnis zur Leistung gezahlt wurde und sich die Produktion in Zukunft nach Angebot und Nachfrage richtete. Das Zerschmettern von Chinas Eiserner Reisschüssel bedeutete eine weitere Niederlage für die Anhänger Maos, die zweite Absage an grundlegende marxistische Ideale. Schon 1981 gab der Staat seine Funktion als alleiniger Arbeitgeber auf; Privatleute konnten Kleinunternehmen gründen, Hilfen und Lehrlinge einstellen. Das Ergebnis zeigte sich eindrucksvoll in jeder Straße der Stadt.

Ich kannte das Szenarium in Weimins Betrieb nur zu gut, ich hatte alles schon einmal gesehen. Die sozialistische Antwort auf kapitalistische Ausbeutung – das Leben zu erleichtern und das Arbeitstempo zu drosseln – bot einen ebenso deprimierenden Anblick, obwohl auf andere Art, wie die überlasteten Textilmanufakturen des neunzehnten Jahrhunderts. In großen zugigen Schuppen standen die Maschinen still, Arbeiter saßen herum und schwätzten, und jegliche Sicherheitsvorschriften fehlten. Überzählige Menschen, überschüssige Maschinen, überflüssige Spruchbänder an den Wänden. Die Partei mochte sich damit brüsten, daß jeder einen Arbeitsplatz hatte (obwohl bis zu einem Fünftel der städtischen Bevölkerung arbeitslos war), aber die meiste Zeit des Tages, vielmehr des ganzen Jahres, wurde mit Rauchen und Ausruhen, Zeitunglesen, Baden und Einkaufen, politischem Unterricht, Essenspausen und Teetrinken zugebracht. Deng Xiaoping glaubte an privates Unternehmertum, glaubte an Konsum als urmenschliches Bedürfnis, glaubte, daß es möglich sei, in fast allen staatlichen Betrieben die Produktion innerhalb kurzer Zeit zu verdreifachen, durch ein Management, das sich nach dem Prinzip von Angebot und Nachfrage richtete. Ihm gegenüber hielten die übriggebliebenen Maoisten immer noch an dem Ideal proletarischer Selbstbestimmung fest und fürchteten den Verlust von zentraler und persönlicher Macht, Preissteigerungen und vielleicht bloß harte Arbeit. «Warum arbeiten die Leute nicht?» erkundigte ich mich aus reiner Gewohnheit, wenn ich eine Fabrik besichtigte, denn die Antwort kannte ich bereits: «Es gibt keine Arbeit. Sie haben ihr Soll erfüllt.» Das konnte heißen, daß die Vorräte an Material erschöpft waren oder die Maschinen nicht funktionierten oder nicht genügend Arbeiter aufgetaucht waren, oder es konnte stimmen.

Überall in staatlich geführten Unternehmen präsentierte sich ein ähnliches Bild: Überbeschäftigung, Unterproduktion. Man ging die Straße entlang und sah Männer mit Schüsseln voll Seifenlauge, die Geländer abwuschen. Man betrat ein modernes Luxushotel und konnte das Personal dabei beobachten, wie es leere Aschenbecher ausleerte, staubfreie Tische abstaubte, sich selbst Arbeit beschaffte, um nicht untätig zu erscheinen. In der Universität konnte es sein, daß die Anzahl der Professoren die ihrer Studenten übertraf. In einer Bank war sicherlich die Hälfte der Angestellten am Zeitunglesen, Englischlernen oder in einen Schwatz mit ihren Freunden vertieft, während die andere Hälfte gemächlich Papiere hin und her schob. Einmal fand ich eine ganze Bank zu den üblichen Öffnungszeiten geschlossen. «Es ist niemand hier!» teilte mir der Hausmeister triumphierend mit. «Kommen Sie morgen wieder.» Am nächsten Tag verlautete, daß man sich einen Film angesehen hatte.

In verblüffendem Gegensatz dazu war die Atmosphäre in einer privaten Kooperative mit Energie und Schwung aufgeladen. Es herrschte fieberhaftes Arbeiten, eifrig betriebene Kundenwerbung, ein Wettkampf mit der Zeit. In einem staatlich geführten Betrieb wurden zwei eingestellt, wo einer genügt hätte, und es schien, als müßten sie sich auch das Gehalt teilen.

«Kannst du wirklich von fünfunddreißig Yuan im Monat leben?» fragte ich Weimin.

«Meine Eltern steuern etwas bei. Sie kauften mir ein Fahrrad, als ich noch zur Schule ging.» Nur einer von sechs Chinesen besaß ein Fahrrad. «Sie haben meinen Bruder, meine Schwester und mich immer gleich behandelt, haben selbst auf vieles verzichtet, damit wir Bücher und Kleidung bekamen.»

Ich bestürmte Weimin mit Fragen. Manchmal reagierten die Leute ärgerlich, wenn sie von Fremden als reine Informationsquelle und nicht als menschliches Wesen behandelt wurden, aber da Weimin mit mir auf ähnliche Weise verfuhr, konnte er schlecht etwas dagegen haben: wir betrieben einen Tauschhandel mit unserem Wissen.

«Was dir wirklich Spaß machen würde», lockte ich ihn, «ist, an die Universität zu gehen und Englisch zu studieren, nicht wahr?» Weimin war vom Englischfieber gepackt. Wie Millionen seiner Landsleute in den Städten sah er die englische Sprache als wirksamstes Mittel zum Erfolg. Obwohl sich dadurch allein keine Tür öffnete, diente es ihm als Schlüssel zur Außenwelt und als Aufbegehren gegen den Status quo. Wo ich auch hinkam, traf ich auf Leute, die Englischlektionen aus Lehrbüchern und Kassetten paukten. Die Fernsehuniversität war wiedereröffnet worden, und Radio Peking sendete drei Englischkurse täglich. Dieses Engagement beim Erlernen einer Sprache wurde später, an einem eisigkalten Dezemberabend in Peking, besonders deutlich: Schnee wehte durch das Dachfenster des Fremdsprachen-Buchladens, wo zweihundert Menschen einen Jiao bezahlt hatten, um im Dämmerlicht gemeinsam Englisch zu üben. Nie zuvor hatte ich eine solche Hingabe erlebt. «Wie groß sind deine Chancen?» wollte ich von Weimin wissen.

«Im Moment gleich Null. Als ich vor fünf Jahren die Schule beendete, waren meine Noten zu schlecht, um mich an der Universität einzuschreiben. Seitdem lerne ich Englisch für mich. Jede Nacht, wenn ich von der Schicht heimkomme, sitze ich von Mitternacht bis zwei Uhr morgens – dann ist es ruhiger – über den Englischbüchern oder höre ausländische Sender. Aber es ist schwer, sich zu verbessern, wenn man niemanden zum Üben hat.»

Weimins Ehrgeiz bestand darin, Lehrer zu werden. Und doch sehnten sich sämtliche Lehrer, die ich getroffen hatte, danach, ihren Beruf aufzugeben und den überaus reizvollen und äußerst begehrten, wahrscheinlich ganz und gar öden Job eines Übersetzers in der Touristikbranche anzunehmen. Ihm haftete derselbe Zauber an wie dem einer Stewardess, als ich klein war; ein Traumberuf, auf den ein jähes Erwachen folgte.

An diesem Punkt mischten sich die alten Männer ein und wollten wissen, wer Weimin war, welcher Einheit er angehörte und warum er so lange mit einer Ausländerin sprach. Die Greuel der Kulturrevolution noch in lebhafter Erinnerung, verhielten sich viele Chinesen Leuten wie mir gegenüber mißtrauisch. Diejenigen, die mit Ausländern verkehrten, würden möglicherweise im Falle eines zukünftigen politischen Umschwungs bestraft werden.

Weimins Antworten blieben vage. Man sah, daß ihm dieses Verhör lästig war, doch sein Verhalten blieb respektvoll aus Achtung vor dem Alter. Später erklärte er mir, daß er auf Höflichkeit größten Wert legte. Junge Leute heutzutage vergaßen leicht ihr gutes Benehmen, meinte Weimin etwas überheblich, vor allem Mädchen. Kaum steckte man sie in eine Uniform, fingen sie an, sich wichtig zu fühlen.

Für Weimin wurde es Zeit für die Vier-Uhr-Schicht. Wollte ich ihn morgen wiedertreffen? Ja, gern. Er würde ein zweites Fahrrad besorgen, und wir könnten fahren, wohin ich Lust hätte.

Als ich zu unserer Verabredung zehn Minuten zu spät kam, wartete er bereits auf mich, schmächtiger denn je und im Begriff, aufzugeben und heimzugehen. Pünktlichkeit bedeutete für ihn ein Zeichen guter Umgangsformen. China war ein pünktliches Land: Busse und Züge fuhren exakt fahrplanmäßig, Leute erschienen auf die Sekunde genau, häufig sogar früher. Niemals versetzte mich jemand. Weimin erholte sich, schüttelte mir die Hand und stellte mir Ma vor, einen schlaksigen Burschen mit Brille, der ebenso hoch aufgeschossen wie Weimin klein geraten war. Er lächelte unsicher, trat von einem Fuß auf den anderen und wandte sich ab. Dann bestieg er sein Fahrrad und radelte heim.

«Er ist ein bißchen schüchtern», erläuterte Weimin unnötigerweise, «aber er wollte dich trotzdem kennenlernen.»

Ich schwang mein rechtes Bein über das Hinterrad – ein sehr unbeholfenes und unchinesisches Verfahren, das die Vorbeigehenden sehr belustigte – und eierte mit dem Strom der Fahrräder davon. Ich konzentrierte mich auf Weimins grünen Rücken, da mir dieses Gerät ungewohnt war (kein Licht, keine Gangschaltung), unzählige andere um mich herumschwirrten und ich die Verkehrsregeln nicht kannte. Wie sich herausstellte, gab es keine. Wer den größten Lärm veranstaltete, besaß Vorfahrt. Radfahrer, die nach links abbiegen wollten, fuhren quer über die Fahrbahn, ohne sich um den Gegenverkehr zu kümmern oder einen Blick nach hinten zu werfen.

Nach einer Weile begann es mir Spaß zu machen. Ich wurde aus meiner Welt der Touristin herausgelöst und bildete mir ein, dazuzugehören. Das Rad war stabil, die Metallteile frisch poliert, schwarz mit goldenen Zeichen. Alles radelte in würdevollem Tempo, und es gab kaum Autoverkehr. Ich sah Babies in Korbsitzen, die an Querstangen festgeschnallt waren, Männer, die Möbelstücke auf dem Kopf transportierten, und ganze Familien, die sich auf einem einzigen Fahrrad fortbewegten. Später, als die Nacht hereinbrach, gewöhnten sich meine Augen an die vertraueneinflößende, gleichmäßige Dunkelheit; da niemand eine Lampe hatte, wurde keiner geblendet, und man konnte alles erkennen.

Fahrrädern galt der ganze Stolz und die Leidenschaft ihrer Besitzer. Wenn einer auch nur das Schutzblech eines anderen verbeulte, wurde ein Streit vom Zaun gebrochen, wobei der Schuldige gemeinsam mit den Schaulustigen lachte und dem Betroffenen das Schimpfen schwerfiel, um nicht als Trottel dazustehen. Auf Grund der anfallenden Kosten und der ewigen Wartelisten für Bezugsscheine gehörten Fahrraddiebstähle zur Tagesordnung. Wenig Chinesen waren jemals in einem Auto gefahren, und die Fahrzeuge, die es gab, dienten dem Gemeinwohl. Aber Privatbesitz setzte sich mehr und mehr durch, Lärm, Luftverschmutzung und Unfälle würden zunehmen . . . die Kluft zwischen Reich und Arm würde sich vertiefen. Genau wie beim Fernsehen, das sich vor zehn Jahren kaum jemand leisten konnte, wäre die Entwicklung unaufhaltsam, die Folgen nicht abzusehen.

Auf unseren Rädern dem Schicksal preisgegeben, bogen wir in die Seitengassen ab, zum Ziel meiner Wahl. Wir bezahlten unsere fünf Pfennige und stiegen die drei Stockwerke Betonstufen hinab, in das Innere des Bergs, unter dem Zoo. Ich hatte über die Bunker Pekings gelesen, ein Netz von Tunneln, das von «freiwilligen» Arbeitskräften während der Kulturrevolution errichtet worden war, als die Angst vor den USA und der Sowjetunion einer regelrechten Paranoia glich. Jeder Betrieb, jedes Geschäft besaß einen privaten Zugang. In jeder Stadt entstanden Schutzbunker, nach Feierabend mit Spaten und Pickel gegraben, unter Verwendung ohnehin knapper Materialien. Aus der Erkenntnis heraus, daß sie im Falle eines Atomkriegs den Druckwellen nicht würden standhalten können, noch einen konventionellen Krieg überstehen würden, hatte man sie inzwischen zum Teil in Lagerräume, Schlafsäle und Einkaufspassagen umgewandelt.

Nachdem wir drei aufeinanderfolgende Drucklufttüren passiert hatten, befanden wir uns in einem Irrgarten aus weißgetünchten Tunnels, sanft geschwungen, sanft abfallend, die sich in geheimnisvoller Ferne verloren und von unsichtbaren Schritten widerhallten. Die Einrichtungen eines Bunkers, die mich am meisten faszinierten – Stromerzeugung und Sauerstoffzufuhr, Abwässerbeseitigung und Nahrungsmittelversorgung, Nachrichtenübermittlung und Wasserreservoirs, die Schlafräume, Klassenzimmer, Kliniken, Klos – nichts davon war zu sehen; vielleicht existierten sie noch hinter den verriegelten Türen fischgrätenhaft angeordneter Seitentunnels. Auf den Anschlagtafeln waren sie jedoch eingezeichnet. Auf den Abbildungen wirkte alles so ruhig, geordnet, weiträumig: Moskitonetze über bequemen Betten, Kinder in Mathematikaufgaben vertieft, Schwestern in gestärkten Trachten, die sich um Patienten bemühten, Blumentöpfe und gelassen lächelnde Gesichter. Dies alles paßte zur üblichen Parteistrategie, den Leuten Sand in die Augen zu streuen: «Falls eine Atombombe niedergeht, verziehen wir uns in den Untergrund und leben genauso weiter wie zuvor.»

Doch neben diesen Trugbildern hingen Photos, die die Realität des Krieges darstellten: zerstörte Städte, radioaktive Verbrennungen, Raketenbasen und ausfallende Haare. Weimin neben mir, sein Kopf reichte mir kaum bis zur Schulter, blickte interessiert, aber keineswegs ängstlich. Die Realität dieser Aufnahmen mochte zu anderen Ländern gehören, aber nicht zu China.

«Hast du keine Angst vor einem möglichen Atomkrieg?»

«Natürlich», erwiderte er. Aber ich hatte das Gefühl, daß er nur höflich sein wollte und glaubte, daß ich diese Antwort von ihm erwartete. Obwohl die Explosion einer Bombe 1964 im Nordwesten Chinas zu Krebserkrankungen und Mißbildungen und verseuchtem Weideland in den Oasen entlang der Seidenstraße geführt hatte und obwohl in jüngster Zeit Demonstrationen gegen Atomversuche stattgefunden hatten, war mir kein Chinese begegnet, der Abrüstung befürwortete oder der ernsthaft einen Atombombenangriff fürchtete. Entweder wurden die Tatsachen verschleiert, oder ihre persönlichen Belange standen im Vordergrund.

Wir tauchten wieder ans Tageslicht auf, Weimin sprang leichtfüßig wie eine Antilope die Stufen hinauf, und ich stapfte hinterher. Auf dem Fahrradparkplatz lösten wir unsere Räder aus, und Weimin eilte nach Hause, rechtzeitig zu seiner Schicht.

Am folgenden Mittwoch, Weimins und Mas freiem Tag, machten wir drei uns auf den Weg zum Schwarzen-Drachen-Teich. Wir radelten Richtung Norden, an den Ausläufern der Berge entlang, durch Vororte mit qualmenden Schloten, an den Mauern von Fabrikanlagen vorbei, über Wiesen und Weizenfelder.

Weimin war guter Laune. Während Ma mit seinen Spinnenbeinen vorausfuhr, deutete Weimin auf die fernen Hügel, die nackt und kahl das Yunnan-Plateau einrahmten. Seit der Befreiung wurden im ganzen Land Schulkinder, Arbeiter und Arbeitslose dazu eingesetzt, Bäume zu pflanzen, aber viele davon wurden als Brennholz wieder geschlagen. «Unsere Einheit bepflanzte diese Hügel mit Kiefern», erinnerte sich Weimin. «Der Staat lieferte die Setzlinge, und unsere Einheit – Tausende von Arbeitern – verbrachte drei Tage damit, sie einzupflanzen. Es hat uns Spaß gemacht. Wir bekamen unseren üblichen Lohn, waren an der frischen Luft und hatten Bewegung. Es war viel besser als in der Fabrik, wo man immer vor derselben Maschine sitzt, im Krach und Ölgestank. Schrecklich!» Weimin verzog die Nase und lachte. An diesem Morgen wirkte er in seinem kurzärmeligen Hemd und der handgestrickten Weste jungenhafter denn je. Weimin war nicht der Typ, der sich durch einen langweiligen Job die Freude am Leben verderben ließ.

«Woran denkst du, wenn du deine Maschine bedienst?»

«Ich versuche, an etwas anderes zu denken, an Musik oder Filme und Sport. Ich mag Sport. Jeden Morgen jogge ich eine halbe Stunde.» Während ich mich den Berg hinaufplagte, das Reden mir Mühe bereitete und ich bei diesem Tempo kaum nachkam, fühlte ich mich uralt. Weimin, der noch keinen Tag in seinem Leben krank gewesen war, konnte nicht verstehen, daß jemand so wenig Kondition hatte. «Heute morgen bin ich um halb sechs aufgestanden und habe einen Dauerlauf gemacht. Meine Mutter ist mit aufgestanden, um für dich die Wohnung zu putzen.» Seine Eltern hatten mich zum Mittagessen eingeladen.

Wir bogen in einen verschlungenen Pfad ein, der mich an den Frühling in Pandschab erinnerte: schmale Erdwälle zwischen Weizenfeldern, wildwachsende Frühlingsblumen und duftender Raps, Eukalyptusbäume, ihrer unteren Zweige beraubt, und Büffel mit langen geschwungenen Hörnern. Wir kamen durch Dörfer mit Mauern aus Lehmziegeln und niedrigen Ziegeldächern mit himmelwärts gebogenen Firsten und Strohballen und Holzstapeln und schäbigen Kuhställen. Der Weg schlängelte sich dahin wie ein Satinband in der Sonne.

Der Schwarze-Drachen-Palast, ein ehemals taoistischer Tempel in einem baumbestandenen Tal am Fuße der Berge, war nun ein öffentliches Kulturdenkmal. Wir bezahlten Eintritt. Wir hielten uns dicht beieinander, um nicht durch die Horden von Touristen getrennt zu werden, die genau wie wir einen Tagesausflug an den Teich unternommen hatten. Da keiner von uns die Führung übernehmen wollte, zögerten wir höflich, zuvorkommend an jeder Weggabelung. Wir bewunderten die Pfirsichblüten und die Fische im See, begeisterten uns an den riesigen Zypressen aus der Song-Dynastie und beschwerten uns über den

Lärm der anderen Besucher. Um nicht unhöflich zu erscheinen, sah ich weit weniger von dem Tempelkomplex, als ich geplant hatte. Für Weimin und Ma bildete die Tempelbesichtigung nur den Rahmen ihres Ausflugs, sie wußten nichts über seine Geschichte oder die taoistische Philosophie, die für seine Entstehung verantwortlich war.

Der Tempel wurde im fünfzehnten Jahrhundert erbaut, ein Zufluchtsort für Mönche, zwischen rauschenden Bäumen und fern der Wirren des Alltags. Aber während der Kulturrevolution wurden die Hallen verwüstet, die Priester vertrieben, das ganze Land von einer Welle blinder Zerstörungswut überrollt, und obwohl die Gebäude teilweise wieder restauriert worden waren (im ursprünglichen Prunk eidottergelber Dachziegel und tiefroter Säulen und Gitter und farbenprächtiger Muster auf Stützbalken), erinnerten sie an leere, von Geistern bewohnte Hülsen, für die Öffentlichkeit freigegeben und ihrer feudalen Vergangenheit beraubt.

Man konnte sich gerade noch eine vage Vorstellung davon machen, wie der Tempel früher ausgesehen haben mußte: eine Folge von Schreinhallen, den verschiedenen Göttern und Unsterblichen geweiht, wo sich Mönche in grauen Kutten im Schwerttanz und *qigong* übten (eine Atemtechnik zur Reaktivierung des Organismus), aus den Kräutern der Berge Elixiere brauten und den Sinnesfreuden entsagten, zur Stärkung ihrer Lebenskraft und auf der Suche nach dem Geheimnis des ewigen Lebens. Nun in einen Vergnügungspark verwandelt, sinnentleert und zweckentfremdet, war dies ein Ort, vor dem ich instinktiv zurückschreckte, das Skelett einer Erinnerung, die ich nicht teilen konnte. Als funktionierender Tempel war er ein lebendiger Bestandteil einer im Wandel begriffenen Kultur. Jetzt aber, abgepackt und konserviert, seine Vergangenheit und Zukunft zur Gegenwart erstarrt; seine Stille durch Pfade und Geländer, Beton und Graffiti, Abfall und Spucknäpfe zerstört. In einer Halle hatte man ein Teehaus eingerichtet, in einer anderen einen Laden, der Reproduktionen von Schriftrollen verkaufte. Die Restaurierungsarbeiten waren schlampig, die Wandmalereien dilettantisch, von Kadern veranlaßt und von Arbeitern ohne fachliches Können ausgeführt. In Innenhöfen, einst Häfen der inneren Einkehr, standen Tische und Stühle wirr durcheinander. Der Geist des Schwarzen-Drachen-Teichs war entwichen: sogar die Hügel hatten ihre Seele verloren.

Da erinnerte ich mich der Entdeckung einiger Statuen, die mich weit mehr ergriffen hatten, in den Reiseführern unerwähnt, hinter Büschen verborgen und versunken inmitten der unkrautüberwucherten Grabhügel eines Friedhofs in der Nähe von Guilin. Unvermutet stand ich einer Prozession grübelnder Figuren und mythischer Tiere gegenüber, stumme Wächter aus verwittertem Stein, mit starr auf die fernen Felsspitzen gerichtetem Blick. China ist voll solcher Orte, die um so gespenstischer wirken, als niemand von ihnen weiß.

Wie eine Schar Spatzen flitzten die chinesischen Ausflügler hin und her, kreischten und schnatterten in den Säulengängen des Schwarzen-Drachen-Palasts, saßen in Reihen im Schatten der Dachvorsprünge und pickten in ihren mitgebrachten Blechschälchen und tummelten sich im Gras. Niemand kam zum Gebet, da die Hallen kahl dalagen. Es gab weder Statuen, in seidenbehangenen Nischen geschützt, noch flackernde Öllampen in dämmrigen Sälen. Schwarzer-Drachen-Teich war ein Park für das Volk, von Kassenhäuschen und Schlangen lärmender Busse entwürdigt.

«Wo kommen diese ganzen Menschen her?» erkundigte ich mich bei Weimin.

«Manche nehmen an einer organisierten Tour ihres Betriebs teil. Andere sind von irgendwo aus der Provinz angereist, obwohl sie sich die Fahrtkosten wohl kaum leisten können. Und andere, wie wir, haben heute ihren freien Tag.» Wir beobachteten die Ankunft einer japanischen Reisegruppe, die Frauen in Seide, mit gepuderten Gesichtern, die Ersatzkameras ihrer Ehemänner über die Schulter gehängt. Hinter ihnen kamen ihre Männer, klein und flinker, die pflichtbewußt die Innenhöfe und Schreine knipsten und sich mit grimmigen Gesichtern hinter dem Führer drängelten.

Die Chinesen frönten einer ähnlichen Leidenschaft. Fast jede Gruppe besaß einen Photoapparat mit Blitzlicht (das einige selbst bei strahlendem Sonnenschein benutzten) und machte abwechselnd Aufnahmen voneinander, nach ein paar Metern in neuer Positur, entweder steif wie Statuen mit Blick auf die Kamera oder ganz in avantgardistisch profihaftem Stil mit einer Hand auf dem Geländer. War der Film voll, stürzte sich die ganze Gruppe auf einen Mann mit einem Eimer, der ihn innerhalb von Minuten entwickelte und die feuchten Negative an einem Ast zum Trocknen aufhängte. Die Sprößlinge quäkten und quiekten vor Freude: diese Kleinigkeiten konnten sie so glücklich machen.

Photographieren wurde als Privatangelegenheit unter Familien und Freunden betrachtet. Für arme Leute schien es natürlich, daß sie besonders gut aussehen wollten, wenn man sie photographierte. Manche Chinesen fühlten sich durch Ausländer brüskiert, die Bilder von alten Straßen, alten Gebäuden und Menschen in alten Kleidern machten.

In Anbetracht der Tatsache, daß die Menschen immer noch so arm waren und daß ein Film in China vergleichsweise zwölfmal soviel kostete wie in England, schien die Begeisterung für Amateurphotographie erstaunlich. Aber eine Kamera war das neueste chinesische Spielzeug, ein Symbol für wachsenden Wohlstand, eine Modeerscheinung, die jeder, der es sich leisten konnte, mitmachen mußte. Ich hatte den Eindruck, daß es für diejenigen, die mit lächelnden Gesichtern abgelichtet wurden, eine Rückversicherung bedeutete, daß das Leben doch Augenblicke des Glücks bereithielt. Ein Aufputschmittel für das Ego, das unter Umständen, die keine Selbst-Reflexion zuließen, so lange durch Schikanen und Verbote unterdrückt worden war: ein Beweis für die Existenz des Individuums.

Eine ferienhafte Umgebung wie der Schwarze-Drachen-Teich ließ das Photographieren fast obligatorisch werden.

«Ich hoffe, du hast deine Kamera mitgebracht», sagte Weimin.

Ich entschuldigte mich zerknirscht für den Schwarzweißfilm,

den sich auch Chinesen gerade noch leisten konnten. Farbfilme bedeuteten Status, schwarzweiße nicht.

«Was wäre wohl der geeignetste Platz für eine Aufnahme?» überlegte Weimin halblaut.

Ma, der bis zu diesem Moment kein Wort von sich gegeben hatte, schlug die Tempelanlage als Hintergrund vor. Weimin gefiel die Zypresse aus der Song-Dynastie, deren Umfang fast vier Meter maß. Mein eigener Vorschlag von einer Amberbaumkulisse stieß auf allgemeine Ablehnung.

«Es stehen zu viele Leute um den Baum herum», wandte Weimin ein, der sich nicht mit der Idee anfreunden konnte, daß völlig Fremde sein persönliches Porträt verunstalteten. Als wir unter einem Portal hindurchgingen, fanden er und Ma Gefallen daran, aber ich war anderer Meinung.

«Wenn ich Personen photographiere, dann photographiere ich Personen», erklärte ich. «Wenn ich eine Aufnahme von einem Gebäude mache, dann will ich nicht, daß es Menschen verdecken. Sie würden sich gegenseitig ausstechen.»

«Oh, prima!» rief Weimin aus, sofort von meiner Logik überzeugt und hellauf entzückt, sein Wissen über westliche Gepflogenheiten und Geschmack erweitert zu haben. Es wurde mir gestattet, ein Photo von ihnen mit Blätterwerk im Hintergrund aufzunehmen, wie ich es die ganze Zeit vorgehabt hatte.

Wir zogen uns in den Teeraum zurück, um kochendheißen grünen Tee aus henkellosen Tassen zu schlürfen. Ich hatte diese Tassen schon öfters gesehen, zerbrechliche Porzellanschalen mit Deckeln, aber für Weimin und Ma waren sie etwas Neues. Es verblüffte mich abermals, wie abgeschirmt die beiden lebten, wie selten sie etwas Besonderes unternahmen, wie wenig sie über ihre Heimatstadt wußten. Nach drei Wochen fand ich mich leichter in Kunming zurecht als sie, und wir waren gleichermaßen erstaunt, sie über meine Vertrautheit, ich über ihre Unwissenheit. Nach Weimins und Mas Vorstellung unterteilte sich die Stadt in ein Raster von Wohnvierteln und in die umzäunten Anlagen ihrer Einheit, woraus einzelne Orientierungspunkte hervorstachen: Hauptstraßen, Kinos, Cafés, Sportplätze, Kaufhäuser und

Bushaltestellen. Sie hatten nie die engen Gassen zwischen weißgetünchten Häusern durchstreift, Gemüse auf dem Markt gekauft, den frisch zubereiteten Tofu und die Kartoffelkuchen der Straßenstände gekostet. Ich kannte Universitätsabsolventen, die sich fürchteten, mit dem Fahrrad zu fahren. Mit zweiundzwanzig besaß Weimin die emotionale Reife eines fünfzehnjährigen Jungen. Bis zu seiner Heirat oder länger würde er keine wichtige Entscheidung treffen müssen, da sein ganzes Leben in festgelegten Bahnen verlaufen würde.

Weimins Familie wohnte am Stadtrand, im Industriegebiet von Kunming, im vierten Stock eines neuerrichteten Wohnblocks auf dem Gelände der Kunming Werkzeugmaschinenfabrik Nummer 4. Ich wußte schon im voraus, was ich dort antreffen würde: bisher hatte ich noch in jeder Stadt die sterile Eintönigkeit gespürt, die die Menschen von der Natur und voneinander entfremdete. Ich bin trostlose Straßen entlanggelaufen, mit Telegraphenmasten, Vorhängeschlössern vor den Türen und hohen Backsteinmauern und Menschen mit starr geradeaus gerichtetem Blick.

Die meisten Wohnblocks machten einen unfertigen Eindruck. Die Mauern lechzten nach Verputz, die Straßen flehten förmlich um Bäume. Staub verschleierte die Fenster und verklebte die Abflußrinnen und trübte die Luft. Parterrewohnungen sahen stets unbewohnbar aus. Die ganze Umgebung wirkte feindselig: das abweisende Grau der Betonmauern, das grelle Orange der Kunming-Ziegel und das harte, kalte Blau des Himmels. Häuserreihe hinter Häuserreihe, nirgends wurde die Szenerie durch munter umherspringende Katzen oder vorbeiziehende Wolken oder im Wind tanzende Blätter belebt.

Revolutionärer Totalitarismus, scheußliche neue Gebäude, die vorgaben, modern zu sein, und vergeblich die traditionelle Vielfalt, die Eleganz und Harmonie der chinesischen Städte zu ersetzen suchten. Qualifizierte Architekten hatte man auf die Straße gesetzt und die Entwürfe von den zuständigen Kadern anfertigen lassen. Papierbespanntes Gitterwerk mußte Betonklötzen weichen, verwinkelte Gassen breiten, schnurgeraden Straßen. Es wurde behauptet, die alten Häuser seien schwer zu sanieren, ihr Abriß damit gerechtfertigt, daß Wohnsilos auf Grund von Bodenknappheit und der kurzen Entfernung zum Arbeitsplatz notwendig seien. Aber wie westliche Bauweisen in jüngster Zeit demonstrierten, wäre es sehr wohl möglich gewesen, ohne Mehrkosten auf gleichem Raum terrassenförmig im klassisch-chinesischen Stil zu bauen, jede Wohneinheit mit einem Innenhof oder Patio zu versehen, statt wertvollen Boden durch ungenutzte quadratische Betonflächen zu vergeuden. Der einzige Vorteil dieser Blocks bestand in ihrer Effizienz – Leichtigkeit der Planung, Einfachheit der Ausführung –, und Zeit war kostbar. Als Reaktion auf Jahrzehnte verlorener Zeit konzentrierte sich die Partei ausschließlich auf die Stützung der angeschlagenen Wirtschaft. Der Einfluß der Umgebung auf das Wohlbefinden der Bewohner wurde vernachlässigt in dem Bemühen, die Obdachlosen unterzubringen (in Siedlungen ohne Gärten oder Märkte oder Spielplätze oder Fahrradabstellmöglichkeiten); und auf Grund von minderwertigen Materialien und schlampiger Ausführung wirkten selbst neue Projekte alt. In manchen Städten hatten revolutionäre Aktivisten auch die letzte Spur von Chinas architektonischem Erbe zerstört. Eine ähnliche Strategie war für Kunming vorgesehen: auserwählte historische Bauwerke sollten als Touristenattraktion restauriert werden, aber die alten Viertel dem Boden gleichgemacht, moderne Wohnsiedlungen hochgezogen und die Straßen für den zukünftigen Verkehr verbreitert werden.

Weimin war ungeheuer stolz auf sein Zuhause. Die Wohnung hatte man den Chengs vor sechs Monaten zugewiesen, da sie auf Grund von Herrn Chengs Position in der Fabrik vorrangig behandelt wurden. Weimin empfand sie als modern und prächtig, mich störte ihre Sterilität und die Häßlichkeit der Umgegend.

Ich dachte bei mir, daß die Menschen wohl einer Gehirnwäsche unterzogen werden mußten, damit ihnen diese Silos, die in das politische Konzept der Partei paßten, gefielen. Würde Weimin ein altes Haus einer schäbigen Wohnung im fünften oder sechsten Stock eines Mietshauses ohne Fahrstuhl, mit Blick auf eine Betonwüste, vorziehen, würde er riskieren, daß man seine feudalistische Mentalität kritisierte. Sein Stolz erteilte meiner Geringschätzung eine schroffe Abfuhr. Und Weimin wußte etwas, das mir zu diesem Zeitpunkt noch unbekannt war: eine chinesische Durchschnittswohnung war nur halb so groß wie eine russische (die an sich schon winzig war), und jeder Stadtbewohner hatte durchschnittlich dreieinhalb Quadratmeter Wohnraum zur Verfügung, ein Drittel kämpfte mit «Wohnproblemen», und ein Siebtel war obdachlos, schlief auf dem Schreibtisch oder hauste, wie der Sohn des Qing-Dynastie-Ministers, in einem Verschlag auf der Straße.

Und so fing ich an, zu verstehen und zu akzeptieren. Obwohl diese Wohnblocks sicher nicht ideal waren, bestand nicht viel Unterschied zu denen im Westen, und was Unterkunftsmöglichkeiten anbetraf, gab es keine Alternative. Im Gegensatz zu den älteren Behausungen boten sie immerhin fließendes Wasser und manchmal Gas und ein Badezimmer. Man konnte sie einfacher heizen und leichter putzen, man wohnte heller und sicherer. Sie verkörperten ein neues Gesellschaftsmodell, eine allmähliche Öffnung für westlichen Komfort. Sie aus westlicher Sicht zu beurteilen, zu vergleichen und abzutun fiel leicht; sie nach chinesischer Vorstellung als Vorboten einer besseren Zukunft zu begreifen schon schwerer.

Wir betraten das Gebäude und kletterten eine schmale, mit Holz und Vorräten vollgepackte Betontreppe empor. Weimin und Ma schleppten ihre Fahrräder mit, murmelten undeutlich etwas über Diebe. Weimins Mutter, die unser Klopfen gehört hatte, erwartete uns an der Tür: eine gütige, matronenhafte Frau, halb hinter ihrer Schürze verborgen, mit zarter Haut und kurzgeschnittenem grauen Haar.

Herr Cheng kaufte gerade auf dem Markt für das Mittagessen Gemüse ein, und sein jüngerer Sohn und seine Tochter waren noch in der Schule.

Die Wohnung hatte nichts Behagliches an sich, keine warmen Farben, keine weichen Linien, keine hochwertigen Materialien, kein kunstvoll gearbeitetes Mobiliar. Man entdeckte selten etwas Altes und Schönes in der Volksrepublik, außer im Theater oder an einem «lohnenden» Ausflugsziel wie dem Schwarzen-Drachen-Teich; das künstlerische Erbe war von den militanten Rotgardisten praktisch völlig ausgelöscht worden. Heute kam es auf sozialen Status und Anstandsregeln an, wo man beispielsweise Besucher plazierte, damit niemand sein Gesicht verlor. Weimin führte mich in sein Schlafzimmer, karg und angepaßt, hygienisch sauber und ordentlich. Die Wände waren in sterilem Krankenhausgrün gestrichen, die ersten angemalten Wände, denen ich, außer in staatlichen Gebäuden, begegnet war. Es gab die üblichen harten Stühle, schlichte Schränke und Hocker, die Landkarten an der Wand und das gemeinsame Bett der beiden Jungen. Für chinesische Maßstäbe war das Zimmer geräumig, mit Möbeln rechtwinklig angeordnet, dicht an die Wand gerückt – mit Ausnahme des Fernsehapparates, der despotisch mitten im Raum stand.

Weimin ließ nicht locker, ich mußte mich hinsetzen.

«Welche Art von Musik würdest du gerne hören?» fragte er höflich.

«Irgend etwas Chinesisches wäre schön», gab ich zur Antwort.

«Chinesisch?» wiederholte er verblüfft. «Ich besitze nichts *Chinesisches*. Ich mag westliche Musik, Pop und Country und Blues. Was ist Blues?» Ich erklärte es ihm. «Chinesische Musik gefällt mir nicht. Macht zuviel Krach. Und ich *hasse* chinesische Opern. Nur ältere Leute interessieren sich für so was, die jungen nicht.»

Als Gegengewicht zu den Verlockungen des Westens und dem neuentdeckten Glauben der Chinesen an die Überlegenheit alles Fremdartigen, überzeichnete die Partei die negativen Seiten westlicher Kultur: Kriminalität und Arbeitslosigkeit, Streiks, Rassenkonflikte und Habgier. Aber als die britische Popgruppe Wham im Frühjahr 1985 in Peking ein Konzert gab, das erste seiner Art, standen die Menschen die ganze Nacht Schlange, zahlten einen Drei-Tage-Lohn für das Privileg einer Eintrittskarte und füllten den Sportpalast der Arbeiter randvoll. Ausländische Korrespondenten werteten dies als diplomatische Geste, als Zeichen des guten Willens nach Unterzeichnung des Abkommens über Hongkongs Zukunft. Ein Jahr zuvor, zur Zeit meines Besuchs bei Weimins Familie, hätte das Konzert nicht stattgefunden.

«Wie kommst du an westliche Musik heran?» erkundigte ich mich bei Weimin. Während der Kulturrevolution wurde man zu fünfzehn Jahren Arbeitslager verurteilt, wenn man Schallplatten aus dem Westen besaß. Selbst heute galt nur klassische Musik als klangvoll, alles Abstrakte oder Atonale oder in Richtung Rock Gehende war offiziell verpönt.

«Ich nehme Songs, die ich mag, von der BBC oder der Stimme Amerikas auf.»

«Ist das erlaubt?»

«Nein! Aber viele tun es. Es ist sogar verboten, vietnamesische Sender zu hören. Aber da wir die Musik, die uns gefällt, nicht kaufen können, bleibt uns nichts anderes übrig.» Weimin besaß einen in Shanghai hergestellten Kassettenrecorder, der etwa hundert Mark gekostet hatte, und mehrere Dutzend Kassetten, wovon jede umgerechnet dem Lohn von drei Tagen entsprach. Dafür, daß er nur fünfunddreißig Mark im Monat verdiente, war er ein reicher junger Mann; ich hatte mehrere Chinesen zu Hause besucht, die so arm waren, daß sie nicht einmal Becher zum Teetrinken besaßen.

Ich fragte mich, wie die Chengs mit so wenig auskamen. Mit zwei schulpflichtigen Kindern und der Rente von Weimins Mutter betrug ihr gesamtes monatliches Einkommen 155 Yuan, ungefähr dreißig Mark pro Person. Nach Abzug der Miete von knapp drei Mark und vielleicht achtzehn Mark pro Person für Essen blieb wenig für Möbel und Bücher und Kino und Busfahrten und Kleidung und Kohle übrig. Jedes Möbelstück, jeder Kleidungsartikel, jedes elektrische Gerät stellte eine größere Anschaffung dar und bedeutete monatelange oder jahrelange selbstlose Genügsamkeit und Entbehrung.

Interessehalber verglich ich die finanzielle Situation der Chengs mit der einer größeren, mir bekannten Familie, die die

Fabrikarbeit aufgegeben hatte, um eine Nudelgarküche zu eröffnen. Das ehemals gemeinsame Einkommen von 180 Mark im Monat, das für eine Familie von neun Personen ausreichen mußte (vier arbeitende, einer im Ruhestand, einer geistig behindert und drei Kinder im schulpflichtigen Alter), hatten sie auf 300 Mark gesteigert. Zwei der Erwachsenen arbeiteten zusätzlich in der Fabrik und die übrigen im Nudelrestaurant. Sie zahlten sechs Mark Miete, fünfzehn Mark Steuern, achtzehn Mark in die Rentenkasse und vierzig Mark für eine Aushilfe. So arbeiteten sie länger und härter, behaupteten aber, weitaus glücklicher zu sein.

Dreißig Jahre nationaler Askese waren den Chinesen durch extrem niedrige Löhne, die kaum für das Allernotwendigste ausreichten, und durch derart überteuerte Luxusartikel, die sich kaum jemand leisten konnte, aufgezwungen worden. In manchen Momenten war ich von den niedrigen Preisen überwältigt: acht Kopfsalate für drei Pfennig oder nur zehn Pfennig Porto, um ein Buch fünftausend Kilometer weit zu schicken – kaum ausreichend, um die drei Leute zu entlohnen, die nötig waren, die Briefmarke daraufzukleben. Ein neues Buch kostete in China nicht mehr, als zu Hause eins in der Bibliothek auszuleihen. Andere Dinge wiederum waren teuer: ein kurzer Wollmantel kostete 60 Mark, ein Bettuch 15 Mark, eine Waschmaschine mehr als 250 Mark ... In qualifizierten Berufen, als Lehrer oder Arzt, verdiente man ebensoviel wie ein Fabrikarbeiter, was sich umgerechnet auf weniger als die Arbeitslosenunterstützung in England belief. Die Inflation nahm zu, ein Schock für all jene, die an stabile Preise gewöhnt waren. Seit 1976 hatte es zwei Lohnerhöhungen gegeben, und das Einkommen war um zehn Prozent gestiegen, zu wenig, um die steigenden Preise auf dem freien Mark auszugleichen, zu wenig, um die gestiegenen Erwartungen der Menschen zu befriedigen. Man beurteilte den Lebensstandard nicht länger nach Kriterien, die in den vierziger Jahren galten, sondern maß sich an besser verdienenden Nachbarn, am westlichen Lebensstil, den man vom Fernsehen her kannte, und forderte, wovon man glaubte, daß es einem zustand. Jeder begehrte die neumodischsten Produkte, die aktuellste Mode, hochwertige technische Geräte, Fernseher, Motorräder – und um all das zu erreichen, nahm man zusätzliche Jobs in der Freizeit an. Es schien mir, meinte ich zu Weimin, als sei dieses Geldausgeben eine Reflexhandlung auf die jahrzehntelange Knappheit und die wirtschaftlichen Einschränkungen des Maoismus und auf die Angst vor einer erneuten Machtübernahme der Linken.

«Genau», stimmte er mir zu, «du hast uns ausgezeichnet verstanden.»

Verglichen mit anderen Unterkünften, stellte dieser moderne Wohnblock sicher eine Verbesserung dar, was die Größe der Wohnungen betraf. Statt der sonst üblichen ein oder zwei Zimmer führten drei Zimmer auf einen Flur, außerdem gab es eine winzige Küche mit einem Balkon als Vorratskammer, ein Klo innerhalb der Wohnung und die Gemeinschaftsduschen außerhalb. Gewöhnlich kam man durch die vollgestopfte und rußgeschwärzte Küche herein und befand sich gleich im kaum zehn Quadratmeter großen Wohn- und Schlafraum. Keine Pflanzen, keine Aussicht, schmale Durchgänge zwischen den Möbeln, ein Schreibtisch, ein Bett, ein Tisch, ein paar Stühle . . .

Die Chengs konnten sich auch in anderer Beziehung glücklich schätzen. Da sie auf betriebseigenem Gelände wohnten, vergeudeten sie keine Zeit mit Fahrten zum Arbeitsplatz und hatten beide am selben Tag frei. Später lernte ich eine andere Arbeiterfamilie kennen, die um fünf Uhr aufstand und eine Stunde lang an der Bushaltestelle warten mußte. Li arbeitete in einer Keksfabrik, und seine Frau war als Kader in einer Druckerei beschäftigt und verbrachte ihre Abende mit politischen und verwaltungstechnischen Fortbildungskursen. Wenn er um sieben nach Hause kam, verrichtete Li die Hausarbeit und kochte das Abendessen für seine Frau, die um neun heimkehrte und erschlagen ins Bett fiel. Ihr dreijähriger Sohn lebte bei seinen Großeltern auf dem Land und wurde abwechselnd von seinen Eltern an deren jeweiligem freien Tag besucht, an dem ebenfalls die liegengebliebene schmutzige Wäsche und die Einkäufe erledigt werden mußten. Da ihre freien Tage nie zusammenfielen, konnte die ganze Familie nur an den sieben Nationalfeiertagen im Jahr zusammensein. Immerhin besaßen sie Unabhängigkeit und führten eine funktionierende Ehe. Viele ihrer Freunde wohnten mit ihren Eltern unter einem Dach, was ihre Beziehung zusätzlich zur Härte des Systems und der Mühsal am Arbeitsplatz belastete. Ungeachtet des äußeren Scheins, bedurfte das Leben in China einer fortwährenden Kraftanstrengung.

Die lächelnde Fassade rührte von dem Glauben her, daß ein fröhlicher Gesichtsausdruck die Saat für einen glücklicheren Gemütszustand säte und man damit auch seiner Umgebung das Leben erleichterte.

Herr Cheng war mit dem Gemüse zurückgekehrt, das er und Weimins Mutter im angrenzenden Zimmer auf dem Boden ausgebreitet hatten und das sie nun abzogen, hackten und enthülsten. Mit seinem blau-weiß gestreiften T-Shirt und seinem borstigen Bürstenhaarschnitt erinnerte mich Weimins Vater an eine Comicfigur, als er, noch zierlicher als sein ältester Sohn, mit kraftstrotzenden Popeye-Armen, quirlig wie ein junges Fohlen umhersprang.

«Er ist noch nie in seinem Leben krank gewesen», prahlte Weimin. «Er rennt und schwimmt und sammelt Pilze auf seinen Touren durch die Berge. Er wird niemals zornig oder brüllt seine Kinder an, wie es die meisten Väter tun.»

Es wurde fünf Uhr, bis das Mittagessen serviert werden konnte. Das Gemüse war am selben Morgen noch jung und zart geerntet worden. Fisch und Geflügel, meist lebend verkauft, wären ebenso frisch gewesen, aber man hatte mir zuliebe Gemüse besorgt. «Ich bin wie du», hatte mir Weimin anvertraut, als ich ihn darauf aufmerksam machte, daß ich kein Fleisch esse. «Ich mag auch kein Schweinefleisch, nur Hund.» Wenige Chinesen konnten verstehen, warum ein gesunder Mensch kein Fleisch essen sollte.

«In England», erklärte ich Weimin, «läßt man das meiste Gemüse so lange wachsen, bis es seine volle Größe erreicht hat, holzig geworden ist und seinen Geschmack verloren hat. Dann dauert es mindestens einen Tag, bis es im Laden eingetroffen ist, und einige weitere, bis es verkauft wird. Manchmal lassen es die Leute eine Woche oder länger zu Hause herumliegen und verkochen dann noch die restlichen Vitamine.» Der Tisch war mit den verschiedensten Gemüsesorten so überladen, daß wir unsere Reisschalen in der Hand halten mußten. Es gab junge Saubohnen, Schalerbsen, gedünsteten Kohl und Mangold, Lauchsalat und Rettichsuppe und Paprika und Salatherzen und Bambussprossen und Tofu und in Öl geröstete Erdnüsse. Einige Gemüsesorten hatte ich nie gesehen, ein wohlbestückter chinesischer Markt mochte mehr als sechzig verschiedene Arten anbieten. «Chinesisches Gemüse ist das beste, das ich je gekostet habe», lobte ich.

«Essen Sie! Greifen Sie zu!» forderte mich Frau Cheng immerzu auf und wählte mit ihren Eßstäbchen besondere Leckerbissen aus, die sie in meine Schale fallen ließ. Die kurzen Kommandos wirkten nicht länger grob. «Machen Sie keine Umstände, nehmen Sie, was Ihnen schmeckt.» Nachdem sie meine Lieblingsgerichte bemerkt hatte, schob sie diese Schüsseln zu mir hin. Als einzige Höflichkeit wurde von mir erwartet, zu essen und die Mahlzeit zu preisen. Ein Gast mußte doppelt soviel verspeisen wie seine Gastgeber.

Als ich flüchtig vom Tisch aufschaute, erblickte ich mich im Spiegel an der Wand. Ich wurde mir schlagartig wieder des Unterschieds zwischen uns bewußt, den man so leicht vergaß, wenn man nur Chinesen um sich herum sah. Aber was als nächstes geschah, sollte mich weit stärker an die Barriere zwischen uns erinnern, eine Barriere, die fast unüberwindbar schien.

«Wir werden jetzt eine Aufnahme machen», kündigte Weimin an, als wir uns satt gegessen hatten. Er hatte die ganze Zeit darauf gewartet, endlich die Gelegenheit zu erhalten, eine Kassette mit umgangssprachlichem Englisch aufzunehmen, womit er dann üben könnte. Er ließ das Gerät laufen, und ich rutschte unruhig auf meinem Stuhl herum.

«Frage eins», begann er. «Können Sie uns etwas über Ihre Familie erzählen?»

Inzwischen wußte ich eine ganze Menge über Weimins Familie, aber in all den Stunden unserer Unterhaltung, so wurde mir plötzlich klar, hatte ich ihm nichts über meine berichtet. Also schluckte ich und fing an: «Wir sind zu fünft, genauso wie ihr. Meine Eltern sind geschieden und leben mehr als hundert Kilometer weit voneinander entfernt. Meine zwei jüngeren Brüder wohnen beide mit ihren Freundinnen zusammen. Wir leben alle unabhängig voneinander, in verschiedenen Teilen Englands. Ich lebe alleine.»

Es entstand eine grauenvolle Stille. Man konnte sich schwerlich einen extremeren Gegensatz zu den engen Familienbanden der Chinesen vorstellen, für die Weimins Familie ein klassisches Beispiel darstellte. Als Weimin sich wieder gefangen hatte, entschloß er sich, das Thema zu wechseln.

«Welche Hoffnungen hegen junge Leute in England in bezug auf ihre Zukunft?»

Man hatte mir schon oft ähnlich lautende Fragen gestellt: ‹Wir Chinesen tun/denken/sagen etwas so und so – wie machen es die Menschen im Westen?›, worauf es keine Antwort gibt, da wir alle unsere eigene Art haben, mit etwas umzugehen. Im Unterschied zu Xiuying, die als Individuum bereit war, auch meine Individualität zu akzeptieren, schien Weimin geneigt, meine persönlichen Ansichten als einmütige Stimme des Westens einzustufen. Somit mußten sie auf ihn doppelt bestürzend wirken. «Was ich empfinde oder glaube, stimmt nicht unbedingt mit der Meinung anderer Leute im Westen überein», warnte ich ihn, «wir werden dazu erzogen, eigenständig zu denken. Ich versuche, meine Entscheidungen auf Grund eigener Erfahrung zu fällen und mich nicht nach der vorherrschenden Meinung zu richten.» Weimin nickte mit dem Kopf, aber schaute etwas verdutzt drein. «Was die Zukunft anbetrifft, so meine ich, denken wir weniger darüber nach als ihr. Manche sind völlig davon in Anspruch genommen, materiellen Reichtum anzuhäufen, oder sie bemühen sich, dieses Bedürfnis zu bekämpfen und ihr eigenes Ich zu ergründen. Wenn die Gegenwart zufriedenstellend ist, besteht vielleicht keine Notwendigkeit mehr, alle Hoffnungen auf die Zukunft zu setzen, und die Menschen konzentrieren sich eher auf das Heute. Einige glauben, daß das westliche Gesellschaftssystem moralisch, sozial und wirtschaftlich zusammenbricht – ich gehöre dazu. Einige fürchten Einsamkeit und Entfremdung. Anderen mangelt es an Motivation oder Richtung. Manche engagieren sich für Veränderungen. Die Mehrheit hat panische Angst vor einem drohenden Atomkrieg. Im Gegensatz zu euch haben wir viel zu verlieren und vielleicht in materieller Hinsicht weniger zu gewinnen.»

Mir fiel auf, daß mich während der ganzen Zeit, die ich redete, niemand ansah. In China galt es als ungehörig, Menschen ins Gesicht zu blicken, während sie sprachen. «Wir Chinesen haben klare Vorstellungen von unserer Zukunft», erklärte mir Weimin. «Wir sind davon überzeugt, daß sich die Lebensbedingungen verbessern werden, daß wir alle in größerem Wohlstand leben werden. Dies ist es, was wir am Westen bewundern, eure Freiheit und die Möglichkeit, Dinge zu tun, die Spaß machen.»

Beinahe hätte ich Weimin gefragt, ob er glücklich sei, aber ich erinnerte mich noch rechtzeitig daran, daß er nicht Glück anstrebte, sondern Reichtum und daß man davon ausging, daß die Voraussetzung für Zufriedenheit im Reichtum lag. Solange es einem materiell besserging, war das Leben erträglich. Nie zuvor war ich einer Menschenrasse begegnet, die so direkt, und ohne sich dessen zu schämen, ihre materialistischen Ziele verfolgte.

Weimins Blicke waren unverwandt auf den Westen gerichtet. Seine Ambitionen waren westlich gefärbt, seine Charakterzüge dagegen chinesisch geprägt. Als guter Konfuzianer begegnete er den Älteren mit Respekt und führte ein tugendhaftes Leben. Ein englischer Bursche in seinem Alter hätte ihn als eingebildet, konservativ, verweichlicht und unreif abgetan. Was seine Selbständigkeit betraf, so entsprach sie der eines Fünfzehnjährigen im Westen. Doch was seine innere Stabilität anbelangte, die Fähigkeit, seinen Platz innerhalb der Familie und der Gesellschaft zu akzeptieren, war er seinen westlichen Altersgenossen weit voraus. In China gab es keine Jugend, keine aufsässigen Heranwachsenden. Bereits in seiner Kindheit entwickelte er sich zu dem Mann, der er später sein würde. Jedem Ausdruck einer eigenständigen Persönlichkeit wurde schon früh Einhalt geboten und durch diese ganz spezielle Nähe wettgemacht, die Chinesen im Umgang mit Kindern zeigen. Er wuchs in dem Gefühl auf, sicher und umsorgt zu sein, geliebt, aber nicht vergöttert, überzeugt, aber nicht bestraft zu werden. Das Leben in China begründete sich auf ein enggeknüpftes Netz menschlicher Beziehungen, das Ziel der Gesellschaft bestand im harmonischen Zusammenleben aller.

Ich paßte nicht ins Bild. Weimin mochte sehr wohl über mein Verhalten, meine Ansichten schockiert sein, über meine unzweifelhafte Übertretung gesellschaftlicher Konventionen. Als ich ihn in ein Restaurant zum Essen einladen wollte, lehnte er mit der Begründung ab, die Regierung habe es Chinesen verboten, Geschenke von Ausländern anzunehmen. Man mußte sein Gesicht wahren.

Ich ging um sieben. Weimins Vater stahl sich nach unten, um zu prüfen, ob die Luft rein war. Obwohl theoretisch kein Verbot bestand, Fremde zu sich einzuladen, gab es immer Personen, die den Chengs Unannehmlichkeiten bereiten konnten. Er bedeutete mir, daß alles in Ordnung war, und ich schlich mich alleine hinaus. Ich wartete in der unbeleuchteten Straße auf meinen Bus. Am nächsten Tag fuhr ich weiter nach Dali und hörte nie wieder etwas von Weimin.

AUSLÄNDER IN CHINA

Mehr als alles andere in China wollte ich die Provinz Yunnan besuchen. Und mehr als alles andere in Yunnan wollte ich Dali sehen. Eingebettet in Felder, von schneebedeckten Bergen umgeben und nahe eines tiefblauen Sees, Hauptstadt des ehemaligen Königreichs Nanzhao, aus Marmor gebaut und Heimat der malerischen Bai, umwehte Dali ein Hauch von Märchenwelt. Zwölf Stunden von Kunming entfernt und damit näher an Burma, glaubte ich, Ordnung und Konformität hätten sich hier, in sicherer Distanz zum Kontrollzentrum Peking, verflüchtigt.

Dali war für Ausländer verbotenes Gebiet. Ich überlegte hin und her, wie ich doch hineinkommen konnte. Und ich hatte Glück, denn am selben Tag, als ich in Yunnan eintraf, öffnete die Provinz der Außenwelt ihre Tore. Ich ging zum Büro für öffentliche Sicherheit (Polizeistation) und ließ mir Dali als Bestimmungsort in meine Aufenthaltsgenehmigung stempeln, bevor die Behörden es sich wieder anders überlegen konnten.

Dann lernte ich Rosy kennen. Rosy war Engländerin und lebte in einer Hütte, tief in den Wäldern nahe Ottawa, und verdiente ihren Lebensunterhalt mit Designs von fliegenden Schweinen auf langen Unterhosen. «Wohin fährst du?» erkundigte sie sich. «Dali», erwiderte ich. «Ich glaube, ich komme mit», meinte Rosy.

Während der nächsten drei Wochen reisten wir gemeinsam. Wir fuhren nach Westen, über die Hochebene von Yunnan, und gegen Abend Richtung Norden, durch eine Aquarellandschaft aus minzgrünem Weizen und grauen und weißen Häusern, lachsfarbenen Bergen und blassen Frühlingsblumen. Der See schimmerte unter dem indigoblauen Himmel. Wir übernachteten in einer kleinen Stadt aus Ziegelhäusern mit verzierten Torbögen und Marmorecksteinen, die sich eng um Innenhöfe schmiegten und von schmalen, gepflasterten Wegen durchwoben waren. Wir wuschen uns mit Wasser aus einem Wok, das wir mit einer hölzernen Kelle herausschöpften. Wir aßen in einem Garten, umgeben von Topfpflanzen, Rhododendren und Azaleen aus den Bergen, Kamelien und Pfingstrosen, Bambus und Farnen. Wir schliefen in einem traditionellen chinesischen Gebäude mit Schnitzereien und Säulen, unter einem geschwungenen Dach.

Wir verbrachten unsere Tage umherwandernd. Da uns alles wunderschön erschien, brauchten wir kein Ziel. Gemächlich schlenderten wir durch die Landschaft, vorbei an mit Salat und Erbsen unterpflanzten Obstgärten, vorbei an mit Stroh gemulchten Saatbeeten, vorbei an mit verrottenden Blättern bedeckten Tümpeln, vorbei an Menschen, die inmitten der wildwachsenden Blumen Bohnen pflückten, vorbei an gerade erst abgeernteten Feldern, wo Bauern in Reihen die Erde mit Hacken lockerten, vorbei an Einfassungen mit flammenden Herzen und Gänseblümchen, mit Klee und Luzernen und gelben Sonnenröschen gesprenkelt. Wir ruhten uns am Ufer des Sees aus und beobachteten, wie Menschen große, blaue Boote mit Gemüse beluden oder mit gewölbten chinesischen Netzen fischten oder in der Ferne unter rechteckigen Segeln dahinglitten. Wir entdeckten einen Bai-Markt in einer nahegelegenen Stadt, auf einem gepflasterten, von zwei mächtigen Bäumen beherrschten Platz, wo die Farben der Trachten an Bolivien erinnerten, wie sie in ihrer Ursprünglichkeit in der aufklarenden Luft tanzten. Auf einem Fest nahm uns eine Schar alter Frauen unter ihre Fittiche, die mit Schellen und Klappern lärmten und monotone Gesänge anstimmten, während vor dem Tempel junge Männer mit einem Drachen im Staub herumwirbelten. Wir nahmen an einer Pilgerfahrt teil, bei der Papieropfergaben auf einem Scheiterhaufen verbrannt wurden und alte Frauen mit langen Gewändern und um den Kopf geschlungenen Tüchern, bestickten Schuhen und

Gürtelenden sich unter leierndem Singsang verneigten, ihre Schellen anschlugen und ihr Mittagessen auf mitgebrachten Öfchen bereiteten. Wir tranken Tee in einem Innenhof, wo Männer in der Sonne Schach spielten und die Strahlen schräg über weißgetünchte Mauern durch filigrane Glyzinien hindurchfielen und auf den Steinen Muster zeichneten. Wir suchten nach Frühlingsblumen und fanden Iris und Azaleen und mit lila Primeln bedeckte Hänge. Uns begegneten Frauen, die Zweige abschnitten, und Männer mit grobfasrigen Umhängen. Wir verbrachten unsere Mittagspause in einem Kloster, knapp unterhalb der Schneegrenze, in einer Hütte mit Naturboden, wo Farne und Moose sich in die Ritzen der Innenwände schmiegten und ein Strohhaufen als Bett diente. Wir folgten einem Trauerzug, Trompeten und Zimbeln und Papiergirlanden, die Älteren feierlich in langen, blauen Gewändern, den Sarg auf einer Holzbahre, die Familie in Umhängen aus naturbelassener Baumwolle, die Männer tief gebeugt auf kniehohe Stöcke gestützt, die Frauen flehend, schniefend, wehklagend, sich den Berg zum Friedhof hinaufwindend. Wir saßen schweigend neben der Pagode in der Dämmerung, als eine schattenhafte Stille die Felder umhüllte, als der Mond fahl hinter den nackten Ästen der Bäume aufstieg und die Melodie des Windes in einer leichten Brise erklang.

In Dali verliebte ich mich in China. Lächelnde Menschen winkten uns aus Fenstern zu und luden uns zu einer Tasse Tee ein. Wir besichtigten Fabriken, saßen im Klassenzimmer der Dorfschule, sprachen mit Ärzten traditioneller chinesischer Heilkunst, besuchten Gärten, verbrachten Abende mit Familien, erhielten Kalligraphien zum Geschenk, und überall, wo wir hinkamen, wurden wir herzlich empfangen und zum Bleiben aufgefordert. Nirgendwo in China hatten die Menschen einen so ausgeglichenen Eindruck gemacht. Nach fünfunddreißig Jahren der Isolation platzten sie vor Neugierde und schäumten über vor Großzügigkeit, denn die Fremden, die sie vor dieser Zeit kennengelernt hatten, waren keine Kaufleute, sondern Missionare gewesen: fürsorgliche Fremde.

In mancher Beziehung lag Dali nicht so abseits, wie ich gehofft hatte. Die Gegenwart konnte es mit seiner prächtigen Vergangenheit nicht aufnehmen. Die dort ansässigen Bai mußten sich den Zwängen einer fragwürdigen Han-Verwaltung unterwerfen (die Han bilden die überwiegende Mehrheit der Chinesen und stellen mehr als neun Zehntel der Bevölkerung). Moderne Gebäude zerstörten die Einheit der Häuserfronten, Tempel waren verlassen und Lehmmauern dort mit weißer Farbe überpinselt, wo einst Parolen Mao Tse-tungs verkündet hatten: «Wappnet euch gegen Hungersnot!» oder «Seid zum Kampf bereit!» oder «Der Vorsitzende Mao ist die Sonne in eurem Herzen!» In anderer Hinsicht hatte es sich etwas liebenswürdig Altmodisches bewahrt. Stoffschuhe wurden immer noch mit zusammengeklebten alten Stoffresten gepolstert. Papierschmuck zierte die Fenster der Häuser, in denen kürzlich eine Hochzeit stattgefunden hatte. Läden wurden geöffnet oder blieben geschlossen, ganz nach Belieben. Die Leute hielten Hunde und Katzen als Haustiere. Dreirädrige Pferdefuhrwerke waren das Haupttransportmittel, und Feldarbeit wurde mit der Hand verrichtet. Alter Jadeschmuck wurde auf dem Sonntagsmarkt zum Verkauf angeboten, Bambuspapier und bunte Glasperlen, handgedrehte Seile und Gefäße mit Eingelegtem, Körbe und einfache Dreschgeräte. Mädchen der Yi-Minderheit boten Bündel mit Brennholz feil, und Ponys zogen, Häcksel mampfend, eine staubige Gasse hinauf, wo die Holzkohlenhändler hockten, mit dem Hinterteil gegen die Mauer gelehnt. Die Yi und Bai trugen ihre traditionellen Trachten, das Haar zu Zöpfen geflochten und um den Kopf gewunden, und schleppten, wie im Himalaya, schwere Lasten in durchbrochenen Körben auf dem Rücken.

Jedes Dorf besaß seinen *feng-shui*-Experten, der bei der Wahl des Bauplatzes und in Krankheits- und Todesfällen Rat erteilte, dessen Identität jedoch mehr oder weniger geheimgehalten wurde. Wenn sie krank waren, suchten die Dorfbewohner ihn anstelle eines Doktors auf, da sie glaubten, von einem Dämon besessen zu sein, den der *feng-shui*-Mann austreiben könnte. An Feiertagen versammelten sie sich am Tempel. Sie erzählten sich gegenseitig die Märchen der Gegend. Sie kauften ihre Särge vor dem Tod und schliefen in deren unmittelbarer Nähe. Sie verehrten ihre Vorfahren und brachten ihnen Opfergaben dar. Sie schimpften über Leichenverbrennung und begruben ihre Toten nach den Geboten des *feng-shui*-Mannes in alten Grabstätten an Berghängen. Zum Qing-Ming-Fest säuberten sie ihre Gräber, befreiten sie von Unkraut, schmückten sie mit Papierschlangen und Blumen und opferten den Geistern der Toten Nahrungsmittel.

Täglich trafen neue Reisende in Dali ein und blieben. Der Charme Dalis fing jeden ein, es war billig und ruhig, und die Luft war sauber. Selbst in den vierzehn Tagen, die wir in Dali verbrachten, spürten wir die Veränderung, die Auswirkungen seiner Öffnung für Ausländer: die Schüchternheit der Einheimischen ließ nach, ebenso ihre Wißbegier, was unsere Lebensweisheiten anging, und die Kinder lernten, «hallo» zu rufen. Alles hing vom Verhalten der Touristen ab. Obwohl die meisten freundlich waren, begannen Geschichten über borniertes und ignorantes Benehmen in der Stadt zu kursieren: über drei Deutsche, die einen ortsansässigen Lehrer schroff abwiesen, über Australier, die eine Sonderbehandlung erwarteten und das Hotel ausbeuterischer Methoden beschuldigten, über andere, die Bettler und Klos photographierten. Durch Mundpropaganda, so fürchtete ich, würden innerhalb weniger Monate Unschuld, Freundlichkeit und Unkompliziertheit aus Dali verschwunden sein.

Was wirklich geschah, übertraf meine schlimmsten Erwartungen. Als zwei Jahre später Freunde von mir nach Dali kamen, fanden sie das Gästehaus erweitert und viermal so teuer vor und die Stadt von «ausländischen Freunden» überlaufen. Ihrer Schätzung nach hielten sich dort ständig fünfhundert Besucher auf, Übersee- und Hongkongchinesen eingeschlossen – zu meiner Zeit waren es nur zwölf. Die Bai aus den umliegenden Dörfern sprachen jetzt die Fremden an, verkauften Ohrringe, Armreifen und Gürtel. Ein Dutzend neuer Cafés mit modischen Namen wie Friedens- oder Coca-Cola-Café waren eröffnet worden und boten Hamburger, Pfannkuchen und Pommes frites an.

Jetzt reiste man nach Dali des Essens wegen oder um dort andere Touristen zu treffen, um in der Sonne zu sitzen und Ansichtskarten nach Hause zu schreiben. Man kam nach Dali, weil dort alles so einfach war: Speisekarten waren in englischer Sprache, man konnte Fahrräder mieten und an organisierten Touren teilnehmen, es gab Touristenführer und Bootsfahrten auf dem See. Die ruhige, kleine Stadt hatte sich in einen beliebten Urlaubsort verwandelt. Die Einwohner grüßten keine Fremden mehr und luden sie nicht mehr zu sich ein.

Nirgendwo hatte ich mich so stark gegen die Anwesenheit anderer Reisender gewehrt. Im übrigen China war ich meist die einzige westliche Besucherin gewesen, oder die Städte hatten die anderen verschluckt. Aber in Dali schienen selbst zehn oder zwölf zuviel. Schon damals meinte man, überall auf Ausländer zu treffen, die in ihren langen Jeansbeinen die Hauptstraße entlangpromenierten, mit ihren stets bereiten Photoapparaten verschiedene Blickwinkel ausprobierten oder diese in Umhängetaschen mit Löchern für die Linse herumschleppten, die sich auf die exotischen Minderheiten stürzten und dabei die gewöhnlichen Chinesen ignorierten, die Kunsthandwerk aufkauften und es nach Hause schickten, um es dort mit ungeheurem Gewinn weiterzuverkaufen, oder es illegal über die burmesische Grenze transportierten – und erwischt und zu Geldstrafen verurteilt wurden. Vor allem die Yi-Mädchen beobachteten jeden Fremden ängstlich und wachsam, um beim geringsten Verdacht auf ein Teleobjektiv blitzschnell im nächsten Toreingang zu verschwinden.

Das Unangenehme an einigen Rucksackreisenden war ihre negative Einstellung gegenüber chinesischer Bürokratie und den Chinesen selbst, sie zogen eine Trennlinie zwischen uns und «denen». Mit anderen Westlichen im selben Hotelschlafsaal untergebracht, wurde ich zwangsläufig in Verschwörungen hineingezogen, über Schwarzmarkthändler und wie man Rechnungen mit *renminbi* beglich, in Diskussionen über Reiserouten und Visaverlängerungen und Geschichten über die kuriosen Chinesen. Viele beschwerten sich über das endlose Schlangestehen und über die ewige Warterei auf Betten, die erst «gefunden werden mußten». Sie beklagten die Verschlagenheit des chinesischen Gemüts, die Weigerung, eine direkte Antwort zu geben; war das Lächeln echt oder nur eine Tarnung für verborgene Feindseligkeit oder Gehorsam gegenüber der Partei, die ihre westlichen Freunde hofierte, oder bedeutete es Respekt vor unserem Reichtum und Lebensstil, als hoffnungsfreudige Vorboten für zukünftigen Wohlstand? Sie jammerten über mangelnde Hygiene, über die Spuckerei und das Angestarrtwerden und den Abfall auf dem Fußboden. Sie nörgelten über Paragraphenreiterei, hohe Preise und Erschöpfung, obwohl sie oft selbst schuld daran hatten: ihr Aufenthalt war zu kurz, ihr Programm zu vielfältig, und ihnen selbst fehlte die nötige Flexibilität. Das Reisen kam für manchen einem Egotrip gleich, einem Wetteifern um den gelungensten Deal und das längste, fernste und gefährlichste Abenteuer zum kleinstmöglichen Preis.

In manchen Fällen waren die Beschwerden gerechtfertigt. Als Geld aus dem Rucksack eines Touristen gestohlen wurde, ließ sich der Manager des Hotels nirgendwo auftreiben, tauchte allerdings wieder auf, als der Bestohlene abgereist war. Als einer Französin im Bus der Photoapparat entwendet wurde, zeigten sich die Beamten für öffentliche Sicherheit ihr gegenüber unerbittlich. Sie weigerten sich nicht nur, ihr einen Nachweis für die Versicherung auszustellen (was man als Widerwillen von offizieller Seite auslegen könnte, zuzugeben, daß diese Dinge in China vorkamen), sondern ließen durchblicken, daß die Kamera gar nicht gestohlen, sondern nur illegal verkauft worden war und sie nun eine Bestätigung für den Zoll erschleichen wollte. An wen konnte man sich wenden, wenn die Hotels kein Interesse zeigten, der China International Travel Service (CITS) seine Hilfe versagte und das Büro für öffentliche Sicherheit uns die Schuld gab?

Wenige westliche Besucher hatten ein uneingeschränkt positives Gefühl China gegenüber. Die meisten fühlten sich fremd, frustriert, desillusioniert. Sie neigten dazu, Einzelfälle herauszupicken, um ihre vorgefaßte Meinung über den asiatischen Kontinent zu bekräftigen, und waren blind für alles, was diese widerlegt hätte; selbst ein Chinese aus Übersee, der fünfzehn Jahre lang im Mutterland gelebt hatte, wurde aus dem unergründlichen Wesen der Chinesen nicht schlau. Die Menschen kamen nach China auf der Suche nach den Traumlandschaften chinesischer Porzellanmalerei und trafen statt dessen auf einen Außenposten Moskaus. Einige wähnten sich als Opfer politischer Lügen. Viele wurden krank. Alle wurden von einer störrischen Bürokratie gegängelt, und mancher war froh, endlich wieder diesem Land zu entkommen.

Nur wenige bemühten sich, Chinesisch zu sprechen. Gesprochenes Chinesisch ist keineswegs schwer zu erlernen, obwohl der gegenteilige Eindruck von all jenen erweckt wurde, die einen Vorwand suchten, um es gar nicht erst zu probieren. Sie brüllten auf englisch oder deuteten auf Redewendungen in ihren Wörterbüchern und demütigten diejenigen, die sie nicht verstanden. Ich fragte einmal einen der Angestellten im CITS, ob er nicht manchmal am liebsten explodieren würde, wenn sich Ausländer so unverschämt verhielten, aber er entgegnete, daß selbst der unausstehlichste Westler durch Freundlichkeit und Höflichkeit gezähmt werden könne.

Mehrere Monate später, als ich im Norden herumreiste, lobte eine Hotelangestellte mein gutes Chinesisch. «Es kommen recht viele ausländische Gäste hier vorbei», bemerkte das Mädchen, «aber die meisten sprechen kein Wort Chinesisch.» Die Kritik, die in dieser Bemerkung mitschwang, richtete sich nicht gegen mich, die ich geringe Sprachkenntnisse besaß, sondern gegen die, die überhaupt keine hatten. In diesem Moment begriff ich, daß die Chinesen *erwarteten*, daß wir ihre Sprache beherrschten. Oft redeten mich Leute auf mandarin, der chinesischen Nationalsprache an, ohne abzuwarten, ob ich sie überhaupt verstand, und wenn dies nicht der Fall war, spiegelte ihre Miene einen Augenblick lang Mißfallen wider, wie um zu fragen, warum ich ohne Führer reiste, wenn man mir nicht zumuten konnte, Chinesisch zu lernen. Sie schienen unsere Unwissenheit als Beleidigung aufzufassen, als mangelnden Respekt vor ihrer Überlegenheit.

Hier lag der Kern des Problems: ein Aufeinanderprallen zweier Völker, die sich beide als höherwertig einschätzten, die Chinesen auf Grund ihrer Geschichte und Größe und Sozialstruktur, wir Engländer wegen unserer ehemaligen Vormachtstellung und des jüngsten technologischen Fortschritts. Wie sehr wir im Westen dem Grundsatz von der Gleichheit der Menschen auch huldigen mochten, so überwog doch die zählebige, stillschweigende Übereinkunft, daß die weiße Rasse die «gleichste» von allen war. Dies kam unbeabsichtigt zum Ausdruck, wenn ich Mitreisenden gegenüber äußerte, daß die Chinesen sich uns überlegen fühlten, und sie stets ungläubig ausriefen: «Ach nein, wirklich?» Jedoch wurde kürzlich in einer Studie festgestellt, daß die Chinesen das intelligenteste Volk der Erde sind, gefolgt von den Japanern. Man führte dies auf das Auswendiglernen schwieriger Schriftzeichen schon in der Kindheit und das emsige Studium in späteren Jahren zurück.

Chinesen und Ausländer waren gehalten, diskreten Abstand zueinander zu wahren. Es ziemte sich nicht, zu engen Kontakt zu pflegen oder die Sprache zu gut zu beherrschen. Ich lernte einmal eine Französin kennen, die fließend Chinesisch sprach und als Dolmetscherin in Peking arbeitete (wofür sie den zweihundertfachen Lohn erhielt wie eine Chinesin). Mit ihrem Sprachvermögen benahm sie sich wie eine Einheimische, plapperte fröhlich drauflos und lachte – eher zu laut für manche Begriffe. Die Menschen reagierten mit recht gut verborgenem Befremden. Ausländer waren anders und sollten es auch bleiben; sie drangen in chinesisches Territorium ein, wenn sie sich die Umgangssprache zu eigen machten. Chinesen und Ausländer sollten auch nicht heiraten, da eine solche Vereinigung einer Beschmutzung der gesamten Rasse gleichkam.

In den meisten Städten und Dörfern vermieden die Chinesen den Kontakt mit «ausländischen Freunden». Schaffner im Bus stellten den Fahrschein zu einem Durchschnittspreis aus, ohne zu fragen, wo man hinfahren wollte. Die Gesichter der Verkäuferinnen verdüsterten sich, wenn wir herannahten. Gelegentlich drängelten sich Leute in der Schlange an uns vorbei, als seien wir

Luft. Wenn wir jemanden um Auskunft baten, konnte es geschehen, daß die jeweilige Person oder die ganze Gruppe sich schweigend abwandte, aus Angst, eventuell die Frage nicht zu verstehen – zu scheu, überhaupt einen Versuch zu wagen. Unser Verhalten schüchterte sie ein und ließ sie vorsichtig sein, nicht zuletzt auch aus Angst vor politischen Sanktionen.

Der Großteil der Chinesen betrachtete uns nicht als menschliche Wesen mit denselben Gefühlen wie den ihren, sondern als einer andersartigen Spezies zugehörig. Sie verabscheuten unsere Gewohnheiten in dem Maße, wie uns ihre abstießen – wir tranken unabgekochtes Wasser, wir schneuzten unsere Nasen in Taschentücher, wir schwitzten und rochen unangenehm. Unsere Fremdartigkeit charakterisierte unsere Persönlichkeit und errichtete einen höheren Wall zwischen uns als unsere Unfähigkeit, ihre Sprache zu sprechen. Wir blieben Außenseiter, selbst nach zwanzigjährigem Aufenthalt in ihrem Land oder durch die Ehe mit einem Chinesen. Für chinesische Augen sahen wir alle gleich aus, und ich wurde oft verwechselt (ich hingegen kann mich nur an ein einziges Mal erinnern, als mir die unglaubliche Ähnlichkeit zwischen einem Chinesen im Bus und einem anderen im Zug am Tag davor aufgefallen war und es sich tatsächlich um ein und dieselbe Person handelte). Später im Nordwesten, als ich nach vierzehn Tagen zum erstenmal wieder auf einen Ausländer traf, lernte ich, mich mit den Augen der Chinesen zu sehen. Die Gruppe von Europäern wirkte massig, behaart und unordentlich gekleidet, mit unangenehmen Stimmen und tölpelhaftem Benehmen.

Wir galten weiterhin als Eindringlinge, wurden trotz des freundlichen Lächelns selten akzeptiert und durch unsichtbare Schranken getrennt. Einhundert Jahre lang war kein Fremder unter die Zuständigkeit chinesischer Gerichtsbarkeit gefallen: wir konnten ungestraft vergewaltigen, töten, stehlen, Opium einführen und uns ohne Visum oder Paß für immer dort niederlassen. Die Chinesen verfügen über ein exaktes historisches Erinnerungsvermögen. Fremde Teufel nannten sie uns damals, und manche tun es heute noch. Beim Zuschauen bei einem Mahjong-Spiel in Kanton hörte ich jemanden sagen: «Ein fremder Teufel ist gekommen, um uns zu bespitzeln.» – «Paß auf, was du sagst», warnte ein anderer. «Das ist egal», erwiderte der erste, «sie verstehen sowieso kein Kantonesisch.»

Unsere antagonistischen Auffassungen von gutem Benehmen verhinderten häufig eine tiefer gehende Unterhaltung. Menschen starrten. Kinder riefen uns auf der Straße Litaneien hinterher: «*Waiguoren! Waiguoren!* Hier kommt ein Fremder!» Entgegnungen auf höfliche Anfragen wirkten oft unwirsch. «Entschuldigen Sie bitte, wo kann man hier Mehl kaufen?» – «Nein.» Oder: «Entschuldigung, welcher Bus fährt zum Tempel des Wohlwollens?» – «Nein.» Erforderte eine Erkundigung jedoch eine Ja- oder Nein-Antwort, so hieß es oft: «Weiß nicht genau» oder «Schwierig.» Manchmal entlockte man mit seiner Frage ein kurzes «Moment» und wartete bis zu einer Stunde auf das Wiederauftauchen des Beamten.

So barsch die Chinesen mit Westlern auch umspringen mochten (und weit schlimmer noch mit Afrikanern, die manche als schwarze Hunde bezeichneten und von denen sie glaubten, daß sie auf Bäumen lebten), genauso unhöflich gingen sie miteinander um. Als ich einmal an einem Straßenstand genußvoll eine Schale Nudeln verspeiste, wurde meine Mahlzeit durch die Ankunft zweier arroganter junger Männer jäh unterbrochen. «Man kann sich hier nirgendwo hinsetzen!» riefen sie ungehalten. «Wie sollen wir essen, wenn es keine anständigen Sitzgelegenheiten gibt?» Ängstlich darauf bedacht, ihre Kundschaft nicht zu verlieren, gruppierte die Frau, eine Bäuerin, uns andere so um, daß die beiden jungen Männer das bequemste Plätzchen einnehmen konnten. Sie schnupperten demonstrativ. «Nach was riecht es denn hier?» Von Stadt zu Stadt variierten die angebotenen Gerichte, da die Straßenverkäufer ihre eigenen Spezialitäten kreierten. Diesmal gab es Nudelsuppe, die man mit Koriander, Frühlingszwiebeln und eingelegten Karotten verfeinern konnte, zu einem Preis von fünfundzwanzig Pfennigen. «Wir wissen ja gar nicht, ob es schmeckt», höhnten die jungen Männer. «Wir werden ja sehen. Wir werden eine Portion probieren. Falls es uns zusagt, kommen wir vielleicht morgen wieder. Andernfalls nicht.»

Aber in vielerlei Hinsicht war das Reisen in China einfach. Ungeachtet der offiziellen Politik, traf man in manchen Behörden Freundlichkeit und Hilfsbereitschaft an; es mochte Pflichterfüllung oder Gastfreundschaft gewesen sein oder Mitgefühl für unsere hilflose Lage. Aber auch außerhalb von Schalterhallen und Amtsstuben begegneten mir die meisten Chinesen mit aufrichtiger Liebenswürdigkeit: höflich und zuvorkommend setzten sie alles dran, einer bedürftigen Fremden mit Rat und Tat zur Seite zu stehen. Soweit ich weiß, wurde ich nie verfolgt, obwohl das Gesellschaftssystem auf Überwachung basierte und das Ministerium für öffentliche Sicherheit – wie eine Radarstation – Informationen auffing. Keiner meiner Briefe schien geöffnet worden zu sein. Mit etwas Chinesisch wurden meine Wünsche häufiger erfüllt, und die Anrede Genosse, obwohl von den Chinesen selbst kaum verwandt, bewirkte fast immer eine höfliche Antwort. Und als alleinreisende Frau war ich in China sicherer als in den meisten übrigen Ländern der Erde.

An der Küste von Hainan, unweit von Sanya, hatte ich es mir gerade auf dem weichen, weißen Sand, ein paar hundert Meter vom nächsten menschlichen Wesen entfernt, mit einem Buch bequem gemacht, als eine leichtfüßige Gestalt in leuchtendblauem Unterhemd den Strand entlanggerannt kam. Der Mann verringerte sein Tempo und drehte sich mir zu. Er ließ sich, in völliger Mißachtung meiner persönlichen Sphäre, etwa dreißig Zentimeter von mir entfernt nieder, den Blick auf mich gerichtet, die Knie mit den Händen umfaßt. Er betrachtete mich, den Kopf wie ein Vogel zur Seite geneigt. Erst spähte er um meine linke, dann um meine rechte Seite, als sei es fürchterlich weit zu meinem Rücken. Ich schluckte, fühlte mich entblößt, hoffte, es würde ihm bald langweilig und er würde seinen Dauerlauf fortsetzen. Ich las ein paar Zeilen. Er lugte mir über die Schulter. Ich legte das Buch hin und starrte auf die Touristen, kleine schwarze Punkte auf fernem Sand. Er entschloß sich zu handeln. Vor meinen Füßen begann er, ein Loch zu graben, wobei er den ausgehöhlten Sand am oberen Rand festklopfte – ein Muster an Perfektion. Als er mit den Händen nicht mehr tief genug hineinreichte, führte er sein Werk mit den Füßen fort. Bei Beginn des zweiten Lochs stand ich auf und ging davon.

Es dauerte eine Zeit, bis ich mich daran gewöhnt hatte, daß derartige Situationen weder Bedrohung noch Gefahr in sich bargen. Der Mann hatte mich mit passiver Objektivität beobachtet und schien nichts weiter als Kameradschaft zu wollen. Wäre er frech geworden, hätte er sexuelle Anspielungen gemacht, hätte ich mich früher entfernen können. So aber schuldete ich ihm Freundlichkeit.

An meinem Aufenthalt in Sanya gefiel mir besonders, daß die Gäste keine eiligen Touristen auf der Durchreise waren, sondern Lehrer und Studenten, die in China lebten. Die meisten sprachen Chinesisch. Sie vertraten großzügige Ansichten, fühlten sich dem Land gegenüber verpflichtet, das sie vorübergehend beheimatete. «Uns gefällt es hier», meinte ein Paar, das schon vier Jahre in China unterrichtete. «Die Leute sind so nett. Uns gefällt die Achtung, die man hier einem Ausländer zollt, und die Höflichkeit, an der es zu Hause mangelt.»

Im Gästehaus wohnte auch ein Engländer, Mitte Fünfzig, mit seiner kanadischen Ehefrau, einer ehemaligen Missionarin. Sie lebten seit siebenunddreißig Jahren in China, hatten die Befreiung und die Kulturrevolution miterlebt und arbeiteten derzeit als Lehrer in Peking. Ich fragte sie, ob sie je belangt worden waren.

«Während der Kulturrevolution war ich ein glühender Anhänger der Ideale einer gegnerischen Splittergruppe der Roten Garde und glaubte, handeln zu müssen. So kämpfte ich Seite an Seite mit der Gruppe, die ich unterstützte.» Was er nicht erwähnte, was mir aber später erzählt wurde, war, daß er für seine Taten drei Jahre im Gefängnis saß und bei seiner Entlassung kaum wiederzuerkennen war.

David Crooke und seine Frau suchten absichtlich die Bekanntschaft jüngerer oder erst kürzlich angekommener Gäste, die ihre Identität nicht kannten und ihnen keine Fragen über die Kulturrevolution stellten. Wenn sie davon erfuhren, war die Reaktion immer die gleiche: «Was, Sie haben wirklich *siebenunddreißig* Jahre in China gelebt? Sie müssen ja einiges erlebt haben. Das muß faszinierend gewesen sein!» Und die Crookes waren es einfach leid. Als sie abreisten, standen die Hotelgäste Spalier – zwei Dutzend ausländische Experten und Studenten – und schüttelten ihnen die Hand und wünschten ihnen alles Gute. In keinem anderen Land würde jemand nur deshalb geehrt werden, weil er dort siebenunddreißig Jahre ausgeharrt hatte. Allein das genügte, um in China Ruhm zu erlangen.

Es wurde von den meisten Reisenden als Glanzleistung gewertet, es länger als drei Monate in China auszuhalten. Die Mehrheit der Touristen blieb weniger als drei Wochen. Vor der Befreiung hatte die Nationalistische Regierung die Touristen in leicht überschaubaren Gruppen durchs Land gelotst, um schädlichen Berichterstattungen im Westen vorzubeugen: die Kommunisten wandten nun dieselbe Taktik an. Internationale Freundschaft, wie die Partei sie verstand, bedeutete kontrollierbare Reisegruppen, die ihr Geld in Luxushotels und Freundschaftsläden ausgaben. Darunter fielen nicht die Einzelreisenden, die nach Belieben in Dörfern und Seitengassen herumstöberten, Bekanntschaften anknüpften und den verderblichen Einfluß der Bourgeoisie verbreiteten, obwohl die Partei sie ihrer Dollars wegen duldete. Ein Chinese stieg im besten Hotel ab, das er sich leisten konnte, und wählte nicht automatisch den billigsten Schlafsaal. Internationale Freundschaft hieß für China, vom Fortschritt nicht ausgeschlossen zu werden. Sie äußerte sich in dem dringenden Ersuchen um Devisen, Technologien und Absatzmärkte. Somit waren westliche Touristen am begehrtesten, gefolgt von den Japanern, dann den Chinesen aus Übersee und zum Schluß den Landsleuten aus Hongkong.

Der überschwengliche Empfang, den man reichen Touristengruppen bereitete, mit Fahnen, Klatschen, Tänzen und Gesang, hat inzwischen etwas an Glanz verloren, aber die Einstellung blieb gleich: Gebäude wurden gereinigt, Menschen instruiert, und manche Besucher glaubten, hier das Höchstmaß an gemeinschaftlicher, sozialistischer Organisation anzutreffen. Da sie nur von der Partei ausgewählte Beispiele zu Gesicht bekamen, lernten sie nichts über das Land, wie es wirklich war, sondern wurden durch Reisebusse, Komfort und die Gruppe selbst von der Realität abgeschirmt. Für sie blieb China ein Rätsel, genauso abgeschieden, unergründlich und irgendwie suspekt wie vor fünfunddreißig Jahren. Aber selbst wenn diesen Besuchern die Möglichkeit geboten würde, zur Seele dieses Kontinents vorzudringen, sie hätten kein Interesse. China wurde ihnen anhand von Zahlen erläutert: soundso viele Menschen produzierten soundso viele Traktoren, bauten soundso viele Tonnen Getreide an und pflanzten soundso viele Bäume. Bei den Besichtigungen von Landkommunen, Krankenhäusern und Schulen wurden beispielhafte Situationen vorgeführt: es waren ausgiebig geprobte Szenen zweifelhafter Perfektion, in statistischer Schärfe vor dem verschwommenen Hintergrund des Alltagslebens. Besuche von Fabriken und Freundschaftsläden dienten als Mittel, ein Maximum an ausländischen Währungen aus dem Verkauf von Souvenirs zu erzielen; das übliche Kunsthandwerk in hohen gläsernen Vitrinen, das übliche Personal mit langen, glasigen Gesichtern, überall dasselbe. Es schockierte einige der Pauschaltouristen (genauso wie manche Chinesen), daß es Leute gab, die alleine durch China reisten, in schmierigen Schlafsälen nächtigten, innerhalb bestimmter Grenzen frei durch die Gegend zogen, das Land in billigen öffentlichen Transportmitteln bis zum äußersten Norden, Süden und Westen durchquerten. Aber es beeindruckte sie auch maßlos.

Im Vergleich zu westlichen Diplomaten und Journalisten, die in den ausländischen Enklaven Pekings wohnten, deren geringste Bewegung beobachtet wurde, deren Besucher überprüft wurden, die in speziellen Restaurants aßen, in besonderen Krankenhäusern behandelt wurden, herumgeführt und bewacht wurden und praktisch keinerlei normale Beziehungen zu normalen Chinesen unterhalten durften, konnte man sich als Individualreisender relativ frei bewegen. In den Gebieten, die uns zugänglich waren, wurde ich nie daran gehindert, zu reden, mit wem ich wollte, oder mir anzusehen, wozu ich Lust verspürte. Obwohl ich ständig mein Notizbuch mitführte und gewöhnlich irgendwo in Ruhe etwas eintrug und obwohl die Partei es hätte untersuchen können, wenn sie gewollt hätte, schien sich nie jemand daran zu stören.

Ständig wurden neue Orte wie Dali für Touristen freigegeben, aber die riesige Weite des Landes blieb unerforscht. Daß der Zutritt zu den faszinierendsten Sehenswürdigkeiten noch verboten war – romantische (und weniger romantische) Ruinen, verfallene Klöster, die an Berghängen klebten, Völker von Jägern und Sammlern, die in tiefen Wäldern lebten, oder Nomaden, die über die tibetischen Hochebenen zogen –, empfand ich oft als ärgerlich. Selbst die Bergketten bei Dali, die Heimat des königsblauen Himalaya-Klatschmohns, blieben für Reisende wie mich unerreichbar.

Im allgemeinen gab es gute Gründe, warum Gebiete gesperrt waren. Dazu zählten unbesiedelte Grenzzonen, Dörfer ohne Hotels oder ausreichende Verpflegung, rückständige Regionen, wo die Armut sich deutlich an ungepflasterten Wegen und zerlumpten Kleidern ablesen ließ, wo die Ausschweifungen des Feudalismus selbst dem ungeübten Auge offensichtlich waren und wo die trostlosen Ruinen, Zeugen einer ungeheuren Zerstörungswut während der Kulturrevolution, noch nicht beseitigt oder restauriert waren. Die chinesischen Behörden fanden sich langsam mit der Tatsache ab, daß die meisten Besucher nicht die sozialistische Gegenwart sehen wollen, sondern die Relikte der Vergangenheit und daß sie sich fügen mußten, wollten sie weiterhin Devisen einnehmen. Deshalb ließen sie Pagoden wiederaufbauen und weitere Städte öffnen. Manchmal wurde ein historisches Bauwerk an einen geeigneteren Ort versetzt oder aus den wiederverwertbaren Fragmenten anderer Altertümer zusammengesetzt.

Von Touristen in China wurde erwartet, daß sie mit Foreign Exchange Certificates (FEC) bezahlten und theoretisch weder *renminbi* benötigten noch bei sich trugen. Aber auf Grund eines weitverbreiteten, blühenden Schwarzhandels gelang es westlichen Reisenden, die nach eigenen Maßstäben nicht reich, aber unendlich wohlhabender als 99 Prozent der Chinesen waren, alles außer Hotelbetten zu einem weit günstigeren Preis als die Einheimischen selbst zu ergattern.

Zwischen Januar und Dezember 1984 stieg der Kurs von 130 auf 170 pro hundert FEC an, um dann nach einem weiteren Anstieg Ende 1985 wieder zu sinken, als die Regierung ihre Lebensmittelimporte reduzierte. Passanten blieben stehen und staunten über die Bündel Geldscheine, die in aller Öffentlichkeit vor Hotels, in Buchläden und an Bushaltestellen und Haupteinkaufsstraßen die Besitzer wechselten.

Neben den Kadern, die ihre Position dazu benutzten, sich persönliche Vorteile zu verschaffen, gab es genügend Ausländer, die ebenfalls aus dem System Kapital schlugen und Lügen verbreiteten, um ihr Ansehen zu wahren und ein paar Pfennige zu sparen. Sie besorgten sich gefälschte taiwanische Studentenausweise, die sie zu ermäßigten Zugfahrkarten und Hotelzimmern berechtigten. Wir lachten über den redlichen Studenten, dessen echter Ausweis vom Zugschaffner abgelehnt wurde: «Das ist kein richtiger Studentenausweis, es gibt doch jetzt diese anderen», aber für den Beteiligten war es keineswegs lustig. Würde die Partei ausländische Besucher nicht so schamlos ausnehmen, ihnen erlauben, sich die Hotels selbst auszusuchen, und keine überteuerten Preise verlangen, wären diese weniger darauf erpicht, Chinesen mit ihren eigenen Waffen zu schlagen.

Während ich in Dali war, verkaufte ein Deutscher namens Johann *renminbi* zur Hälfte des gängigen Schwarzmarktkurses an andere Touristen, die es versäumt hatten, sich in Kanton oder Guilin ausreichend einzudecken, und erzielte somit einen zwanzigprozentigen Profit. Er erklärte, er hätte nur zufällig etwas übrig. Johann lief mir mehrmals über den Weg, wenn er gerade mit reichlich Geld das Land verließ, um später mit reichlich Gepäck, japanischen Radios und Kassettenrecordern wieder aufzutauchen, die er den Einheimischen mit zwei- oder dreihundert Prozent Gewinn verkaufte. Da er älter als die meisten Individualreisenden und höflicher zu den Beamten war, schien ihn niemand zu verdächtigen.

Schon zu Konfuzius' Zeiten hatten die Chinesen Besuchern aus dem Westen Hochachtung gezollt, ihr unterschwelliges Mißtrauen mit Höflichkeit verdeckt, sie huldvoll als Ehrengäste behandelt. Sie strebten danach, einen guten Eindruck zu erwecken, und reagierten beleidigt, wenn ihre Annäherungsversuche abgewiesen wurden. Obwohl sie uns mehr berechneten, genossen wir Ausländer immer noch eine bevorzugte Behandlung. Als wir einmal in einer Stadt in Guangxi mit dem Bus ankamen, gab es vor dem einzigen Hotel bei der einzigen Hotelangestellten lautes Geschrei und Gerangel um die Zimmer, während ich hineingebeten wurde, um im Warmen zu warten. Ich trank genüßlich meinen Tee, während das Zimmermädchen draußen mit den Leuten verhandelte und sie nacheinander mit Fragen bombardierte. «Name? Einheit? Wieviel Personen? Wieviel Nächte? Woher? Wohin?» Wenn jemand nur den Dialekt seiner Region sprach und kein Mandarin verstand, verlor sie die Geduld und kreischte. Dann drehte sie sich mit strahlendem Lächeln zu mir um, entschuldigte sich besorgt für die Wartezeit und hoffte aufrichtig, daß ich nicht zu müde sei.

In einem anderen Hotel, in dem nur wenige Fremde wohnten und die Bediensteten besonders reizend waren, wollte ich nach fünftägiger Reise ein Bad nehmen. Da das Gemeinschaftsbad besetzt war, hämmerte das Zimmermädchen gegen die Tür. «He! Beeil dich! Mach, daß du rauskommst! Ein Gast aus dem Ausland möchte das Bad benutzen!» Aber bei einer späteren Gelegenheit, als eine Chinesin aufgefordert wurde, ihre Sachen auf der Bank beiseite zu schieben, damit ich ebenfalls in die Dusche konnte, gab es eine ärgerliche Erwiderung. Ich hatte mich oft gefragt, wie sich die Chinesen dabei fühlten, als Minderwertige in ihrem Heimatland behandelt zu werden, von den Handelsmessen ausgesperrt zu sein, keinen Zutritt zu Luxushotels zu haben, von Freundschaftsläden und den Abteilungen für ausländische Bücher ausgeschlossen zu sein, und hatte mir vorgestellt, daß viele diese Regeln übelnahmen. Das Mädchen in der Dusche war schlechter Laune. Möglicherweise empfand sie eine Antipathie Fremden gegenüber, die auf Erziehung, Übergriffen der Kolonialherren oder jüngster antikapitalistischer Propaganda beruhen mochte (in Anbetracht dessen war die allgemeine Freundlichkeit wirklich bemerkenswert) – jedenfalls brauste sie hysterisch auf: «Warum soll ich mein Zeug wegräumen? Haben Ausländer und Chinesen nicht die gleichen Rechte? Warum sollen wir Ausländern den Vortritt lassen?» Ähnlich wie ein Westler sich einem Chinesen gegenüber verhalten hätte. Daraufhin riß auch dem Zimmermädchen der Geduldsfaden, und mit schriller Stimme fluchend, knallte sie die Tür zu und überließ uns beide dem Dampf und der Stille.

Ressentiments gegenüber Japanern waren ebenfalls noch weit verbreitet. Auf dem Postamt wollte der Beamte einmal nur mit mir als Vermittlerin mit einem japanischen Touristen verhandeln. «Was will er denn?» fragte er mürrisch. «Er würde gerne einen Teppich nach Japan schicken», antwortete ich. «Fragen Sie ihn, wo er ihn gekauft hat.» – «Im Basar», so der Japaner. «Mit welcher Währung hat er ihn bezahlt?» – «*Renminbi.*» – «Das ist verboten!» schrie der Postbeamte gellend, siegesbewußt. «Er muß mit FEC bezahlen.» Der Japaner faßte sich schnell. «FEC», murmelte er. «Ich bezahlte ihn mit FEC.» – «Wo ist die Quittung? Er muß eine Quittung vorweisen!» Der Japaner beteuerte, davon nichts gewußt zu haben. Der Mann, der ihm den Teppich verkauft hatte, war Bauer und wahrscheinlich Analphabet. «Welchen Wert hat dieser Teppich?» wollte der Beamte wissen. «Einhundertachtzig Yuan.» – «Es ist gegen die Vorschriften, Pakete zu versenden, deren Wert einhundert Yuan überschreitet, es sei denn, sie wurden mit FEC bezahlt.» Er schnappte das Paket, das vorschriftsmäßig und sorgfältig in ungebleichte Baumwolle eingenäht war (derselbe Stoff, der für Trauerkleidung verwendet wurde), und warf es auf die Waage. Es wog vierzehn Kilo. «Es ist verboten», verkündete er mit Genugtuung, «Pakete mit mehr als zehn Kilo Gewicht nach Japan zu schicken.»

Es gab in China noch eine andere Art von Fremden, die nie als Ehrengäste behandelt, sondern allenfalls herablassend geduldet oder gar verachtet wurden. Diese Fremden stellten sechzig Millionen der chinesischen Gesamtbevölkerung und bewohnten mehr als die Hälfte der Fläche, unwirtliche Gebiete, die zwar landwirtschaftlich uninteressant waren, aber auf Grund ihrer Bodenschätze und Chinas Paranoia vor seinen Nachbarn unter keinen Umständen aufgegeben werden durften.

Die Han bezeichnen alle ihre 56 nationalen Minderheiten als ein einziges Problem, für das sich eine einzige Lösung finden ließ. In der Realität stammten diese Völker aus den verschiedensten Regionen, aus den schneebedeckten Hochebenen und tropischen Regenwäldern, aus den Oasen der Wüste und der mongolischen Steppe; Völker in unterschiedlichen Stadien der «Zivilisation», vom Jäger-Sammler zum fortschrittsgläubigen Han; Völker mit unterschiedlichen Überlebensstrategien und unterschiedlicher rassischer Abstammung. Glaubte man den Aussagen der Partei, so überlebten die Minderheiten überhaupt nur dank ihrer Nachsicht. Dagegen stehen die harten Maßnahmen der Kulturrevolution, die den Nomadenstämmen das Umherziehen untersagten, den Getreideanbau auf ungeeignetem Land erzwangen, um die Versorgung der städtischen Han sicherzustellen, den Gebrauch der eigenen Sprache und der andersartigen Schrift einschränkten, Religionen verboten und Tempel zerstörten und die traditionellen Bräuche abschafften. Obwohl man inzwischen eine gemäßigtere Politik verfolgt, hat sich an der herablassenden Haltung nichts geändert. Die Bai in der Gegend von Dali waren sanft und umgänglich, und die Han konnten ohne Widerrede ihrem Chauvinismus frönen und den Bai ihre altmodischen Trachten und obskuren Götter, ihren wunderlichen Aberglauben und ihre merkwürdigen Sitten «erlauben». Als wir die Han über die Bai befragten, wußten sie nichts zu sagen. Einige Bai-Männer lehnten ebenfalls ihre traditionelle Kultur ab, wähnten den Fortschritt in der Lebensweise der Han, betrachteten ihre eigenen Bräuche, wie die Han, als Ausdruck ihrer Unwissenheit und Rückständigkeit.

Tibet bot das extremste Beispiel für rücksichtslose chinesische Expansionspolitik. Da es eine Bedrohung darstellte, mußte es unter Kontrolle gebracht werden. Annähernd zweieinhalbtausend Klöster wurden auf zehn reduziert. Nur einer von fünfzig

Lamas blieb übrig. Weizen wurde auf ehemaligen Gerstenfeldern gesät und die Tibeter dadurch ihrer Hauptnahrungsquelle beraubt. Ein paar der Tempel hatte man restauriert, aber das dortige Treiben barg viel touristenverdummenden faulen Zauber.

Trotz meiner Skepsis besichtigte ich Kumbum, ein tibetisches Lamakloster der Gelbmützen auf der Qinghai-Hochebene, dem ehemaligen Tibet. Kumbum war von den Verheerungen der Roten Garden verschont geblieben, da es eine starke Verteidigung besessen hatte, obwohl sich viele ältere Lamas demütigenden Arbeitseinsätzen unterwerfen mußten. Als eines von sechs noch bestehenden Lamaklöstern war es das Ziel tibetischer Pilger, die von Amdo oder weiter kamen: in aufsehenerregender Kleidung und aufsehenerregend schmutzig, mit der wettergegerbten Schönheit und dem ungebändigten Haarschopf von scheuen Löwenrudeln. Tagsüber schlurften sie in den heiligen Hallen herum in ihren langen Yakmänteln mit Ärmeln bis zum Knie, wie Elefantenrüssel, und häufig darunter nackt. Sie warfen sich zu Boden und drehten ihre Gebetsmühlen und löffelten Butter in die Lampen und brachten den Schutzgottheiten an den Altären Opfer dar. Nachts schliefen sie im kiesigen Vorhof, nur von ihren Mänteln bedeckt, im Schnee.

Die Han blickten mit Abscheu auf sie herab. Sie blieben stehen und starrten, ernst und unfreundlich, auf diese steinzeitlichen Höhlenmenschen mit Tierfellen auf ihrer ledrigen Haut und sahen nichts außer dem Schmutz und der Wildheit und dem «feudalistischen» Schmuck, den sie im Haar trugen, spürten nichts von dem Zauber, den sie auf mich ausstrahlten. Den Tibetern blieb nichts anderes übrig, als sie zu ignorieren und weiterhin ihr Tsampa mit den Fingern zu essen, obwohl sie sich bei meinem Anblick gegenseitig am Mantel zupften und «Guck mal, schnell!» ausriefen und mich mit großen, unschuldigen Augen anstaunten.

Um den Minderheiten etwas mehr Entgegenkommen zu zeigen, hatten die Behörden in Dali einen Gesangs- und Tanzwettbewerb geplant, den ersten seiner Art, der im Kino zwischen zwei Vorstellungen stattfinden sollte. Das Hotel war überfüllt von Musikgruppen aus den fernen Bergen, die mit Büffelmasken und Holzblasinstrumenten probten, und mit Yi-Mädchen, exotisch wie tropische Schmetterlinge in Rot und Schwarz und dem Grün von Eisvögeln.

Allabendlich wurden Aufführungen vor dörflichem Publikum abgehalten. Die Han selbst zeigten wenig Interesse und hielten sich fern. Indem man das kulturelle Erbe der Minderheiten förderte, es hätschelte und tätschelte und auf die Bühne brachte, fürchtete ich, daß man ihre Traditionen zähmte, sie für Touristen präparierte, wie es auch anderswo schon geschah. Musik und Tanz aus den Dörfern und Feldern zu entfernen, konnte dazu führen, ihre natürliche Entwicklung einzufrieren, die Spontaneität in Arbeit zu ersticken. Aber dies war das erste Mal, und man erlebte eine Frische und Unschuld, die geschliffenere Darbietungen entbehrten. Sinnliche Bai-Mädchen mit schmalen Taillen und runden Pos und rosigen, von der Sonne gebräunten Gesichtern sangen und tanzten zu traditioneller Volksmusik, die den Wäldern und Bergen entstammte, und spielten auf Flöten und Pfeifen, *erhus* und Trommeln.

Am meisten beeindruckten mich die Yi. Nichts, was ich in China sah oder erlebte, bewegte mich derart, begeisterte mich, nahm mich so gefangen wie ihr Tanz. Ich sehnte mich danach, ihre Dörfer in den Bergen zu besuchen; ich fragte überall herum, aber niemand wollte mir verraten, wo ich sie finden könnte, als Ausländerin dürfte ich sowieso nicht dorthin. Die Faszination, die von ihrer Aufführung ausging, lag nicht in der Musik, ihr Gesang war rauh, unmelodisch und schrill und das Begleitinstrument eine rechtwinklige Pfeife, die in eine Kürbisflasche mündete und nur zwei Töne von sich gab. Es war auch nicht ihr Tanz; das Herumwirbeln und Mit-den-Füßen-Stampfen hatte nichts Kompliziertes oder Ausgefeiltes an sich. Besonderes Talent konnte ich auch nicht entdecken; manchmal blieb eins der Mädchen stehen, aus dem Takt geraten, ebenso unbekümmert wie draußen auf dem Feld. Aber Rhythmus und Klang und Bewegungen wirkten zusammen. Sie gehörten in eine von Erde und Luft erfüllte Welt und schienen eine Weisheit und eine tiefe Harmonie zwischen den Menschen und ihren Wurzeln auszuströmen, die der gegenwärtigen Welt verlorengegangen waren. Für einen Moment glaubte ich, das eigentliche Wesen der Musik in der Rückführung des Menschen zu seiner innersten Seele zu erfahren. Einen Augenblick lang berührte ich den Sinn des Lebens, aber er entglitt mir und war entschwunden.

AUF DEM WEG NACH SZETSCHUAN

1984 war das Jahr der Ratte. Rattenbriefmarken wurden ausgegeben, und in den Zeitungen erschienen Leserbriefe, die sich über den ganzen Wirbel beschwerten, wo Ratten doch die Pest übertrugen (die erst in den Sechzigern ausgerottet wurde) und Getreide wegfraßen und das chinesische Volk zahlenmäßig mehrfach übertrafen.

Straßenhändler verkauften Rattenfallen und Gift und demonstrierten anhand ausgestopfter Ratten den Wert ihrer Ware. Aber Rosy und ich kannten in Dali einen Mann, der seine eigene Methode hatte, die Ratten, die unter seinem Dach hin und her huschten und ihn schlaflose Nächte kosteten, einzufangen. «Ich habe in der Zeitung davon gelesen», erklärte er uns. «Zuerst fängt man die Ratte mit einer gewöhnlichen Falle. Dann bindet man ihr die Füße zusammen, damit sie nicht wegrennen kann, und stopft ihr getrocknete Erbsen in den After. Nachdem man die Öffnung zugenäht hat, läßt man sie frei. Angeblich bekommt sie dann so starke Schmerzen, daß sie gleich zwanzig weitere Ratten anfällt und tötet.»

«Das ist grausam», empörten wir uns, «mach es nie wieder!»

«Meiner Frau gefällt es auch nicht», vertraute er uns an, «sie findet es ekelhaft.»

In der ländlichen Gegend um Dali konnten wir beobachten, wie unsere Nahrung heranreifte. Manchmal sahen wir, wie menschliche Exkremente als Dünger auf die Felder gehäuft oder zum Trocknen auf dem Dreschboden ausgebreitet oder in flüssiger Form auf die Pflänzchen geschöpft wurden, und gelegentlich klebten noch weiche rosa Papierfetzchen an zum Verkauf angebotenem Gemüse.

Obwohl Fäkaliensammler theoretisch als sozialistische Helden gefeiert wurden, in Volkssagen gerühmt, in Liedern gepriesen, erwies es sich als schwierig, etwas über ihre Tätigkeit in Erfahrung zu bringen. Ich wollte wissen, wie die Exkremente verarbeitet wurden, ob man sie trocknete oder in Gruben aufbewahrte. Als ich Yao, meinen Gärtnerfreund danach fragte, kicherte er verlegen und schaute weg. Und als ich einmal einem Dungsammler in einem Hotel folgte, wurde ich von zwei Männern aufgehalten und verscheucht. Dann, eines Tages in Dali, entdeckten Rosy und ich zwei ältere «Herren des Parfums der Nacht», wie man sie beschönigend nannte, in verblichener Kleidung und alten Schirmmützen, wie sie die Hauptstraße entlanghasteten, einen penetranten Gestank hinter sich verbreitend. Ihre Muskeln waren straff gespannt, um das Gewicht der randvollen Holzeimer an den Enden der Tragstangen (die sich zu Schöpfkellen weiteten) zu bewältigen und um sicherzustellen, daß nichts überschwappte.

Energisch trabten wir hinter ihnen her, überzeugt davon, daß sie nicht weit gehen würden. Aber diese alten Männer verminderten ihr Tempo nicht. Sie verlagerten ihre Last von einer Schulter zur anderen, bogen in einen steinigen Pfad ein, der an der alten Stadtmauer entlangführte, und schwenkten dann in die Felder ein. In fünfzig Meter Abstand keuchten und schwitzten wir in der Morgensonne, durch Weizen- und Bohnenfelder, hinterher. Wir stürmten in ein Dorf hinein und am anderen Ende wieder hinaus, zum großen Erstaunen der Dorfbewohner, die gerade Wasser aus dem Brunnen zogen. Wieder in den Feldern und bereits kilometerweit von Dali entfernt, hielten die Männer kurz an und rauchten. Wir schlenderten an ihnen vorbei, aber sie überholten uns schnell, eilten auf ihren sehnigen, krummen Beinen davon, warfen ab und zu einen Blick zurück, um zu sehen, ob wir ihnen noch folgten.

Nach etwa sechs Kilometern, am dritten dörflichen Ziehbrunnen, trennten sich die Wege unserer Gentlemen. Wir entschieden uns für den zerlumpteren, der uns durch gewundene, sich zwischen weißgetünchten Mauern dahinschlängelnde staubige Gassen führte, bis er seine Kübel fallen ließ und floh.

Ein weiteres Mal geschlagen, fragte ich einen Schuljungen und erhielt endlich eine befriedigende Antwort. Da zwei Eimer menschlicher Exkremente fünf Jiao einbrachten, stellten die Leute überall Klos auf. Es gab Klos entlang der Busrouten und an vielbefahrenen Feldwegen und Klos, die über Teichen hingen, um das Unkraut zu düngen, das wiederum den Fischen als Nahrung diente. Die Toiletten unseres Hotels befanden sich neben dem Eingang, damit Vorübergehende dort ebenfalls ihr Geschäft verrichten konnten.

Unsere beiden Gentlemen waren Bauern, die Dünger für ihre Felder kauften. Zu Hause kippten sie ihn in eine Grube, fügten Wasser, Unkraut und Abfälle hinzu und bedeckten zur Beschleunigung der Kompostierung die Grube mit Erde. Aber durch die Jahreszeit bedingt, kam es in der Eile vor, daß der menschliche Dung unvermischt auf den Feldern verteilt wurde; kein besonders empfehlenswertes Verfahren, stimmte der Junge zu, aber die Partei konnte nichts dagegen tun. Man düngte Gemüse bis zu dreimal während des Wachstums; entsprechend sorgfältig mußte es vor dem Verzehr gewaschen werden. Allerdings nicht immer gründlich genug, wie Rosy und ich leider bald herausfinden mußten.

Ich hatte bereits meine Erfahrungen mit der chinesischen Kost gemacht und würde auch in Zukunft nicht davon verschont bleiben. Eines Abends in Szetschuan bestand das einzig Eßbare aus einer roten Flüssigkeit, die wie ein alchimistisches Gebräu in einem Kessel auf dem Feuer brodelte. Ich warf Bambussprossen hinein und fischte etwas Tropfendes heraus, das aussah wie eine klebrige Ansammlung von Flöhen und Wasserschnecken an einer Alge. Der Geruch hätte mich warnen müssen: diese schleimigen «Schnecken» entpuppten sich als ganze szetschuanische Pfefferkörner, weit schärfer als alle Gewürze Indiens. Ich schluckte ein paar Brocken davon hinunter und spürte sofort eine brennende Hitze. Meine Augen tränten, meine Nase lief, mein

Gesicht brannte, und obwohl ich fast verhungerte, konnte ich nichts mehr essen. Ich rannte zum nächsten Wasserhahn und steckte meinen Kopf darunter. Ich stand auf der Straße und atmete in tiefen Zügen die kühle, süße Luft ein. Mit der Hand fächerte ich meinem schweißgebadeten Gesicht Kühlung zu und schnappte nach Luft, um endlich dieses Feuer zu löschen. Ich zerkratzte meine Handflächen und riß an meinen Zehen, weil ich glaubte, ich würde verrückt werden. Nie zuvor in meinem Leben hatte ich etwas von solch spektakulärer Wirkung gegessen.

Obwohl die traditionelle chinesische Küche zu Recht gerühmt wurde und gewöhnlich nur einwandfreie Zutaten angeboten wurden, fand man selten ernährungsbewußt zubereitete Gerichte. Nicht nur, daß man überall Schweinefett verwendete, angefangen bei Nudeln und Trockenmilch bis zu Keksen und Kuchen und, mit Zucker vermischt, als Marmeladenersatz, hinzu kamen der winterliche Mangel an Gemüse, der hohe Preis für Obst, das jeder Mahlzeit wie Salz hinzugefügte Monose-Glutamat und vor allem der fehlende Nährgehalt. Fragt man einen Chinesen nach seinem Lieblingsgericht, wird er wahrscheinlich Reis nennen. Gekochten weißen Reis. Den Freund eines Freundes hatte man nach zwanzig Jahren in China aufgeschnitten, um einen weißen Reisball zu entfernen, der seine Gedärme verstopft hatte. Etwas ähnliches schien sich auch in meinen abzuspielen. Deshalb erkundigte ich mich bei einem Bankangestellten, den ich zufällig traf und der Englisch sprach, was er empfehlen könnte. Ohne zu antworten, ging er zu seinem Schreibtisch und holte vier mit Wachs versiegelte Arzneifläschchen heraus, die unzählige kleine rote Pillen enthielten. «Nimm ein ganzes Fläschchen davon», riet er mir. Ich tat wie geheißen und schluckte mehrere Handvoll Pillen, mehr als hundert, und am nächsten Morgen war ich kuriert.

Westlichen Wissenschaftlern zufolge leben 200 Millionen Chinesen unter dem Existenzminimum. Die Menschen denken ständig ans Essen und sind lethargisch, wenn es ihnen daran mangelt. Zu neunzig Prozent besteht die chinesische Ernährung aus Getreide. Doch dessen Vorzüge werden durch Kampagnen zunichte gemacht, die die Bevölkerung dazu ermuntern, mehr Fleisch zu essen, mehr Milchprodukte zu sich zu nehmen und den Launen westlicher Eßkultur zu frönen: Fast Food, französischer Wein, Fertigprodukte und Coca-Cola. Übergewichtige Kinder stellten bereits ein Problem dar, verzogene Gören, die mit Süßigkeiten und Kuchen verwöhnt wurden.

Der März wurde zum «Monat der Höflichkeit» bestimmt. In der Annahme, daß die Menschen mehr «spontane» gute Taten vollbringen, wenn sie dazu angehalten würden, mobilisierte man Kinder, Studenten, Ärzte, Arbeiter und die VBA zum Straßenkehren, um alten Damen zu helfen, Reparaturen durchzuführen und medizinische Behandlung zum Großhandelspreis zu gewähren, um dann öffentliches Lob zu ernten.

Sonntag morgens auf dem Wochenmarkt errichteten Ärzte aus Dalis VBA-Krankenhaus vor dem Kaufhaus einen Stand. Es war unser letzter Tag in Dali, und uns überkam bereits ein wehmütiges Gefühl. In einer nahegelegenen Gasse hielt die katholische Kirche ihre erste Messe nach dreißig Jahren ab. Bauern, die auf den Markt strömten, hielten an, um der VBA beim Haareschneiden, Gelenkemassieren und gelegentlicher Akupunktur zuzusehen, weshalb Rosy und ich ebenfalls gekommen waren.

Eine Frau stellte ihre taube junge Tochter vor und hielt die Schreiende fest, während der Doktor ihr mit einer Nadel in die Haut neben dem Ohr stach. Ein Mann hatte Genickschmerzen und ein anderer Kopfschmerzen, letzteres heilten die einheimischen Bai-Frauen, indem sie dicke Bohnen an beiden Seiten des Kopfes befestigten. Inzwischen litt Rosy gleichfalls unter Kopfschmerzen, und dieser westlichen Neigung, alles ausprobieren zu wollen, folgend, setzte sie sich auf den Stuhl des Doktors.

Die Menschenmenge um uns herum nahm zu. Rosy blickte ängstlich, sie war ausgebildete Krankenschwester und fürchtete sich vor Schmerzen. Aber die Ärztin sah nett aus, richtig mütterlich, wie wir ihr durch einen Freund mitteilen ließen.

Goldene Nadeln steckten in den Gelenken zwischen Daumen und Zeigefinger von Rosys Händen, nur eine Sekunde lang, und die Behandlung war beendet. Rosy sagte, es täte weh. Dann wurde ihr schwindlig. Sie steckte den Kopf zwischen ihre Knie und wurde ohnmächtig. Die Ärzte hoben sie hoch, grinsten über ihr Gewicht und legten sie auf eine Bank. Alles lachte auf diese vieldeutige chinesische Art, die es unmöglich machte, zwischen Belustigung, Verlegenheit oder Schuldbewußtsein zu unterscheiden. Ich lachte ebenfalls und merkte, daß mein Lachen dem ihren gar nicht so unähnlich war. Neben Situationskomik zeigten sich die widersprüchlichsten Empfindungen in mir, ich war gleichzeitig peinlich berührt, sorgte mich um Rosy und gab vor, daß alles in Ordnung war, damit die Ärzte nicht ihr Gesicht verloren. In einem Land, wo es als unwürdig galt, Schmerz, Schock oder Zorn oder Scham öffentlich zu zeigen, kam dem Lachen als einzig akzeptablem, emotionalem Ventil eine vielseitige Bedeutung zu.

Rosy lag auf der Bank, ihr Gesicht hatte die Farbe einer unreifen Quitte. Als sie das Bewußtsein wiedererlangte, halfen sie ihr auf und reichten ihr ein grellgrünes Getränk. Als ihre eigene Gesichtsfarbe zurückkehrte, bemerkte sie die Menschenmenge und lächelte verlegen, von ihrer Reaktion auf ein paar Nadelpiekse peinlich berührt. Aber wenigstens, meinte sie, seien ihre Kopfschmerzen verschwunden. Die Leute entschuldigten sich immer wieder, obwohl niemand schuld daran hatte. Ein VBA-Reporter der *Volkszeitung* hatte das Ereignis photographiert und die Bilder seiner Zeitung geschickt.

Am selben Abend reisten wir ab und verbrachten die Nacht in einem Chinesenhotel in Xiaguan, wo wir, zu müde, um auszugehen, in der Kantine aufgewärmten Reis und Knoblauchgemüse verspeisten.

Die zehnstündige Fahrt über die Hochebene von Yunnan war angenehm. Rötlichbraune Berghänge waren mit grüngoldenem Weizen gefleckt. Eine Zeitlang fuhren wir durch eine blühende Landschaft in Monetschen Pastelltönen: meergrüne Bohnen und blaßgelber Raps, hellrosa Kirschbäume, mattgrüner Weizen und duftig überschäumende, lilafarbene Wicken. Dann kamen wir in ein Tal mit dunkel bewaldeten Hängen, wo zartgliedrige

Weiden die Flußufer säumten und Reis von leuchtend elektrisierender Färbung die Erde überzog. Den verblüffendsten Anblick bot eine weizenbedeckte Ebene, mit Dörfern betupft, kaum einen Steinwurf voneinander entfernt, ein so dichtbesiedeltes Land, wie ich es noch nie gesehen hatte, dichter als das Jangtsedelta, wo zweitausend Menschen auf einem Quadratkilometer lebten. Hier zeigte sich die wahre chinesische Tradition intensiven und ertragreichen Ackerbaus, da jede Familie bloß einen halben Hektar Land besaß.

Wieder im *Kun Hu Hotel* in Kunming, rannte Rosy sofort zum Klo. Während ich auf die Suche nach den Orangen ging, nach denen es sie gelüstete, zog sie sich in unser Zimmer im fünften Stock zurück. Bei meiner Rückkehr hatte Rosys Gesicht wieder dieselbe kränklich-blaßgrüne Farbe des vergangenen Tages angenommen. Sie war während meiner Abwesenheit ständig zum Klo gelaufen, bis sie, zu schwach, um alleine die zwanzig Meter zurück zu unserem Zimmer zu bewältigen, auf dem nassen Betonboden weinend zusammengebrochen war. Sie erzählte, wie eines der Zimmermädchen die Tür geöffnet, sie mit ausdruckslosem Gesicht angestarrt und die Tür wortlos wieder geschlossen hatte. Irgendwie war es Rosy gelungen, sich ins Zimmer zu schleppen, aber nun war sie am Ende ihrer Kräfte angelangt und hatte jede Kontrolle über ihren Darm verloren.

Gegen ihren Willen holte ich einen Arzt. Es war nach elf, und die Stadt schlief fest. Ich konnte das Geräusch meiner Stiefel auf der Straße hören. Jeden, den ich traf, fragte ich nach dem Weg und gelangte zu einem nahen Krankenhaus. Nachdem ich erklärt hatte, weshalb ich gekommen war, führte man mich zu einem gewissen Dr. Han, einem jungen Arzt aus Shanghai. Er sei bereit, mich zum *Kun Hu Hotel* zu begleiten, teilte er mir schreiend mit, wie es die Gewohnheit mancher Chinesen ist, wenn sie eine fremde Sprache sprechen, aber er benötige eine Erlaubnis. Hier vereinigten sich die Vorschriften des Neuen China mit der Vorsicht und Etikette des Alten. Ein Chinese würde eine heikle Situation an seinen Vorgesetzten weiterreichen. Er würde beobachten, woher der Wind wehte, und seinen Kopf einziehen – ich sollte dieser nervenaufreibenden, aber verständlichen Angewohnheit in Zukunft noch oft begegnen. Wir machten die zuständigen Kader ausfindig, zwei sture Damen, die uns die Genehmigung verweigerten. Ich lächelte so liebenswürdig wie unter den gegebenen Umständen möglich, und schließlich willigten sie widerstrebend ein. Dr. Han durfte mit an Rosys Krankenbett kommen, aber «nur, um ihren Zustand zu prüfen», wie sie sagten.

Aus Dr. Hans Einheit herauszugelangen, war eine Sache, sich Zutritt zu einer anderen zu verschaffen, vor allem mitten in der Nacht, ein völlig anderes Problem. Trotz seines weißen Kittels und Stethoskops, seines freundlichen Wesens und seiner angenehmen Rede wollte ihn der Pförtner des *Kun Hu Hotels* nicht ohne längeres Gerangel hineinlassen. Dr. Han besaß keine Bescheinigung, die seine Anwesenheit rechtfertigte, und außerdem hatte das Hotel schon geschlossen. Dennoch schien sich hinter dem Widerstreben des Mannes mehr zu verbergen als die pflichtbewußte Verteidigung des Territoriums gegenüber Eindringlingen, denn er stammte aus bäuerlichen Verhältnissen, und der Doktor war ein Intellektueller aus Shanghai. Zwischen den Klassen herrschte dieselbe Unversöhnlichkeit und Distanz wie eh und je. Dr. Han zog sogar die Ehe mit einer amerikanischen Chinesin, die er nie gesehen hatte, in Erwägung, um dem rigiden kommunistischen System zu entfliehen.

Der Hotelaufzug funktionierte immer noch nicht, und wir quälten uns – ich bereits zum viertenmal – die fünf Stockwerke hoch. Rosy war inzwischen fast bewußtlos; Dr. Han warf einen kurzen Blick auf sie und entschied, daß sie sofort ins Krankenhaus mußte. «Können Sie dorthin laufen?» fragte er sie.

Rosy wankte den Flur entlang, sich krampfhaft an mich klammernd, brach aber auf der Höhe des Klos wieder zusammen. Dr. Han wirkte nervös, seine Stimme wurde lauter. Wir trugen Rosy zurück, und der Doktor ging hinunter, um einen Krankenwagen herbeizurufen und das Hotelpersonal aufzuwecken, den Lift zu bedienen.

Eine halbe Stunde später zogen wir erneut los. Rosy hing schwer an meiner Schulter, ließ die Füße schleifen, aber wir hatten kaum zehn Meter zurückgelegt, als sie zum zweitenmal zusammenklappte. Unter großen Schwierigkeiten manövrierten wir sie in den Aufzug, wo sie ein Sessel erwartete. Niemand bot uns seine Hilfe an, weder das Personal, das herumstand und zuschaute, noch die Gäste, die am Fernseher auf dem Treppenabsatz klebten. Unten im Foyer trugen wir sie, ohnmächtig, im schweren Sessel, und auch hier fand sich niemand bereit, uns zu helfen.

Damals war ich wütend: Ich kannte China noch nicht gut genug, um es zu verstehen. Ich sah oft Menschen, die Hilfe benötigten, die krank waren oder sich verirrt hatten oder im Bus stehen mußten, während ihre gesunden, jungen Mitmenschen die Sitzplätze beschlagnahmten, ohne daß sich jemand darum kümmerte. Als ich einen Monat zuvor die Straße entlanggegangen war, hatte ein Mann plötzlich ruckartig sein Fahrrad aus einem Ständer gerissen, und eine widerliche Metallspitze hatte mir die Wade tief eingeschlitzt. Ich schrie auf und beugte mich hinunter, um mein blutendes und anschwellendes Bein zu versorgen, das zwei Jahre danach noch Narben aufwies, während der Missetäter seelenruhig auf sein Fahrrad stieg und davonradelte. Ein anderes Mal traf ich einen Reisenden, der einen Mann in einer Pekinger Einkaufsstraße hatte liegen sehen – nach zwei Stunden lag er immer noch dort. Rosy und ich halfen einmal einem Bauern, dessen Karren an einer Kreuzung in Kunming umgekippt war, und jagten davonrollenden Kohlrabis hinterher, während sich die angesammelte Menschenmenge verächtlich wieder auflöste. Der Besitzer des Handkarrens nahm uns nicht zur Kenntnis, und ich spürte seine Unsicherheit, seine Scham und Verwunderung, da es als unheilvoll galt, sich in das Mißgeschick eines Fremden einzumischen, das sich dann auf einen selbst übertrug. Einem Unbekannten beizustehen barg das Risiko einer Zurückweisung in sich; anderen Hilfe anzubieten schadete deren Ansehen und ließ sie das Gesicht verlieren.

Während wir im Westen andere Menschen als gleichwertig

betrachteten, ihnen das Recht auf unsere Anteilnahme zugestanden, fühlten sich die Chinesen nicht der Gesellschaft an sich, sondern nur Verwandten und engen Freunden gegenüber verantwortlich, darüber hinaus wirkten sie gleichgültig, sogar brutal. Obwohl Mao zu gegenseitigen Hilfeleistungen aufgerufen hatte, ließ das Engagement innerhalb der Gruppe wenig Zuneigung für die restliche Menschheit zu. Ebenso wie Inder einen Bettler einfach nicht «sahen», fiel den Chinesen bei all ihren Sorgen und Kompromissen die Not eines Fremden vielleicht überhaupt nicht auf.

«Durchfall kann sehr gefährlich sein», kündigte Dr. Han mit seiner Trompetenstimme an, als wir Rosy in den Wagen luden. «Er kann zum Tode führen.»

Glücklicherweise war Rosy allem so weit entrückt, daß sie nichts von dem Gesagten wahrnahm. Wir halfen ihr in die Eingangshalle, wo sie eine Anzahl Ärzte untersuchten und zwischen ihre Fragen Geldforderungen einstreuten: sieben Jiao für die Aufnahme, fünf Jiao für den Krankenwagen, bevor die Behandlung beginnen konnte. Noch in der Eingangshalle, wo sich Personal und Patienten und deren Angehörige tummelten und interessiert zuschauten, wurde Rosy aufgefordert, sich auszuziehen. Ich protestierte, aber Rosy fügte sich; die Ärzte wollten ein Tauschgeschäft. Also stand ich in der Tür und hielt die Zuschauer zurück und funkelte wütend den Pförtner an, der an mir vorbeigeschlüpft war und, begierig auf den Anblick des Körpers einer westlichen Frau, näher trat. Vor vierzig Jahren hätte kein chinesischer Arzt gewagt, eine Frau zu untersuchen – für diesen Zweck wurden extra Statuetten angefertigt.

Halb im Koma, ließ Rosy alles über sich ergehen, dieselbe Prozedur, die ich einen Monat früher ebenfalls durchgestanden hatte, als ich meine immer wiederkehrende Bronchitis behandeln lassen wollte. Bei der Ankunft im Krankenhaus steht man an der Anmeldung Schlange, dann wartet man auf einen Arzt, der sehr oft «außerstande ist», einen zu sehen, in welchem Fall man sich für einen Dringlichkeitsantrag anstellt. Man steht erneut Schlange für den Arzt, der einige Tests anordnet, steht Schlange für die

Blutabnahme, dann für Röntgenaufnahmen und nochmals für eine Spritze (nachdem man inzwischen mehrmals angestanden hat, um für sämtliche Behandlungen vorher zu bezahlen); schließlich steht man für den Arzt Schlange, der die Resultate prüft und ein Rezept ausstellt. Man steht an der Apotheke an, die eine Rechnung schreibt, wartet nochmals bei der Kasse und steht ein letztes Mal Schlange, um die verschiedenen Arzneimittel, Pillen und Puder in Empfang zu nehmen, alle in kleine Tütchen oder viereckige Päckchen gepackt, mit Dosierungsanleitungen in chinesischen Schriftzeichen.

Rosy wußte von alledem nichts. Sie wurde in ein Vorzimmer gebracht, in dem zwei arg mitgenommene Bettgestelle wahllos im Raum herumstanden, und an den Tropf gehängt. Ihr Zimmernachbar war ein Mann, offensichtlich schon tot und ebenso an Schläuche angeschlossen. Neben der Gepflogenheit, gegen jedes ihnen bekannte Leiden Vitamine zu verordnen, besaßen Chinas Ärzte eine Vorliebe für intravenöse Behandlung, ob es sich nun um Typhus oder Zahnschmerzen handelte.

Nachdem sie zwanzig Minuten später festgestellt hatten, daß Rosy an einer ansteckenden Ruhr litt, entschlossen sie sich, sie auf die Station für infektiöse Krankheiten zu verlegen. Ich wurde verpflichtet, bei ihr zu bleiben und sie zu pflegen; falls ich das Krankenhaus verlassen wollte, mußte ich, genau wie Dr. Han, erst die Erlaubnis der Kader einholen. Aber ich wäre nicht fortgegangen, selbst wenn man mich dazu aufgefordert hätte. Rosy sprach kein Chinesisch und das Krankenhauspersonal (mit Ausnahme von Dr. Han, dessen Dienst gleich zu Ende ging) kein Englisch. Sie hatte bereits Angst genug.

Die Station sah nicht anders aus als die Krankenhausstationen, die ich mir bisher unerlaubterweise angesehen hatte. Sie enthielt nichts außer sechs Betten und sechs kleinen Schränkchen, es wirkte alles nur trostloser, weil wir hierbleiben mußten. Es gab keine Klingel, um die Schwester zu rufen, und die einzige Nachtschwester saß zwanzig Meter entfernt im Gang und mußte ein halbes Dutzend weiterer Stationen versorgen. Es gab eine rostige Waschschüssel, aber weder Handtuch noch Seife. Unter

Druck gesetzt, genehmigten sie mir, als ausländischer Freundin, ein kleines Stück Seife, damit ich mir jedesmal nach dem Säubern von Rosys Bettpfanne die Hände gründlich waschen könnte. Selbst um die Bettpfanne mußte ich erst bitten und um ein paar Lappen, damit das Bett keine Flecken bekam, ein Gefäß zum Trinken (als es schließlich eintraf – eine schmutzige Flasche –, erklärte man uns, daß wir unsere eigene hätten mitbringen sollen), eine Thermosflasche Wasser und um eine Reihe anderer, für ein Krankenhaus selbstverständlicher Dinge.

Rosys Ärztin auf der Station für ansteckende Krankheiten, zufällig bis auf Rosy unbelegt, war eine Frau mittleren Alters mit starken, schwarz eingefaßten Brillengläsern. «Sie ist schwer von Begriff», meinte Dr. Han vertraulich, als sie außer Hörweite war, woraufhin Rosy an die Decke ging. Dr. Han änderte seine Taktik und gab zu, daß er es als Witz gemeint hatte, obwohl er sich in Wirklichkeit darüber ärgerte, daß er Rosy nicht selbst behandeln durfte. Gemeinsam fühlten die beiden Ärzte Rosys Puls, maßen Temperatur und Blutdruck und piksten in ihren kleinen Finger, um Blut abzunehmen, aber hatten vergessen, das Thermometer rechtzeitig zu entfernen, und Rosy zuckte zusammen und biß es entzwei.

Sie drehten sich zu mir um. «Das macht sechs Jiao.» Und ich mußte sofort bezahlen. Ein neues Thermometer wurde herbeigeholt, und zwischen den Doktoren, zu beiden Seiten von Rosys Bett, entbrannte eine hitzige Diskussion darüber, ob sie es erneut in Rosys Mund schieben oder diesmal lieber ihren Arm vorziehen sollten. Innerhalb von zwei Minuten hatten sie gegen zwei Grundregeln verstoßen, indem sie einen Kollegen herabgesetzt und sich einen öffentlichen Streit geliefert hatten.

Wir verbrachten eine einsame und schlaflose Nacht. Die Station hatte etwas Hoffnungsloses an sich, mit ihren leeren Betten und fleckigen Wänden, der nackten Glühbirne und dem schmuddeligen Betonfußboden, totenstill bis auf Rosy, die sich stöhnend hin und her wälzte. Ich leerte eine Bettpfanne nach der anderen aus und schrubbte meine Hände in einem Betonbecken – die Behausung zweier riesiger Schaben – und massierte Rosys

Gesäß und Oberschenkel, goß Wasser ein und strich das Laken glatt und verabreichte in regelmäßigen Abständen Pillen. In weniger regelmäßigen Abständen tauchte die Nachtschwester mit Mundschutz und Kittel auf, um die Tropfgeschwindigkeit zu regulieren, und ignorierte unsere Bitte um Schlaftabletten. «*Bitte* geben sie ihr etwas gegen die Schmerzen», flehte ich sie mehrmals an. «Sie kann so nicht schlafen.» – «Sie kann», entgegnete die Schwester, schockiert über diese Zurschaustellung von Schwäche, und kehrte mit entschlossener Miene zu ihrem Stützpunkt am Ende des Gangs zurück. Selbst Frauen, die in den Wehen lagen, machten weniger Aufhebens von ihren Schmerzen.

Gegen sechs Uhr morgens waren wir beide völlig erschöpft und endlich am Einschlafen. Das restliche Krankenhaus schien gerade aufzuwachen. Von den verschiedenen Stationen kamen Armeen von Patienten mit Waschschüsseln unter Getöse den Gang entlanggeklappert, knallten die Türen und drehten die Hähne auf und lugten durch die offene Tür in unser Zimmer. Dann folgten die Ärzte und Fragen und Tests. Dr. Han hatte sich solche Sorgen gemacht, daß er die ganze Nacht kein Auge zutun konnte.

Da wir im Krankenhaus bleiben mußten, wie uns die Ärzte mitteilten, kehrte ich in unser Hotel zurück, um unsere Sachen zu holen. Zwei Stunden später brachte ich sie wieder hin, da Rosy sich inzwischen mit den verantwortlichen Leuten im Krankenhaus angelegt hatte, als sie von ihr viel mehr verlangten, als irgendein Chinese zahlen würde – ob seine Einheit krankenversichert war oder nicht –, und weit mehr, als Rosy sich leisten konnte (die Chinesen bezahlten nur die Materialkosten; den Ausgleich erzielte man durch einen Aufschlag auf Luxusartikel).

«Wollen die Chinesen keinen guten Eindruck auf ausländische Besucher machen?» fragte Rosy Dr. Han.

«Nein», erwiderte er, «der einzige Grund, warum sie Ausländer hereinlassen, ist ihr Geld.»

Unser ehemaliges Zimmer im *Kun Hu Hotel*, angeblich gereinigt und für neue Gäste bereit, wies reichlich Spuren der vergangenen Nacht auf. «Wäre es Ihnen möglich», schlug ich

Dr. Han vor, «das Hotel zu veranlassen, die Bettwäsche zu wechseln und den Boden zu putzen, damit wir in unser Zimmer könnten?» Würde ich selbst fragen, meine Bitte würde ignoriert: zu viele Touristen hatten sich in diesem Hotel aufgehalten, und die Angestellten verachteten uns. Nach dem freundlichen Gästehaus in Dali, das in den letzten fünf Jahren weniger Individualreisenden ausgesetzt gewesen war, wirkte das in Kun Hu besonders deprimierend. Ich hatte vergessen, wie scheußlich die Chinesen sein konnten.

«Das geht nicht», seufzte Dr. Han. «Zum einen gehört das *Kun Hu* nicht zu meiner Einheit, deshalb besitze ich hier keinen Einfluß. Zum anderen ist es nicht Ihr Problem, ob sich jemand ansteckt. In China ist jeder für sich selbst verantwortlich. Wenn das Hotel wüßte, daß Sie eine ansteckende Krankheit haben, würden Sie sowieso nicht hierbleiben dürfen.»

Also putzte ich unser Zimmer selbst. Währenddessen fielen mir die Orangen und Tee-Eier ein (in Tee hartgekochte Eier), die ich in die Schublade gelegt und beim Packen vergessen hatte. Sie waren weg.

«Wissen Sie, was mit den Eiern und Orangen passiert ist, die ich in unserem Zimmer gelassen habe?» erkundigte ich mich bei den Zimmermädchen, die gerade den Toilettenfußboden wischten. Sie lachten auf eine betont demütigende Art. Dann führte mich eine von ihnen den Gang hinunter zur Mülltonne, wo unsere Orangen unter Staub und Abfallpapier begraben lagen. Überrascht entdeckte ich auch meine Stiefel; das entsprach kaum der legendären chinesischen Sitte, zurückgelassene leere Kulis und Zigarettenschachteln Ausländern hinterherzutragen. Wir hatten die Nase voll vom *Kun Hu Hotel*.

An diesem Abend fühlte sich Rosy besser. Für jemand, der zwölf Stunden zuvor aussah, als würde er gleich sterben, hatte sie sich erstaunlich gut erholt. Offensichtlich verstanden die Ärzte ihr Handwerk. Obwohl sie dazu neigten, zu viele Medikamente zu verschreiben, diskutierten chinesische Ärzte mit dem Patienten und boten Alternativen oder Kombinationen zwischen chinesischen und westlichen Heilmethoden an. Ohne sich wie Götter in Weiß aufzuführen, verfügten sie dennoch über eine erhebliche Portion Arroganz, vergleichbar mit der des Hotelpersonals. Ich hatte saubere und hygienische Krankenhäuser in Kunming gesehen, Einrichtung und Geräte auf dem neuesten Stand und unterbeschäftigtes Personal. Ich hatte auch heruntergekommene kennengelernt, wo die Patienten unverarztet auf den Bänken litten und die umsorgende Verwandtschaft auf Klappstühlen kampierte und Flure als zusätzliche Krankenstationen dienen mußten und das ganze Gebäude penetrant nach Urin stank.

Das *Kun Hu Hotel* war in jener Nacht zum Bersten voll, Leute schliefen auf Stuhlreihen und Tischen im Foyer, sobald der Fernseher ausgeschaltet wurde. Johann, der Schwindler, hatte sein Lager auf der Treppe aufgeschlagen. Ohne Aussicht auf Schlaf, wusch ich meine Kleider und mich ebenfalls von Kopf bis Fuß im Waschraum, dessen Tür ich mit einem Besenstiel zusperrte. Für ein achtstöckiges, in den sechziger Jahren erbautes Hotel waren die Waschgelegenheiten äußerst dürftig.

Statt nach Szetschuan weiterzureisen, lagen wir die folgenden zwei Tage größtenteils im Bett. Ich aß fast nichts und hoffte, dadurch dieses ominöse Rumoren auszuhungern. Rosy ging es besser, aber am dritten Tag fühlte ich mich so elend, daß ich den Morgen im Krankenhaus am Tropf zubrachte. Gegen Mittag durfte ich gehen, und wir zogen los, Richtung Südwesten, um uns in Shilin zu erholen. Dörfer aus roten Lehmziegeln scharten sich in den Tälern zwischen sanften Hügeln, und Maiskolben hingen gelb in hohen, grünen Bäumen. Je weiter wir fuhren, desto idyllischer wurde die Gegend, bis wir den Wald von Felsenspitzen in den Senken der Hügel entdeckten, kantige graue Gebirgszinnen, wie die Stachel eines Igels, durch beständig sickerndes Regenwasser zerklüftet. In buschige Weizenfelder eingebettet, wirkte die Landschaft unberührt und nicht wie ein Tummelplatz für Tagesausflügler, die ich am Steinwald befürchtet hatte. Wir blieben zwei Tage, ruhten uns aus, wenn tagsüber in der Hitze die Touristen einfielen, und wanderten im Morgengrauen und in der Dämmerung, wenn die Luft kühler war und die Wege verlassen dalagen, zwischen duftenden, grünen Blumen und schwankenden, weißen Rosen dahin, durch Höhlen und Schluchten und schattige Mulden, lagenweise mit Blättern bedeckt. Die reine, frische und harzige Luft gab uns unsere Kraft zurück, und gestärkt kehrten wir nach Kunming zurück.

Rosy war wieder gesund. In Eile und in Sorge um die lange Unterwäsche, machte sie sich auf den Weg nach Xian, während ich plante, gemächlich meine Reise nach Szetschuan fortzusetzen. Nach zwei weiteren Tagen nahm ich den Nachtzug nach E Mei, eine zwanzigstündige Fahrt im unbequemen Hartsitz-Abteil.

Ein kleiner Junge hüpfte die halbe Nacht und den ganzen nächsten Tag auf der Bank gegenüber herum, während seine Mutter erschöpft im Gang stand. Man konnte lediglich sein rotbackiges Gesicht zwischen den Kaninchenohren seiner Mütze erkennen, seine Fingerspitzen, die am Ende seiner seitlich abstehenden, in zehn Lagen wattierten Stoffs verpackten Arme hervorlugten, und sein unverhülltes Geschlecht durch die aufgeschlitzte Hose. Er verkörperte nicht den sprichwörtlichen chinesischen Engel, ruhig, gehorsam und wohlerzogen, sondern eher das Produkt einer Ein-Kind-Vorschrift, ein egoistischer, verwöhnter Balg. Ihn kümmerte weder seine Mutter noch sonst irgend jemand; sein Benehmen drückte den unerschütterlichen Glauben aus, daß die Welt nur zur Befriedigung seiner Bedürfnisse existierte. Instinktiv spürte er, daß er nach Belieben singen und schreien, auf und nieder hüpfen und die Mitreisenden ärgern durfte, nur weil er ein Kind war und einer aussterbenden Spezies angehörte und sich deshalb niemand beschweren würde.

Es gab praktische Gründe, einen Sohn zu verwöhnen. Vor der Befreiung verhätschelten Eltern ihre Söhne in dem Glauben, daß diese sich im Alter um sie kümmern und nach ihrem Tod ihren Geist verehren würden, eine Art Lebensversicherung. Söhne sorgten für den Fortbestand der Familie, während Töchter ihr zur Last fielen, erst den Reis aßen, um dann den Clan wegen eines anderen Mannes zu verlassen. Im Alten China keinen Sohn geboren zu haben hieß, versagt zu haben. Weibliche Nachkommenschaft oder Kinderlosigkeit bedeutete, seinen Eltern

Schmach zu bereiten, der ärgste Verstoß gegen die konfuzianische Ethik. Auch in der gegenwärtigen chinesischen Gesellschaft existiert das alte Denken noch in abgeschwächter Form, und ein Großteil der Landbevölkerung sehnt sich immer noch nach männlichen Nachkommen.

Männlich oder weiblich, die Generation der Einzelkinder kennt ihre Macht und nutzt sie aus; man überschüttet sie mit all der Liebe, die früher vieren oder fünfen zugute kam. Wollen die Kleinen etwas sehen, drängeln sie sich vor, und die Erwachsenen lächeln und säuseln nur. Sie nörgeln am Essen herum, drangsalieren die Familie und weigern sich zu gehorchen.

Die Hoffnung des ganzen Volkes lag in den Kindern. Diese sollten dort erfolgreich sein, wo ihre Eltern versagt hatten, sollten die Freiheit genießen, die ihren Eltern vorenthalten geblieben war. Ehrgeiz wurde an die nächste Generation weitergereicht und in verschwenderischer Weise der einzigen Tochter oder dem einzigen Sohn aufgebürdet. Jeder suchte emotionale Erfüllung, und in Ermangelung von Religion und Großfamilie und in einem Land, wo niemand seinem Nachbarn über den Weg traute, welcher Nutznießer läge näher als das eigene Kind? Ihrer Götter beraubt, wandten sich die Menschen den Kindern als Ersatzgottheiten zu – vor allem nach dem Tod des vergötterten Patriarchen Mao Tse-tung. Statt der ehemaligen Götter und Altarbilder sah man heute Plakate von niedlichen Kleinen, mit roten Lippen, rosiger Hautfarbe und wabbelig vor Fett, die auf Pandas und Goldfischen ritten.

Die Ein-Kind-Kampagne wurde 1980 von Deng ins Leben gerufen, mit dem Ziel, das Bevölkerungswachstum bis zum Jahr 2000 auf Null zu reduzieren. Falls es funktionierte, würde die Ernährung für alle gesichert sein, falls nicht, warnte die Partei, würden Millionen verhungern.

Ohne den Eingriff der Regierung könnte Chinas Bevölkerung in hundert Jahren vier Milliarden erreicht haben. Seit 1949 hat sie sich bereits verdoppelt, wohingegen in den Jahren zuvor Überschwemmungen und Hungersnöte, die Tötung weiblicher Nachkommen, Seuchen und Bürgerkriege zwangsläufig eine Begrenzung gewährleisteten. Obwohl die Produktion gesteigert wurde, haben sich die Pro-Kopf-Erträge im Getreideanbau in zweitausend Jahren nicht erhöht; ein Viertel der Menschheit wird von einem Fünfzehntel der Gesamtanbaufläche ernährt, einem zehntel Hektar pro Person.

Die Strafen für die Geburt von mehr als einem Kind variieren von Gegend zu Gegend. Minderheiten hat man inzwischen von dieser Regel ausgenommen, und in einigen ländlichen Gebieten dürfen die Bauern zwei Kinder haben. Strengere Kontrollen werden in den Städten durchgeführt: Familien, die sich widersetzen, werden von den Wohnungswartelisten gestrichen, müssen Lohnkürzungen in Kauf nehmen, verlieren Renten- oder Sozialleistungsansprüche oder müssen mit Geldbußen rechnen. Im allgemeinen werden Abweichlern so große Unannehmlichkeiten bereitet, daß sich letzten Endes fast jeder fügt.

Wird die Ein-Kind-Politik fortbestehen? Es mögen in Zukunft weniger hungrige Münder zu stopfen sein, aber die Familienbande zwischen Brüdern und Schwestern und Cousins und Onkeln werden dadurch auf den Kopf gestellt. In China wird sich eine enorme soziale, kulturelle und emotionale Wandlung vollziehen, wenn ein Paar zwei Elternpaare und vier Großelternpaare versorgen muß, ohne für sich selbst aufkommen zu können. Der Generationskonflikt wird sich in dem Maße verschärfen, wie die verwöhnten Kinder rebellieren. Es mehren sich bereits Zeichen für eine mildere Handhabung dieser Politik, wenn verschiedenen Gruppen Ausnahmeregelungen eingeräumt werden. In zwanzig oder dreißig Jahren, so die Partei, werden Ehepaare zwei Kinder haben dürfen.

Viele junge, in der Stadt lebende Paare sahen die Notwendigkeit dieser Maßnahme ein und waren bereit, sie zu befolgen – vor allem, wenn sie bereits einen Sohn hatten. Mit ihren gestiegenen Ansprüchen, dem minimalen Wohnraum, den mageren Ersparnissen und der neu eingeführten Altersversorgung wünschten sich die meisten Ehepaare, die ich kennenlernte, nicht mehr als zwei Kinder, selbst wenn größere Familien erlaubt gewesen wären. Denn an den grundsätzlichen Problemen, ärmliche Lebensbedingungen und unzureichende finanzielle Mittel, änderte sich nichts. Aber einige wehrten sich. In Kunming unterhielt ich mich in der Frühstückspause mit einer Bahnangestellten, die mich fragte, ob ich ein Kind hätte. Sie selbst hatte drei. «Wie ungehörig!» schalt ich sie, und alles lachte. «Ein Kind gut, zwei nicht so gut, drei sehr schlecht!» – «Nein, nein!» kreischte sie. «Drei Kinder gut!»

Die entgegengesetzte Meinung traf man weit häufiger an, als man in einem Land wie China erwartet hätte. Frauen begannen, ihre Rolle zu hinterfragen, junge Intellektuelle schätzten ihre Freiheit höher als die Gründung einer eigenen Familie. Ich hatte in Nanning eine junge Frau getroffen, deren Mann an der Universität lehrte, während sie selbst im Filmgeschäft tätig war. Trotz ihrer Verdrossenheit attraktiv, mit elfenbeinfarbener Haut und welligem Haar, beklagte sich Sun Lin darüber, wie sehr sie durch ihr Baby gealtert sei und daß sie jetzt viel älter als dreißig aussähe. Ihr Ehemann hatte auf einem Kind bestanden. Ihr Ehrgeiz litt unter ihrer ständigen Müdigkeit, und die Hälfte ihres Einkommens ging für die Bezahlung einer Kinderschwester drauf. Staatlich geführte Kindertagesstätten waren groß und überfüllt, und die Kinder erhielten keine individuelle Betreuung. Sie waren nicht gut genug für Sun Lin.

Der Druck aus dem Westen konzentrierte sich weit stärker auf die Frage der Ein-Kind-Familie als auf irgendein anderes Thema chinesischer Politik, mit Ausnahme Tibets vielleicht. Was der Westen am meisten mißbilligte, war der Zwang, der diese Kampagne begleitete. Einzelne Paare wurden sogar von ihren Kollegen unter Druck gesetzt, die einen Bonus erhielten, wenn die Einheit geschlossen der Großfamilie abschwor. Frauen wurden Tag für Tag einer Gehirnwäsche unterzogen, bis sie in eine Eileiterunterbrechung oder in die Abtreibung ihres ungeborenen Kindes «einwilligten». Die Partei leugnete, daß jemand gezwungen wurde, aber es gab hinreichend Beweise von Augenzeugen, in Büchern und Filmen. Auf dem Höhepunkt der Kampagne wurden Millionen von Frauen zwangssterilisiert und unfreiwillig operiert, um ihre Schwangerschaft abzubrechen; durch

Kaiserschnitt, falls die Geburt des Babys kurz bevorstand, oder durch Injektion, falls der Embryo noch klein war. Es war zwecklos, sich dieser Kampagne zu widersetzen; jeder, der den Versuch unternahm, wurde bloßgestellt und als Staatsfeind diffamiert.

Im Zug verschlimmerte sich meine Krankheit. Durch einen Schleier von Unwohlsein, durch das laute Geschrei des herumtollenden Jungen, zwischen dem donnernden Lärm in Hunderten von Tunnels, blickte ich hinaus auf Schluchten, auf breite, träge Flußläufe und sanfte Hügel und dann auf Szetschuan, das romantische Szetschuan ehemaliger Geographiestunden, ein fruchtbares Land graugrünen Weizens unter regenschweren Wolken. Eine weibliche Landschaft, sinnlich in ihrer Weichheit. Gehöfte lagen in Bambushainen verstreut, unsichtbar durch ein Meer von Weizen und hüfthohem Raps, bis auf ihre ausladenden strohgedeckten Dächer. Nach der männlich-herben Kargheit der gerodeten Hochebene von Yunnan fühlte ich mich hier sicher. Ich wollte aus dem Zug springen und mit weit ausgebreiteten Armen durch das farnartige, feingliedrige Blattwerk streifen und mein Gesicht im feuchten erdigen Geruch vergraben und barfuß auf den grasbewachsenen Ackerrainen entlanglaufen und die seidige Luft auf meiner Haut spüren.

In E Mei, einer kleinen Stadt mit Fachwerkhäusern, Ausgangspunkt für den Aufstieg zum heiligen buddhistischen Berg E Mei Shan, stieg ich aus, nahm mir ein Hotelzimmer, holte Medikamente vom Krankenhaus und zog mich in mein Bett zurück. Es war der 3. April.

Am 4. April 1984, dem Tag, an dem George Orwells Roman seinen Anfang nimmt, lag ich immer noch im Bett, schaute hinaus auf die Wolken und auf einen riesigen Berg Kohle, der mir die Sicht auf den Hotelhof versperrte. Von Zeit zu Zeit ging ein Arbeiter an meinem Fenster vorbei, in sackartiges revolutionäres Blau gekleidet. Um zwölf Uhr mittags und um halb sechs abends entstand ein Geklapper und Geplapper hinter dem Kohlehaufen, als sich Schlangen vor der Kantine bildeten, Essensgutscheine abgegeben wurden, Reis aus einem Bottich geschöpft, Tofu von der Theke geholt wurde und sich anschließend alles auf den Bänken im weißgetünchten Saal versammelte. Außerstande, selbst einen Bissen hinunterzubringen, lag ich da und las Geschichten aus der Kulturrevolution über treue, junge Heldinnen mit Mut und Pferdeschwänzen, die sich völlig der sozialistischen Sache hingaben. Sie gehörten der richtigen Klasse an, waren ideologisch gründlich geschult und trugen am Schluß den Sieg davon.

4. April 1984. Viel von Orwells Vision über London spielte sich während der Kulturrevolution in China ab. Plakate vom Großen Bruder klebten an jeder Mauer. Es gab endlose Diskussionen über Roheisenprodukte und Soll-Übererfüllung des neunten Dreijahresplans. Obwohl man die Gesetze abgeschafft hatte, wußten die Menschen, welche Vergehen Verbannung in ein Arbeitslager nach sich ziehen würden. Der Abtrünnige («Machthaber auf dem kapitalistischen Weg» in maoistischer Terminologie), der einst einen der führenden Posten in der Partei bekleidet hatte und gegenwärtig in Hetzkampagnen verleumdet wurde, hätte Deng sein können. Ein Gegner der Partei war der Inbegriff des Bösen, wogegen die Partei das Gute schlechthin verkörperte. Jedes Wort vom Großen Bruder hatte unfehlbaren Wahrheitsanspruch, war ein linderndes Allheilmittel, das Ziel, auf das sich die ganze Liebe, Angst, Verehrung und Dankbarkeit konzentrierte, die früher an Familie und Gott verschwendet worden waren. Fortwährender Krieg und Entbehrung zwangen die Menschen zum ständigen Kampf um das tägliche Überleben, ohne Energie für abweichlerisches Gedankengut aufzubringen. Methoden der Gehirnwäsche bewirkten ein Ausschalten des Bewußtseins durch selbsthypnotisierendes Nachbeten, unaufhörliche Bekenntnisse und mangelnde Freizeit, eine Umwandlung von sexueller Leidenschaft in politischen Eifer, eine Verfälschung nicht nur der eigenen Meinung, sondern des Instinkts, der menschlichen Natur schlechthin. Diejenigen, die dachten, waren verdächtig in einem Regime, in dem Orthodoxie mit Nichtdenken und Nichtdenkenmüssen gleichgesetzt wurde. Persönliche Gefühle zählten nicht; politische Begeisterung war das einzig Wahre. Kinder bespitzelten ihre Eltern und zeigten sie an. Hin-

richtungen waren ein öffentliches Schauspiel. Lautsprecher beherrschten das Leben der Menschen. Lebensmittel waren knapp, hohe Parteifunktionäre aber schwelgten im Luxus. Das Alte wurde zerstört, die Geschichte gemäß der gegenwärtigen Parteilinie umgeschrieben. Statistiken wurden beschönigt, damit die Zahlen eine deutliche Steigerung zum Vorjahr aufwiesen: kräftigere, glücklichere, gebildetere Menschen, mehr Wohnungen, mehr Getreide, mehr Baumwolle, weniger Kriminalität. «Aber, dachte Winston, das Leben hatte nichts mit den Idealen der Partei gemein.» Er hätte an China denken können.

Selbst heute gab es keine Privatsphäre. Man gewöhnte sich an das Gemeinschaftsleben, an das Baden in Gesellschaft, an Klos ohne Türen. Das Waschhaus des Hotels lag noch hinter dem Kohlehaufen und bestand aus einer Reihe von Wasserhähnen über einem Waschstein. In meinem Bedürfnis nach einem Bad ging ich zum Duschraum hinüber, aus dem, da nur wenige Stunden abends offen, lautes Wasserplatschen und dicke Dampfschwaden hinausdrangen. Von dem Wachposten an der Tür durch ermunternde Gesten von Einseifen und Abschrubben angespornt, öffnete ich die Tür und spähte hinein. Durch den Dampf erkannte ich undeutlich ein halbes Dutzend Frauen, die ihre fast unbehaarten, von der Hitze geröteten Körper abrieben. Sie unterschieden sich kaum in Größe und Figur; ich sah weder besonders dicke noch dünne. Eine über Siebzigjährige besaß die straffe und zarte Haut und die Geschmeidigkeit einer Siebzehnjährigen.

Niemand im Gemeinschaftsduschraum in E Mei fühlte sich durch die Anwesenheit einer Fremden gestört oder peinlich berührt; die Chinesen sind weniger gehemmt als wir. Ich erinnere mich an eine Ausländerin, die unverrichteter Dinge von der Dusche zurückkehrte, da sie das gegenseitige Einseifen und Abreiben zweier Mädchen als etwas Intimes, Liebenden Vorbehaltenes empfunden hatte. In Bussen oder Zügen wurde ich oft von fremden Menschen angefaßt, die den Stoff meiner Kleidung befühlten, meine Hand hielten, um mir beim Aussteigen behilflich zu sein, mir über den Arm strichen, um meine weiße Haut zu prüfen. Männer berührten mich ebenfalls, aber auf eine brüderliche Art, ohne sexuelle Begierde. Vielleicht täuschte ich mich auch, denn die Chinesen waren Meister darin, ihre Gefühle zu verbergen.

Am nächsten Tag nahm ich den heiligen buddhistischen Berg E Mei Shan in Angriff, aber da ich tagelang nichts gegessen hatte, war meine Kraft erschöpft. Der Weg ragte in steilen Steinstufen vor mir auf, inmitten einer Gebirgslandschaft, ein Wandteppich, aus Blättern gewebt: orange, kupfer, silber und karmesinrot, wie altes buntbemaltes Glas, durch das die Sonne schien. Vögel sangen plötzlich von unsichtbaren Baumwipfeln; weiße Iris schmückten wie Sterne die beschattete Erde. Ich verbrachte die Nacht in einem purpurfarbenen Kloster, das auf Pfählen zwischen tiefgrünen Bäumen stand. Aber eine Verschlechterung meines Zustands zwang mich im Morgengrauen eilends auf wackligen Beinen nach E Mei zurück. Ich dachte nur noch daran, schnellstens Chengdu zu erreichen, wo ich bessere Ärzte und ordentliche Krankenhäuser antreffen und mein Erschöpfungszustand ein Ende haben würde.

Chengdu war laut und farblos, das Gegenteil von E Mei Shan. Dumpf dröhnende Motoren, greinende Maschinen, der Horizont von Kränen durchbohrt. Doch als ich in die alten Viertel eintauchte, die mit Bäumen gesäumten Straßen erblickte, fühlte ich mich an Warwickshire erinnert: Fachwerkhäuser mit Giebeldächern verbreiteten Gemütlichkeit durch weit überhängende Dachkanten und lehmverputztes Flechtwerk. Kleider hingen von Stangen. Menschen saßen unter Paulownien mit prallen lila Knospen, enthülsten Erbsen oder schoben Babies in Kinderwagen aus Bambus vor sich her.

Sobald ich durch die Tür trat, wurde ich in ein Zimmer geführt, wo sogleich drei aufmunternd lächelnde Ärzte auf mich zueilten. Innerhalb von Minuten hatten sie die Ruhr zutreffend diagnostiziert, und nach vier oder fünf Tagen war ich geheilt.

MAUERN, VON MAUERN UMGEBEN

Etwa achtzig Kilometer vor Changsha rief ich Jan an, um ihr mitzuteilen, daß ich gleich da sei. Jan war Londonerin, fast dreißig; ich hatte sie in Yunnan kennengelernt, wo sie ihre Ferien verbrachte. Sie lebte seit drei Monaten in China und unterrichtete angehende Englischlehrer an einem Institut in Changsha.

«Mir stinkt's», begrüßte sie mich, «die anfängliche Begeisterung ist vorbei, und was bleibt? Neun Monate Langeweile und Papierkrieg. In meinem Bad tropft's, die Wand ist voll Schimmel, und dann erzähle ich ihnen laufend, daß ich diesen Schrank entfernt haben möchte. Seit ich aus dem Urlaub zurück bin, ernähre ich mich von Keksen – ich kann die Kantine einfach nicht mehr ertragen.»

«Ich dachte, dir gefällt's hier?»

«Anfangs schon», erwiderte sie, «die Chinesen wirken so freundlich und höflich, aber das ist ihre Art und nicht unbedingt echt. Ihr Lachen verbirgt oft eine andere Gefühlsregung, ich weiß nur nie, welche, das ist das Problem. Die Chinesen verhalten sich anders als wir, zeigen keine Gefühle. Das irritiert mich.»

Jan war nicht die einzige, die auf diese Weise reagierte. Ich hörte ähnliche Leidensgeschichten von fast jedem «Experten», der mir über den Weg lief. Für ein Jahr, allein und ohne Chinesischkenntnisse, in das Leben der zugewiesenen Einheit gestoßen zu werden, konnte jeden, der die Freiheiten des Westens gewöhnt war, niederdrücken und zur Verzweiflung bringen. Die Zäheren unter ihnen, Jan zählte dazu, standen ihre Depressionen durch, um festzustellen, daß es nicht so unmöglich war, die Sprache zu erlernen, und daß sie sich langsam den fremden Sitten anpaßten.

Rebecca und Paul, amerikanische Experten und seit acht Monaten in China, waren weniger vom Glück begünstigt als Jan. Sie hatten sich in die neue Erfahrung gestürzt, sich wie Chinesen gekleidet, chinesisch gegessen, chinesische Gewohnheiten angenommen, den Chinesen Vertrauen entgegengebracht, um akzeptiert zu werden. Aber allmählich merkten sie, daß nichts, was sie erzählten, vertraulich behandelt wurde und daß ihre Versuche, den chinesischen Lebensstil zu übernehmen, ihren Studenten keineswegs schmeichelte, sondern sie höchstens befremdete. Sie ließen in ihren Anstrengungen nach und gaben schließlich auf, kehrten zu amerikanischer Lebensweise, zu westlicher Kost und Latzhosen zurück. Rebecca hörte auf, Chinesisch zu lernen, vergrub sich und strickte für Paul Pullover.

«Sie trauen uns nicht», sagte sie voller Groll und hielt mitten in einer Reihe inne. Das lockige Haar umgab ihren Kopf wie ein Heiligenschein, ein indonesisches Tuch schmückte die Wand hinter ihr, und ein moderner Roman lag aufgeschlagen auf dem Boden. «Sie können uns nicht leiden, weil wir mehr als sie haben, und beneiden uns gleichzeitig. Sie trauen sich gegenseitig nicht über den Weg, aber uns Ausländern trauen sie noch weniger.» Die Chinesen hüteten sich, zuviel zu sagen. Fremde hatten sie schon des öfteren in Schwierigkeiten gebracht, aus denen es dann kein Zurück mehr gab.

Obwohl Rebecca und Paul bestrebt waren, sich einzufügen, hatten sie die falsche Kleidung gewählt, entweder feudalistisch-bäuerliche Flickenhemden oder unförmige blaue Arbeitsanzüge, die den Menschen während der Kulturrevolution aufgezwungen wurden und aus diesem Grund verpönt waren. Chinesische Studenten erwarteten von uns keinesfalls, daß wir sie in Aussehen und Gebaren nachahmten, wie ich von Xiuying wußte. Sie zogen es vor, daß wir ihrem Bild von uns entsprachen und sie uns auf ein Podest heben konnten, um uns zu bewundern, zu imitieren, sogar zu verspotten, wenn wir als Vertreter einer westlichen Kultur auftraten, die sie schätzten, bewunderten, nachahmten –

und verabscheuten. Von der Tradition her waren wir entweder Gebieter oder Barbaren. Unser Äußeres kam ihnen immer noch absonderlich vor, unser Verhalten unerklärlich. Nie waren wir Freunde.

Wie schwierig die Situation Jan und den anderen ausländischen Experten auch erscheinen mochte, für die übrigen zweitausend Bewohner der Einheit war sie ungleich schwieriger, nur beschwerten sich die Chinesen nicht. In ihren Augen lebte Jan in unvorstellbarer Pracht in ihrem Wohn-Schlafraum im Gästehaus der Einheit, dem einzigen Gebäude, das etwas annähernd Behagliches an sich hatte, mit einer ehrwürdigen Kiefer im Vorgarten. Es war eine Einheit innerhalb der Einheit: das Gelände von einer Mauer umgeben und von einem ehrbaren, schlafenden Pförtner am Eingang bewacht. Unter Jans Fenster lag ein kreisrunder Fischteich mit einem moosbewachsenen, vom Wasser ausgehöhlten Felsen in der Mitte, der von chinesischen Besuchern stundenlang bestaunt und von Jan und mir ignoriert wurde. Der Springbrunnen war ständig in Betrieb, so daß man den Eindruck hatte, es würde ununterbrochen regnen.

Jan schlief, auf ihren Schreibtisch gesunken. Sie wirkte so verwundbar, ein zierliches blondes Mädchen aus England mit ungewöhnlich grünen Augen, allein in einer Gemeinschaft von zweitausend Chinesen. Um sie herum das Drum und Dran westlichen Komforts, manches hatte ich monatelang nicht gesehen: Teppiche, ein elektrischer Heizofen und eine Klimaanlage, ein Fernseher, Kassettenrecorder und Kurzwellenradio, Schränke, Sessel und Bilder an den Wänden.

Während meines einwöchigen Besuchs erfuhr ich mehr darüber, was es bedeutete, Expertin in China zu sein. Im Gegensatz zu Rebecca und Paul konnte sich Jan nicht in die Geborgenheit ihrer eigenen Kultur zurückziehen, da es niemanden gab, der dieser Gestalt verlieh. Aber vielleicht verspürte sie auch ein geringeres Bedürfnis zu flüchten. Monatelang wartete sie geduldig ab, bis sich Freundschaften auf natürliche Weise entwickelten, bis die Chinesen von sich aus auf sie zukamen und sie wahre Freunde fand. Sie nähte ihre Kleider selbst, englische Kleidung, die zu ihr paßte. Sie blieb sich selbst treu. Ohne sich aufzureiben, hatte sie Erfolg.

Fleckige Wände und ein nasser Badezimmerboden stellten nicht Jans einzige Probleme dar. Sie mußte lernen, so zu unterrichten, wie es die Chinesen gewohnt waren; nicht auf kreative, interpretierende, assoziative Art, sondern Informationen weiterzugeben, jede Redewendung, jede Satzkonstruktion, jede Redensart und jeden umgangssprachlichen Ausdruck zu erklären, damit die Studenten alles auswendig lernen konnten. Sie mußte sich darauf einstellen, einen Großteil ihrer Freizeit mit privatem Nachhilfeunterricht zu verbringen, da die Studenten zu allen Tages- und Nachtzeiten bei ihr auftauchten. Sie mußte auf ihre inneren Reserven zurückgreifen, da sonst die geringe Anregung von außen ihren Horizont verengen und ihren Verstand erlahmen lassen würde. Sie mußte die guten Ratschläge über sich ergehen lassen, die Ermahnungen, sich auszuruhen, wenn ihr überhaupt nicht danach zumute war, und die ermüdend langen, formellen Rituale. Sie mußte die Regeln der Einheit befolgen und sich mit dem Bürokratismus arrangieren, der sich wie ein «roter» Faden durch all das zog, mit dem sie sich konfrontiert sah. Sie mußte einsehen, daß ihr Wunsch, in das Leben der Einheit einbezogen zu werden, bei ihren Vorgesetzten, den Kadern, auf Verständnislosigkeit stieß. Sie mußte sich darauf einstellen, kritisiert zu werden und im Vergleich mit ihren Vorgängerinnen ungünstiger abzuschneiden. Wenn sie etwas mißverstand, hieß es gleich: «*Margaret* hätte das aber verstanden, sie sprach so ein gutes Chinesisch.» Wenn sie keine Neigung zeigte, vor dem Frühstück viermal den Sportplatz zu umrunden, wurde ihr die sportliche *Lesley* als Vorbild vorgehalten: «Lesley hat beim Sportfest den ersten Preis im Laufen gemacht.»

Nachdem diese Hürden genommen waren, entwickelte sich ein kameradschaftliches Verhältnis zwischen Jan und ihren Studenten, wobei diese sie mit China und seiner Sprache vertraut machten und Jan ihnen die englische Kultur und Sprache näherbrachte. Die Studenten nahmen für sie Gestalt an, mit zwar zum Teil wunderlichen Eigenarten, aber vor allem loyal, rücksichtsvoll und entschlossen, sich zu verbessern. Was ihre Freundschaft am Anfang verhindert haben mochte, war Jans sozialer Status in China. Manchmal hatte sie ein schlechtes Gewissen wegen ihres großen, möblierten Zimmers, wegen ihres Einkommens, das zehnmal höher war als das der meisten Chinesen und das sie trotzdem aufbrauchte, wegen ihres Zugangs zu privilegierten, Ausländern vorbehaltenen Orten, wegen ihrer Befreiung von körperlicher Ertüchtigung und politischem Unterricht und wegen des Respekts und der Höflichkeit, die ihr als Gast zustanden. Die Macht, die diese Vergünstigungen zusammengenommen darstellten, mochte sie unbewußt ausgenutzt haben. Aber sie war nicht als Kommunistin nach China gekommen, sondern um die Welt kennenzulernen und um in einer fremden, bisher nur einigen Ausländern zugänglichen Gesellschaft zu leben. Die meisten ausländischen Experten kamen aus diesem Grund; würde ihnen weniger geboten, blieben sie zu Hause.

Jan glaubte, auch ich könnte davon profitieren, ein Weilchen die Expertin zu spielen, um einen Einblick in den Ablauf chinesischen «Einheitslebens» zu gewinnen. Sie wußte aber auch, daß ihre Perspektive ebenso einseitig war wie meine. «Mein Leben bewegt sich ausschließlich in der Einheit, ausschließlich in intellektuellen Kreisen und, per Definition, in einer Schutzzone. Es ist leichter, sich mit Arbeitern und Bauern zu unterhalten als mit Intellektuellen. Es ist dieselbe Abschottung, dieses typische Großer-Bruder-Gebaren von 1984.»

So verlockend einige Aspekte von Jans Leben auch schienen, wollte ich nicht mit ihr tauschen. Doch ich genoß es sehr, bei ihr Gast zu sein. Ich fühlte mich China enger verbunden als in Hotels, wenn ich in die Stadt radelte, um Gemüse auf dem Markt einzukaufen, und mit Bezugsscheinen Nudeln im Laden erstand und wenn ich dann zu Hause unser Mittag- oder Abendessen zubereitete – ein Festmahl für zwei Frauen, die sonst zu fader Volksküchen- oder Kantinenkost verurteilt waren – und Jans Studenten kennenlernte und ihren Geschichten lauschte.

Unser häufigster Besucher war Xiao Wu, was soviel wie «kleiner Fünfter» bedeutet; mit anderen Worten, er war der fünfte

Sohn seines Vaters oder einer der Onkel väterlicherseits. Traditionelle Bezeichnungen wie Dritte Tochter oder Erste Tante hielten sich noch in manchen Kreisen, aber die gebräuchlicheren Begriffe für Familienmitglieder ebenso wie für Freunde waren Lao (alt) und Xiao (jung oder klein), die beide eine gewisse Vertrautheit und Zuneigung spüren ließen.

Xiao Wu, ein schüchterner, ernster junger Mann mit sanfter Stimme und Ponyfrisur, aber bereits Mitte Zwanzig, glitt langsam am heiratsfähigen Alter vorbei. Die Kader ließen Bemerkungen fallen, seine Familie in Lanzhou nörgelte und drängelte, und Xiao Wu fühlte sich offensichtlich in die Enge getrieben. In seiner Verzweiflung wandte er sich an Jan und mich. Es gab niemanden, dem er sich anvertrauen konnte, da solche Dinge bis zur offiziell angekündigten Verlobung geheimgehalten wurden, selbst vor Zimmernachbarn; während Verlobte gesellschaftlich anerkannt waren, galten Freundinnen als tabu, und den Studenten kam die Verpflichtung zu, sich gegenseitig ihrer «Vergehen» anzuzeigen. Xiao Wu schien davon überzeugt zu sein, daß wir als ältere Westlerinnen ein Patentrezept für sein Problem aus dem Ärmel schütteln konnten. Die Leute beichteten mir alles Mögliche, nur weil ich Ausländerin war. Das allein genügte, um bei mir Geheimnisse sicher aufgehoben zu wissen, die man keinem Chinesen mitteilen konnte. Viele empfanden das dringende Bedürfnis, offen mit jemandem zu reden.

Xiao Wus frühere Freundin, eine ehemalige Klassenkameradin, war nach Beendigung der Schule nach Peking gezogen. Als er sie endlich besuchen konnte, hatte sie kein Interesse mehr an ihm. Als seine Kader merkten, daß Xiao Wu aus eigenem Antrieb nicht mehr weiterkam, baten sie eine Studentin, als Vermittlerin aufzutreten und eine Frau für ihn zum Heiraten auszusuchen. Photographien wurden ausgetauscht, und Xiao Wu fand das Mädchen ganz hübsch, wie er sagte. Als er sie dann persönlich kennenlernte, gefiel sie ihm weniger, und obwohl er sie nun seit über fünf Monaten regelmäßig traf und als seine Freundin betrachtete, mochte er sie nicht besonders. Das Problem bestand darin, daß es, je länger die Beziehung andauerte, um so schwieriger wurde, sie zu beenden. Er hatte ihre Familie kennen- und achtengelernt, und was am schlimmsten war, er hatte «so vielen Leuten so viele Ungelegenheiten bereitet». Xiao Wu glaubte, das Mädchen hätte sich in ihn verliebt.

In der Zwischenzeit hatte Jan von der Vermittlerin erfahren, daß das Mädchen Xiao Wu auch nicht sonderlich mochte, daß sie aber ihrerseits meinte, er habe Gefallen an ihr gefunden. Sie zögerte ebenfalls, ihn aufzugeben, aus Angst, keinen anderen Mann zu finden. Chinesischen Frauen, die einen Mann ablehnten, wurde vorgeworfen, zu *tai tiao-le*, zu wählerisch zu sein; sie könnten froh sein, daß sie überhaupt ein Mann heiraten wollte, und wer sie denn zu sein glaubten, daß sie etwas Besseres verdient hätten? Altersmäßig paßten sie zueinander, berufsmäßig ebenso – sie unterrichtete an einer Mittelschule und sprach etwas Englisch –, und sie gehörten derselben gesellschaftlichen Klasse an (der falschen, wie sich herausstellte).

Ich fragte Xiao Wu, was ihm denn an dem Mädchen nicht gefiele. Er nannte sie nie mit Namen; ein Zeichen, so fand ich, für sein halbherziges Interesse.

Erst zögerte er mit der Antwort – er hatte ihr Vertrauen bereits genug mißbraucht –, aber, auf unsere Hilfe bauend, faßte er sich ein Herz: «Sie ist zu eigenwillig», flüsterte er entschuldigend. «Sie hat ihren eigenen Kopf.» Damit übte er scharfe Kritik, denn es galt als Kompliment, ein Mädchen als «anspruchslos» zu bezeichnen. Xiao Wu hatte Angst, sie würde ihm nicht gehorchen.

Selbst die Vermittlerin hatte ihre Zweifel, obwohl es in diesem Fall etwas spät war. «Sie ist zu männlich», erklärte sie Jan und fügte überflüssigerweise hinzu: «Das sieht man schon an ihrem Namen – er bedeutet ‹Stahl›.» «Stahl» war ein Jungenname; vermutlich hatten sich ihre Eltern einen Jungen gewünscht.

Xiao Wu wünschte sich nichts sehnlicher, als zu seinen Eltern nach Lanzhou zu flüchten, um seiner bevorstehenden Heirat zu entgehen. Aber der Kader, der Xiao Wu betreute, mochte und achtete ihn und wollte, daß er blieb. Er trug die Verantwortung für die Zukunft seiner Schützlinge; er mußte die Entscheidungen treffen.

Wie viele Chinesen heirateten Partner, die ihnen nicht zusagten? Und wie viele Ehen scheiterten? Xiao Wu brauchte sich nur die Ehen älterer Mitstudenten anzusehen; er würde nichts Ermutigendes finden. Von den fünf aus seiner Gruppe war nur eine, die Vermittlerin, glücklich verheiratet. Eine andere wurde von einem chauvinistischen Ehemann drangsaliert. Obwohl sie ganztägig arbeitete, erwartete er von ihr, daß sie den Haushalt ebenfalls versorgte. Manchmal schlug er sie, damit sie nicht zu aufmüpfig wurde. Der Lehrer Yuan war ein melancholischer, kahlköpfiger Mann, dessen Frau zum zweitenmal geheiratet hatte. Man hatte sie in der Kulturrevolution auf Grund von Anschuldigungen über den «schlechten Charakter» und die «falsche Herkunft» ihres Mannes zu einer Scheidung gezwungen. Daraufhin wurde sie genötigt, Yuan zu heiraten, der als Sündenbock für all das Unrecht, das man ihr zugefügt hatte, herhalten mußte. Wenn ihr Kind erwachsen sei, erklärte sie, würde sie ihn verlassen. Lao Wang hingegen war ein lebenslustiger Mensch. Aber er und seine Frau redeten selten miteinander und schliefen in getrennten Räumen. Als Lao Wangs Frau einen Selbstmordversuch unternahm, gab jeder der Kulturrevolution die Schuld. Kein Wort über Anspannung, Depression oder ihre Ehe selbst. Kein Wort über Lao Wangs Flirt mit der halb so alten Lesley, Jans sportlicher Vorgängerin. Es hatte sich ganz offensichtlich aus einer dummen Laune heraus ergeben. Lesley brauchte einen Vater; Lao Wang benötigte Aufmerksamkeit.

Einmal gegen Mittag lud uns Xiao Wu ein, die Familie des Mädchens kennenzulernen. Ihr Vater sammelte Wurzeln, und Xiao Wu meinte, das würde uns sicher interessieren, wir sollten einen Photoapparat mitnehmen. Aber eigentlich ging es ihm darum, daß Jan und ich uns das Mädchen ansahen, um ihm seine Entscheidung abzunehmen.

Die Wurzelsammlung galt als eine der schönsten im Land. Überall in der Wohnung waren Wurzeln zur Schau gestellt – eine besonders große sogar in einem Gebäude kilometerweit von der Einheit entfernt –, aber das Wohnzimmer übertraf bei weitem alles: Wurzeln auf Regalen, auf Tischen, auf dem Boden, an den

Wänden, auf Ständern, oben auf dem Kleiderschrank, übereinandergestapelt. Selbst auf dem Balkon lugten einige zwischen eingetopften Chrysanthemen hervor. Wurzeln in allen Größen und Formen und Windungen, Wurzeln mit einem Zweck – als Hocker, Stuhl oder Lampe – und Wurzeln ohne solchen, die statt dessen einen Vogel oder ein anderes Tier verkörperten. Ich entdeckte einen krähenden Hahn, einen aufgerichteten Löwen, eine springende Gazelle, ein ruhendes Kamel und einen Affen, der an einem Ast schaukelte.

Während ich auf dem Sofa saß, das mit einem kunstvoll gebatikten Tuch bedeckt war, das ich nichtsahnend bewunderte, fiel mir auf, daß dies die erste Wohnung war, die den persönlichen Geschmack ihrer Bewohner ausdrückte. Ming-Porzellan stand auf den Regalen, zu einem Schleuderpreis aus konfiszierten Beständen aus der Zeit der Kulturrevolution erworben. Es gab traditionelle Möbel, einfach, massiv und dunkel.

Die Gesellschaft empfand ich weniger entspannend. Xiao Wu stand in einer Ecke und scharrte mit den Füßen. Das Mädchen saß nervös auf der Bettkante, die Beine eng aneinandergepreßt, den Blick auf den Boden gerichtet. Alle paar Minuten sprang ihre Mutter auf, um uns in unsere roten Tonschalen Tee nachzuschenken und Erdnüsse anzubieten. Ihr Vater, die Leidenschaft, die sich hinter den Wurzeln verbarg, und das einzige Familienmitglied, zu dem ich eine gewisse Verbundenheit spürte, war nicht zu Hause. Während Xiao Wus Ausführungen (er zeigte auf eine Wurzel, die wir bisher nicht gewürdigt hatten) hörten wir plötzlich ein seltsames, reißendes Geräusch hinter dem Bett, und mir wurde ein Streifen der Batik überreicht, die ich zuvor bewundert hatte. Jan hatte mich davor gewarnt, meine Begeisterung für etwas offen zu zeigen, da sich die Leute dann verpflichtet fühlten, sich davon zu trennen. Deshalb erklärte ich, wie sehr mir der Stoff gefiel, aber daß ich ihn auf keinen Fall annehmen könne, ich hätte gar nicht genug Platz in meinem Gepäck. Nach Ablauf einer Stunde, der vorgeschriebenen Dauer eines Besuchs, brachen wir auf.

«Was haltet ihr von ihr?» erkundigte sich Xiao Wu bei der

ersten Gelegenheit, die sich ihm bot, ließ seine Frage in unser Gespräch einfließen und hoffte, wir bemerkten nicht den wahren Grund für die Einladung ins Wurzelhaus.

Weder Jan noch mir hatte das Mädchen gefallen. Sie wirkte überheblich, ohne je ein Wort gesagt zu haben, besaß ein ausdrucksloses Gesicht und ein unattraktives Wesen. Natürlich mußte unsere Antwort diplomatischer ausfallen, und so deutete ich an, daß seine Zweifel keine gute Voraussetzung für eine Ehe seien. Er wirkte erleichtert.

Bei meiner Rückkehr zu Jans Einheit sechs Monate später hielten Jan und ich am Institut einen Vortrag über das Studentenleben in England, die erste von drei Vorlesungen, zu denen Jan laut Vertrag verpflichtet war. Sie hatte es lange vor sich hergeschoben – einen Monat später sollte sie nach England zurückfliegen. Aber inzwischen war sie entschlossen, für ein weiteres Jahr nach China zurückzukehren. Es schien absurd, gerade dann wegzugehen, als sie dabei war, Freundschaften zu schließen, sich an das Leben in der Einheit zu gewöhnen und sich auf chinesisch zu unterhalten, und es gab nichts, das sie zu Hause hielt.

Absichtlich kündigten wir unseren Vortrag so spät wie irgend möglich an. Doch Lao Wang überpinselte die Notiz eifrig mit chinesischen Zeichen, was mir allerdings unnötig erschien, denn ein Student, der die englische Schrift nicht entziffern konnte, würde sinnvollerweise auch unserem Vortrag fernbleiben. Das Ausmaß unseres Enthusiasmus zeigte sich daran, daß ich um 19 Uhr 30, dem offiziellen Vorlesungsbeginn, gerade ein Kohlcurrygericht zubereitete und Jan ein Buch las.

Der Saal war gerammelt voll. Wir hörten die Studenten zögernd klatschen, als wir den nackten Boden zum Rednerpodest überquerten, und der melancholische, kahlköpfige Lehrer trat hervor und schnitt uns den Fluchtweg ab. Glücklicherweise hatte ich den Hörsaal vorher nicht gesehen: ein einschüchternder Ort, mit ansteigenden Sitzreihen, die hinterste Reihe etwa drei Meter höher als unser Podest, bis zum Rand mit frisch gewaschenen Gesichtern und ordentlich gekämmtem Haar gefüllt. Diejenigen ohne Sitzplatz hockten auf dem Boden, standen in den Gängen oder quetschten sich zu den Türen herein. Wieder andere warteten unsichtbar im Flur und hofften, wenigstens etwas zu hören.

Jan begann, über Oxbridge zu berichten, über Finanzierung des Studiums und akademische Grade. Danach gingen wir zu einem zwanglosen Dialog über, erzählten (oder vielmehr schrien, damit wir auch auf den hintersten Sitzreihen zu verstehen waren) ohne ausgearbeitetes Konzept, für unsere Zuhörer etwas gänzlich Ungewohntes. Wir unterbrachen uns gegenseitig, widersprachen uns gelegentlich und erläuterten Stipendien, Unterbringung und studentisches Leben, wobei wir besonders die Unterschiede zwischen den beiden Kulturen hervorhoben – die Eigenverantwortung westlicher Studenten, ihre Vorlesungen regelmäßig zu besuchen, hart zu arbeiten und für ihren Unterhalt selbst zu sorgen. Wir wiesen auf die Verpflichtung zu eigenständigem Denken im Westen hin, während in China jegliche Eigeninitiative durch den Moloch Bürokratismus, durch freundliche Verbindlichkeit getarnt, im Keim erstickt wurde. Wir diskutierten offen über Themen wie Schulden, Drogenmißbrauch und Beziehungen zwischen Studenten, und Jan meinte später, alleine hätte sie es nicht gewagt. Wir erklärten, wie angenehm westliche Studenten lebten, mit ihren Einzelzimmern, Freizeit am Wochenende, Taschengeld und den zahlreichen Aktivitäten außerhalb der Universität.

Ich wußte, unter welch harten Bedingungen diese jungen Chinesen studierten, ich hatte mit vielen darüber gesprochen. Sie besaßen wenig Geld (Stipendien deckten lediglich Studiengebühren, Unterkunft und Verpflegung, und die Eltern mußten das übrige zuschießen) und ernährten sich hauptsächlich von gekochtem Reis. Sie hatten selten Zeit und Ruhe zum Lernen, und selbst wenn ihre Familie in der Nähe wohnte, fuhren sie nur einmal die Woche heim. Ich hatte kurz zuvor Xiao Wu besucht (seine Ehelosigkeit war ein noch immer ungelöstes Problem), und die Bedingungen, unter denen er lebte, hatten mich entsetzt. Man betrat das ebenerdige, etwa viereinhalb mal drei Meter große Zimmer, das er mit drei weiteren jungen Männern teilte, durch einen schmutzigen, unbeleuchteten Flur, der mit Besen und Fahrrädern und sonstigen Besitztümern vollgestellt war. Durch die zementverputzten Wände und den Betonfußboden wirkte es eher wie eine Gefängniszelle als ein Studier- und Schlafzimmer. Durch das vergitterte Fenster fiel der Blick auf einen identischen, ebenso riesigen und trostlos aussehenden Block, nur durch einen fünfzehn Meter breiten Erdstreifen getrennt. Es war kalt und dunkel, keine Heizung, eine Vierzig-Watt-Birne hing nackt von der Decke. Weiter vorn im Flur verspritzten die Gemeinschaftsduschen ihr kaltes Wasser – der bloße Gedanke daran ließ mich erschaudern. Klos befanden sich außerhalb, in einem separaten Block.

Jedem Studenten stand ein Bett zu, über das ein schmuddeliges Moskitonetz drapiert war, das einzige Eckchen, wohin er sich zurückziehen konnte. Darüber bewahrte er seine Sachen in abgeschlossenen Koffern auf, darunter seine Schuhe und die Emailwaschschüssel. Außerdem besaß er einen Stuhl und einen Schreibtisch, der den Durchgang zwischen den Betten versperrte und mit Zetteln und Büchern überhäuft war. Kleidungsstücke, ob getragen, schmutzig oder naß, hingen an Stangen und auf Bügeln, wie in einem Ramschladen. Würste in dünnen Hüllen waren an Schnüren aufgehängt, kleine, ausgefranste Handtücher über Bettgestelle geschlungen. Eine elektrische Kochplatte zur sonntäglichen Benutzung, Töpfe und Schüsseln, Kisten und Bücher waren über den Boden verteilt. Es gab weder leuchtende Farben noch irgend etwas Schmückendes.

Obwohl Jan und ich beide Welten kennengelernt hatten, wehrte sich unsere Zuhörerschaft gegen einen Vergleich der Kulturen, der England in positiverem Licht erscheinen ließ. Trotz wiederholter Fragen, was wir über China dachten, über die Lebensumstände, die Landschaft, die Menschen, das Essen, erwarteten die Chinesen keineswegs Kritik, außer, unseren Bemerkungen wären Lobeshymnen vorausgegangen. Wenn jemand äußerte: «Wir sind doch sehr rückständig» oder «Es wurden Fehler in der Vergangenheit begangen», übte er keine Selbstkritik, sondern verhielt sich Fremden gegenüber bescheiden und höflich und loyal zur gegenwärtigen Parteilinie. Nach Beendigung unseres Dialogs verteilte ich Zettel an die Studenten, damit sie ihre Fragen auf englisch formulieren konnten, ohne in diesem überfüllten Saal in Verlegenheit zu geraten, und als die Anfragen kamen, insgesamt fünfundvierzig, wurden von uns keine direkten Antworten, sondern liebenswürdige Platitüden gewünscht, die niemanden beleidigten. Zunächst begriff ich das nicht und sagte ehrlich, was ich dachte. Aus Zeitnot konnten wir nur auf die Hälfte der Fragen eingehen, denn der melancholische, kahlköpfige Lehrer drängte uns unter dem Vorwand, der Pförtner wollte abschließen. In Wirklichkeit wurde ihm die Situation zu brenzlig: die Studenten erfuhren zuviel über alternative Lebensformen. Ich hätte gern die Frage über Gott beantwortet; ob Gott den Menschen alle Sünden vergeben könnte, denn die Vorstellung von Sünde war Chinesen fremd und Gott überflüssig, da die Partei alle menschlichen Bedürfnisse befriedigte. Keiner der Studenten glaubte an Gott, betonte der melancholische, kahlköpfige Lehrer nachdrücklich, als wir ihn am folgenden Tag darauf ansprachen. Obwohl Religionsfreiheit in der chinesischen Verfassung ausdrücklich gewährt wird, wurde doch stets Atheismus propagiert. Aber einer Untersuchung zufolge waren einige Studenten dennoch gläubig, und die restlichen glaubten entweder an den Kommunismus oder an Wissenschaft und Technologie, an Schicksal oder Vorbestimmung, an das Individuum oder an etwas Undefinierbares. Ich wäre auch gern auf die Frage über Sex eingegangen («Wann hören britische Studenten den Ruf der Natur?»), da dies ein Thema berührte, worüber junge Chinesen gar keine oder nur unzulängliche Informationen erhielten. Ich war überrascht, daß diese Frage überhaupt auftauchte. Ebenso erstaunte mich, daß zwei Mädchen in der vordersten Reihe fragten, ob es für Frauen in England gefährlich sei, ohne Begleitung auf die Straße zu gehen, aber Jan versicherte mir später, daß sich in manchen chinesischen Städten Mädchen nicht einmal trauten, nach Einbruch der Dunkelheit alleine mit dem Fahrrad unterwegs zu sein, aus Angst, überfallen oder vergewaltigt zu werden, und daß sie gewöhnlich von befreundeten Jungen nach Hause begleitet würden. Das galt auch für Jan, obwohl ihre Einheit sieben Kilometer vom Stadtzentrum entfernt war: sogar tagsüber hatte ihr einmal ein anderer Radfahrer an die Brust gefaßt.

Unter den Zuhörern befanden sich einige marxistische Extremisten, was an einer in ärgerlichen, eckigen Großbuchstaben formulierten Frage deutlich wurde: «Ihr redet von diesem und jenem Geld! Geld ist in eurer Gesellschaft wichtig, oder etwa nicht? Warum?» Am nächsten Tag fragten wir den melancholischen, kahlköpfigen Lehrer, der, während er seine Zeitung zusammenfaltete und in die Tasche steckte, brummte: «Man muß diesen Studenten tadeln!» Aber wir beteuerten, daß wir keineswegs gekränkt seien, sondern es nur verstehen wollten. In diesem Fall schien das Verhalten leicht erklärbar, und der Lehrer bestätigte unsere Vermutung: Hier war ein treuer Anhänger kommunistischer Ideale, einer jener Chinesen, heute in der Minderheit, der Geld mit kapitalistischer Habgier gleichsetzte, der studierte, um dem Volk zu dienen, und der davon überzeugt war, daß über das reine Überleben hinaus Geld keine Rolle spielte. Bis vor kurzem wurde diese Philosophie jedem aufgezwungen. Wenn die Leute nichts kaufen konnten, weil alles rationiert oder knapp oder nicht vorhanden war, erhielt Geld einen anderen Stellenwert. Was damals zählte, war Macht, nicht Geld.

Einige Fragen ließen sich vorhersehen: über Lehrplan, Sprachenstudium (jemand fragte, ob wir Chinesisch als erste Fremdsprache lernten) und Studentenvertretung. Viele erkundigten sich nach Gefühlen oder Verhaltensweisen, Verliebtsein, politischen Diskussionen, wie wir unsere Abende und Wochenenden verbrachten oder was wir morgens nach dem Aufstehen machten, ob wir viel lernen mußten und was wir unseren Eltern und unserer Heimat gegenüber empfanden und ob wir glaubten, daß alleine zu wohnen besser sei als mit der Familie, und ob wir Chinesisch sprachen und was wir von Hongkong hielten und ob wir in China zufrieden waren? Und würden wir ihnen bitte ein Lied vorsingen?

Zum Teil mußten wir ihnen entgegenhalten, daß sich Menschen unterschieden und daß die Universitäten ebenfalls von Ort zu Ort variierten. Mit Sicherheit konnte niemand nachvollziehen, daß weder Jan noch ich unsere Familien und unser Zuhause vermißten, und ein fassungsloses Raunen lief durch die Reihen. Kaum eine Woche verstrich, in der nicht jemand Jan anvertraute, wie sehr er oder sie sich nach der eigenen Familie sehnte. «Wenn wir unsere Angehörigen nicht vermissen, bedeutet das nicht, daß wir sie nicht lieben», erläuterten wir den Studenten, «aber als Erwachsene führen wir ein unabhängiges Leben.» – «Wie alt seid ihr?» wollten sie wissen und: «Was arbeiten eure Ehemänner?»

Während der ganzen bisherigen Unterhaltung fühlte ich mich von einem Meer von freundlichen, aufmerksamen Gesichtern umgeben, viele lächelten, keines ließ die Befremdung oder den Widerstreit erkennen, den sie gewiß empfunden haben mußten. Doch allmählich begann ich, die Gefühle durch die Feinheiten des Gesichtsausdrucks zu entziffern; auf die Distanz hin gelang es ihnen, ihre Gedanken zu verbergen. Es war unmöglich, die Linken unter ihnen zu erkennen, und ebenso unmöglich, das Maß an Zustimmung einzuschätzen. Selbst wenn ich sie rügte, daß sie ihrem chinesischen Erbe den Rücken zukehrten, regte sich nichts in den Gesichtern. Wir hatten keine Ahnung, ob man uns in den hinteren Reihen akustisch verstand oder ob sie unserem Englisch überhaupt folgen konnten. Wir wußten auch nicht, ob ihnen unser Dialog gefiel, außer daß uns gegen Ende ein Notizzettel erreichte, mit der dringenden Bitte, aufzuhören: «Viele der Fragen sind uninteressant, bitte, geht nicht auf jede ein, weil wir gehen wollen!» Aber am Tag danach erzählte man uns, daß man noch nie so lautes Klatschen gehört hätte.

Waren wir in China glücklich? Ich überlegte, was es für mich bedeuten würde, hierbleiben zu müssen, und ich begriff, daß, so sehr es mir Spaß machte, in China mit einer Freiheit herumzureisen, von der unsere Zuhörer nur träumten, es für mich einer Tortur gleichkäme, unter chinesischen Bedingungen hier zu leben. Ich sah Marxismus als Dampfwalze, die alles auf ein Minimum an Intelligenz, Initiative und ästhetischem Geschmack glattwalzte und Alternativen durch seinen Absolutheitsanspruch ausschloß. Obwohl ich mit vielen Grundsätzen in der Theorie übereinstimmte, jagte mir dieses System in der Praxis Angst ein. Ich lehnte Autorität und Standardisierung ab. Ich würde mich weigern, mir meinen Beruf vorschreiben zu lassen, mir das Recht absprechen zu lassen, dort zu leben, wo es mir gefiel, ebenso wie das Recht, mir meine Bücher selbst auszuwählen, mein Recht auf freie Meinungsäußerung, mein Recht auf Liebe, auf Reisen, auf Alleinsein oder Gesellschaft, auf Ehe- oder Kinderlosigkeit. Ich würde mich dagegen wehren, mir mein eigenes Ich verbieten zu lassen.

Viele im Saal wären empört gewesen, daß ich die Freiheit des einzelnen über das Gemeinwohl setzte und daß ich mich selbst als Mittelpunkt meiner Welt betrachtete. Aber andere, so nahm ich an, empfanden wie Xiuying, hatten sich von Konfuzius ebenso wie von Mao distanziert und sehnten sich im geheimen nach dem Leben, das ich glücklicherweise führen durfte.

Was würde geschehen, wenn ich keine andere Wahl hätte, als in China zu leben. Wahrscheinlich würde ich abwarten, versuchen, die Vorschriften zu umgehen, Sport zu treiben, um neue Energie zu schöpfen, und mich zu stundenlangem Lernen zurückziehen. Millionen Chinesen reagieren genauso.

Die Studentengeneration, die vor uns saß, hatte vergleichsweise Glück, zu einer Zeit zu studieren, in der das Bildungssystem reformiert wurde und ein Magister- oder Doktorabschluß unter Gewährleistung einer qualifizierten Ausbildung erreicht werden konnte. Wer wie ich in den späten sechziger Jahren studiert hatte, lernte so gut wie gar nichts. Während ich an der Kunsthochschule eingeschrieben war, machte China einen Holocaust durch. Universitäten waren geschlossen, und Lehrende wurden in Gefängnissen gefoltert. Stipendien erhielten diejenigen, die am besten Mao Tse-tungs Gedankengut vortragen konnten, und dreizehn Jahre lang konnte niemand einen akademischen Grad erwerben. Arbeiter, Bauern und Soldaten wurden ohne Prüfungen zugelassen, und das Studium war mit körperlicher Arbeit verbunden. Ich glaube nicht, daß ich als Studentin je an China gedacht hatte. Ich besaß keine Vorstellung davon, was sich dort abspielte.

«Was ist euer Eindruck von unserer Einheit? Schmutz? Armut?» wollten mehrere Studenten wissen. Während Jan zu weniger kontroversen Themen überging, war ich entschlossen, herauszufinden, woraus eine Einheit bestand, wie sie funktionierte und worauf das System basierte. In einer chinesischen Einheit konnte man sich Tag für Tag bewegen, ohne sich wirklich auszukennen: nach Ablauf eines Jahres wußte Jan immer noch nicht über das vollständige Angebot ihrer Dienstleistungen Bescheid und war nie herumgeführt worden. Anderen ausländischen Experten erging es ähnlich, und selbst Chinesen, die seit Jahren auf dem Campus lebten, besaßen nur vage Vorstellungen von der Funktion der Gebäude innerhalb seiner Mauern.

Punkt neun am folgenden Morgen erschien Xiao Wu vor dem Eingang von Jans Gästehaus, um mir die Einheit zu zeigen, nicht sonderlich begeistert von seiner Mission, aber erpicht darauf, sich in englischer Konversation zu üben und bei dieser Gelegenheit offen über sein Mädchen zu reden. Er quälte sich noch ein ganzes Jahr, wie ich in einem Brief von Jan später erfuhr, aber schaffte es dann, nach Lanzhou versetzt zu werden. Zu Hause bei seinen Eltern allerdings vermißte er das Mädchen, und schließlich heirateten sie im Frühjahr 1986.

Wir gingen zum Haupttor, um von dort unsere Tour zu starten. Den roten Stern auf dem Torbogen und die Propagandatafeln zu beiden Seiten – beispielhafte Photographien von Paraden und von den modernen Wundern chinesischer Wissenschaft und Technologie – hatte ich vor acht Monaten als erstes zu Gesicht bekommen. Damals hatte ich fast erwartet, daß mich ein Wachposten aufhalten würde, aber nichts geschah.

Mir fielen weniger der Dreck und die Armut auf – dazu hielt ich mich schon zu lange in China auf – als die Schäbigkeit und die schlechte Planung. Der Campus erweckte den Eindruck, zu schnell und für Menschen ohne Seele erbaut worden zu sein. Am bedrückendsten empfand ich nicht die Häßlichkeit, sondern den Mangel an Phantasie und Sorgfalt. Wenn äußere Lebensbedingungen die menschliche Natur prägen, dann formte diese Umgebung ihre Bewohner zu Einheiten einer Einheit, von unsichtbaren Mauern umschlossen. Und alle Einheiten, die ich in China besichtigte, ähnelten sich, unabhängig von Region, Klima oder Funktion, wie Kopien ein und desselben Entwurfs.

Die Hauptachse des Geländes führte nicht, wie man hätte annehmen können, zum Mittelpunkt geschäftigen Treibens oder zu einem Monument marxistisch-leninistischer Errungenschaft, sondern geradewegs in die Reparaturwerkstatt. Mit dreister Unverfrorenheit hatte man zu beiden Seiten der Straße Gebäude errichtet, Gebäude, über deren Funktion man nur spekulieren konnte, Gebäude im allgegenwärtigen Einheitsstil westlicher Prägung, in planerischer Kurzsichtigkeit angeordnet. Alle wichtigen Bauten – die Kantine, die Bibliothek, der Sportpalast – konnten nur auf Umwegen über Trampelpfade erreicht werden und befanden sich stets am anderen Ende der Anlage. Der Straßenbelag war rissig, Schächte lagen offen da, Bäume spendeten keinen Trost.

Obwohl ihre Hauptfunktion in der Vermittlung von Wissen bestand, sorgte die Einheit auch für die übrigen Bedürfnisse ihrer zweitausend Einwohner – dreizehnhundert Studenten und siebenhundert Bedienstete –, ein autarker Bestandteil der Gesellschaft. Man lebte in der zugewiesenen Einheit, arbeitete dort, und wenn man das Rentenalter nicht erreichte, starb man auch dort. Im Krankheitsfall wurde man in der Klinik der Einheit von Ärzten, Schwestern, Akupunkteuren und Zahnärzten behandelt. Als Alleinstehender aß man in der Kantine. Kinder besuchten die Kindertagesstätte und die Schule. Defekte Leitungen oder kaputte Rohre wurden (nach geduldigem Warten) vom Wartungspersonal repariert. Einen Ausflug unternahm man gemeinsam mit Kollegen im Bus der Einheit. Es gab Sportanlagen, eine Aschenbahn, ein Kino, eine Bibliothek, Versammlungsräume, Werkstätten, Barbiere, Schneider, Telephone, ein Badehaus und Vorratsschuppen. Am Eingang fand täglich ein Markt statt, wo baumwollumhüllte Bauern ihre Produkte verkauften. In der dahinter liegenden Straße boten staatseigene Läden lagerfähige Waren und Haushaltsartikel an. Theoretisch brauchte man die Einheit nie zu verlassen. Die einstündige Fahrt zum Stadtzentrum nahm die Form eines großartigen Ausflugs an; ein Besuch des Kaufhauses, um einen Federhalter zu kaufen, war schon tagelang vorher Gesprächsstoff. Wie in einem Gefängnis oder Krankenhaus gewöhnte man sich an die Regeln einer Institution, und alles jenseits der Mauern schien unkalkulierbar und unsicher.

Jeder Bau wirkte wie eine in sich abgeschlossene Einheit. Die Reparaturwerkstatt hatte abschließbare Tore (mit roten Sternen und Warnschildern verziert) und einen Wachposten davor. Der Hof diente als Parkplatz für Busse, Autos und eine Flotte grüner Lastwagen; war er leer, dehnte er sich zu einem Fußballfeld aus. Es gab Büros, eine Werkstatt, Unterkünfte für die Fahrer, Verwaltungsbeamten und Mechaniker, ebenso wie Benzin- und Öltanks sowie eine Tankstelle. Die Einheit war mit allem versorgt.

Die wild entschlossene Unabhängigkeit, die eine chinesische Einheit demonstrierte, beeindruckte mich. Aber genauso spiegelten sich darin ein gewisses Mißtrauen, ein übertriebenes Zusammengehörigkeitsgefühl und Mißgunst Fremden gegenüber, die die Einrichtungen gleichfalls nutzen könnten, und der Würgegriff der Einheit über das Individuum. Entscheidungen waren abhängig von den Launen der Kader, des Parteisekretärs und des politischen Kommissars, die nicht gewählt, sondern von höheren Stellen eingesetzt wurden. Obwohl nach außen hin Eintracht vorspiegelnd, war jede Einheit von inneren Zwisten zerrissen.

Während meines ersten Besuchs wurde auf dem Gelände ein neuer Wohnblock für Lehrer mit Familie errichtet. Jeder wollte eine der neuen Wohnungen, die nicht nur drei statt der üblichen ein oder zwei Zimmer umfaßten, sondern auch über einen Gasherd in der Küche verfügten. Die Gespräche zwischen den Lehrern drehten sich um die Frage, wer gegenwärtig die Gunst der Kader genoß, wer welche Wohnung – wenn überhaupt – bekommen würde. Niemand wollte im Parterre wohnen, da es kalt und dunkel und laut war, man fast auf der Straße lebte und zu oft eingebrochen wurde. Eine Dachwohnung wollte wegen der Treppen auch keiner. Wohnungen im ersten oder zweiten Stock schienen ideal, nicht zu hoch, nicht zu dunkel, vor Einbrechern sicher und von oben und unten mit beheizt. Wie immer die Verteilung aussah, sie bewirkte Stolz und Neid, Demütigung und Prestigegewinn.

Jans Studentengruppe regte sich endlos über den neuen Block auf und hatte sich bei meiner Rückkehr im Dezember, als die Bauarbeiten beendet und Familien bereits eingezogen waren, immer noch nicht beruhigt. Der Grund: Kochen mit Gas kostete elf Yuan im Monat, verglichen mit drei Yuan, die man für Kohle ausgab – ein entscheidender Unterschied, wenn die Miete für einen ganzen Monat nur vier Jiao betrug.

Während unserer Tour über den Campus beschrieb Xiao Wu den Tagesablauf der Universität. Jeder Tag lief gleich ab, in jeder Schule, jeder Universität, überall im Land, wie in einem Ferienlager ohne den dazugehörigen Spaß. Hornsignale und laute Kasernenhof-Musik weckten die Studenten um halb sieben zum Morgenlauf (aber da die Regeln nicht mehr so streng gehandhabt wurden, kamen Langschläfer ungestraft davon). Nach kalter Wäsche und einem Frühstück aus wäßrigem Reisbrei oder Nudeln wiederholten die Studenten den Vorlesungsstoff bis zum Unterrichtsbeginn um acht. Um zehn gab es eine zwanzigminütige Pause zur körperlichen Ertüchtigung, die nur halbherzig von weniger als einem Zehntel aller Studenten genutzt wurde (wir gingen gerade um halb elf an ihnen vorbei). «*Yi, er, san, si* ...» schrillte eine weibliche Stimme aus dem Lautsprecher, und die Studenten schlugen wild mit Armen und Beinen um sich, zuckten wie auf dem Rücken liegende Insekten im Todeskampf. «Eins, zwei, drei, vier ...» Aber niemand hielt den Takt ein, solange kein spionierender Lehrer in Sichtweite war.

Von 10 Uhr 20 bis zwölf folgten zwei weitere Unterrichtsstunden, dann der Sirenenton zum Mittagessen. Die Studenten schnappten ihre Schüsseln vom Fensterbrett und rannten zur Kantine, bevor das bessere Essen zur Neige ging. Nach der Mittagsruhe, einem traditionellen Brauch, der in Kürze eingeschränkt werden sollte, wurde der Unterricht bis fünf fortgesetzt. Dann erfolgte ein erneuter Ansturm auf die Kantine, ein Gebäude, das an eine provisorische Bahnhofshalle erinnerte, wo an einer langen Reihe kleiner Schalter Gutscheine gegen Portionen von Proteinen und feste Klumpen Reis eingetauscht wurden. Der Reis wurde auf dem Weg zu den Wohnheimen (reihenweise zwischen staubigen Bäumen angeordnet) hinuntergeschlungen, während Bäuerinnen die Reste aus dem Abfall bargen. Xiao Wu beteuerte, daß sie sie an ihre Hühner verfütterten.

Nach dieser Mahlzeit, der letzten an diesem Tag, begann die Freizeit. Die Schlafsäle vibrierten wie die Wartehalle eines Flughafens, von Stimmengewirr und dem Kratzen von Löffeln in angeschlagenen Emailschüsseln widerhallend, von kräftig spritzendem Wasser auf Steinplatten im Waschraum, von dem Klappern der Sandalen in den Korridoren, von dem Stimmen der Gitarren und dem Üben von Tonleitern auf der Geige. Ein paar Studenten spielten Basketball, aber nach einiger Zeit kehrten alle zu ihren Büchern zurück. Um elf wurde das Licht gelöscht, und Jan und ich beobachteten von ihrem Fenster aus, wie in den einzelnen Räumen nach und nach Taschenlampen erstrahlten.

Die Vorlesungen endeten samstags zur Mittagszeit, den Nachmittag verbrachte man mit politischem Unterricht (den meisten Studenten verhaßt), Frühjahrsputz in den Unterrichtsräumen, Unterkünften und Außenanlagen (nicht weniger verhaßt) und mehreren Stunden Hausaufgaben. Abends fuhren diejenigen heim, die in der Nähe wohnten.

In diesen großen, zweckgerichteten, von Mauern umschlossenen Einheiten funktionierte die Gesellschaft nach den Vorstellungen der Partei. Die Einheit stellte den Baustein der chinesischen Gesellschaft dar, die Verkörperung der Partei, den Mittelsmann zwischen Regierung und Volk. Jeder hatte seine Einheit: der Bauer seine Gemeinde und die Dorfbrigade, der Arbeiter seine Fabrik, der Arzt sein Krankenhaus, die Bewohner traditioneller Viertel den unsichtbaren Verwaltungsapparat des Nachbarschaftskomitees. Als eine von mehreren Formen modernen gesellschaftlichen Lebens und wesentlicher Bestandteil des kom-

In einer kleinen Nudelfabrik werden Mehl und Wasser gemischt. Der Teig wird dann maschinell ausgerollt, zu Nudeln geschnitten und getrocknet.

Eine Gruppe von Fabrikarbeitern in einem privaten Nudelrestaurant. Sie trinken Bier aus Schalen und Tee aus bemalten Emaillebechern. Ihre Frauen sind zu Hause.

Schaufenster eines teureren Schlangenrestaurants in Guangzhou, für die meisten Chinesen unbezahlbar. Die Schlangen wurden auf dem Land gefangen und werden für die Speisen lebendig gehäutet und kleingeschnitten.

Staatliche Tofu-Herstellung in einer Seitenstraße von Kunming. Viele Chinesen genießen das Interesse von Fremden für ihre Arbeit und laden Neugierige in ihre Werkstatt ein. Hier ist das Tofu fast fertig: es wird in Blöcke geschnitten und aus Eimern verkauft.

Unten links: Eine Dauerwelle in Dali. Die meisten chinesischen Friseure arbeiten nach diesem Verfahren, und die meisten Städterinnen tragen kurze, dauergewellte Haare.

Unten rechts: Ein im alten Stil gekleideter Chinese – Jacke mit Schlingenverschlüssen, Baumwollschuhe und handgefertigte Pfeife; aber seine Uhr ist modern. Er ist der einzige Dicke, dem ich begegnet bin, und untypisch kontaktlustig für ein Land, in dem man über das Zurschaustellen von Individualität die Nase rümpft.

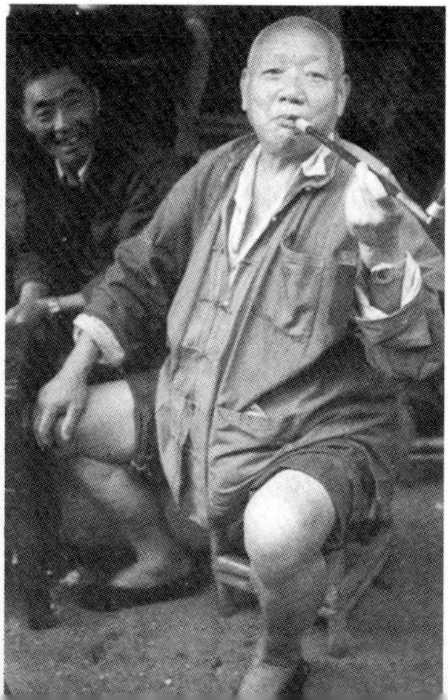

Eine Braut wird bei Sanya auf der Insel Hainan zum Haus des Bräutigams geleitet. Eine ihrer Freundinnen trägt in einem Karton die Aussteuer. Die Braut ist im grauen Hosenanzug, aber ihr Kopfschmuck ist vielfarbig und der Sonnenschirm knallrosa. Ich wurde zum Hochzeitsfest eingeladen, bei dem endlose Trinksprüche ausgebracht und zahllose Gerichte serviert wurden, manche salzig, andere süß, aber alle nach der Sitte der Gegend mit Schweineschmalz hergestellt.

Eine Privatwohnung in Dali, ungewöhnlich wegen der Geräumigkeit und der Schmuckrollen an den Wänden. In den meisten städtischen Wohnungen gibt es nur Kalender und Plakate als Schmuck; sie sind mit spartanischen Möbeln vollgestellt.

Oben links: Das neue China – eine Verkehrsinsel im Zentrum von Xiamen.

Oben rechts: Ein Suzhou-Teehaus. Einst im Haus einer reichen Familie; das Fenster ist mit Papier bespannt. Die Teegläser werden mit heißem Wasser aus der Thermosflasche nachgefüllt. Hier verbringen die alten Männer den halben Tag.

Gewaschene Deckenbezüge werden auf einer Hotelterrasse zum Trocknen aufgehängt.

Ein privater Dorfladen. Der Eigentümer verkauft Kekse, Süßigkeiten, Zigaretten und Alkohol, sitzt aber meist vor seinem Geschäft und beobachtet die Passanten.

Ein ländlicher Markt, der zweimal wöchentlich stattfindet. Im Vordergrund eine Leihbücherei, in der man für einen winzigen Betrag sofort ein Bilderbuch zum Durchblättern entleihen kann. Die Miete der Hocker ist in der Gebühr inbegriffen.

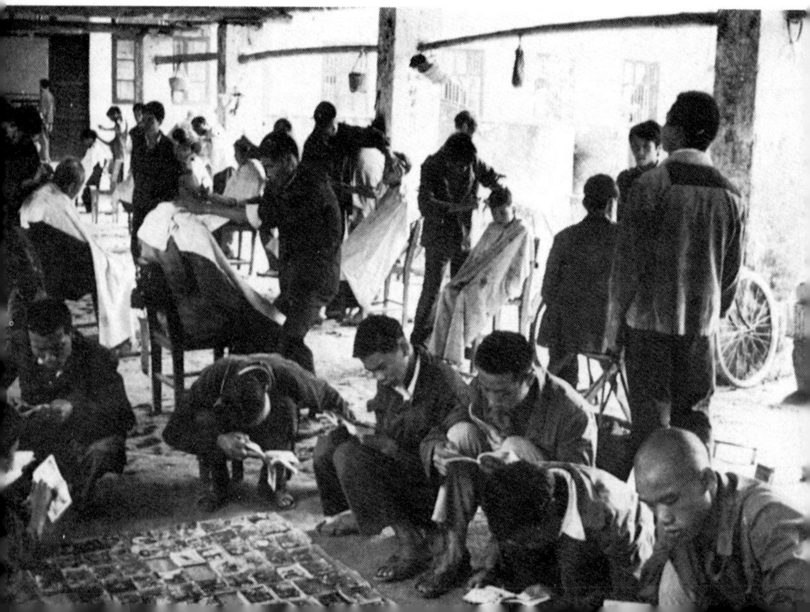

Reisernte bei Guilin. Die Dreschmaschine wurde vom Dorfschreiner angefertigt. Rechts hinten ein Jutefeld. Statt Strohhüten werden nun Baumwollhüte getragen; bunte Nylonhemden und Plastiksandalen setzen sich durch.

Eine Gruppe von Studenten beim obligatorischen samstäglichen Fegen des Universitätsgeländes. Mögen die Gebäude auch dringend reparaturbedürftig sein – Laub darf auf keinen Fall am Boden liegen.

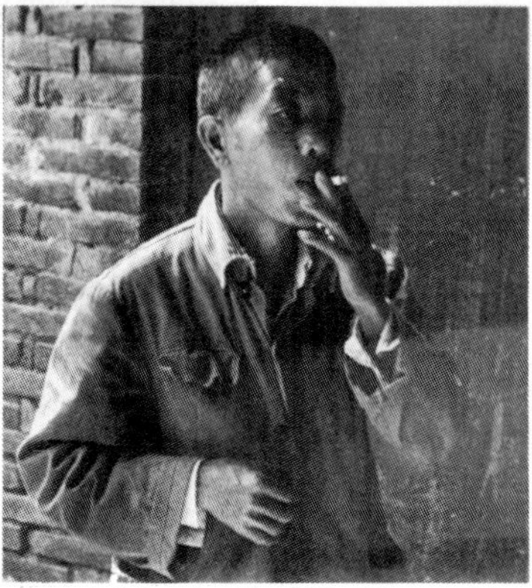

Angehörige der Familie Wu (s. Kap. 11). Oben rechts und links: Wus der dritten Generation, Söhne von Zhangs Schwager (Mitte). Unten links: Zhangs Schwiegermutter mit einem Nachbarskind. Unten rechts: Die Großmutter versorgt die Kinder ihrer Schwiegertochter, die bei der Feldarbeit ist.

munistischen Räderwerks war die Einheit zumindest teilweise eine Weiterführung des Status quo. So fremd diese Auffassung für westliches Verständnis auch erscheinen mochte, Chinesen begriffen sich schon immer als Mitglied einer Gruppe, einer Großfamilie oder eines Clans. Der einzelne war der Familie gegenüber verantwortlich; gemeinsam hatte man Erfolg oder ging unter. Wenn einer von ihnen öffentlich geehrt wurde, gelangten alle zu Reichtum und Ruhm; fiel einer in Ungnade, erwartete möglicherweise alle der Tod. Nach dem konfuzianischen Moralkodex war der Mensch seiner Familie und der Gesellschaft gegenüber verpflichtet; die Art seiner Pflichten hing von seiner Stellung innerhalb der von einem absoluten Herrscher angeführten Hierarchie eines engverbundenen, das ganze Land umfassenden Clans ab.

Seitdem hatte sich wenig geändert. Die Mauern selbst symbolisierten die Vorliebe der Chinesen für Zurückgezogenheit und Verschwiegenheit. Sänften wurden von Vorhängen verhüllt. Herrschaftliche Häuser lagen hinter Mauern verborgen; die Verbotene Stadt war von einer viereinhalb Meter hohen Mauer eingeschlossen. Mauern und Geheimniskrämerei umgaben alles in China: Einheiten, Aktivitäten, die innersten Gedanken und Ängste der Menschen. Selbst Telephonnummern waren bis 1980 geheim. Schranken schlossen Außenstehende aus.

Die alte «Große Familie» wurde politisch gespalten (da sie zu viel Macht besaß und eine zu wichtige Rolle im Leben der Menschen spielte) und durch die neue Große Familie ersetzt, die Einheit. Die Politik des «Teile und herrsche» verlagerte ihre Funktion und Kontrolle auf die Regierung in Gestalt des Parteisekretärs, der jeder Einheit vorstand und für soziale Fürsorge, Sicherheit, Erziehung, Kinderpflege, Führung und Disziplin und die Illusion, daß das Leben jedes einzelnen einen Sinn erfüllte, sorgte. Die emotionalen Bindungen innerhalb des Clans hatten überlebt, aber in welchem Maße? Und wie lange noch?

Wenngleich uns im Westen die Vorstellung von einer allumfassenden Einheit, in der die Menschen vorgeschriebenen Regeln unterworfen sind, Furcht einflößt, so wäre die Reaktion der meisten Chinesen auf unsere Gesellschaft eine weitaus heftigere. Sie haben nie Freiheit im westlichen Sinn kennengelernt; in der chinesischen Sprache existiert dieses Wort nicht, und der bloße Begriff hat einen Anflug von Sittenlosigkeit und Freigeisterei. Da die Chinesen fast nie allein waren, kannten sie das Gefühl von Verlassensein und Entfremdung nicht; wenn ich sie fragte, ob sie gerne allein wären, verstanden sie nicht, was ich meinte. Die Regelmäßigkeit ihres Lebens bewirkte Stabilität und Gelassenheit. Ihre Gewohnheiten waren einfach. Arbeit wurde nicht als notwendiges Übel für die dadurch gewonnene Freiheit gesehen, sondern diente als Selbstzweck. Man kannte seine Nachbarn. Die Grenzen von Gut und Böse waren klar abgesteckt.

Zum Mittherbstfest begleitete Jan einige Studenten auf einer zweitägigen Fahrt zu den in der Nähe gelegenen heißen Quellen. «Eine Stunde, bevor der Bus eintreffen sollte, versammelten wir uns am Eingang der Einheit, um Gruppenphotos zu machen», schrieb sie. «Jeder, der sich entfernte, wurde sofort in herrischer Pfadfindermanier zur Ordnung gerufen. Später in den Bergen war der Tagesablauf genau festgelegt. Unser Gruppenleiter lief ständig um uns herum und erzählte uns, wann es Zeit war zum Aufstehen oder Schlafengehen, Ausruhen oder Baden, Schwimmen oder Nichtschwimmen, Essen, Photographieren, sich mit Minderheiten zu unterhalten oder in überschwengliches Lob über unseren wunderbaren Ausflug auszubrechen, als sei er unser Kollektivbewußtsein, das uns das Denken und die Verantwortung abnahm. Er erklärte uns nichts, was wir nicht auch selbst erkannt hätten, doch die anderen waren hingerissen, als hätten sie ihre persönlichen Wünsche zeitweilig zugunsten einer wohlfunktionierenden Gruppe auf Eis gelegt. Eigene Anregungen wurden übergangen, und meine Bemühungen nach etwas mehr Unabhängigkeit, selbst für wenige Minuten, riefen unverhohlene Bestürzung hervor. Das A und O unseres Ausflugs war, alles gemeinsam zu machen . . .»

Viele aus dem Westen, Vertreter eines sogenannten demokratischen Gesellschaftssystems, bedauern die Chinesen wegen der Überwachung, der sie unterworfen sind, der ständigen Ermahnungen zu Reinlichkeit, sozialem Engagement, Tugendhaftigkeit, Bescheidenheit und Hingabe an die gemeinsame Sache. Aber in China gibt es Menschen, die diese Sicherheit vorziehen, die wiederum uns bedauern, die wir durch Werbung, Medien und unsere Umgebung zum Trinken und Rauchen animiert werden, zur Konkurrenz mit unseren Nachbarn und zu egoistischem Denken, zum Geldscheffeln und zu sexuellen Ausschweifungen – ungesunde und letztendlich demoralisierende Tendenzen einer potentiell selbstzerstörerischen kapitalistischen Gesellschaftsordnung.

DIE UNBEREISTE KÜSTE

Eine Sonderwirtschaftszone hatte nichts Reizvolles an sich, aber da ich auf meiner Chinareise daran vorbeikam, machte ich in Shenzhen kurz halt. Shenzhen war die größte der vier SEZs (Special Economy Zones), drei Jahre alt und etwa zur Hälfte fertiggestellt, an der Grenze zu Hongkong gelegen. Im Zuge von Dengs Öffnungspolitik entstanden hier Gemeinschaftsprojekte zwischen der Volksrepublik und ausländischen Firmen, wobei China Land, Arbeitskräfte und Rohmaterialien (wovon es im Überfluß besaß) bereitstellte und das Ausland Kapital, moderne Technologien und technisches Know-how (woran es China mangelte) lieferte. Zusätzlich zu den vier Haupt-SEZs wurden inzwischen vierzehn Küstenstädte und die Insel Hainan für ausländische Investitionen geöffnet. Die Investoren, die zunächst hohe Gewinnspannen erzielten, werden möglicherweise auf lange Sicht das Nachsehen haben; die Chinesen lernen schnell und werden bald dieselben Qualitätsprodukte erheblich billiger exportieren, als die ursprünglichen Firmen dies vermochten. China galt als einzigartig unter den Entwicklungsländern, weil es sich im Ausland nicht verschuldet hatte.

Aus der Entfernung wirkte Shenzhen vollkommen westlich, blasse Häusertürme gegen einen Hintergrund von blassen Wolken, aber bei genauerer Betrachtung verschmolzen die Wohnblocks mit diesem charakteristischen vorstädtischen Landschaftsbild aus dichtbepflanzten und sorgsam gepflegten Gemüseparzellen und den behelfsmäßigen Baracken der 80 000 Mann starken Bauarbeiterkolonne. Ich hatte mich in meinem vorschnellen Urteil über Shenzhen getäuscht, ebenso wie ich mit meiner Mißbilligung moderner Planung andernorts unrecht hatte: Shenzhen war in den Augen der meisten Chinesen ein zum Leben erwachtes revolutionäres Plakat; ein Ort, der all jenen, die hier leben durften, große Möglichkeiten bot, ein Beweis für die Glaubwürdigkeit der Partei. Hier gab es die Realität der neuen glänzenden Hochhaustürme und der doppelten Fahrbahnen, von lutscherförmigen Bäumen flankiert. Hier gab es Planierraupen zur Entlastung der Menschen und doppelt so hohe Gehälter wie anderswo. Hier gab es Wohnungen mit Klimaanlagen und Aufzügen bis zum vierundzwanzigsten Stock hinauf. In der Nähe würde bald ein Atomkraftwerk entstehen, ein Stützpunkt der Atomindustrie. Die unzähligen Taxis, der Golfplatz, die Vergnügungsparks, die Videopassage, die importierten Waren, die exklusiven Einrichtungen für Geschäftsleute aus Übersee und die vielen anderen, weniger revolutionären Dinge konnte man dabei getrost übersehen.

Shenzhen verkörperte ein kapitalistisches Experiment, die Antithese einer Stadt unter kommunistischer Führung; hier war erlaubt, was anderswo verboten war. Da China vom Westen lernen wollte, hatten Geschäftsleute aus Übersee fast freie Hand. Aber sollte das Experiment scheitern, konnte man jederzeit zu Altbewährtem zurückkehren, da der vergiftende Einfluß, auf minimalen Raum begrenzt, in Schach gehalten wurde. Ultralinke Besucher, düster von Feudalismus und Ausbeutung brummelnd, hofften inbrünstig, daß dies eintreten würde.

Shenzhen wimmelte von Touristen! Keine ausländischen Touristen – hier gab es nichts für sie zu sehen –, sondern Chinesen vom Festland, weit mehr, als ich an den berühmtesten historischen Stätten angetroffen hatte, die ehrfürchtig dieses Denkmal ihrer Zukunft bestaunten. Für viele westliche Besucher nur ein weiterer häßlicher Ort nach amerikanischem Vorbild, der die Menschen ihrer natürlichen Umgebung entfremdete, verkörperte er für die Chinesen, nach dem Ausdruck auf den Gesichtern um mich herum zu schließen, die wundersamste Schöpfung dieser Welt. Ihr Stolz rührte mich, ihre Freude wirkte ansteckend.

Sie starrten mit offenen Mündern auf die höchsten, farblosesten und leuchtendsten Gebäude, die sie je zu Gesicht bekommen hatten; sie stopften sich mit Riesenhamburgern und Eiscreme voll, sie warfen verstohlene Blicke auf die geschminkten Bedienungen in knallroten Röcken, sie torkelten wie trunken die Rolltreppe hinauf, als wären sie auf dem Jahrmarkt, und verglichen die Preise ausländischer Produkte in einsamen Supermarktgängen. Bei der Zweihundertvierzig-Gramm-Dose «Heinz-Baked Beans» für 4,50 DM und der Dreihundert-Gramm-Packung Fettcreme für knapp 60 DM klingelten die Kassen verständlicherweise recht selten.

Hätte man dieselben Menschen kurzerhand in die Straßen von Hongkong versetzt, hätte ihre Bewunderung schnell in Bitterkeit umschlagen können: «Warum hat man uns all das so lange vorenthalten? Warum geht es uns nach fünfunddreißig Jahren sogenannter Befreiung kaum besser als vorher? Wenn man all das auf ein paar winzigen Inseln erreichen kann, warum können wir das im drittgrößten Land und mit der größten Bevölkerung der Erde nicht auch?» Man könnte ihnen diese Fragen nicht verübeln.

Aber Shenzhen würde nie ein zweites Hongkong sein. Es fehlten ihm die geographische Lage, die imposanten Hänge, die bewaldeten Hügel und das blaue Meer. Ihm fehlten das historische Erbe, die Vermischung der Kulturen, die belebende Spannung. Ihm fehlte die Energie der Vergänglichkeit. Ihm fehlten die Expertise, der Schuß westlicher Designs und Techniken. Ihm fehlten die Vielfalt und die Seele.

Die Straße entlang der Küste erschloß Neuland. Die Strecke war beschwerlich und zeitaufwendig für Reisende, die es eilig hatten. Die Luft war angenehm warm, die Märkte boten frisches Gemüse feil. Der April brachte Männer in Hemdsärmeln und Frauen in Sommerkleidern hervor.

Als wir Shenzhen verließen, standen Pfützen auf den Straßen. Der Regen tropfte träge von den Bäumen auf die dunkle, feuchte Erde. Gurken erklommen Gerüste aus Bambusrohr, Wassernüsse standen buschig in überfluteten Feldern. Diese Gartenlandschaft, von Pflanzern bevölkert, von Bohnengestängen durchzogen, durch Faulendes fruchtbar gemacht – ein steter Austausch von Säen und Ernten. Hier traf ich wieder auf das China meiner Kindheitsphantasien; Bauern mit Strohhüten, tief über Reisfelder gebeugt, Bambushaine und geschwungene Dächer, Enten, wie Kinder auf dem Schulhof in Reih und Glied aufgestellt, Wasserbüffel und Fahrräder und Tragestangen.

Als wir in Richtung Norden nach Shantou fuhren, änderte sich die Bauweise der Häuser. Schmuckloses wich Verziertem; die Farben wechselten von Grau zu Ocker über Weiß wieder zu Grau. Die älteren Häuser reiften mit Würde, Neujahrswünsche vergilbten um Pforten, Balkenwerk färbte sich silbrig, Dachziegel waren mit Moos bewachsen, Mauern durch die Patina des Alters verklärt. Dazwischen erhoben sich die neueren Gebäude wie Schandflecke, mit flachen Dächern, die Mauern roh beworfen, durch Staub und Regen verblaßt.

Auf den Hügeln im Hintergrund lagen Gräber verstreut, aufgehäuft, hufeisenförmig oder aufrecht als Stelen, Graburnen drängten sich an den flacheren Hängen, Reihen von Gefäßen, mit ausgegrabenen Knochen gefüllt, die ihre Überführung zu ihrer endgültigen Ruhestätte erwarteten. In Ermangelung von Hängen hatte man vor 1949 bis zu achtzehn Meter hohe Grabhügel am Rand des eigenen Grundstücks oder außerhalb der Stadtmauern errichtet. Allmählich hatten sie weite Flächen Ackerbodens überzogen, wurden aber bei der Kollektivierung des Landes eingeebnet. Einen Grabhügel anzurühren hieß, die Geister zu erzürnen, die wiederum das Schicksal der lebenden Mitglieder des Clans beeinflußten, und aus Protest nahmen sich viele alte Menschen das Leben.

Shantou war eine große und weitläufige Stadt, mit engen, verstopften Hauptstraßen aus der Kolonialzeit und düsteren, breit angelegten, grauen Vororten. Die verblaßten schwarzen Lacklettern englischer Handelsgesellschaften klebten an den Stuckfassaden. Bürgersteige waren mit Bombaxbäumen bepflanzt, ihre Äste in symmetrischen Wirbeln angeordnet, ihre jungen Blätter zitronengelb, wie Schirme geschlossen, ihre Blüten scharlachrot, an kahlen Zweigen. Lebensmittelstände wurden von Girlanden aus rotgesprenkelten Würsten, Kalmar und Seepolyp, Zwiebeln und Sellerie und Silberfisch umrankt. Fahrräder dienten als Taxis, mit Brettern über dem Gepäckträger zur Beförderung der Kunden. Auf meinem Weg zum Hafen durchquerte ich einen Park, in dem junge Palmen wuchsen und alte Männer Berge von Kunststoffstreifen sortierten. Am Hafen zogen Seeschwalben am Schäfchenwolkenhimmel Kreise. Fährschiffe steuerten felsige Inseln an, die graugrün aus dem Schlick emporragten. Flotten von Dschunken mit Schmetterlings-Segeln glitten stolz in ihrem Fahrwasser dahin. Kleine Sampans pendelten in Küstennähe des salzig riechenden, gischtsprühenden Südchinesischen Meers.

Shantou war aus Bambus gebaut. Wo immer ich hinschaute, entdeckte ich offenkundige Anzeichen seiner Bambuswirtschaft: Zäune, Balustraden, Gatter und Pergolen, Eßstäbchen, Hühnerkörbe, Hüte und Regenumhänge, Matten, Krüge, Pfeifen, Pflöcke, Jalousien, Dächer, Kisten, Körbe und Siebe, Fächer, Flöten, Betten und Fischnetze, Sonnenschirme und Angeln, Sandalen und Dampfschiffe, Füller und Papier, Schöpfkellen und Meßgeräte, Baumstützen und Möbel, Dachrinnen und Rahen, Veranden, Kinderwagen und fächerartige Besen. Ganze Gebäude waren aus Bambusrohr gefertigt, das geschupptes Flechtwerk einrahmte. Schattenwerfende Bambusgitter vor Balkonen und Fenstern – einbruchsicher, kindersicher, Sonnenschutz und Kletterpflanzengerüst – zierten die Wohnblocks.

Überall in Südchina wächst Bambus wild, in Fontänen bis zu dreißig Meter aufsteigend. Als nationales Symbol für Beharrlichkeit und Durchhaltevermögen dient er Malern und Dichtern als beliebtes Motiv: er biegt sich im Wind, ohne zu brechen. Im Botanischen Garten von Kanton sah ich allein mehr als fünfzig verschiedene Arten. Einige ähnelten Bäumen, mit Stämmen so dick wie Unterarme und rauhen, rasselnden Blättern. Andere erinnerten in ihrer Feinheit an Porzellanmalerei. Einer hatte einen schwarzen Stengel, ein anderer einen grünen mit weichem, weißem Flaum. Einige dufteten, andere wuchsen in Zickzacklinien, einige waren gestreift, andere stachelig. Manche kamen als Dickichte vor, ein paar wenige einzeln, mit aufragenden, etwa einen Meter auseinanderstehenden Schäften und fragilen, pinselstrichartigen Blättern. Yao, der Botaniker, strich liebevoll über sie und erklärte, wozu sie benutzt wurden. «Dieser bringt die eßbaren Bambussprossen hervor. Dieser hier besitzt einen dünnen Stengel und wird zum Flechten von Matten und Körben verwendet, während der mit einem dickeren den Bootsleuten als Ruder und den Bauern als Tragestange dient. Jene drei benutzt man für Baugerüste, und von den meisten verwertet man das Stengelmark. Siehst du diesen hier?» Er hatte wulstige Sproßknoten, golden und samtig; ich erinnerte mich, ihn oft in Tempelinnenhöfen gesehen zu haben. «Wir nennen ihn Buddhas Bauch! Aber dieser da ist mein besonderer Liebling.» Er schob die Wedel beiseite und hockte sich neben einen im Schatten liegenden Busch. «Fühl seinen Schaft!» Ich berührte ihn und merkte, er war viereckig.

In den Seitengassen Shantous beobachtete ich, wie aus langem gespaltenen Bambusrohr Matten geflochten wurden. Ich sah zu, wie aus überlappenden Blättern Hüte hergestellt und wie Hocker ausgehöhlt, genutet und verkeilt wurden, ohne Nägel oder Leim (dieselben Stühle kosteten in englischen Läden das Dreifache). Die Stadt quoll von Handwerksleuten über. Ich schaute Faßbindern zu, die Bottiche anfertigten und Schüsseln auswuschen, und Frauen, die bunte Papierblumen für Kränze falteten. Ich sah, wie im Holzdruckverfahren Schriftzeichen ausgemeißelt wurden und wie Männer aus Holz und Stroh Papier herstellten. Es gab Töpfer, Waagenbauer, Schablonensprüher, Siegelschnitzer und Hersteller von käsefarbigen Schirmen aus Ölpapier. Für viele Haushaltsgeräte verwendete man nach wie vor einheimische Materialien und traditionelle, über vier Jahrtausende hinweg entwickelte Formen und Muster – Staubwedel aus Hühnerfedern, Schalen mit Reiskornmuster, Woks, Einmachgefäße, Besen aus Palmenfasern, glasierte Keramikblumentöpfe. Andere Erzeugnisse waren nur für den Export bestimmt und für gewöhnliche Chinesen nicht erhältlich. Kunstgewerbeläden in London boten zahlreiche Gegenstände an, die auf mich typisch chinesisch wirkten, die ich aber in keiner chinesischen Wohnung fand. Wo schätzten und förderten die Chinesen ihr reiches Erbe, so wie es für viele Inder selbstverständlich war? Im Handwerk drückte sich die lebendige Kunst Chinas aus, eine Kunstform, die die Kulturrevolution fast unbeschadet überlebt hatte, da sie von den Menschen für den täglichen Gebrauch produziert wurde. Teilweise hatte man sie schon institutionalisiert: in großen staatlichen Fabriken wurden Korbwaren, Emailmalereien, Lackarbeiten, Stickereien, Elfenbein- und Jadeschnitzereien hergestellt und dann wieder vernachlässigt, als man im «Großen Sprung nach vorn» glaubte, die Nation benötigte Eisen dringender. Mit der Zeit würde die Handwerkskunst verschwinden, ähnlich wie in England, nicht auf Grund von Parteibeschlüssen, sondern durch den ungeschliffenen Geschmack der breiten Masse.

In einer dieser versteckten Seitengassen traf ich auf einen Brautzug, zum Haus des Bräutigams unterwegs, der zwei mit Mitgift vollbeladene Fahrradrikschas mitführte, eine traurige Widerspiegelung gewandelter Wertvorstellungen und billiger, zeitgenössischer Designs. Die Körbe waren nicht von traditioneller Machart, sondern für ausländische Besucher aufpoliert. Der Eimer, die Waschschüssel, die Blumen, die Sandalen, sogar die Koffer waren aus leuchtendbuntem Plastik und nicht wie früher aus Bambus, Seide und Holz. Es gab Handtücher, eine Tischlampe, einen Fernseher, zwei Thermosflaschen und einen Spiegel mit einem aufgeprägten doppelten Glückszeichen. Außerdem entdeckte ich eine Nähmaschine, etwas Seife und Shampoo, Decken aus Synthetik und mit Satin überzogene Steppdecken. China durchlief eine Phase des Erwachsenwerdens, in der die Produktion gegenüber dem Produkt Vorrang hatte und die Leute glatte, synthetische Waren wünschten, die keine Bauernhände hervorbringen konnten, und Status höher bewertet wurde als Funktion und Stil.

Seite an Seite mit der uralten bäuerlichen Lebensweise schritt eine schrille, oberflächliche und florierende Kultur, am deutlichsten sichtbar an Kantons und Shantous Schwarzhandel mit Hongkong und Taiwan. Nirgendwo hatte ich so viele Verkaufsstände gesehen, so viele billige Armbanduhren und importierte Zigaretten, soviel Coca- und Pepsi-Cola, soviel ländliche Bauweise, soviel Werbung, so viele Dauerwellen, so viele enge Hosen, grelle Farben, hohe Absätze und – ein sicheres Zeichen für wachsenden Wohlstand – so viele Bettler. Sie folgten mir, flehend und an meinen Kleidern zerrend, bedrängten mich im Bus, brachten mir ein Ständchen. Ich sah einen Mann mit langem, verfilztem Haar, der einen Brocken aus dem Rinnstein fischte und in den Mund steckte. Ich beobachtete Menschen, die in Müllhaufen wühlten und sich Zigaretten aus den erbeuteten Kippen drehten und in Baracken aus Pappkarton und Plastik wohnten, die sich an die Kaimauer drückten.

Durch eine offene Tür erblickte ich eine aufgedonnerte Friseuse in Sonnenbrille, unechter Pelzjacke, Lederrock und Stiefeln mit Pfennigabsätzen, die einer Kundin eine modische Frisur verpaßte. Jeder Jugendliche lernte Gitarre spielen. Mädchen in engen Hosen wackelten mit den Hüften und wußten genau, was sie wollten. Ein Lieferwagenfahrer schnalzte mir hinterher, und ein Mann im Bus preßte sich auf unmißverständlich sexuelle Weise an mich. In den Schaufenstern der Photoläden lagen Hochzeitsbilder von Chinesinnen in weißen Brautkleidern aus. Männer tauschten Briefmarken und hörten Rockmusik und kamen erst spätabends von ihren Videospielen zurück.

Der von der Öffnungspolitik herbeigeführte Wandel vollzog sich überall im Land so rasch, daß ich selbst nach acht Monaten schon seine Wucht zu spüren bekam. Das typisch Chinesische der Städte wurde in einem Maß überrollt, das in England undenkbar wäre. Fremde Kulturen könnten den Charakter englischer Städte nie in Gefahr bringen, höchstens die kulturellen Eigenheiten der Viertel bereichern. Zum erstenmal entdeckte ich in China englische Schilder in Bahnhöfen und hörte in den Zügen Durchsagen auf englisch. «Zeit ist Geld» war einem Schaufenster zu entnehmen, und die Chinesen wurden ständig zu Aktivität und Erfolg angetrieben. Die Auslagen der Geschäfte enthielten ausländische elektrische Geräte für den Kauf-solange-es-etwas-gibt-Drang der Konsumenten, von der Partei als wirtschaftliches Wachstum gepriesen. Werbung begann, geheime Wünsche und Sehnsüchte anzusprechen, folgte dem Westen auf seiner Suche nach dem höchsten Glück. Eine Fast-Food-Kette eröffnete in Peking mit künstlichem Efeu und Plastikstühlen und verkaufte Hot dogs und Hähnchenschenkel an eine modische Leder- und Jeanskundschaft. Filme aus dem Westen spielten in den Kinos, und die Musik der Beatles tönte aus den Rockbars. Den von Ausländern überschwemmten Hotels folgten Cafés und Kunstgewerbeläden. Ein deutscher Tourist wurde um Trinkgeld gebeten. Luxushotels protzten mit Swimmingpools, und Cocktails wurden zwischen eingetopften Palmen eingenommen; private Taxis brachten die Gäste bis zum Portal, und Gepäckträger kümmerten sich um die Koffer. Eines Tages würde diese unberührte, unbeschriebene, unbereiste Küste von Hotels und Touristenzentren verstümmelt sein.

Und das war nicht alles. Man erwog bereits weitreichende Privatisierung, die nicht nur Landwirtschaft und Industrie betraf, sondern auch Flug- und Transportgesellschaften, Buslinien, Hotels und Wohnungswesen, Ärzte, Händler, Universitäten und Schulen. Geschäftsleute aus Shanghai planten die Gründung einer Börse. In Zukunft würde es Autos in den Straßen und Flugzeuge am Himmel geben (in den acht Monaten sah ich kaum eines). Die Innenstädte würden zu Labyrinthen aus U-Bahnen und Hochhäusern und Cafeterias und Diskotheken und Nachtbars. Die Straßen würden von Neonlampen beleuchtet sein. Die Schrift würde romanisiert, die Landschaft von einem Netz aus Straßen und Leitungen bedeckt. Wenn Japan vom mittelalterlichen Feudalismus zur modernen pazifischen Macht aufsteigen konnte, dann China ebenfalls – der konfuzianischen Lehre zum Trotz: «Der Edle liebt den inneren Wert, der Gemeine liebt das Irdische; der Edle liebt das Gesetz, der Gemeine sucht die Gunst.»

In Shantou traf ich Liqing. Zunächst wirkte er wie jeder junge Chinese, höflich und sauber, Geographielehrer an der Getriebefabrik-Mittelschule. Wir lernten uns in einem Laden kennen, wo ich Gazemasken gegen den Staub kaufte.

Liqing lud mich zum Tanzen ein. Tanzveranstaltungen waren kürzlich eingeführt worden, damit sich potentielle Ehepartner kennenlernen konnten. Von dem halben Dutzend, das allabendlich stattfand, wählten wir die im Foyer des Kinos, mit fleckigen Wänden und grobem Zementfußboden. Neonlicht strahlte gnadenlos, laute Musik plärrte durch die Tür. Paare schoben sich gegenseitig durch die Gegend, hauptsächlich Männer, manchmal zwei Frauen oder ein Mädchen und ein Junge. Wir saßen auf Stuhlreihen entlang der Wand, schlürften Orangenlimonade und beobachteten das Treiben.

Liqing ließ keine Entschuldigung gelten. Er zog mich hoch, legte seinen Arm um meine Taille und schickte sich an, mir den Walzer beizubringen. In Kenntnis der konfuzianischen Anstandsregeln machte mich seine Nähe nervös. Außerdem war ich keine gute Tänzerin; selbst ohne Stiefel und Rucksack hätte ich nicht gewußt, welche Schritte ich machen mußte. Zum Glück ging es bei den anderen auch nicht besser. Ich fühlte mich wie im Autoskooter auf dem Jahrmarkt: hundert Möchtegerntänzer mit zwei linken Füßen, die in der Eingangshalle in Anoraks und Mützen herumfegten, sich gegenseitig auf die Zehen traten und Sprudel hinunterkippten.

Wir trafen uns ein zweites Mal. Für Menschen wie Liqing war die Revolution geführt worden. Seine Herkunft war untadelig, er stammte aus einer armen Bauernfamilie, aus einer Lehmhütte am Stadtrand. Später, als sich die Stadt ausdehnte, Häuser und Fabriken errichtet wurden, arbeiteten seine Eltern in der Fabrik, und Liqing ging zur Schule. Inzwischen waren beide Elternteile als Parteikader aufgestiegen, und Liqing genoß seinen Status als Lehrer. Er trug polierte Schuhe und Hosen mit steifer Bügelfalte, hielt sich aufrecht und war ungewöhnlich groß. Ohne die Kommunisten würde Liqing das Leben seines Vaters und Großvaters führen, ohne Hoffnung, je etwas zu besitzen, zu sparen oder umzuziehen.

Liqing hatte auch eine Freundin. «Ich mag sie gern», meinte

er ganz beiläufig, «aber sie liebt mich nicht.» Dies schien ihn nicht unnötig zu beunruhigen, da sie, seinen Worten zufolge, weder schön noch intelligent war.

«Welche Art von Freundin würde dir denn gefallen?» fragte ich ihn.

Er sah mich vielsagend an. «Ein ausländisches Mädchen.» Ich starrte ihn mit offenem Mund an, als er mir darlegte, daß chinesische Mädchen keine Ahnung von der Liebe hätten, daß nur Ausländerinnen dazu fähig seien. Außerdem seien ausländische Frauen schön und chinesische nicht. Viele seiner Freunde und Freundinnen würden Ausländer heiraten, wenn sie die Wahl hätten.

Das verblüffte mich völlig. Alles, was ich gelesen und gehört hatte, besagte das Gegenteil. «Aber wieso?» wollte ich wissen.

«Geld», erwiderte er. «Geld und Möglichkeiten. Die Chance, ins Ausland zu gehen und hier wegzukommen.»

Nach einer viertägigen Reise die Küste entlang Richtung Norden kam ich nach Zhangzhou in Fujian. Im Vergleich zu Shantou empfand ich Zhangzou provinziell, abgelegen und unwestlich, zu beiden Seiten eines Flusses inmitten smaragdgrüner Felder gelegen, von schmalen Gassen durchzogen, die mit Arkaden versehenen Gebäude ziegelrot, senffarben und farngrün gestrichen. Korbgeflecht und Bambuswaren barsten aus den Läden auf die Straße.

Am späten Nachmittag überquerte ich den Fluß und begann den Aufstieg zum Nanshansi-Tempel. Bauern, barfuß und mit Hüten aus Bambusblättern, trotteten mit ihren Schultertragen aus der Stadt. Der flache Hügel lag dunkel im Schatten einer Wolke. Buddhistische Mönche hatten für ihre Tempelstätten besonders friedliche Orte ausgewählt; in früheren Zeiten hätte der Weg durch den Wald geführt, aber die Bäume waren verschwunden, und Felder und Stromleitungen umgaben die Mauern.

Hinter dem Wachhaus am Eingangstor, von den Riesen Heng und Ha verteidigt, entfaltete sich der Tempelkomplex in aufeinanderfolgenden Innenhöfen, eine Symmetrie ineinanderfließenden Raums. Trotz der aufwendigen Restaurierung überkam mich beim Anblick der blätterbedeckten und halbleeren Schreine ein Gefühl der Ruhe und des Friedens. Ein riesiger silberner Drachen hing in einer Säulenhalle, eine Anzahl reichgeschmückter Laternen rings um einen Innenhof, kunstvoll bestickt oder bemalt, mit Scherenschnitten beklebt und mit Seidentroddeln, Zauberlichtern und Miniaturpuppen behängt.

Nanshansi war für das Tourismusgeschäft wieder eröffnet worden. Man hatte Mauern neu aufgebaut, frisches Holz geschnitzt, leuchtende Farbe aufgetragen, Skulpturen erneuert und verlangte Eintrittsgeld für die Besichtigung. Aber hierher kamen nicht die üblichen Reisegruppen, die durch die Innenhöfe hasteten, zwischen den Topfpflanzen schwätzten, nicht die mit Kameras bewaffneten Chinesen im Sonntagsstaat, sondern kleine alte Damen in seitlich geschlossenen Kitteln, die Taschenlampen, Schirme und schwarze Plastiktaschen bei sich trugen. Ich blieb stehen und schaute zu, wie immer mehr alte Frauchen auftauchten, Bündel von Räucherstäbchen entzündeten, sich vor den Statuen verbeugten, Blumen und Orangen in deren vergoldeten Schoß legten und Opfergeld für die Toten verbrannten.

Allmählich versammelten sich alle in der Großen Halle. Reihen von niedrigen Schemeln waren vor dem Buddha aufgestellt, der gewaltig aus seinem Lotossitz aufragte, von seinen beiden Schülern umgeben. Die alten Damen erhoben mit ihren Taschenlampen, Schirmen und Taschen Anspruch auf die von ihnen bevorzugten Sitze. Die Dämmerung brach herein, und die Höfe verdüsterten sich, verschwammen im Dunkel; im Innern schimmerten die Figuren. In der zunehmenden Dunkelheit huschten die kleinen alten Frauen wie Fledermäuse umher. Sie setzten sich hin, standen auf, rückten ihre Hocker zurecht, hängten ihre Schirme an die Haken an den Säulen, plapperten mit ihren Freundinnen, verschmolzen mit der Finsternis, tauchten wieder daraus hervor und kamen neugierig auf mich zu. Ob ich Buddhistin sei, erkundigten sie sich. Eine Million Chinesen bezeichnen sich selbst noch immer als Buddhisten. Aus Versehen sagte ich ja und wurde unter ihre Fittiche genommen. Sie erhoben ihre Hände zum Gruß und hielten mir chinesische Texte hin. Wie viele Buddhisten gab es in England? Fragend schauten sie zu mir hoch, lächelnd, ihre Köpfe reichten mir bis zur Schulter. Eine von ihnen nahm mich an der Hand und führte mich durch die von Holzkohle geschwärzten Innenhöfe, eine Treppenflucht hinauf, einen Gang entlang, durch eine Küche und hinauf durch einen Saal, wo Mönche in grauen Kutten an einem Bild von Guanyin (Göttin der Barmherzigkeit) arbeiteten, zu einem kleinen dahinter liegenden Raum, in dem der Abt lebte.

Wir saßen gemeinsam am Tisch, der Abt und ich, und tranken grünen Tee aus winzigen Schälchen und aßen kleine weiße Kuchen, mit doppelten Glückszeichen verziert. Grün bedeutete Ewigkeit; Weiß bedeutete Frieden. Der Abt lächelte, als er mir beim Essen zusah. Weitere Speisen wurden aufgetragen, knusprig gebratene Nudeln mit grünen Bohnen und Pilzen und eine Schüssel mit Meeresalgensuppe.

Als ich wieder auf meinen Platz in der Halle zurückkehrte, war das Zeremoniell in vollem Gang und die Nacht samtschwarz. Im trüben Licht des Raums ließen sich die Deckengemälde kaum erkennen. Aber die Statuen glimmten wie erlöschendes Feuer, und der mit Drachenreliefs geschmückte Altar und der davorstehende kahlgeschorene Mönch in seinen prächtigen goldenen und scharlachroten Gewändern funkelten im Licht der Lampe.

Die Gläubigen saßen sich gegenüber, Männer und Frauen voneinander getrennt. Vereint rezitierten sie Gebete, eine Seite nach der anderen eines vertikalen Texts, in ihren langen schwarzen Umhängen, die sie in meiner Abwesenheit übergestreift hatten, Umhänge mit Mandarinkragen und Ärmeln, die bis zum Boden reichten. Ihre Gesichter leuchteten wie Monde in der Dunkelheit. Dann änderte sich der Rhythmus, und eine einzige Zeile wurde endlos wiederholt, während der Mönch in scharlachrotem Gewand eine Prozession durch die Halle anführte, zunächst gefolgt von den Männern, dann den Frauen, die Hände vor sich geschlossen, in einer schlangenartigen Kette. Ich schloß mich ihnen ebenfalls an, nahm bewußt alles in mich auf, unsere andächtige Bewegung, den Buddha, der sich wie eine Flamme undeutlich in der Finsternis abzeichnete, die Wände, an denen sich einst Gemälde und Statuen befunden hatten, das Glockengeläut, den Gong, die Trommel. Wie sehr unterschied sich dieses Erlebnis doch von der Tempelbesichtigung als Touristin, wo man durch die Räume eilte und wieder hinaus ins helle Tageslicht, wo man wahllos umherlief und einen flüchtigen Blick auf dieses und jenes warf und einem originellen photographischen Blickwinkel hinterherjagte, inmitten von Dutzenden von Besuchern, die alle dieselbe Absicht verfolgten; wie sehr genoß ich es, in diese Feierlichkeit einbezogen zu werden, an den rituellen Bewegungen und Gesängen teilzunehmen, den Widerhall der Mauern und die heitere Gelassenheit der Statuen, wenn ich an ihnen vorüberkam, in mich aufzunehmen, die Gebetshalle aus verschiedenen Blickwinkeln zu betrachten, Runde auf Runde, immer aufs neue. Nach der fünften oder sechsten befand ich mich in einer Art Meditation, und während mich eine körperliche Müdigkeit überkam, schienen meine Sinne geschärft. Die Prozession glitt dahin, ein nicht abreißender Zug schwarzumhüllter Figuren, die sanft an den undeutlichen Mauern vorbeischwebten. Die mächtige Trommel dröhnte, die große Glocke läutete, die Skulpturen leuchteten, und der Weihrauch legte sich wie ein Schleier um die Lampe. Zum erstenmal, seit ich in China war, fiel der Druck von mir ab, und willenlos ließ ich mich treiben. Ich fühlte mich ruhig und befreit und zugleich gestärkt.

Nach mehr als einer Stunde kehrten wir zu unseren Schemeln zurück. Während die eine Seite Gebete rezitierte, kniete die andere nieder, mit der Stirn auf dem Schemel, die Handflächen nach oben gerichtet. Es war ebenso erholsam wie Schlaf. Mein Körper wurde schwerelos, mein Geist von Gedanken befreit. Ein Glücksgefühl durchströmte mich. Dann plötzlich war alles vorüber, die kleinen alten Damen nahmen ihre Taschen von den Haken, sammelten ihre Schirme ein, knipsten ihre Taschenlampen an und fragten mich, ob ich einen Platz zum Schlafen hätte. Andernfalls hätten sie mich zu sich eingeladen.

Vor der Befreiung gehörten die meisten Han-Chinesen dem buddhistischen und dem taoistischen Glauben an, weshalb die Partei beide mit brutaler Gewalt auszurotten versuchte. Taoismus, der in noch stärkerem Widerspruch zum Kommunismus stand, tauchte erst in den achtziger Jahren wieder auf. Nach langer Suche entdeckte ich einen taoistischen Tempelkomplex, von rosa angemalten Häusern umgeben, einen der wenigen noch intakten Tempel. Eine Hälfte war der Kulturrevolution zum Opfer gefallen und in eine Fabrik umfunktioniert worden, aber die Mönche richteten sich in der ihnen verbliebenen Hälfte wieder ein. Eine Gruppe Frauen umringte den Eingang, verkaufte maulbeerfarbene Räucherstäbchen und tomatenrote Kerzen. Die Dächer der Schreinhallen lugten über rosa Mauern.

Nur eine der Hallen hatte man restauriert. Die lebensgroße Statue eines taoistischen Unsterblichen in buttergelben Gewändern war von einem Baldachin aus Flickwerk mit seidenquastengeschmückten Laternen gekrönt und von Dufyschen Tempellandschaften in farbigen Rahmen umgeben. Neugierig blickte ich durch ein Loch im papierbespannten Gitterwerk, bis ein junger Mann mein Interesse bemerkte und mich in einen Innenhof führte, wo sich die Zellen der Mönche befanden. Ein Garten umgab mich, wie von einem Künstler geschaffen, mit kräuseligen Chrysanthemen und verstreuten Steinen und Muscheln und Kürbissen und mit lebensverlängernden Kräutern bepflanzt. Taos Ziel war es, im Einklang mit dem Universum zu leben, was durch Kontemplation und intuitives Erfassen der Natur, ohne störende Gedanken, erreicht werden konnte. Wahre Taoisten strebten danach, ihr Leben durch körperliche Betätigung und Abstinenz und magische Kräutergebräue auszudehnen.

Wir betraten die Zelle des ältesten Mönchs, ein verhutzeltes Fossil von achtundachtzig Jahren, der noch weit älter wirkte. Er lag im Bett, trug eine seitlich geschlossene Jacke, eine schwarze wattierte Hose und eine schwarze Baumwollmütze und weiße Baumwollgamaschen, die der junge Mann als Socken bezeichnete. Sein langes Haar war auf dem Kopf zu einem Knoten geschlungen. Ich fragte, warum.

«Früher trug jeder in China das Haar lang», erklärte der Mönch. Die Mandschuherrscher zwangen ihre Untertanen, Pferdeschwänze oder Zöpfe wachsen zu lassen. «Als die anderen auf eine Anordnung Chiang Kai-sheks hin ihre Haare abschnitten, behielten wir unsere lang.»

Der alte Mann lag auf Brettern. Dies war der erste Raum, den ich sah, der nur alte Gegenstände enthielt: ein dunkler Tisch aus Rosenholz mit wolkenförmig geschwungenen Streben und hohe, unbequeme Stühle aus Ebenholz mit Marmorsitzen, Porzellantassen und eine Teebüchse aus Zinn und eine schwarze Lackdose mit getrockneten Früchten. Mir wurde eine Mandarine angeboten, und der Mönch richtete sich auf, um mir beim Essen zuzuschauen.

Er schien nicht viel zu tun, aber die Kunst bestand darin, durch Verlernen zu lernen, durch Untätigkeit zu begreifen. Einige der Mönche praktizierten *qigong*, eine rhythmische Atemtechnik, die darauf abzielte, Energien des Universums in sich zu vereinen. Andere übten sich im Schwertertanz, um ihren Gleichgewichtssinn zu fördern und die böswilligen Geister in Schach zu halten. Es gab einen, der einen Ziegelstein mit einem Finger durchtrennen konnte, zu welchem Zweck, blieb mir allerdings schleierhaft.

Ich reiste nach Sima weiter, einer kleineren, beschaulicheren Version von Zhangzhou, das sich zum Meer hin erstreckte. Laut Reiseführer sollte es für Ausländer geöffnet sein, aber nach den Blicken der Menschen zu urteilen, hatte ich meine Zweifel. Überall in China, vor allem in Szetschuan und Fujian, starrte man mich unaufhörlich an – aber so schlimm hatte ich es noch nie erlebt. Die Medien riefen manchmal dazu auf, diese Unsitte abzulegen, da ein paar ausländische Studenten schon unter Verfolgungswahn litten und kaum noch den Campus verlassen wollten; jedoch ohne Erfolg. Die Schaulust der Chinesen kannte keine Grenzen. «Wir photographieren sie», argumentierte ein Reisender. «Warum sollen sie uns nicht angaffen?»

Ganze Schulklassen verfolgten mich durch Sima, sich gegenseitig drängelnd und antreibend, um näher heranzukommen. Frauen, die mit dem Öffnen von Austern beschäftigt waren, blickten auf, erschreckt, mit offenem Mund und angstvoll aufgerissenen Augen. Ein Mädchen stieß einen Schrei aus und verschwand in einem Eingang. Pensionäre lugten verstohlen durch die Ritzen ihrer Geistermauern (gewebte Wandschirme, die an Ketten aufgehängt oder von Pfählen gestützt die offene Haustür bewachten). Einige starrten voller Abscheu, andere eilten davon.

Schutz suchend, flüchtete ich in ein kleines Nudelrestaurant, von wo man auf den Park hinuntersehen konnte, einen kleinen gepflasterten Platz mit offenen Pavillons und Bänken und Bäumen. Es war Sonntag nachmittag. Die Bewohner von Sima schleckten blaßgelbe Lutscher im dunkelgrünen Schatten der Mangobäume. Geschichtenerzähler gaben den Zuschauern, die sie auf niedrigen Bambushockern umringten, eine Vorführung. Kinder spielten Hüpfseil, höher und höher, bis sie danebensprangen. Alte Frauen ruhten sich aus, lehnten an Baumstämmen. Alte Männer hockten zusammen, spielten chinesisches Schach. Mädchen spazierten vorbei, den Arm um die Taille der anderen gelegt, in der Manier bummelnder Teenager. Eltern führten ihre Knirpse an der Hand, Hellseher sagten die Zukunft voraus, Händler verkauften Orangen . . .

Neugierig geworden, wagte ich mich nach unten, um dem Geschichtenerzähler zuzuhören, aber als ich kurz darauf aufblickte, sah ich mehr als zweihundert Augenpaare auf mich gerichtet, alle im Kreis um mich herum. Ich ging ein paar Schritte, die Menge folgte mir, wuchs sichtlich an, als sich die Nachricht verbreitete. Ich kletterte die Stufen eines Pavillons hoch, wo ein Betrunkener in einer Lache von Erbrochenem lag, und die Menge kam hinterher. Dann löste sich ein Polizist aus der Masse und nahm mich beim Arm.

Sima war für Ausländer verboten. Ich wurde zum Büro für öffentliche Sicherheit eskortiert, wo extra für meine Befragung ein Raum aufgeschlossen wurde. «Setzen Sie sich, bitte setzen Sie sich», forderte mich ihr Sprecher mit Nachdruck auf. Ich setzte mich. Was suchte ich in einer verbotenen Stadt? Aber ich hatte keine Ahnung – der Reiseführer stimmte mal wieder nicht. Hatte ich photographiert? Ich antwortete ausweichend, aus Angst, sie würden meinen Film beschlagnahmen. Seufzend gaben sie auf und geleiteten mich zum Hafen und brachten mich auf das Schiff nach Xiamen, das ich sowieso nehmen wollte.

Ich erlebte eine romantische Bootsfahrt mit den typischen Flußgeräuschen, dem Plätschern des Wassers, dem Tuckern der Maschinen und dem Tuten der Hörner. Wie immer war ich die einzige Ausländerin unter einer Schiffsladung Bauern, die sich mit Körben voller Enten und Bündeln von Lotoswurzeln und schweren Säcken auf dem Boot drängelten, unter Flüchen Tragestangen gegeneinander krachten, sich in den Gewändern anderer Leute verhedderten und brüllten, bis ihr Gepäck verstaut war, die Stangen in der Ecke lehnten, die Fischtröge aufgestellt waren (und den ganzen Boden überfluteten) und sie sich selbst endlich auf ihrem Platz niedergelassen hatten. Wir tuckerten die Meeresbucht entlang, an Hängen mit vereinzelten Felsblöcken vorbei, und das Wasser färbte sich silbrig, als die Sonne die Wolken durchbrach; nach zwei Stunden erreichten wir Xiamen, das ehemalige Amoy. Als einer von fünf Vertragshäfen war Amoy nach den Opiumkriegen geöffnet worden. Gegen Ende des neunzehnten Jahrhunderts geriet China in die Abhängigkeit westlicher Kolonialmächte, die das Schiffswesen, die Eisenbahn und das Telegraphennetz kontrollierten.

Xiamens Atmosphäre erinnerte mich an Frankreichs Provinz: das nächtliche Frankreich enger Gäßchen, wo sich Matronen mit grauen Haarknoten aus dem Fenster lehnten, sich deutlich von den erleuchteten Zimmern mit hohen Wänden abhoben und Männern auf der Straße etwas zuriefen; Frankreich mit seinen Stuckfassaden, den Eisengittern, den Fensterläden; Frankreich und seine Köstlichkeiten, den Schalentieren und Austern; Frankreich und das abendliche Geschnatter in den Straßen, die Fröhlichkeit und der helle, leuchtendblaue Anstrich der Häuser.

Ich fuhr mit der Fähre zur Insel Gulangyn und folgte den Wegen am Strand entlang, über eine mit Bäumen gespickte

Landzunge, hinunter zu einer kleinen versteckten Bucht. Der Pfad schlängelte sich durch Akazienwälder, versank tief im schweren Boden, von feuchten moosbewachsenen Rändern gesäumt. Vögel sangen im Gebüsch, Bartvögel und Vireos. Rosa und gelber Sauerklee zierte den Waldboden wie Sterne. Dieses China war mir unbekannt.

Als ich aus dem Wald trat, stieß ich auf ein herrschaftliches Anwesen, in den sanften Farben und Formen mediterraner Bauweise gehalten, von Palmen umhüllt, mit Blick auf das friedliche, blaue Meer. Seine sonnenbeschienenen Stuckverzierungen und die schattigen Arkaden riefen Träume wach, Ferien in der Kindheit und halbvergessene Romane. Einen Moment lang fühlte ich mich als stolze Besitzerin, dem Ort verbundener als die Gruppe von Arbeitern, die Steine meißelte, Stufen und Wege und Mauern ausbesserte, den Garten für seine zukünftige Nutzung als öffentlicher Park herrichtete – aber dieses Gefühl ging bald vorüber.

Die prachtvollsten Villen im kolonialen China hatte man hier in Xiamen auf der Insel Gulangyn erbaut. Landeinwärts, entlang verschlungener Wege, inmitten einer Hügellandschaft, hinter Mauern und schmiedeeisernen Toren verborgen, gab es Dutzende, vielleicht Hunderte stuckverzierter Bauten, von Veranden mit Bögen und Balustraden durchbohrt und in verblaßtem Creme, Rosa und Blau gestrichen. Der Geist der Kolonialzeit war deutlich spürbar, suchte die Säulengänge heim, flüsterte in den Palmen, umhauchte mich beim Spaziergang im Dämmerlicht die Küste entlang. Eine Chopinsche Weise wehte durchs Fenster. Farne wuchsen in Regenrinnen, Hühner pickten im Hof. Ich sah Dachpfannen und Kiefern und Topfpflanzen auf Balkonbrüstungen. Katzen lagen zusammengerollt in Nischen, Kletterpflanzen bedeckten Pergolen, wilder Wein umrankte die Geländer – eine verstrickte Romanze aus vergangenen Zeiten.

Fremde hatten diesen verzauberten Ort mit seiner Blütenpracht und dem Gesang der Vögel geschaffen. Ohne sie wäre die Insel karg und öde, von Fischern und Fabrikanlagen bevölkert, das Buschwerk zu Brennholz zerhackt, die Vögel zum Verzehr getötet. Die Bäume, die sie gepflanzt hatten, waren nun ausgewachsen. Gelbe Thunbergien wanden sich durch die blattlosen Zweige der Flammenbäume, die die Wege mit einem Muster verzierten. Ich wanderte durch ein Paradies aus weißen Orchideenbäumen und klatschenden Bananenblättern und dichtem, grünen Mango und roten Jasminbäumen und Lumquats, mit goldenen Früchten übersät: die kolonialen Embleme eines tropischen Garten Eden mit den süßen Erinnerungen an die Heimat verflochten.

Ein paar Stunden weiter nördlich lag die alte Hafenstadt Quanzhou. Einst herrschte hier das geschäftige Treiben eines der bedeutendsten Häfen Asiens, aber inzwischen versandet, war keine Spur vom Meer zu entdecken. In einem Gäßchen sprach mich ein großer, gebeugter Mann an, mit eifrig blickenden Hamsteraugen und kleinen, hoch angesetzten Ohren. Seine westliche Jacke war drei Nummern zu groß, und seine feinen, spitzen Schuhe verschwanden unter einer Staubschicht.

Wir schlenderten durch mit Steinen gepflasterte Gassen und zwischen duftverströmenden Orchideenbäumen hindurch. Ihre Äste trafen sich über unseren Köpfen, und einige Frauen trugen Blüten im Haar. Zunächst schenkte ich Jiaos Worten kaum Aufmerksamkeit, da ich meine Augen überall hatte, die Blumen betrachtete und die dahinter liegenden Häuser, die ein außergewöhnliches Zusammenspiel von Materialien und Stilrichtungen boten. Es gab Häuser, die mit unglasierten Ziegeln oder langen Granitplatten verkleidet waren, mit Stuckornamenten oder hohlen, glasierten Bausteinen, mit reichverzierten Holztäfelungen, mit gebrannten Tonziegeln oder einer krokantähnlichen Schicht aus Lehm und Ziegelsteinscherben. Es war eine Stadt mit wenig Straßen und wenig Verkehr, aber mit einem Meer aus Blumen und menschengerechten Wegen. Ich sog alles in mich auf, während Jiao munter drauflosplapperte.

Jiao war hartnäckig: er genoß es, Englisch zu reden, vor allem mit jemandem, der einen britischen Akzent hatte. Wir trafen uns mehrmals, und jedesmal lernte ich, ihn mehr zu schätzen. Er hatte eine draufgängerische, bodenständige Art und sprühte vor

Energie. Auf unseren Spaziergängen zeigte er mir die Ziehbrunnen, ungesicherte Löcher, aus denen Mädchen inmitten von Fahrradfahrern, Rikschas, Fußgängern und Karren Wassereimer hochzogen. Er machte mich auf ehemalige Tempel aufmerksam, heute ein Park, eine Schule, eine Werkstatt, eine Bibliothek, ein Teehaus, ein Fahrradabstellplatz, bis auf den letzten, auffallend neben einem Hotel plaziert, der wieder seinem ursprünglichen Zweck diente.

«Die Leute fragen sich, weshalb wir uns das anschauen», bemerkte Jiao lächelnd. «Einige sind so jung, daß sie gar nicht wissen, daß diese Gebäude einmal anders genutzt wurden.» Manchmal fiel es selbst Jiao schwer, die Tempel ausfindig zu machen, so sehr wurden sie von Drähten und abgekratzten Fetzen politischer Parolen, von zubetonierten und verbarrikadierten Höfen entstellt. Und wie sollten junge Chinesen den Sinn eines Wiederaufbaus von Gebäuden begreifen, die vor kurzem noch zertrümmert wurden, in einer Zeit, als Religion noch als «kulturelles Relikt» abgetan wurde und man Geld benötigte, um die Wohnungsnot zu lindern. «Vor zehn Jahren befahl uns die Partei, das Alte zu zerstören. Jetzt baut dieselbe Partei es wieder auf.»

Jiao und seine Frau gehörten zu den niederen Parteikadern und lebten in einem einzigen Zimmer. In der Mitte stand das Bett mit einem leuchtendrosa Himmel, Jiaos Lieblingsfarbe, und jedes Möbelstück war mit seiner englischen Bezeichnung versehen: «Kleiderschrank», «Buffet», «Tisch», «Stuhl», «Fenster» und «Wand». Sie hatten aus Liebe geheiratet und waren bis jetzt noch kinderlos.

Eine junge Frau durfte nicht ohne die Genehmigung ihrer Einheit schwanger werden. Jede hatte ihre jährliche Geburtenquote. «Die Frau eines Freundes von mir wurde schwanger, ohne die Einheit vorher zu fragen, und sie verlangten, daß sie abtreiben ließ», erzählte Jiao. «Es war auch noch ihr erstes Kind. Sie weigerten sich nachzugeben und bekamen das Baby, woraufhin der zuständige Kader das Gerücht verbreitete, das Kind sei unehelich geboren worden. Sie war alt und verbittert und hatte es aus lauter Boshaftigkeit getan. Mein Freund stellte sie zur Rede, und als sie versuchte, ihn zu ohrfeigen, kam er ihr zuvor und trat ihr gegen das Schienbein. Sie legte sich ins Bett und wollte nicht eher aufstehen, bis man meinen Freund verurteilt hatte, also steckte man ihn ins Gefängnis. Es dauerte sechs Monate, bis es zur Verhandlung kam, wobei nur ein Monat Untersuchungshaft zulässig ist, und das Gericht schickte ihn für ein weiteres Jahr in ein Arbeitslager.»

Einmal hatte ich den Versuch unternommen, ein Arbeitslager ausfindig zu machen, aber hatte nichts Kompromittierenderes als Mauern und Stacheldraht entdecken können. Also fragte ich Jiao danach: Von allen Chinesen, mit denen ich Freundschaft schloß, war Jiao der offenste.

«Ich verbrachte sechs Jahre in der Volksbefreiungsarmee, und manchmal besichtigten wir ein Arbeitslager. Es geht dort freier als im Gefängnis zu, obwohl die Gefangenen nachts auch eingeschlossen und tagsüber bewacht werden, wenn sie in der Fabrik oder auf dem Feld arbeiten. Sollten sie sich über die Demarkationslinie hinaus verirren, schießt ein Wärter zunächst über ihre Köpfe hinweg, aber beim drittenmal legt er auf sie an.»

«Warum bist du in die Armee eingetreten?» Die Volksbefreiungsarmee genoß keinen guten Ruf. Obwohl einige von ihnen recht freundlich waren, gab es viele unverschämte – eher typische Soldaten als typische Chinesen. Ich hatte eine Gruppe in einem Nudelimbiß in Xiamen beobachtet. Sie waren zwar alle um einen Tisch versammelt, aber keiner hielt es mehr als ein paar Sekunden auf seinem Platz aus: einige oder auch alle standen auf, setzten sich wieder hin oder marschierten quer durch den Raum, ihre metallbeschlagenen Absätze schlugen auf den Kacheln auf. Sie brüllten, fluchten, gestikulierten, warfen anzügliche Blicke um sich, ließen Feuerzeuge auf- und zuschnappen, schaukelten auf den Stühlen und kippten die Teeblätter hinter sich.

«Damals, während der Kulturrevolution», erwiderte Jiao, «war es in der Armee sicherer als irgendwo sonst, weil Soldaten am wenigsten darin verwickelt waren. Ein Soldat verdiente einen angemessenen Sold, bekam bestimmte Vergünstigungen und hatte außerdem einen leichteren Zugang zur Partei.» Jiao streifte mich mit einem flüchtigen Seitenblick. «Später trat ich in die Partei ein.» Ich starrte ihn an, und er lachte. «Das hättest du nicht geglaubt, daß ich Parteimitglied bin, was?» Ich schüttelte den Kopf. «Nur vier von hundert sind in der Partei. Und kaum einer ist so jung wie ich, aber als ehemaliger Armeeangehöriger ging es leichter.» Jiao war Anfang Dreißig, seine Frau fünf Jahre jünger. «Die Parteimitgliedschaft lohnt sich wegen der besser bezahlten Jobs und der schnelleren Beförderung. Aber hauptsächlich erspart man sich dadurch viel Ärger. Für einen monatlichen Beitrag von ganzen drei Jiao vertraut sie uns und setzt uns sogar als Kader ein. Wir mußten lediglich dem Marxistisch-Leninistischen-Mao-Tse-tung-Gedanken unseren Gehorsam schwören. Natürlich glauben wir nicht daran», Jiao grinste, «aber wir sympathisieren mit manchem davon.»

Wir saßen in einem Nudelrestaurant und schauten auf den Park hinunter. Rikschas fuhren mit bimmelnden Glocken vorbei. Aus einem Lautsprecher tönte ein Schlager. Eine Gruppe Steinmetze verarbeitete Granit zu glatten, sauberen Platten, und das Hämmern ihrer Meißel hallte in der gesamten Umgebung wider. Während wir zusahen und lauschten, ging ein alter Mann vorüber, einen Gong schlagend.

«Kennst du diesen alten Mann?» fragte Jiao. Ich hatte ihn noch nie gesehen. «Wir erkennen ihn an seinem Gong und rennen dann hinaus, um ihn anzuhalten», erklärte Jiao auf seine eifrige Art.

«Wozu?»

«Er kastriert Hähne.» Jiao zögerte, aber ich wollte mehr erfahren. «Um einen fetten und schmackhaften Hahn zu bekommen, muß man ihn kastrieren. Dieser Alte ist so geschickt, daß alles nach wenigen Minuten vorbei ist», fuhr Jiao fort. Er mußte es wissen, seine eigenen hatten letzte Woche dran glauben müssen. «Der alte Mann hält den Hahn fest und macht unter dem Flügel einen Schnitt. Dann durchtrennt er die Hoden mit einem einzelnen Roßhaar und höhlt sie mit einem Löffel aus. Er stopft sie mit einer Feder zu, und die Wunde ist nach zwei, drei Tagen verheilt. Zu dumm, daß ich nicht rechtzeitig daran gedacht habe», meinte Jiao nachdenklich. «Wir hätten ihm nachlaufen sollen, um ihn bei der Arbeit zu beobachten.»

Er wurde traurig. Vielleicht hatte der Kastrierer ihn an seine eigene, nicht vorhandene Nachkommenschaft erinnert. «Meine einzige Sorge ist, daß meine Frau sterben könnte. Sie hat eine unbekannte Krankheit und muß laufend ins Krankenhaus, schon seit ich sie kenne. Als ich sie kennenlernte, wußte ich, daß wir eventuell keine Kinder bekommen würden, aber ich heiratete sie trotzdem, weil ich sie mag. Wir warten noch fünf Jahre oder so, und wenn es nicht klappt, adoptieren wir ein Kind. Es ist natürlich nicht dasselbe, wir hätten lieber ein eigenes. Aber wenn sie sterben würde, wäre mein Leben sinnlos. Ich wüßte nicht, was ich dann tun würde.»

TRAUMLANDSCHAFTEN

Von Fujian aus fuhr ich nach Hangzhou, wo ich das Nachtboot den Großen Kanal hinauf nach Suzhou nahm. Der breite, etwa dreizehnhundert Kilometer lange Kanal zwischen Hangzhou und Tianjin (südöstlich von Peking) gehörte zu einem ausgedehnten Netz von Wasserwegen, die mit der Hand, mit Schaufel und Schultertrage gegraben wurden, eine vor viertausend Jahren begonnene Arbeit. Sumpfland wurde trockengelegt und Wassermassen eingedämmt, Schlick auf seinem Weg zum Meer aufgehalten und zur Düngung der Felder verwendet. Der Große Kanal selbst wurde vor fünfzehnhundert Jahren gebaut, um die Erzeugnisse des fruchtbaren Südens in die armen Gebiete des Nordens zu befördern. Noch in den achtziger Jahren wurden Kanäle, zum Teil mit der Hand, ausgehoben, da der Transport mit dem Schiff nach wie vor billig war.

Der Große Kanal war schwarz und schmutzig, stank widerlich nach Schwefel und gärte offensichtlich. Trostlose Fabriken verschandelten die Ufer, hier von einem Kraftwerk, dort von einem Schlackehaufen unterbrochen. Flache, betonverstärkte Schleppkähne zogen in Karawanen durch das schwarze Wasser, mit Baumstämmen, Felsbrocken und Flaschen, Kies, Kohlköpfen und Ziegelsteinen schwer beladen.

So erreichte ich gegen Morgen Suzhou, Stadt der Seide und der alten chinesischen Gärten und der Frauen von legendärer, aber nicht augenfälliger Schönheit, eine der wenigen noch erhaltenen Städte Chinas. Suzhous Haupteinkaufsstraße lag im Schatten von Platanen, die Bürgersteige waren mit weichen, gelben Sonnentupfern gesprenkelt, die Läden verkauften Kuchen und Eis. Hinter den baumgesäumten Fahrwegen befanden sich enge, kopfsteingepflasterte Gäßchen mit weißgetünchten Häusern, geschrubbte Holzeimer lehnten an Eingangstüren, wattierte Winterkleidung tropfte von der Stange, und Bündel von Bambusblättern hingen an Schnüren zum Trocknen; später würde man darin Reis zum Dünsten einwickeln.

Hier lernte ich einen ungewöhnlichen Mann kennen, einen Kader mittleren Ranges, von schmächtiger Statur und mit melancholischen Augen, der in einem dieser weißgetünchten Häuser mit Innenhof wohnte – und stolz darauf war. Er beherrschte die Kunst des Hackbrettspiels, las Tang-Gedichte, übte sich in Kalligraphie und züchtete Bonsais – der einzige Parteifunktionär, den ich traf, der Chinas kulturelles Erbe pflegte und sich offen dazu bekannte. Sein Vater hatte sein Wissen an die Söhne weitergereicht, und der junge Mann würde sein einziges Kind ebenfalls in diesem Sinne erziehen. Im Gegensatz zu Millionen fortschrittsgläubiger Chinesen wie Weimin leugnete er das Aussterben der traditionellen Kultur; Familien wie seine würden die Tradition am Leben halten.

Jeden Morgen um fünf übten *wushu*-Schüler (die korrekte Bezeichnung für Kung Fu) auf dem Platz unter den Platanen. Eingelullt vom gleichmäßigen Streichen der Besen auf dämmrig-grauen Straßen, schaute ich den Übenden zu: leidenschaftlich und doch kontrolliert, elegant und kämpferisch, eindrucksvoll nicht nur auf Grund der Körperbeherrschung, sondern auch wegen der Harmonie zwischen Meister und Schüler. Manchmal fiel es schwer, sie auseinanderzuhalten, da Meister ebenso von ihren Schülern lernten wie umgekehrt und die Schüler sich gegenseitig halfen und ermutigten. Ihre Konzentration war von solcher Intensität, daß sie die Kehrerinnen, die Jogger und den Kreis von Zuschauern gar nicht wahrnahmen.

Als der Sonnenaufgang die Dämmerung ablöste, zogen sich die *wushu*-Schüler zurück, um zu frühstücken und ihren Arbeitstag zu beginnen, und die Älteren versammelten sich zum Tai Chi. Diesen wiederum folgten die Fahrräder, die den Platz wie ein modernes Kunstwerk aus ineinanderverhakten Sätteln und Speichen füllten, von alten Damen auf Hockern bewacht. Fensterläden wurden zurückgeklappt, Geschäfte geöffnet, und Schuhe und Räder klapperten über das Pflaster.

Gegen Abend lichtete sich das Fahrradgewirr, und die Szenerie wechselte. Jugendliche hingen auf den Bänken herum und klimperten auf der Gitarre. Händler bauten Stände mit traditioneller Straßenkunst auf; einer stellte Scherenschnitte her, betonte die Eigenheiten, schnitt, ohne zu zeichnen, und vollendete jeden Umriß in Windeseile. Ein anderer formte Figuren aus regenbogenfarbiger Knetmasse, Phantasiegestalten in Miniaturausgabe mit opernhaftem Kopfschmuck und kunstvollen Gewändern.

Die Abendvorstellungen der Theater rings um den Platz reichten von leichter Unterhaltung zu imposanten Opernaufführungen nach regionalem Brauch. Die «Acht revolutionären Stücke», die während der Kulturrevolution ausschließlich aufgeführt wurden, waren inzwischen wieder traditionellen Erzählungen gewichen. Die Darsteller trugen prächtige, bestickte Satingewänder mit spitz zulaufenden Ärmeln und Schuhe mit Plateausohlen. Die Zuschauer dagegen wirkten in ihren geflickten und abgenutzten Alltagskleidern schäbig und verhinderten durch ihr angeregtes Geplapper jegliche Konzentration, und das nicht nur hin und wieder, sondern fast ununterbrochen. Sie aßen und tranken, husteten, spuckten, liefen umher, kamen später und gingen früher – dennoch zeugte das nicht von mangelndem Interesse oder einer schlechten Aufführung, sondern von Zuschauerbeteiligung auf traditionell dörfliche Art und Weise. In der Pause stürmte alles in Plastiksandalen und zerfledderten Strohhüten in das Foyer und rauchte. Andere, die ein Eis wollten, mußten sich blind ihren Weg durch den Rauch erkämpfen.

Nach der Pause wurde die Vorstellung fortgesetzt, das Schnattern und Plappern, das Knarren der Stühle, das Scharren der Füße und das Knacken der Melonenkerne übertönten die Stimmen der Sänger auf der Bühne. Nachdem sie dieselbe Oper unzählige Male gesehen hatten, bestand für sie keine Notwendigkeit, sich zu konzentrieren, und ich mußte mich doppelt anstrengen. Denn jede Einzelheit bedeutete etwas: die Art der Kopfbedeckung, die Farben der Gewänder, die Bärte, der Gesichtsausdruck, das Make-up, das Haar; die Hälfte der Handlung wurde verschlüsselt dargestellt. Ohne alles deuten zu können, gelang es mir doch, dem allgemeinen Thema zu folgen und die visuellen Eindrücke zu genießen. Die Bewegungen verliefen in Kurven, wie die Pinselstriche eines Gemäldes oder die Ränder eines Blattes. Die maskenähnliche Schminke, die prächtigen Kostüme, die übertriebene Gestik, die Fistelstimmen, alles wirkte der Wirklichkeit weit entrückt. Die chinesische Oper entstammte der Tradition der Wanderbühnen, die mit ihren wenigen Requisiten durch das Land zogen und in Dörfern auftraten. Am Schluß der Aufführung klatschte kaum jemand, und noch bevor sich der Vorhang geschlossen hatte, war das bäuerliche Publikum schon auf den Beinen und zur Bushaltestelle unterwegs.

Bei einer anderen Gelegenheit durfte ich bei der Probe eines Puppentheaters zuschauen, das den Ming-Roman *Die Reise in den Westen* aufführte. Ich saß auf der Bühne und beobachtete die Puppenspieler, wie sie hoch oben auf den Holzplanken geschickt die Hölzchen mit dreißig Fäden handhabten, ihre Rolle selbst gestisch und mimisch spielten und ihre Stimmen an ein imaginäres Publikum richteten. Westliche Puppen hingen an acht oder zehn Fäden und waren weit unbeweglicher als die chinesischen, die ihre Augenbrauen, ihre Augen und ihren Mund bewegen konnten, die schreiben und Fahrrad fahren, reiten und tanzen konnten. Operndarsteller ebenso wie Puppenspieler waren vielseitig begabte Künstler. Sie waren Sänger und Tänzer, Schauspieler und Akrobaten, aber ihre Kunst wurde von vielen jüngeren Chinesen verschmäht, und es ließ sich schwer vorhersagen, wie ihre Zukunft aussehen würde.

Ich war in den fernen Osten gereist, auf der Suche nach dem China der blau-weißen Porzellanmalerei. Seit meiner frühen Kindheit verband ich mit China winklige Brücken und mit Gitterwerk verzierte Pavillons, himmelwärts geschwungene

Dächer und knorrige Bäume, die wie übergroße Bonsais aussahen. Ich brauchte Wochen, um meine anfängliche Enttäuschung zu überwinden. Selbst Besucher, die um die Jahrhundertwende hierher gekommen waren, beklagten die Tatsache, daß China nicht einem endlosen Traum von Kulis und Mandarins und Fischern in Sampans entsprach, und daß an den Bäumen, genauso wie in England, Blätter wuchsen und Porzellanbäume, die Federn und Flitterwerk hervorbrachten, nirgendwo zu finden waren.

Falls die Traumlandschaft chinesischer Porzellanmalerei jemals existierte, dann in Suzhou, in den Gärten der wohlhabenden Gelehrten. Diese Gärten waren mehr als der malerische Spielplatz eitler Müßiggänger, denn hinter den Weiden und bemalten Pavillons lagen jahrtausendealte Bräuche und Rituale, die auf den Philosophien Konfuzius' und Laotses beruhten. Vom Lärm und dem geschäftigen Treiben der Stadt durch sechs Meter hohe Mauern abgeschirmt, stellten die Gärten in sich abgeschlossene Welten dar. Die Frauen lebten zurückgezogen, verbrachten ihr Leben mit An- und Auskleiden, Kochen, Haushaltsführung und Sticken, während die Männer die Gäste unterhielten, sich in Kalligraphie übten, malten, Gedichte verfaßten und sangen. Jede Tätigkeit hatte ihren Platz. Die Frauen blieben in ihren Gemächern, die Unterkünfte der Dienerschaft lagen nicht weit davon entfernt. Kinder lernten im Schulzimmer; Ahnen wurden in der Ahnenhalle verehrt. Hauslehrer, Freunde und Konkubinen waren in separaten Gebäuden untergebracht.

Jeder Garten bestand aus einer Ansammlung von Innenhöfen unterschiedlicher Größe und Nutzung, ineinander verschachtelt oder abseits gelegen, von Räumen, Pavillons oder Wandelgängen umgeben. Einige wurden durch Galerien verbunden, andere waren zu einer Seite hin offen und inmitten von Blätterwerk oder oberhalb eines Teichs errichtet. Männer versammelten sich zu innerer Einkehr und zum Philosophieren.

Die Gärten von Suzhou waren das Symbol eines Zeitalters, ein Zeugnis untergegangener Dynastien, in der Song-Ära entwickelt, aber erst in der Ming verwirklicht. Durch die fehlende

Symmetrie, das Spiel mit den Gefühlen wichen sie von der orthodoxen konfuzianischen Lehre ab und näherten sich den Grundsätzen des Taoismus. Die Kontemplation eines vom Wasser ausgehöhlten Felsens brachte den Menschen den mythischen Bergen – der Heimat der Unsterblichen – näher, führte ihn auf den Weg der Erkenntnis. In seinem Zusammenspiel von Felsen und Wasser, Pflanzen und Mauern stellte der Garten eine ideale Welt dar.

Ein chinesischer Garten wurde nicht angelegt, sondern gebaut, seine Aufteilung von Gebäuden und Mauern bestimmt. Die Bepflanzung der Anlage ebenso wie die Ausstattung der Räume war nach architektonischen Gesichtspunkten gestaltet. Innenhöfe waren mit komplizierten Mustern aus Kieselsteinen gepflastert, prächtig wie Teppiche anzusehen, und mit Arrangements aus bizarren, porösen Felsbrocken ausgestattet. Dieses Übermaß an Stein ließ die Gärten zu *yang*, zu hart und männlich für westlichen Geschmack erscheinen, der *yin*-dominierte Landschaften gewohnt war – zu *yin* für chinesische Gemüter. Die Chinesen drückten die Dualität von *yin* und *yang* durch ihre paarweise Anordnung aus – Raum und Materie, hell und dunkel, ruhend und beweglich, offen und geschlossen, voll und leer, geheimnisvoll und vorhersehbar –, zur gegenseitigen Ergänzung und Vervollkommnung, auf eine für den Westen unerreichbare und unbegreifliche Art und Weise.

Bei der Anlage der Pavillons und Eingänge und der Gruppierung der Möbel spielte *feng-shui* eine wichtige Rolle. Keines der Gebäude durfte fensterlos bleiben, und Brücken sollten winklig oder bogenförmig sein. Die Lage der Felsen, Bäume und Teiche wurde mit Hilfe des *feng-shui*-Mannes abgestimmt. Trotz umfangreicher Planung und engen Spielraums bestach die erzielte Wirkung durch ihre geniale Simplizität. Der flüchtige Blick durch ein Mondtor auf einen Innenhof oder ein Schattenmuster auf einer weißgetünchten Mauer konnten tiefere Eindrücke hinterlassen als die Anhäufung von Büschen und grell-grünem Rasen englischer Parkidylle.

Meine besondere Vorliebe galt dem Garten des Meisters der

Fischernetze, mit etwa fünftausend Quadratmetern der kleinste unter Suzhous Gärten, der jedoch unbegrenzte Überraschungen bot und durch eine Aneinanderreihung von Pavillon und Innenhof, Wandelgang und Teich unendliche Weite vermittelte. Dieses Stückchen Land wurde durch Licht- und Schattenspiele und geheimnisvolle Blickwinkel unterteilt und überlagert. Die Landschaftsarchitekten hatten die Wirkung von Weitläufigkeit durch Irrwege und räumliche Vielfalt erzielt – eine stete Aufeinanderfolge von Licht und Schatten, klein und groß, innen und außen, symmetrisch und asymmetrisch – und mit Hilfe von verschleiernden, neutralen Farbtönen – die sanft-grauen Mauern, die wie im Dunst entschwanden, und die Brauntöne, die Schatten imitierten. Die Verkleinerung des Maßstabs, die Einschränkung der Sicht und der Blick durch Tore, schmiedeeiserne Gitter und Blätterwerk verführten das Auge und verlangsamten den Schritt.

Wie bei allen gelungenen Gärten konnte kein Photo all dies einfangen, weder die Veränderlichkeit des Raums noch die Enthüllung überraschender Ausblicke und die Bewegung hin zum Teich, dem Mittelpunkt des Parks, oder den geistigen, religiösen und kulturellen Kontext und am wenigsten vielleicht das Maß an gestalterischer Zurückhaltung. Graue Kieselsteine, graue Pflasterung und graue Kalksteinblöcke. Weißgetünchte Mauern und braungebeiztes Holz und Wasser in zartem Graugrün. Pflanzen kunstvoll zusammengestellt, blütenloses Blattwerk, das Linien zeichnete, das Details an Gebäuden leise umwehte und betonte, das Schatten spendete, das Licht einfing und filterte. Pflanzen erfüllten eine Funktion und verkörperten Eigenschaften, die die Chinesen bewunderten: die Kiefer ein langes Leben, der Lotos Reinheit, der Pflaumenbaum Erneuerung, die Pfingstrose gesellschaftliche Stellung. Gras war ausgenommen, es leuchtete zu stark, eignete sich nur als Futter für die Kühe.

Selbst die Innenräume strahlten Schlichtheit und Würde aus, kalte Steinfußböden und lange, dunkle Tische mit nach oben gebogenen Enden und hohe, flache Stühle mit Lehnen aus Marmor und braungebeizte Balken und Pflanzen auf Ständern und

Schriftrollen an den Wänden. Seit Konfuzius' Zeiten, dem fünften Jahrhundert vor Christus, hatten «Edle» Zurückhaltung und Harmonie gepflegt, und diese Tugenden waren in das Alltagsleben eingeflossen. Farben spielten bei gemeinsamen Aktivitäten eine wichtige Rolle, bei phantasievollen Festen, bei religiösen Zeremonien und ausgelassenen Umzügen; Farben wurden in der Architektur symbolisch verwandt, um ein Gleichgewicht der *yin-* und *yang*-Elemente herzustellen, aber als Selbstdarstellung verächtlich abgelehnt. Grelle Farben waren prahlerisch, sie loderten und kreischten. Sie lenkten die Aufmerksamkeit vom Symbolgehalt und der Bedeutung der Form ab und verhinderten eine vertiefte Betrachtung. Maler vergangener Dynastien malten Landschaften, so wie frühere Gelehrten ihre Gärten anlegten, mit einer eingeschränkten Palette aus Grün- und Brauntönen und selbst eintönigen Grauschattierungen.

Sonnenlicht im Garten des Meisters der Fischernetze hatte etwas Magisches an sich. Es strömte über Mauerkronen und verstärkte das Leuchten der weißgetünchten Wände. Es flutete durch die filigranen Gitterfenster. Es fiel durch das Schnitzwerk und bestreute die Fußböden mit schrägen Puzzles aus Diamanten und Kreuzen und Dreiecken und Quadraten. Es brach sich in Spiegeln und wurde von Teichen reflektiert. Es wurde vom Blattwerk gefiltert und verlor sich im Schatten der Magnolien.

Der Garten der Freude war zwar weniger raffiniert gestaltet als der Garten des Meisters der Fischernetze, dafür aber um so vergnüglicher und von Touristengruppen gemieden. Und nicht ohne Grund. Ein widerlicher Geruch durchdrang die Innenhöfe und schien von den öffentlichen Toiletten auszugehen. Die Eintrittskarten kosteten nur die Hälfte, und es wimmelte von Bauern mit abgerissenen Kleidern, ungehobelter Sprache und Knoblauchgeruch, die die Atmosphäre des Ortes prägten.

Der Garten war zauberhaft überwuchert. Bäume hatten ihre beabsichtigte Größe überschritten. Jasmin flutete wie ein Wasserfall. Lumquatäste beschirmten die Dächer, und wilder Wein ergoß sich über Mauern. Der ungebändigte Wuchs der Pflanzen – für einen chinesischen Garten oder Park recht ungewöhnlich –

schien die Bauern zu animieren, es ihnen gleichzutun und sich ebenfalls ganz nach Belieben aufzuführen. Sie stellten ihre Turnschuhe auf den Mauerkronen ab und schrubbten ihre Sandalen im Lotosteich. Sie verdreckten die Wege mit den Hülsen der Sonnenblumenkerne und krempelten ihre Hosenbeine hoch, als wären sie zu Hause im Reisfeld. Sie rubbelten ihre Gesichter ab und spuckten in den See, den Mittelpunkt des Gartens, wo der «Mond seine Seele wusch». Hier gab es keine feinfühligen Besucher aus Übersee; dies war der Garten des Proletariats, und nach den Wünschen der Partei sollte er es auch bleiben.

Zu Zeiten der Dynastien wurden Besucher manchmal gebeten, einen Pavillon zu benennen oder einen Reim zu dichten und durch ihre wenigen, treffenden Worte die Stimmung des Gartens einzufangen und gleichzeitig seine fortwährende Geschichte zu bereichern. Als ich einmal einen abgelegenen buddhistischen Tempel besichtigte, nahm ich selbst an diesem jahrtausendealten Ritual teil. Gemeinsam mit den Mönchen trank ich in einer der Schreinhallen Tee. Nach einer Weile wurde ein Buch geholt und mir in den Schoß gelegt. Zwischen den Deckeln aus grobem, gelbem Stoff fand ich eine fortlaufende Konzertina festen, handgefertigten Papiers, jede Seite mit einem Epitheton, einem Reimpaar oder einem Gedicht versehen. Die Verfasser hatten sich diese Aufgabe sehr zu Herzen genommen, jedes Schriftzeichen mit größter Sorgfalt gemalt und ihre Verse mit einer natürlichen Gabe für Form und Ausgeglichenheit auf dem leeren, weißen Blatt entworfen. Die lateinische Schrift konnte es mit der chinesischen nicht aufnehmen, und ich lehnte höflich ab, aber die Mönche beharrten darauf. Also schrieb ich die zwei Zeilen erwarteten Lobes – trotz der Aufforderung zu «spontanen Äußerungen» waren dennoch nur hochtrabende Ideale erwünscht – und versah sie mit Datum und Unterschrift, genauso wie meine Vorgänger. Die Sonnenstrahlen spielten mit dem Flechtwerk, und ein vergnügtes Lächeln umspielte die gelassenen Mienen der grauumhüllten Mönche.

Der Kalligraphie kommt in einem chinesischen Garten dieselbe Bedeutung zu wie der klassischen Bildhauerkunst in einem westlichen Park; sie beschreibt ihre Umgebung mittels historischer Analogien und Metaphern. Die Namen von Höfen, Brücken und Pavillons waren in Stein gehauen, Gedichte auf vertikale Schriftrollen geschrieben. Alte chinesische Schriftzeichen besaßen Rhythmus, Harmonie und Dynamik, von den modernen, vereinfachten unerreicht, und es dauerte Jahre, diese Perfektion zu erlangen. Die Persönlichkeit des einzelnen wurde daran gemessen, wie er den Pinsel schwang.

Durch die Vermittlung eines Freundes konnte ich einem ernsthaften Amateurkalligraphen zusehen, wie er vier Stunden ohne Unterbrechung arbeitete. Die erste halbe Stunde zerriß er jedes Blatt und warf es zur Seite, bis er eine gewisse Übung erlangt hatte. Aber er fuhr fort, zwei von drei Blättern zu zerknüllen, wenn er sich bei einem Zeichen vertan oder einen der zwanzig oder dreißig Striche vergessen hatte. Das, meinte er betrübt, sei typisch für einen Anfänger, der seine Kunst noch nicht beherrsche.

Er malte, während wir uns unterhielten, während unser Freund die Hülsen der Sonnenblumenkerne auf den frisch geputzten Boden spuckte und die Nachbarn neugierig hereinschauten. Er malte an seinem Schreibtisch, auf seinem Bett, auf dem Fußboden, bedingt durch die Größe des Pinsels, den er wählte. Er malte flott, der Pinsel flog über das Papier, schwärzte das makellose Weiß mit einem Gitter aus Strichen, dann lehnte er sich abschätzend zurück, so als hätte der Pinsel völlig ohne sein Zutun das Werk vollbracht.

Der Fluß Li bahnte sich seinen Weg durch die mythischen Berge südlich von Guilin. Tausend Jahre lang hatten sie als Quelle der Inspiration für Landschaftsmaler gedient, die von weit her anreisten, um sie mit eigenen Augen zu sehen.

Zuerst bemerkte ich ihn auf dem Dach des Hotels, wo er sich, ebenso wie ich, täglich im Morgengrauen und in der Abenddämmerung aufhielt; ein ruhiger, würdevoller Mann reiferen Alters mit dichtem, welligem Haar, das allmählich ergraute. Er war nicht wie die anderen Künstler, die kamen, das Spiegelbild der

Berge im Fluß und den orangefarbenen westlichen Himmel zu bestaunen, in Begeisterung ausbrachen und wieder gingen. Er blieb, genoß die Landschaft mit Herz und Seele und schwieg.

Wei Meng hatte einige seiner Studenten mitgebracht, um die Berglandschaft um Guilin zu malen. Ich sah sie vor ihren Staffeleien an Ölgemälden arbeiten, die mich an Cézanne erinnerten. Sie lachten. «Cézanne ist der Lieblingsmaler unseres Lehrers!» Also versuchten sie, ihn nachzuahmen.

Daß sie ihren Lehrer liebten und verehrten, war augenfällig. Sie saßen nahe bei ihm, berührten ihn ab und zu, nahmen seine Hand oder strichen ihm übers Knie – Gesten, so spürte ich, die Ehrerbietung ausdrückten. Sie wandten sich an ihn wie an einen Vater oder Freund, aber spielten sich nie in meiner Gegenwart auf.

Wei Meng strahlte eine innere Ruhe aus, die mich faszinierte – keine abweisende Arroganz, sondern das Gefühl, mit sich selbst und der Welt im Einklang zu sein. Seine ungezwungene, offene Art wirkte im überaus formellen China erfrischend. Während die meisten Chinesen meine Sprachkenntnisse lobten, bezeichnete er sie als eher leidlich, so daß ich mich, als wir uns drei Monate später wiedertrafen und ihm meine Fortschritte auffielen, wirklich freute, da es ernst gemeint war.

Obwohl er gewöhnliche proletarische Kleidung trug, schäbig und abgetragen, wirkte er darin unkonventionell, wie ein Bohemien. Verblichen, aber bequem, gehörte sie zu ihm, drückte sein Wesen aus. Sein Mantel war so alt, daß die blaue Farbe einem Grau gewichen war und sich der Baumwollstoff so weich wie alte Jeans anfühlte. Seine Hose war geflickt, und seine olivgrünen Turnschuhe wurden von kurzen Schnürsenkeln zwischen zwei Löchern zusammengehalten. Millionen von Menschen trugen dasselbe, aber ohne seinen Stil und Gleichmut.

Eines Morgens traf ich ihn unten am Fluß, als er mit sicheren, flinken Strichen die Leinwand füllte, gleichzeitig schaute und malte. Während ich hinter ihm saß, versuchte ich die Landschaft mit seinen Augen aufzunehmen, von seinem Können zu lernen. Obwohl er nie in seiner Arbeit innehielt, machte er mich auf

Einzelheiten aufmerksam: die Rundung eines Felsens, das Licht auf einem Stein, behandelte mich nicht als Fremde, sondern als Schülerin oder Künstlerin, anders als irgendein Chinese vor ihm. Ich beobachtete, wie das Bild Formen annahm, und wunderte mich, warum er den Dingen, die mich interessierten, keine Beachtung schenkte – die eleganten Bambuspflanzen am gegenüberliegenden Ufer, die Silhouette einer Baumgruppe an einem Felsen, der leuchtende Streifen gelben Sonnenlichts auf dem Wasser –, sondern sich völlig auf Farbe, Helligkeit, Beschaffenheit und Form konzentrierte. Seine Berge waren massiv, sein Himmel pulsierte vor Leben.

Ich erzählte ihm von einem Pfad, den ich in den Bergen entdeckt hatte, die er gerade auf seiner Leinwand abbildete, einem Holzfällerpfad, der sich höher und höher zwischen den Gipfeln emporschlängelte, in ein Nichts aus bimmelnden Kuhglocken und duftenden Kräutern. Er merkte auf und riet mir, nicht mehr hinzugehen, da es Schlangen zwischen den Felsen und im Gebüsch gäbe. Ich erklärte, ich könne fest aufstampfen. Aber Kobras würden sich nicht verschrecken lassen, sondern ihren Kopf hoch aufrichten und zubeißen. Ich erwiderte, ich könne mein Leben doch nicht nach den Gefahren ausrichten, die mir vielleicht zustoßen könnten, und daß mir Kobras egal seien. Ich hätte keine Angst. Sie seien gefährlich, beharrte er, behandelte mich weiter wie einen seiner Schützlinge und warnte seine Schüler ebenfalls. Er verbot ihnen, im Fluß zu schwimmen oder ausgedehnte Wanderungen durch die Felder zu unternehmen. Aber einmal, als er glaubte, ich würde nicht zuhören, lobte er meinen «großen Mut», *dazi da*.

Die Offenheit der Studenten untereinander («Dein Bild ist scheußlich») und Wei Mengs mir gegenüber bedeutete Freundschaft und gegenseitige Achtung. In China durfte man nur im Umgang mit seinen Freunden unhöflich sein. Als Gegenleistung für diesen Vertrauensbeweis erzählte ich ihm von dem Buch, das ich schrieb. Die meisten Chinesen interessierte weniger, woran ich arbeitete, als vielmehr, wieviel es mir einbrachte, und reagierten befremdlich auf die Tatsache, daß ich allein reiste. Wei

Meng dagegen wollte wissen, worüber ich schrieb und weshalb, was mich motivierte und ob ich die Disziplin aufbrachte, täglich daran zu arbeiten, und wer das Buch lesen würde und ob jemand davon profitieren könne. Und ich stellte ihm dieselben Fragen. Er malte, weil es das war, was ihn am meisten erfüllte. Der Staat bezahlte ihn, damit er Kunsttheorie unterrichtete und darüber schrieb; deshalb blieb ihm im Alltag kaum Zeit zum Malen. Zu Hause in der Stadt konnte er keine Landschaften malen, dazu ergab sich nur auf Exkursionen Gelegenheit.

Von allen Chinesen, die ich kennenlernte, fühlte ich mich Wei Meng am engsten verbunden. Wir teilten die Leidenschaft für Natur und ihre Darstellung in der Kunst. Ich verbrachte Stunden in seiner Gesellschaft, entschlossen, die nervtötende Sprachbarriere diesmal zu überwinden; meine Chinesischkenntnisse waren spärlich, aber Wei Meng sprach überhaupt kein Englisch. Er entstammte einer armen Bauernfamilie aus der Provinz Anhui und verbrachte seine Kindheit auf dem Feld. Oft gab es nichts zu essen, und während der Hungersnot ernährte sich die Familie von Rinde und Gras, um zu überleben. Als die Befreiung kam, war er zweiundzwanzig, und auf Grund seiner Begabung und der korrekten Klassenherkunft erhielt er die Chance, in Peking Malerei zu studieren.

Die marxistische Vorstellung von Kunst hatte mir Kopfzerbrechen bereitet, deshalb stellte ich ihm folgende Frage: «Mao fragte: ‹Was ist Kunst? Und für wen?› Wie würdest du darauf antworten?» Ich engagierte einen Schüler zum Übersetzen, aber seine Englischkenntnisse waren genauso gering wie meine chinesischen, und unsere Diskussion dauerte Stunden.

«Die Absicht der Kunst ist, den Menschen zu dienen», erwiderte Wei Meng. «Sie sollte die Ziele der modernen Gesellschaft zum Ausdruck bringen und sich auf das tägliche Leben beziehen. Sie sollte das politische Bewußtsein anregen, den Kampf versinnbildlichen und einen Weg in die Zukunft weisen. Sie sollte die Wahrnehmung verändern. Aber vor allem sollte sie jeden ansprechen und nicht nur ein paar Erleuchtete.»

Da ich zu diesem Zeitpunkt noch nichts von seiner Herkunft

wußte, aber entschieden hatte, daß Wei Meng sich eigene Gedanken machte, wollte ich ihn etwas anstacheln: «Das sagst du nur, weil es der gegenwärtigen politischen Linie entspricht.»

Er lachte. «Nein, das stimmt nicht! Das glaube ich wirklich. Es gibt da einen Unterschied, verstehst du? In der Kulturrevolution stand die Kunst im Dienst der Massen, nicht im Dienst des Volkes. Die Massen sind die *gong nong bing*, die Arbeiter, Bauern und Soldaten.»

«Und das Volk bezieht alle ein? Dich und mich? Intellektuelle?»

«Genau. Die Kunst ist auch für uns da.»

«Unter Kunst versteht jeder etwas anderes», wandte ich ein, «aber in jüngster Vergangenheit durfte sie nur propagandistischen Zwecken dienen. Die Ausdrucksfähigkeit wurde im Keim erstickt, und der Künstler büßte seine Selbstachtung ein.» Ein Land, das Kreativität unterdrückte, hatte Angst, sich der Wahrheit zu stellen: ein Künstler könnte das Kollektivbewußtsein darstellen, bevor die Stimmung allgemein erfaßt würde. Wer, außer einem Künstler, besaß die Fähigkeit, die Dinge so zu beschreiben, wie sie waren?

«Die Kulturrevolution verwirrte uns in unseren Idealen», entgegnete Wei Meng. «Wir malten lediglich die Monumente des Sozialismus und Landschaften, die für die Geschichte der Roten Armee eine Bedeutung hatten – wie die Höhlen in Yanan –, und Porträts von Mao Tse-tung. Aber heute ist es anders.»

Zehn Jahre zuvor hatte man sich der Kunst schämen müssen. Künstler galten als leichtsinnig und unzuverlässig. Alten Motiven war ein politischer Kontext beigefügt worden, eine Landschaft wurde durch eine qualmende Fabrik oder ein modernes Wasserkraftwerk verschönert. Indem sie die Kunst verdammte, ließ die Partei sie in der Tat nur um so begehrenswerter erscheinen.

Ich wollte wissen, wie Landschaftsmalerei und Stilleben auf Cézannesche Art und Weise das politische Bewußtsein der Menschen wecken konnten. Sollte Kunst nicht nur lehrreich sein, sondern gleichzeitig Genuß bereiten? «Deine Bilder spiegeln die

Welt wider, so wie sie ist. Aber der Partei zufolge sollte das nicht der Zweck von Kunst sein. Ihrer Ansicht nach sollte den Menschen etwas vermittelt werden, wonach sie streben können.»

«Wenn den Leuten meine Bilder gefallen, werden sie sie eingehender betrachten. Wenn sie sie eingehender betrachten, werden sie vielleicht daraus lernen; westliche Maltechniken sind in China noch weitgehend unbekannt, und auf Grund des großen Unterschieds sehen sie ihr Land mit ganz anderen Augen und sind vielleicht schockiert.» Wei Mengs Gemälde hinterfragten weder das kommunistische Regime, noch übten sie daran Kritik und waren somit nicht länger verboten.

Ich erläuterte die Vorgehensweise westlicher Künstler. «Im Westen malt der Künstler irgendein Thema oder eine Abstraktion, die ihm in den Sinn kommt, und so, wie es ihm vorschwebt. Moderne westliche Kunst ist anarchistisch. Zum erstenmal in der Geschichte unterliegen Künstler keinerlei Zwängen; sie sind noch nicht einmal gezwungen, ihre Käufer zufriedenzustellen oder ihre Werke zu verkaufen, denn der Staat finanziert sie, wenn ihre Mittel ausgehen. Maler im Westen müssen nur sich selbst genügen. Sie lassen sich von ihrem Geist, ihrem Gefühl, ihrer Leidenschaft oder allem gemeinsam leiten. Manchmal wissen sie nicht, warum sie etwas tun, und selbst wenn sie im nachhinein eine rationale Begründung geben könnten, nehmen ihnen die Kritiker dies bereitwillig ab. Kunst wird gelegentlich benutzt, um Aufsehen zu erregen und schnell Lorbeeren zu ernten.»

In China war es von jeher anders gewesen. Chinesische Künstler arbeiteten schon immer innerhalb der von Kultur und Gesellschaft festgelegten Grenzen. In der traditionellen Malerei gab es eine ganz bestimmte Technik, einen Felsen, ein Boot oder einen Baum wiederzugeben. «Euer Ansatz ist ein völlig anderer. Euch wird nicht erlaubt, eure Gefühle auszudrücken», erklärte ich Wei Meng.

Aber er widersprach. «Vielleicht erscheint es so bei oberflächlicher Betrachtung. Doch im Grunde verfolgen wir dieselben Ziele. Chinesische Künstler malen, weil sie Lust dazu haben, zu ihrer persönlichen Befriedigung. Wenn der Anblick einer Landschaft mich bewegt, zwingt mich irgend etwas, sie zu malen. Ich *muß* sie malen. Aber das bedeutet nicht, daß meine Bilder anderen nichts vermitteln.»

Wieder zitierte ich Mao: «Eine Kunst um der Kunst willen, eine über den Klassen stehende Kunst, eine Kunst, die neben der Politik einherginge oder unabhängig von ihr wäre, gibt es in Wirklichkeit nicht», aber Wei Meng brummelte nur und gab keine Antwort.

Ich erzählte ihm von Künstlern, die mit Computern zeichneten oder mit Spritzpistolen oder mit den Füßen, für die auch ein Riß in der Leinwand oder die Leinwand selbst ein Kunstwerk sein mochte.

«Wozu soll das gut sein?» Wei Meng forderte mich mit seinen Zweifeln heraus. «Verstehen die Leute, was sie damit aussagen wollen?»

Ich empfand ähnlich. Was war Kunst, und welchen Anforderungen sollte sie genügen? Sicherlich eine berechtigte Frage Maos. Kunst ganz nach Laune eines einzelnen Künstlers, die etwas Undefinierbares ausdrückte und von verschiedenen Kritikern beliebig interpretiert wurde – hatte diese Art von Kunst einen Sinn? Sollte man nicht vielmehr ermutigen und motivieren, statt zu lähmen und zu deprimieren, selbst wenn ein Gemälde Zukunftsvisionen entwarf und nicht die nüchterne Gegenwart abbildete? Selbst westliche Betrachter machten sich über die sogenannte «originelle Kunst» der Künstler und Kritiker und Kapital-Sammler lustig. Marxisten interpretierten esoterische Kunst als Protest gegen den Kapitalismus, als Ausdruck seines Untergangs, glaubten, daß die vom System unterdrückten sozialistischen Werte darunter begraben lagen. «Die Mehrzahl der Leute versteht sie nicht, die meisten mögen sie nicht einmal», sagte ich.

Später besuchte ich eine Ausstellung der Chinesischen Kunstgalerie in Peking, wo sich Menschen aller Altersgruppen und sozialen Schichten drängten und die bei einer breiteren Öffentlichkeit Anklang fand, als abstrakte westliche Kunst je zu hoffen wagte. Als nationalem Ereignis, das alle fünf Jahre stattfand, kam ihm ähnlich große Bedeutung zu wie der Royal Academy's Summer Exhibition. Künstler reichten ihre Arbeiten ein, über die eine Kommission entschied.

Die ausgestellten Werke waren ebenso vielfältig wie die des englischen Pendants, aber für einen Außenstehenden ansprechender. Die Ausstellungsstücke umfaßten Seidenmalereien, Ölgemälde, Holzschnitte, Photographien, Radierungen, Lithographien, Papierschnitte und Skulpturen. Die Motive waren zeitgenössisch, und trotz ihres teilweise stereotypen Charakters vermittelten sie ein Bild von China in den achtziger Jahren, von seinen Schwierigkeiten, Ambitionen – und Lügen. Aber vor allem war jedes Werk verständlich; es enthielt eine Aussage, die jedem zugänglich war.

Obwohl die Zensur weniger strikt gehandhabt wurde, lag den meisten Gemälden ein politisches Thema zugrunde, wobei Maos ideologischer Kampf und die Helden sozialistischer Selbstverleugnung von Wohlstand und Produktion, dem revolutionären Ziel, Dengs Chinapolitik, abgelöst wurden. Die Baustelle diente nunmehr als Hintergrund für Coca-Cola trinkende Arbeiter in der «Teepause» oder als entferntes Motiv beim Blick durchs Fenster einer vollgestopften tibetischen Wohnung. Das moderne Kraftwerk verschwand inmitten einer überwältigenden Felsenlandschaft. Die Bauern schufteten nicht länger mit gemeinschaftlichem Eifer, sondern saßen herum, zählten Banknoten und betrachteten mit stolzem Lächeln ihre funkelnagelneuen Fernsehapparate. Sie waren Beispiele für Dengs Slogan: «Reich zu werden ist ruhmvoll.»

Ein kleiner Holzschnitt schien der Zensur der Partei entgangen zu sein. Im Gegensatz zu der überwiegenden Darstellung des bäuerlichen Lebens als Frohsinn und Idylle, englischen Ansichtskarten ähnlich (die Künstler waren hauptsächlich Städter), kam der Holzschnitt der Wahrheit näher: er zeigte einen Mann, tief über ein Reisfeld gebeugt, mit zerlumpten Kleidern und qualvoller Miene – eine Anspielung darauf, daß das Leben auf dem Land keineswegs den Vorstellungen der Partei entsprach. Aus einfachen Verhältnissen stammend, mußte sich Chinas neue Führung erst auf eine einheitliche politische Linie hinsichtlich der Künste einigen. Trotz geringer Sachkenntnisse und mangelnden Interesses maßte sie sich dennoch an, über Gut und Böse zu entscheiden. Die Einbeziehung des Holzschnitts ließ auf eine gewisse Entspannung schließen, aber letztendlich überwog der Grundsatz, daß keine Ideen propagiert werden durften, die mit den sozialistischen Prinzipien unvereinbar waren, und daß die Kunst den Bedürfnissen des Volkes gerecht werden mußte.

Nachdem ich die Ausstellung auch ein zweites Mal gründlich studiert hatte, schloß ich mich der allgemeinen Meinung an, daß Kunst für alle dasein sollte. Aber nicht alle westlichen Besucher teilten diese Ansicht. Überall in den Gängen der über mehrere Stockwerke verteilten Ausstellung tummelten sich solche Scharen von Arbeitern in Alltagskleidung, daß sich eine Frau aus meinem Hotel darüber empörte: «Was suchen denn diese gewöhnlichen Arbeiter in einer Kunstgalerie?» Ihrer Auffassung nach richtete sich Kunst nur an kultivierte Kreise: Ausländer, Intellektuelle und die Künstler selbst.

Die chinesische Kunst streckte ihre Fühler aus, lernte von westlichen Techniken und versuchte, einen eigenen Stil zu entwickeln. Nach drei Jahrtausenden des Wachstums in Isolation gab es hier Gemälde, die an Rembrandt und Vermeer, Monet und van Gogh erinnerten, und andere, die in chinesischer Maltradition kühnere, abstraktere, apolitische Themen angingen und damit die Anfänge einer längst überfälligen kulturellen Erneuerung begründeten. Dem Talent chinesischer Künstler in Übersee nach zu urteilen, besaß China ein verborgenes Potential an künstlerischer Brillanz, unerkannt und unausgeschöpft – eine immense, beklagenswerte Verschwendung. Die Pekinger Ausstellung war kaum mehr als ein Funken Hoffnung für die ansonsten brachliegende zeitgenössische Kunstszene.

Wei Meng zählte zu den Unentdeckten. Ich suchte nach seinen Werken in der Galerie in Peking, aber er hatte sich während des Abgabetermins in Guilin aufgehalten. Trotz seiner Lehrerposition hatte man ihm zu meiner Verwunderung nie eine öffentliche Ausstellung angeboten. «Vielleicht bin ich zu jung», äußerte er sanftmütig, vermied es, seinem Land gegenüber Kritik zu üben. «Mit siebenundfünfzig? Wie steht es dann mit Hu Yiwen?» wandte ich ein.

Hu Yiwen genoß internationalen Ruhm. Sie hatte kürzlich bei einem Parisbesuch ihre Gemälde vorgestellt, sich mit französischen Würdenträgern getroffen und für Chinas Ansehen im Ausland geworben. Wenngleich ohne persönliche Note, waren ihre Arbeiten dennoch kraftvoll und vielseitig, umfaßten Pariser Architektur, Tiere, Porträts und Opernmotive. Hu Yiwen war acht Jahre alt.

Wei Meng lachte. Er hatte keine einflußreiche Stellung, keine heimlichen Beziehungen zu den für die Förderung der Kunst zuständigen Kadern. Künstler wurden mit einer gewissen Willkür ausgewählt, nicht auf Grund ihrer außergewöhnlichen Begabung, sondern nach ihrer Eignung, einer politischen Sache zu dienen. Sie waren der Einsatz im internationalen Freundschaftspoker, der Köder im Streben nach internationaler Unterstützung.

Monate später besuchte ich Wei Meng zu Hause. Seine Frau und seine Tochter arbeiteten in der Fabrik, weshalb Wei Meng selbst zum Einkaufen auf den Markt radelte und mich in ihrer Parterrewohnung zurückließ. Ein gewöhnlicher, düsterer, grauer Wohnblock – außen genauso wie innen – beherbergte einen Künstler. Für chinesische Verhältnisse war die Wohnung relativ groß und verfügte über ein Studio, vollgestopft mit Gemälden, Landschaften und Stadtbildern, Porträts und Stilleben. Der vertraute blaue Mantel hing schlaff an einem Nagel. Auf dem Tisch, inmitten von Büchern, Zetteln, *objets trouvés*, Steinen, Muscheln und verschlungenen Wurzelgebilden erhob sich borstig ein Topf mit Pinseln.

Ich spazierte durch das Wohnzimmer in den Garten, einen ungewöhnlichen, fast quadratischen Innenhof, von grauverputzten, hohen Mauern begrenzt und mit einer weinlaubumrankten Pergola überdacht. Bohnen wuchsen an Schnüren empor, die die Mauern streiften, und Gemüsepflanzen sprossen aus der Erde, Minze und Kartoffeln und Frühlingszwiebeln reihten sich entlang schmaler Ziegelsteinpfade. Unverrotteter Kompost lag über den Boden verstreut. Es war zugleich ein Bauerngarten, eine Gemüseecke und ein seltsames, geheimnisvolles, grünes Zimmer. Selbst das Licht, das vom Weinlaub gefiltert wurde, schimmerte lautlos-grün. An der Wand des Schuppens hing das geschwärzte Bein eines Schweins. Ich fragte Wei Meng danach, als er vom Markt zurückkehrte. «Ich werde es malen», erwiderte er.

Wir aßen am Schreibtisch im Wohnzimmer zu Mittag. Wei Meng hatte weißes Schnittbrot besorgt, um sich das zeitaufwendige Reiskochen zu ersparen. Er bereitete eine Suppe aus Bohnenquark und Blattspinat und ein Gericht aus gebratenem Mangold. Der Raum war groß und voller Bücher. Obwohl jedes Möbelstück für sich gesehen dieser hoffnungslosen chinesischen Häßlichkeit zum Opfer fiel, wirkte die Atmosphäre keineswegs steif oder steril, sondern ließ den Geist der Bewohner spüren, bequem, gepflegt und abgenutzt. Wir tunkten das Brot in die Tofubrühe und blickten nach draußen auf das Grün des Gartenzimmers.

Im Vergleich zur Intensität von Wei Mengs Landschaften empfand ich die schwarzen Tuschezeichnungen traditioneller chinesischer Maler als abgedroschen und distanziert. Bäume, Gebäude und Berge wurden nach Belieben verschoben, Sampans hinzugefügt, Dörfer erfunden, die eigentliche Szenerie formalisiert, reglementiert und dramatisiert. Berghänge wurden überbetont, Bambusgewächse isoliert; nicht existente Kiefern hingen verhutzelt über Felsklippen. Die so entstandenen Gebirgslandschaften wirkten zweidimensional, ahmten ein altes Vorbild nach, oftmals ohne dessen Absicht zu begreifen. Es mangelte ihnen an Lebendigkeit und Bewegung. Obwohl ich das Chinesische an ihnen liebte, ihre stilistischen Andeutungen einer unerreichbaren asiatischen Traumlandschaft, fehlte die Seele und die Energie, die das Land durchströmte. Wei Mengs Gemälde waren kraftvoll und fesselnd; er malte das Licht, er malte, was er sah.

Die Kunstfertigkeit traditioneller Maler drückte sich nicht in Innovationsfreude aus, sondern in einer virtuosen Interpretation eines strengen Regelsatzes. Indem er ein althergebrachtes Motiv neu bewertete, versuchte der Künstler durch Präzision und Ausgewogenheit der Linienführung das Bewußtsein zu schärfen. Er schuf Gärten auf Papier, während der Gartenarchitekt danach strebte, die Perfektion zweidimensionaler Bilder auf den Raum zu übertragen. Leere und Linie kamen gleich große Bedeutung zu. Das Unausgesprochene, lediglich Angedeutete oder Implizierte war ebenso bedeutungsvoll wie das Gesagte.

Trotz der Gegenständlichkeit seiner Kunst verfügte China schon lange vor dem Westen über «moderne» Malerei und Poesie. Mit geschickten, impressionistischen Pinselstrichen wurde das Wesen eines Vogels oder Zweigs eingefangen. Im Kulturpalast von Kanton, der ehemaligen Halle Chinesisch-Sowjetischer Freundschaft, hatte ich eine Gruppe Künstler beobachtet, die vor Publikum ihrer Kunst nachgingen. Ihre Motive waren traditionell: Berge, Blumen und Bambusblätter. Bei den Farben überwogen Schwarz und Grau. Sie arbeiteten wie Kalligraphen, vertieften sich in die Leere des Papiers, tauchten den Pinsel in wäßrige Tinte, ließen genau die richtige Menge abtropfen; dann schwebte der Pinsel eine Weile über dem Papier und stürzte plötzlich darauf nieder, wie eine Amsel auf einen Wurm. Ein Klecks: eine Blüte. Ein Zug: ein Ast. Ein Schnipser: ein Blatt. Nach einigen Minuten dann, wenn das Bild vollendet und als zufriedenstellend befunden worden war, fügte der Künstler eine Widmung in Gedichtform hinzu und schloß mit seinem Namenssiegel in Rot. Die Bilder waren Gedichte; die Dichtungen visueller Eindrücke. Trotz der schematisierten Herstellungsweise umwehte die fertigen, auf der Wäscheleine flatternden Bilder natürliche Frische und Anziehung.

Wie diese Künstler vor Publikum arbeiten konnten, verblüffte mich. Aber Maler waren Handwerksleute und als solche gewohnt, bei der Arbeit beobachtet zu werden. Wenn es jemandem gelang, sich so intensiv in der Gegenwart anderer mit etwas zu beschäftigen, dann hatte er gelernt, die Außenwelt zu ignorieren und sich nur auf sein Inneres zu konzentrieren. Millionen von Chinesen lebten so, um nicht in Resignation zu versinken.

Einige wenige chinesische Künstler hatten das Glück, nur zum Malen angestellt zu sein. Der Staat zahlte ihnen ein Gehalt und verkaufte ihre Arbeiten, wobei der Künstler zusätzlich mit einem geringen Prozentsatz am Erlös beteiligt war.

Huang Jing stand in den Diensten der militärischen Einheit, bei der sein Vater arbeitete. Er war verpflichtet, monatlich fünf Bilder abzuliefern, die Besucherdelegationen als Geschenk überreicht wurden. Wie ein Bauer unter Vertrag, durfte er alles, was er darüber hinaus produzierte, selbst verkaufen. Er benötigte etwa eine Stunde pro Bild und verkaufte es anschließend heimlich an ahnungslose Ausländer wie mich. Für chinesische Verhältnisse besaß er eine wahre Goldgrube. Er hatte bereits ein japanisches Motorrad erworben und es auf illegalem Weg durch seinen Vater, einen hohen, einflußreichen Funktionär, eingeführt.

Jing lachte über meinen Zynismus. «So einfach, wie du denkst, ist es nun auch nicht. Nicht wenige meiner Bilder muß ich wegwerfen. Beim chinesischen Verfahren bleibt nicht viel dem Zufall überlassen.»

Seine Gemälde bewiesen Geschmack und Sinn für Komposition. Später, im Museum für Kunst und Geschichte in Shanghai (auch hier wurde, wie überall, nur chinesische Kunst ausgestellt), entdeckte ich eine Kopie eines von Jings Werken. Wahrscheinlich existierten noch weitere. Dennoch war Jing kein Scharlatan im westlichen Sinn, denn Reproduzieren stellte ein nicht zu verachtendes Talent dar. Die staatlichen Kunstläden boten Tausende von Kopien an: Schüler lernten durch Imitation der Arbeit anderer.

In Wei Mengs Studio hing ein durchaus passabler Pissarro an der Wand.

DER MANN AUS XIAN

Niemand wußte, wo ich mich anstellen sollte. Zwei Dutzend langer Schlangen wanden sich durch die Bahnhofshalle, hinten in Reih und Glied, vorn in asiatischem Getümmel, ein einziges Geschnatter gereizter Möchtegern-Fahrgäste und ungehaltener Bahnangestellter, die auf ihre Mittagspause warteten. Nachdem ich mich mehrmals umsonst an den Anfang einer Schlange vorgearbeitet hatte, eine halbe Stunde Stehen, Voranschlurfen und Kampf am Schalter, um doch wieder ans Ende einer weiteren Schlange verwiesen zu werden, wollte man mich schließlich zur Schalterhalle für Ausländer schicken, was ich ablehnte. Die chinesische Bahn berechnete für Fahrkarten an Ausländer einen Sondertarif, der in FEC entrichtet werden mußte und doppelt soviel wie der normale Fahrpreis betrug. Dieses unterschiedliche Preisniveau, ausgeheckt, um Devisen einzunehmen und Getreide im Ausland kaufen zu können, verärgerte viele Besucher, denn ihm haftete jene Ungleichheit und Ausbeutung an, die in der Revolution bekämpft werden sollte. Vor allem, da China inzwischen Getreide exportierte.

«Warum müssen wir für unsere Fahrkarten mehr bezahlen?» fragte ich den Schalterbeamten.

«Sie sind Ausländerin. Ausländer sind reich.»

«Nicht alle.»

«Euer Einkommen ist weit höher als unseres. Ihr müßt Geld haben, um hier in Shanghai zu sein – ich könnte es mir nicht leisten, in Ihr Land zu reisen.»

Die Diskussion ging noch fünf Minuten so weiter, während die

Menschenschlange hinter mir murrte, unruhig mit den Füßen scharrte und nach vorn drängelte. Ich befand mich auf der Heimreise und hatte nicht mehr genug Geld für den ausländischen Tarif.

«Ich kann Ihnen keine normale Fahrkarte verkaufen, Sie haben keinen chinesischen Studentenausweis. Sie müssen sich an den Beamten in der Schalterhalle für Ausländer wenden.»

Statt dessen wartete ich am Ende der Schlange, denn es gab noch eine letzte Möglichkeit. Leute, die ihre Fahrkarte nicht mehr brauchten, verkauften sie gewöhnlich an einen der Wartenden im Bahnhof. Und ich hatte Glück, ein Mann mit einer Karte nach Kanton kam vorbei, die ich ihm prompt abkaufte. Im Hintergrund hörte ich Gebrummel: *«Na bu xing!»* – Das geht aber nicht! Viele Chinesen unterstützten die Aufforderung der Partei, daß Ausländer die Wirtschaft stärken sollten. Andere dagegen zeigten Verständnis für die Versuche ausländischer Touristen, an billige Tickets zu gelangen, indem sie einen Freund fragten oder Chinesen darum baten oder einen gefälschten Studentenausweis benutzten, denn sie würden sich genauso verhalten.

An einer beliebigen Station zuzusteigen bedeutete, bis zum tatsächlichen Einlaufen des Zuges in der Wartehalle eingepfercht zu sein, sich dann an der Schranke vorbeizuquetschen und in wildem Sturm das Gleis entlangzuhechten, über die Brücke oder unter der Unterführung hindurch, ein Sprint auf die Türen der Hartsitz-Waggons zu, um die Aussteigenden mit Drängeln und Stoßen und lauten Zurufen: «Macht schon!» – «Rempelt nicht so!» – «Los, beeilt euch!» zu behindern und selbst vor den anderen den letzten Sitzplatz zu ergattern, während man den Protest und die empörten Aufschreie, *«You ren!»* (Besetzt! – Hier lagern meine Füße.), der ausgestreckt daliegenden Fahrgäste ignorierte. Menschen waren zwischen Türöffnungen eingekeilt, ihr Gepäck in den Tragriemen anderer Leute verheddert, während es Flüche und Beschimpfungen hagelte, die Unglücklichen draußen hilflos von Tür zu Tür hasteten und das Einsteigen dreimal länger als nötig dauerte.

Gewöhnlich blieb Ausländern all das erspart. Mit ihren Sondertariftickets warteten sie in bequemen Sesseln auf den Zug, tranken Tee aus Porzellantassen und blieben vom Chaos in den ehemaligen Dritte-Klasse-Abteilen verschont. Bei der Ankunft des Zuges wurden sie zum Schlafwagen geleitet. Niemand schubste oder drängelte.

Da der Zug in Shanghai eingesetzt wurde, hatte ich einen reservierten Sitzplatz. Als ich das Abteil zwei Minuten vor Abfahrt betrat, hatten sich alle anderen schon häuslich eingerichtet und ihr Hab und Gut im Gepäcknetz verstaut: Plastiktaschen mit Reißverschluß, Kisten und Körbe und Einkaufsnetze, mit Päckchen und Früchten prall gefüllt. Ihre Gesichtshandtücher hingen an der Innenstange. Ihre Teebecher aus gemustertem Email, teeverschmiert und angeschlagen, türmten sich auf den Tischen. Im Augenblick herrschte Ruhe, denn jeder hatte einen Platz.

Chinesische Züge sind grün. Die Sitze sind grün, und die Waggons sind grün, dunkles, mattes Zederngrün. Das Hartsitz-Abteil, in dem ich reiste, ähnelte englischen Zügen, mit Bänken zu beiden Seiten des Mittelgangs, um Tischchen herum gruppiert, die Sitze allerdings härter und niedriger und die Lehnen kerzengerade. Für jeden Wagen war ein «Mädchen in Blau» zuständig, das in unförmiger blauer Uniform und Mütze wie eine Partei-Marionette auftrat. Sie war zugleich Putzfrau, Teemädchen und Autoritätsperson, brachte Wasser in dampfenden Kesseln (manchmal aus Messing mit Henkeln aus Korbgeflecht und Teewärmern mit Blumenmustern), zankte und kommandierte herum, wischte und moppte und leerte Aschenbecher aus.

Kaum hatte ich meinen Teebecher ausgepackt und es mir auf meinem Platz gemütlich gemacht, wollte schon ein Mann mein Alter wissen. Ich hatte es aufgegeben, den Leuten mein wahres Alter mitzuteilen, da ich nur verwirrte Blicke erntete, und erwiderte statt dessen, ich sei dreißig. Damit konnte ich durchaus noch als unverheiratete Studentin gelten, was mein ärmliches Herumreisen erklärte. Allein und ohne bestimmtes Ziel unterwegs zu sein erschien vielen Chinesen ein sinnloses Unterfangen, reine Zeit- und Energieverschwendung, ein Mißbrauch sauer verdienten Geldes.

Weitere Fragen folgten: wohin ich fuhr und was ich vorhatte, wieviel ich verdiente und was ich arbeitete. Überwiegend bezogen sich die Erkundigungen jedoch auf China: «Haben Sie sich an das Leben in China gewöhnt?» und «Vertragen Sie unser Essen?», wobei niemand glaubte, daß beides möglich sei. Untereinander stellten sie ähnliche Fragen: «Wohin reisen Sie?» und «Woher kommen Sie?» und «Was ist Ihre Einheit?» Letzteres war besonders aufschlußreich, das Äquivalent zur Kaste, ein eindeutiges Identifikationsmerkmal.

Der Mann, der mich zuerst ansprach, hatte ein pockennarbiges Gesicht und einen gedrungenen Körperbau. Bereits um neun Uhr morgens sprach er tüchtig dem Alkohol zu, eine Flasche *mao tai* zwischen die Knie geklemmt, nahm er abwechselnd einen Schluck Schnaps und stopfte sich den Mund mit gedämpften Brötchen und scharfem, eingelegtem Gemüse voll. Ein junger Mann gegenüber kaute Kaugummi, trug Riemchenschuhe mit hohen Absätzen und hervorquellende scharlachrote, lange Unterhosen. Neben mir saß ein dünnes Mädchen, Twiggy-Typ, und strickte, die übrigen waren jüngere, unscheinbare Männer.

Nachdem sie mir alles Wissenswerte entlockt hatten, soweit dies auf Grund meiner Zurückhaltung und geringen Chinesischkenntnisse möglich war, steckten die fünf in meinem Abteil gemütlich die Köpfe zusammen und begannen, Vergleiche zwischen Chinesen und Ausländern anzustellen. Ich fing komische Bemerkungen auf wie: «Sehr große Stiefel!» und «Das ist eine chinesische Hose, die sie anhat.» und «Was meint ihr wohl, wie groß sie ist?» Neugier war eine gesellschaftliche Tugend. Den meisten Chinesen kam die Anonymität westlicher Städte, wo jeder für sich lebte, befremdlich vor.

Bei einem Gespräch unter Chinesen tauchte das Wort «China» mit unfehlbarer Regelmäßigkeit auf. Die Chinesen besaßen mehr Geschichts- und Nationalbewußtsein als jedes andere Volk, das ich kannte: sie klammerten sich daran, und es haftete ihnen an, entschädigte sie für gegenwärtige Unzulänglichkeiten und reichte bis in graue Vorzeiten grenzenloser Macht zurück. Und doch war es Mao zwanzig Jahre zuvor gelungen, ihren Glauben daran zu erschüttern.

Wie die Briten im letzten Jahrhundert begriffen sich die Chinesen nicht als Teil einer Weltbevölkerung, sondern als größer, älter und zivilisierter als jede andere Nation. Sie lebten für China, und es kümmerte sie wenig, wenn andere im Wettlauf um den Fortschritt überrannt wurden. Im steten Strom der Zeit währte Chinas Tradition fort, vom unerschütterlichen Glauben eines Volkes an die eigene Überlegenheit gespeist.

«Willkommen in unserem Zug», dröhnte es aus den zahlreichen Lautsprechern des Waggons. Fast immer war es eine weibliche Stimme. Niemand nahm Notiz davon. «Die Entfernung von Shanghai nach Kanton beträgt 1134 Kilometer.» Dann folgte eine Aufzählung aller Zwischenstationen, mit genauer Ankunftszeit, Aufenthaltsdauer und Anschlußzügen, und schließlich unser Endziel Kanton: 18 Uhr 05 am nächsten Tag. Die Litanei ging weiter mit Essenszeiten und Sehenswürdigkeiten entlang der Strecke. Die Parteipropaganda, die während der Kulturrevolution über ganz China hinweg schmetterte, war mit Maos Ära zu Ende gegangen und in den achtziger Jahren durch das *Red River Valley* und *Hoch auf dem gelben Wagen* ersetzt worden.

Ebenso wie in der Industrie und dem Bildungs- und Gesundheitswesen wurden auch auf dem Eisenbahnsektor enorme Anstrengungen unternommen. Während in England in den letzten dreißig Jahren unrentable Strecken geschlossen wurden, befand sich China auf dem Höhepunkt seines Eisenbahnzeitalters und legte Schienen über Wüsten und Gebirge, bis nach Kaschgar und Tibet. Einige Verbindungen entstanden erst in den fünfziger Jahren, und selbst an der bevölkerungsreichen Ostküste war das Schienennetz noch sehr weitmaschig: in Shantung, einer Provinz von der Größe Frankreichs, gab es nur zwei Linien, eine Nord-Süd-Verbindung und eine kreuzende Nebenlinie. Von daher ließen die überfüllten Züge auch keineswegs Rückschlüsse auf die Reisefreudigkeit der Nation zu. Auf Grund ihrer geringen

Anzahl waren alle Züge durchnumeriert, unserer hatte die Nummer 49. Täglich fuhr nur einer.

Gewöhnlich funktionierte das System problemlos. Züge fuhren pünktlich ab und kamen selbst an Zielorten, die mehrere Tage entfernt lagen, fahrplanmäßig an. Ein Handbuch über «Alles Wissenswerte über das Reisen mit der Bahn» gab Auskunft über Zug- und Wagentypen, Gepäckbestimmungen und Fahrpläne. Kinder, kleiner als ein Meter, reisten umsonst, und jeder Reisende durfte zwanzig Kilo Gepäck befördern. Falls kein Personenwagen zur Verfügung stand, setzte die Bahn Viehwagen ein, im Führer als «geschlossene Güterwagen zur provisorischen Personenbeförderung» bezeichnet, wo man im Dunkeln auf dem Boden saß.

Draußen vor dem Fenster zog Shanghai vorbei. Wehmütig dachte ich daran, daß ich schon in vier Tagen zurück in England sein würde, China unfreiwillig verlassen mußte. Zunächst schien es, als wäre ich bereits in London, so sehr ähnelte die Shanghaier Gleislandschaft den heruntergekommenen Vierteln um King's Cross, mit ihren rauchgeschwärzten Häusermauern und staubverhangenen Fensterscheiben, dem wuchernden Unkrautgestrüpp zwischen den Abstellgleisen, den schlackeschaufelnden Arbeitern, den Weidenbäumen und Oberleitungen. Der Himmel war grau und bedeckt. Ich war schon halb zu Hause.

Dampflokomotiven rangierten, schwarz-rümpfig, rot-rädrig, auf Nebengleisen und stießen bauschige Rauchwolken aus ihren Schornsteintrichtern hervor. Mehr als die Hälfte aller chinesischen Züge wurden noch mit Dampf betrieben, zum Leidwesen der Partei, die sie mit Fahrradrikschas, Sampans, Eseln und Handkarren in einen Topf warf, als rückständig und feudalistisch abtat und es vorgezogen hätte, wenn ausländische Freunde ihnen keine Beachtung schenkten. So sehr sie mir gefielen, war ich nach meiner Fahrt von Amoy nach Hangzhou doch froh, mit einer Diesellok zu reisen, ohne mir den Ruß von den Kleidern bürsten zu müssen oder ihn mir aus den Augen zu reiben, aus den Ohren zu schaben und aus dem Haar zu schütteln.

Wir ließen die Stadt hinter uns, nahmen Geschwindigkeit auf, fuhren an den grünen Gemüsefeldern der Vororte vorbei. Dann das Land, weißgetünchte Dörfer zu beiden Seiten der Kanäle, reif stehender Weizen und Scharen fetter Enten, sprießender Raps, vom Wind in Strudeln niedergedrückt. Die Landschaft rollte vorüber, von einem Netz alter Bewässerungskanäle durchzogen, die mit Schaufeln und Tragestangen ausgehoben worden waren, von den Metasequoias entlang des Bahndamms zerstückelt – wie ein in Zeitlupentempo ablaufender Film. Weizen stand in Garben oder war zum Trocknen über Feldraine gebreitet oder unter den Bäumen am Ufer.

Der Frühling neigte sich dem Ende zu; die Zeit des Sommergetreides brach an. Zwischen dem Weizen reckten sich die jungen Reispflänzchen behaglich in ihren Saatbeeten. Der Wind rauschte durch die offenen Fenster. Ich döste, den Kopf auf den Arm gelegt, vor mich hin, spürte den Windzug, das Surren des Ventilators, den Geruch von Alkohol und das gleichmäßige Rattern der Räder. Aber eine Hand auf meiner Schulter ließ mich aufschrecken, ein Mann in Uniform kontrollierte die Fahrkarten. Nachdem er meine einer sorgfältigen Prüfung unterzogen hatte, fuchtelte er wild mit den Armen, und ein Wortschwall ergoß sich über mich. Da ich annahm, daß er mein preiswertes, chinesisches Ticket beanstandete und einen Aufpreis forderte, überhörte ich ihn geflissentlich, täuschte Unverständnis vor, aber das herbeigeholte, englischsprachige Mädchen konnte ich nicht länger ignorieren.

«Der Genosse bittet Sie in das Schlafzimmer», übersetzte sie mir.

Wie oft hatte ich schon auf langen Zugfahrten Schlange gestanden, um in den Genuß einer Pritsche zu gelangen, manchmal vierundzwanzig Stunden darauf gewartet, in anderen Fällen überhaupt keine bekommen, wenn die Schlafwagenabteile voll waren und wichtigtuerische Regierungsbeamte Vorrang hatten. Und jetzt bot man mir zum erstenmal ein Bett an, und ich konnte es nicht bezahlen.

«Mei you qian», erklärte das Mädchen den Reisenden, die uns umringten und überrascht schienen. Ich dachte, damit sei der

Fall erledigt, aber mein Nachbar mit der Flasche kritzelte eifrig etwas auf einen Briefumschlag, kaute an seinem Bleistift, legte die Stirn in Falten. Er überlegte, schrieb, reichte mir den Umschlag. «Hir ist Bet», stand darauf. Ich lehnte dankend ab. An Bahnhöfen riefen Menschen durchs Fenster, daß es noch Betten gäbe, aber ich fühlte mich wohl, wo ich war, müde genug, um im Dritte-Klasse-Abteil schlafen zu können, und zog es vor, meine letzten Stunden mit dem «gemeinen Volk» zu genießen, statt mit den Privilegierten im Schlafwagen.

Im Landesinnern hatte man die Felder bereits für den Sommerreis überflutet. Doch obgleich alle Voraussetzungen erfüllt waren, um das archetypische chinesische Landschaftsbild entstehen zu lassen – Reis und Bambus, Dörfer und Teiche, Bauern in Blau –, fehlte dem Land, verglichen mit Szetschuan und Fujian, die Seele. Man hatte die Felder in ein künstliches Netz aus Entwässerungsgräben eingefügt. Vorbeimarschierende Hochspannungsmaste ließen Dörfer verschwindend klein erscheinen. Häuser mit Flachdächern schossen zwischen den traditionellen, ziegelgedeckten aus dem Boden. Gemüsegärten folgten, wir näherten uns einer Stadt.

«Wir werden in Kürze Songjiang erreichen», verkündete die geisterhafte Stimme. «Benutzen Sie nicht die Toilette während unseres Aufenthalts im Bahnhof. Aussteigende sollten den Zug verlassen, sobald er hält. Nehmen Sie Ihr gesamtes Gepäck mit, und Vorsicht beim Aussteigen! Wir haben in Songjiang sieben Minuten Aufenthalt.» Menschen, mit Säcken vollgepackt, krabbelten aus dem Zug, gefolgt von der Hälfte der Weiterreisenden, die sich aus Langeweile auf Essenssuche begab. Mädchen in weißen Baumwolljacken standen in regelmäßigen Abständen auf dem Bahnsteig und verkauften gedämpfte Brötchen und Obst.

An jeder neuen Station drängelten sich mehr Menschen in den Zug, kletterten mühsam über Kisten und Körbe im Gang und erkundigten sich in jedem Abteil eifrig: «Ist dieser Platz noch frei?» Nach jedem weiteren Halt wurden die Verhaltensregeln erneut bekanntgegeben. «Setzen Sie sich hin. Versperren Sie nicht die Gänge, halten Sie die Türen frei, nehmen Sie keinen unnötigen Platz ein. Stellen Sie Ihr Gepäck nicht auf den Sitz oder auf den Boden, und hängen Sie es auch nicht an die Kleiderhaken, verstauen Sie es im Gepäcknetz. Wenn Sie zur Toilette gehen, passen Sie auf Ihr Eigentum auf. Wenn Ihre «kleinen Freunde» austreten müssen, führen Sie sie zur Toilette, und lassen Sie sie nicht den Boden verschmutzen. Lassen Sie Ihre kleinen Freunde nicht alleine ein- oder aussteigen ...»

Die Instruktionen nahmen kein Ende. Inzwischen hatte sich ein Mann mir gegenüber niedergelassen und musterte mich interessiert. Für einen Chinesen war er recht groß, trug das Haar seitlich gescheitelt, ein schweres Brillengestell und war mit der sommerlichen Einheitskleidung aus hellgrauer Hose und kurzärmeligem Hemd bekleidet. Meine einsilbigen Antworten auf seine Fragen schien er erwartet zu haben, denn prompt erkundigte er sich, warum Engländer sich im Zug so ungesellig verhielten und sich immer hinter einer Zeitschrift verbargen. Er hingegen, bemerkte ich, der aus dem mehr als tausend Kilometer entfernten Xian stammte, war innerhalb kurzer Zeit mit drei völlig Fremden in ein Kartenspiel – eine Art Rommé – vertieft.

Zahlreiche Männergrüppchen im Abteil spielten Karten, alle dasselbe Spiel, nach altbekannten Regeln. Andere ordneten ihr Gepäck neu oder schlurften den Gang hinunter, um ihre Teetasse mit heißem Wasser aufzufüllen, oder sie standen neben ihrem Sitz, um ihr Hinterteil zu entspannen. Im hinteren Teil des Wagens versohlte eine Mutter ihr schreiendes Kind zur knisternden, verzerrten Hintergrundmusik der Nußknacker-Suite. Das dünne Mädchen neben mir mit ihrem spitzen, verkniffenen Gesicht strickte an einem grellgelben Läppchen. Ihre Nadel pikste meinen Ellbogen; zwischen den einzelnen Reihen knabberte sie eingelegten Kohl. Drei Bauernmädchen saßen nebeneinander, weich und rund, ihre schlammbespritzten Socken ruhten zwischen Oberschenkeln auf den gegenüberliegenden Plätzen, während sie an Zuckerrohrstangen nagten und den Abfall in Richtung Boden spuckten. Aus den Lautsprechern erscholl jetzt ein taiwanischer Schlager, und die Mädchen trällerten mit vollem Mund, allerdings nicht die Melodie aus Taiwan, sondern ihr eigenes Lied, das sie von einem Notenblatt ablasen, mit dem sie später abwechselnd beim Schlafen ihr Gesicht bedeckten. Die übrigen Mitreisenden waren Männer, allein oder in Gruppen, jung oder in mittleren Jahren, und zählten alle zu einer im Entstehen begriffenen, städtischen Mittelschicht. Frauen, Kinder, Bauern und Alte stachen als Individuen hervor, wohingegen die Männer als Kollektiv auftraten: sie aßen und tranken, spuckten und husteten, redeten und lasen, reichten Comics und Zeitschriften herum, studierten ihre Zeitungen, nahmen jedes Detail unter die Lupe, damit ihnen auch nichts entging, drehten und wendeten, blätterten und falteten.

Und rauchten. Bereits um die Jahrhundertwende erfreute sich das Rauchen, dank der British-American Tobacco Company, beim Volk zunehmender Beliebtheit. 1984 war die Mehrheit der chinesischen Männer zwanghafte Raucher, was sich auf einer Zugfahrt als besonders lästig erwies. Glücklicherweise durfte ich als Frau eine mir angebotene Zigarette ablehnen, ohne mein Gegenüber zu kränken und seine Hoffnungen auf eine Kent oder Marlboro als Gegenleistung für seine Pfau oder Doppeltes Glück zu zerstören. Welche Anstrengungen die Regierung durch Anti-Raucher-Kampagnen im Radio oder in Zeitungen auch unternahm und wie sehr Ehefrauen sich beschwerten, mit Ausnahme einer kleinen Minderheit von Intellektuellen richtete sich niemand danach. Auf langen Bahnreisen stellten mich diese gelangweilten und gestreßten Kettenraucher auf eine harte Geduldsprobe.

«Ich persönlich rauche nicht», versicherte mir der Mann aus Xian, ein eingefleischter Intellektueller, nachdem er sein Kartenspiel beendet und meinen Unmut bemerkt hatte. «Die Regierung sagt, es sei gesundheitsschädlich, und meine Frau meint, wir könnten es uns nicht leisten.»

Ich erfuhr nie seinen Namen. Er befand sich, bezeichnenderweise, auf der Rückreise von einer Konferenz über Luftverschmutzung und war mit fünfunddreißig Jahren Experte auf diesem Gebiet. Ich blickte mich in dem stickigen, überfüllten Abteil um. «Was glauben Sie, wohin all diese Menschen wollen?»

Ich hoffte, nicht allzuweit. In einem Land, wo man für alles die Erlaubnis seiner Einheit benötigte, überraschten mich die vollgestopften Züge stets aufs neue. Kaum jemand besaß genug Geld, um zu verreisen, selbst mit offizieller Genehmigung, und einen Brief der Einheit zu fälschen war äußerst gefährlich, obwohl es dennoch versucht wurde.

«Die meisten sind Geschäftsreisende», erwiderte der Mann aus Xian, «die wie ich an Konferenzen teilnehmen oder Material und Geräte einkaufen oder ihre Erzeugnisse verkaufen. Die drei, mit denen ich Karten gespielt habe, gehören einem Kollektiv in Kanton an, und da sie nicht vom Staat angestellt sind, können sie reisen, wohin sie wollen. Vielleicht fahren auch manche in Urlaub oder besuchen Verwandte oder Freunde. Nach zehnjähriger Arbeit für die Einheit hat man inzwischen alle zwei Jahre Anspruch auf einen Monat Urlaub.»

Nach wie vor genossen ausschließlich Männer bestimmte Freiheiten: sie waren es, die tranken, rauchten, Karten spielten, sich in Restaurants trafen, sich im chinesischen Fingerspiel maßen und mit der Bahn reisten. «Warum gibt es hier so wenig Frauen?» fragte ich ihn.

«Wir glauben nicht, daß Frauen das nötige Verkaufstalent besitzen. Die meisten Frauen sind im Dienstleistungsgewerbe beschäftigt, im Verkehrswesen, der Lebensmittelbranche und in der Leichtindustrie. Aggressivität und Durchsetzungsvermögen widersprechen der weiblichen Natur.» Solche Offenbarungen verblüfften mich immer wieder – besonders im Land der Kranführerinnen.

Da Chinesen bis vor kurzem kaum Gelegenheit zum Reisen gehabt hatten, fragte ich mich, ob es für sie wohl etwas Besonderes darstellte. Nach meinem viermonatigen Aufenthalt in China betrachtete selbst ich die vorbeiziehende Landschaft weit weniger interessiert als am Anfang, aber die Chinesen schenkten ihr kaum Beachtung, blickten nur ab und zu geistesabwesend in die Ferne.

«Zumindest ist das Reisen eine willkommene Abwechslung zur Monotonie des Alltags. Diese Hartsitz-Abteile sind allerdings nur eine Weile bequem, dann verliert sich der Reiz des Neuen schnell.» Er grinste mich verschwörerisch an, verlagerte sein Gewicht und zog einen Fuß auf den Sitz. Ich erinnerte mich an den Arzt in Chengdu, der mich geheilt hatte. «Ich will *nirgendwohin* fahren», hatte er entschlossen erklärt, allein bei dem Gedanken schienen seine ganzen Lebensgeister zu schwinden. «Es ist mir zu anstrengend.»

Der Mann aus Xian spreizte seine Zehen. Seine Augen schweiften durch das Abteil. «Selbst die Bauern reisen heutzutage», sinnierte er, «besuchen ihre Verwandtschaft und besichtigen Sehenswürdigkeiten.» Während er sprach, kam eine Bauernfamilie schweigend den Gang entlang, ein Mann, zwei Frauen und ein Kind, auf der Suche nach einem Fleckchen zum Niederlassen. «Sehen Sie sich den Unterschied an!» Ein gewisser Stolz schwang mit. «Sie tragen Nylonhemden und Polyesterhosen und nichts Geflicktes mehr.» Ich nahm an, daß es dieser Familie relativ gutging; ihre bäuerliche Herkunft war dennoch unverkennbar, zeigte sich an den rotwangigen Gesichtern, dem zerrupften Haarschnitt, der Bescheidenheit, die ihre Mienen widerspiegelten. «Gerade eben», fuhr er fort, «habe ich Bauern auf dem Feld entdeckt, die Hüte aus Synthetik aufhatten! So etwas habe ich noch nie gesehen!»

«Können Sie immer vom Äußeren der Menschen auf ihre Stellung schließen? Können Sie zum Beispiel zwischen Kadern unterscheiden?» wollte ich von ihm wissen. Selbst niedere Kader umgaben sich mit einem Mythos, legten ein Gehabe an den Tag, das unteren Beamtenkreisen im Westen fremd war.

«Normalerweise erkenne ich die Höhergestellten an ihrer Kleidung und ihrem Benehmen, aber man würde sie nicht im Hartsitz-Abteil antreffen.»

Ich erkannte sie ebenfalls: an ihrer korpulenten Erscheinung, den hochgeknöpften Anzügen aus erstklassigem Material, den Füllfederhaltern und schwarzen Plastikreisetaschen und den von Nikotin bräunlich verfärbten Fingern. Und manchmal blickten sie durch einen hindurch, als wäre man gar nicht vorhanden.

«Die niederen Kader lassen sich nicht so leicht ausmachen, sie sehen aus wie alle anderen. In unserem Wagen sitzen vielleicht fünf von, schätzungsweise, über hundert, aber ich bezweifle, daß ich sie ausfindig machen könnte. In letzter Zeit rekrutierte die Partei zunehmend jüngere Leute. Früher dagegen gab es ausschließlich ältere, unqualifizierte Kader. In gewisser Hinsicht weist die kürzliche Kurskorrektur der Partei Ähnlichkeiten zur Kulturrevolution auf. Damals wie heute wurde die Jugend dazu ermutigt, Dinge in Frage zu stellen und zu kritisieren, sich politisch zu engagieren und am Demokratisierungsprozeß teilzuhaben.»

Damit gab er mir das Stichwort, auf das ich gewartet hatte. Außerhalb ihrer Einheiten waren die Menschen entspannter, weniger vorsichtig in dem, was sie erzählten. Und im Zug hatte man unendlich viel Zeit. Niemand war in Eile, und außer uns sprach keiner Englisch. «Demnach hatte die Kulturrevolution nicht nur negative Auswirkungen?»

«Die Kulturrevolution war eine kritische Überprüfung bestehender Vorstellungen, eine Chance, seine Meinung zu äußern; sie enthüllte die weitverbreitete Unzufriedenheit der damaligen Zeit. Sie zielte darauf ab, Konterrevolutionäre und deren Ideen auszurotten, den Bauern und Arbeitern Selbstbewußtsein einzuflößen und die Etablierung einer wachsenden Elite zu verhindern. Junge Menschen wurden dazu angespornt, sich den Roten Garden anzuschließen, die letzten Überreste bürgerlichen Individualismus auszumerzen und den schwindenden revolutionären Eifer wieder aufleben zu lassen.»

Er spulte die üblichen kommunistischen Klischees ab. «Aber das kostete euch zehn Jahre eures Lebens!» wandte ich ein.

«So sehen wir das nicht. Die Revolution war nötig, weil viele die sozialistischen Ziele aus den Augen verloren hatten und anfingen, den Staat zu kritisieren. Veränderung bedeutet immer einen Schritt nach vorn. Unsere Geschichte reicht viertausend Jahre zurück, unsere ganze Zukunft liegt vor uns. Wie ich bereits sagte, der Ansatz war richtig. Die Menschen wurden aufgerüttelt, gezwungen, nachzudenken und zu hinterfragen, wovon sie bislang überzeugt waren. Kinder verließen die Schule und zogen in Trupps der Roten Garde durchs Land, riefen die Revolution aus. Fabriken stoppten die Produktion, und Arbeiter diskutierten mit der Betriebsleitung über politische Verantwortung und Moral, lernten, die Rechte und Pflichten eines demokratischen Systems wahrzunehmen. Praktische Ärzte wurden aufs Land geschickt, um die Bauern als Barfußärzte auszubilden. Büroangestellte bearbeiteten die Felder und nahmen sich die Anspruchslosigkeit der Landbevölkerung zum Vorbild. Damit nicht genug: Dank der Kulturrevolution wurden Tausende neuer Schulen und Krankenhäuser auf dem Land errichtet.

Ich denke gern an diese Zeit zurück. Von Idealismus beflügelt, reisten wir durchs Land, und die Menschen nahmen uns freudig auf. Die heutige Generation beneidet uns um unsere damalige Freiheit und unser aufregendes Leben.»

Ausländischen Besuchern fiel es oft schwer, den Fanatismus der Massen zu begreifen, der die sozialen Umwälzungen der Kulturrevolution auslöste. Sie verkannten die Kritik an Mao als etwas besonders Ehrliches und Mutiges, statt darin die gegenwärtige Linie der Partei zu erkennen. Im derzeitigen politischen Klima wurde die Kulturrevolution als durch und durch schlecht verurteilt und der sogenannten Viererbande die alleinige Schuld für das geschehene Unheil angelastet. Obgleich die Viererbande in Ungnade gefallen war, besaß sie dennoch viele Anhänger, die sich hüteten, offen ihre Meinung zu äußern. Diejenigen, die der Mao-Ära nachtrauerten, wurden in Säuberungsaktionen ausgesondert und in Gefängnisse gesperrt.

Seit 1976, dem Sturz der Viererbande, hatte sich die Lage so entspannt, daß pausenlos die Vorschriften mißachtet wurden, ohne daß dies Konsequenzen nach sich zog. Es war verboten, Tiere im Zug mitzuführen, und doch war ein Kätzchen unter meinem Sitz festgebunden (glücklicherweise gab unser «blaues Mädchen» vor, nichts zu bemerken, als sie durch die Abteile ging, um die Handtücher wieder ordentlich zusammenzulegen). An den Bahnhöfen hingen Plakate, die den Transport von explosiven Stoffen untersagten und verstümmelte Fahrgäste mit blutverschmierten und durch Verbrennungen entstellten Gesichtern abbildeten, aber niemand kümmerte sich darum. Als der Kontrolleur auftauchte, verschwand eine Anzahl Reisender klammheimlich aus dem Abteil. Ich fragte den Mann aus Xian danach.

«Wahrscheinlich werden sie erwischt», vermutete er. Und tatsächlich hörten wir später, daß die Kontrolleure nicht wenige aufgegriffen hatten, die sich in Kohlenischen verkrochen, neben Wasserbehälter gekauert und in Klos versteckt hatten. «Schwarzfahren ist ein großes Problem», erklärte der Mann aus Xian. Das wunderte mich nicht, denn der Preis meiner Fahrkarte nach Kanton entsprach dem halben Monatslohn eines Chinesen, betrug ebensoviel wie ein guter, neuer Mantel.

Wir verfielen in Schweigen, und ich schaute mich im Abteil um. Unser «blaues Mädchen» näherte sich wieder mit ihrem Besen, einen Berg von Mandarinenschalen, Hähnchenknochen und Eierschalen, Hülsen von Sonnenblumenkernen und Zigarettenkippen, Papier und Plastik, Lehm und Staub vor sich her schiebend, dem sie aus jeder Sitzreihe zusätzliche Häufchen hinzufügte. Danach wiederholte sie die Prozedur mit Scheuerlappen und kaltem Wasser, und als Krönung ihres Auftritts spuckte sie auf den Boden und verwischte alles langsam mit ihrem Schuh.

Zwei Neuankömmlinge hatten auf der Bank gegenüber vom Gang Platz genommen, ein gesprächiger Mann und ein Mädchen mit goldenem Teint, das an seinen Lippen hing. Ich beobachtete, wie er die Teebecher der anderen Fahrgäste beiseite schob, Papier ausbreitete und ein komplettes Hühnchen, mit Kopf und Krallen, hervorholte. Er riß an den Flügeln und nagte an den Knochen. Das Fett lief ihm über das Hemd und spritzte auf den Boden. Das Mädchen knabberte vornehm am Essen; in ihrer Gestik und Mimik schwangen sexuelle Andeutungen mit.

Ich dachte an die Uferpromenade in Shanghai, wo sich Tausende von Liebespaaren tummelten, an der Kaimauer lehnten, sich wie Sardinen auf die Parkbänke drückten, sich hinter Büschen versteckten, sich ihrer Zweisamkeit hingaben – aber die beiden hier verhielten sich anders. Die übrigen Fahrgäste würdigten das Paar keines Blickes, sondern vertieften sich in ihre

Heftchen über Handlesekunst oder schenkten ihre ganze Aufmerksamkeit den Riemen an ihrem Gepäck oder richteten sie auf etwas, das möglicherweise herunterfallen könnte . . .

Nachdem die beiden ihren Hunger gestillt hatten, machten sie es sich zu einem Nickerchen gemütlich. Sie saßen eng umschlungen da, scheinbar der Bequemlichkeit wegen, aber offensichtlich konnten sie nicht voneinander lassen. Sie legte ihren Kopf in seinen Nadelstreifen-Schoß, und seine Hand umschloß ihr rundes Hinterteil. Sie benahmen sich völlig ungezwungen, so als wären wir anderen blind.

«Ihr Verhalten ist doch ungewöhnlich, oder?» bemerkte ich zu dem Mann aus Xian. Nachdem ich ihm einen Vorwand geliefert hatte, betrachtete er sie eingehend mit nachdenklicher, unbewegter Miene. Dann zuckte er die Schultern und wandte den Blick ab. «Vielleicht sind sie auf der Hochzeitsreise.»

«Wie gehen die anderen damit um?»

«Es ist ihnen peinlich. Austausch von Zärtlichkeiten sollte auf das Privatleben beschränkt bleiben. In der Öffentlichkeit sollten Männer und Frauen eine gewisse Distanz zueinander wahren.»

Die konfuzianischen Anstandsregeln verlangten, daß sich Vertreter beiderlei Geschlechts in Gegenwart Dritter nicht berührten, sondern Haltung bewahrten und ihre Gefühle verbargen. Noch immer beeinflußte der konfuzianische Moralkodex die Gesellschaft, und viele empfanden selbst Händeschütteln als unangenehm.

«Und wenn es westliche Touristen wären?» Ich hatte schon oft gesehen, daß diese sich weit schamloser aufführten, «oben ohne» badeten und sich in aller Öffentlichkeit küßten.

«Das macht keinen Unterschied.»

Dieses «Intermezzo» vermochte keineswegs meinen positiven Gesamteindruck von chinesischer Höflichkeit, taktvollem Benehmen und Zurückhaltung zu trüben. Die gegenseitige Rücksichtnahme vermittelte ein Bild von einer einzigen großen Familie und mir als Adoptivtochter. Doch der Schein trog.

Ein Knacken im Lautsprecher lieferte den Auftakt zum Mittagessen. Allgemeines Kopfrecken und Ohrenspitzen, erwartungsvolles Gemurmel. Vierzehnmal wurde die Speisekarte wiederholt: geschmortes Schweinefleisch 1 Yuan, Hammelfleisch und Kohl 1 Yuan 2 Jiao, Tofu und Wurst 8 Jiao, Reis 1 Jiao. Die Erfahrenen deckten sich bei einem Händler am Bahnsteig mit gedämpften Klößchen und Eiern ein. Der Rest verschlang in Windeseile die abgepackten Gerichte, schaufelte den Reis gierig in sich hinein und warf die Schachteln aus dem Fenster, wo eine dürre, alte Frau in bäuerlichem, abgerissenem Schwarz flink umhereilte, um sie aufzulesen und sie ordentlich gefaltet in ihrer Tasche zu verstauen. Kein Staatsangestellter würde mit einer solchen Gewissenhaftigkeit seine Arbeit verrichten. Ich gab ihr ein paar Eier, die sie in ihre Schürze stopfte, und befragte den Mann aus Xian nach ihr.

«Keine Ahnung», erwiderte er. «Ich habe noch nie jemanden gesehen, der Kartons sammelt.» Die Chinesen wünschten nicht, daß man die im Land herrschende Armut und Bedürftigkeit an die große Glocke hängte, ganz gleich, ob sie davon wußten oder nicht.

«Vielleicht verwendet sie sie zum Heizen?» schlug ich vor. «Oder verkauft sie an eine Recycling-Kooperative?» In Ermangelung einer befriedigenden Antwort forschte ich weiter.

«Wir können uns Sozialhilfe noch nicht leisten», gab er schließlich zu. «Die Partei sieht ein, daß viele Probleme bislang ungelöst sind, daß Perfektion kaum erreicht werden kann. Aber das ist kein spezifisch chinesisches Problem. Bettler gibt es fast in jedem Land. Zur Zeit muß jede Familie selbst für ihre Mitglieder Sorge tragen.»

«Und wenn die Familie arbeitslos ist?» Vor allem in den Städten gab es Millionen von Arbeitslosen, hauptsächlich Schulabgänger und Landflüchtige.

«Etwas Vorübergehendes läßt sich immer finden», behauptete er vage und mit der gleichgültigen Miene eines Mannes, der sich nicht darum zu kümmern braucht. «Im Winter gibt es Arbeit in den Heizkellern, und im Sommer kann man Eis am Stiel verkaufen. Bei gutem Wetter verdient ein Eisverkäufer mehr als ein Lehrer. Er meldet sein Gewerbe an, kauft das Eis im Großhandel ein und macht einen Profit von einem halben Fen (entspricht etwa einem Viertel Pfennig) pro verkauftem Stück. An einem einzigen Tag könnte er leicht drei Yuan verdienen, und außerdem bezahlt er kaum Steuern.»

Viele Chinesen kehrten Bettlern den Rücken zu, wie dem Leprakranken, den ich in Kanton gesehen hatte, dessen Gesicht wie ein Sack zur Taille herabhing, und den Obdachlosen, die im Müll wühlten, und den abseits gelegenen Slums von Shanghai, wo sich enge Gäßchen zwischen winzigen Baracken aus Lehm, Holzlatten und Plastikplanen hindurchschlängelten und es unvorstellbar schien, daß dort Menschen lebten; sie weigerten sich, diese Zustände zur Kenntnis zu nehmen, betonten statt dessen, daß jeder Willige Arbeit finden könnte.

Der Mann aus Xian hatte sein Mittagessen beendet und schälte einen Apfel. Die Chinesen schälten einfach alles, viertelten eine Orange und saugten sie aus, so daß ihre Lippen nicht mit der gespritzten Schale in Berührung kamen. Draußen vor dem Fenster huschten die gepflegten Felder in verschwommenem Grün vorbei. Knöcheltief im Wasser, die Hosenbeine bis zum Oberschenkel hochgekrempelt, Arme und Beine von Schlamm bedeckt, widmeten sich die Bauern unter ihren Strohhüten dem eigenen Stückchen Land, verteilten Fäkalien oder Kunstdünger, fühlten zwischen ihren Zehen nach Unkraut und rissen es mit langen Stangen heraus.

In China vollzogen sich drei Revolutionen gleichzeitig: Unter Maos Herrschaft kam der Schwerindustrie die größte Bedeutung zu, wohingegen die nahe Zukunft von Computern regiert werden dürfte. In der Zwischenzeit arbeitete die Landwirtschaft, mit Ausnahme einiger staatlicher Betriebe, weiterhin nach steinzeitlichen Verfahren.

Darin lag, wenngleich unbeabsichtigt, eine gewisse Methode. Da ein Bauer mit Maschinen mehr Getreide produzierte als mehrere hundert, die das Land mit der Hand bestellten, hätte die Mechanisierung Massenarbeitslosigkeit zur Folge. Aber der Mann aus Xian schüttelte den Kopf. «Einen Großteil ihrer Ernte verzehren die Bauern selbst, so daß trotz höherer Erträge nichts geschieht. Chinas Wirtschaftspolitik zielt darauf ab, die Infrastruktur zu verbessern und die aus der Landwirtschaft freigesetzten Arbeitskräfte in den neuen ländlichen Fabriken unterzubringen, um Dengs ehrgeizigen Plan zu realisieren, die Produktion von Industrie und Agrarwirtschaft zwischen 1980 und dem Jahr 2000 zu vervierfachen. Das ist es, was die Bauern wollen. Sie gründen Kollektive, die von der zentralistischen Planwirtschaft unabhängig sind.»

«In England werden im industriellen Sektor ebenfalls Arbeiter durch Maschinen und Computer ersetzt. Manche sehen die einzige Alternative in intensivem Ackerbau und kleinen handwerklichen Betrieben und ziehen aufs Land.» China müsse auf der Hut sein, warnte ich ihn, aber dem Mann aus Xian schien das alles zu fremd und unverständlich, um es überhaupt in Erwägung zu ziehen. Er kratzte sich am Kopf und schaute verwirrt drein. Im Grunde war es weit einfacher, sich dem allgemeinen Trend zur Mechanisierung anzuschließen, diesem fast instinktiven, menschlichen Bedürfnis freien Lauf zu lassen.

Die Chinesen liebten ihre Industrie abgöttisch. Sie waren stolz auf ihre Fabriken und gleichgültig gegenüber dem Smog. Industrie bedeutete Fortschritt. «Wir haben die Industrialisierung vollbracht, ohne die verhängnisvollen Begleiterscheinungen wie Ausbeutung, soziale Unruhen, mangelnde Versorgung und Arbeitslosigkeit in Kauf nehmen zu müssen, die die industrielle Revolution anderswo hervorgerufen hat.»

Ich stimmte ihm zu. «Aber wie steht's mit der Luftverschmutzung? Schrecklich!» rügte ich ihn. «Die Luftverschmutzung in euren Städten übersteigt jedes westliche Vorstellungsvermögen.» In Wuhan betrug sie ein Sechzehnfaches der in den USA erlaubten Höchstgrenze. In Kunming blickte ich vom Hotel auf einen qualmenden Fuhrpark. Die Luftverschmutzung war für Lungenerkrankungen verantwortlich, meine eigene eingeschlossen. Die städtischen Abwasserkanäle stanken widerlich. Selbst das Land wurde von den Gasen ungeklärter menschlicher Exkremente heimgesucht. Saubere Luft war wie eine kostbare Perle. «Was kann man dagegen tun?» forderte ich ihn auf.

Wenn der Reis fehlt …

… kann auch die geschickteste Hausfrau nicht kochen, sagt man in China. Das ist vergleichbar mit unserem «Wo nichts ist, da kann nichts werden».

Wo aber etwas ist, da kann viel daraus werden – wenn man es sachgerecht auspflanzt wie den Reis oder vorteilhaft anlegt wie das Geld.

«Bis zum Jahr 2000 wird sich China zu einer modernen Industrienation entwickelt haben», erwiderte er. Dies war das erklärte Ziel Dengs neuer Politik, die «Vier Modernisierungen» von Landwirtschaft, Industrie, Landesverteidigung und Wissenschaft und Technologie. Aber nur wenige glaubten, daß er seine Neuerungen würde durchsetzen können. «Um etwas Lohnenswertes zu erreichen», fuhr er zögernd fort, sein Blick schweifte in die Ferne, «muß man viel erdulden.» Ein zeitgenössisches *yin-yang*-Syndrom? Oder diente ihm diese Platitüde als bequeme Rechtfertigung? «China muß diese Entwicklungsphase ebenso durchleben wie westliche Nationen vor uns. Wir können es uns in diesem Stadium nicht leisten, unsere Mittel zur Bekämpfung der Umweltverschmutzung einzusetzen.» Ich hatte allerdings bereits erste, wenngleich sehr minimale Anzeichen eines wachsenden Umweltbewußtseins entdecken können: auf einem Plakat war eine Schar weißer Gänse abgebildet, die durch einen rauchenden Fabrikschornstein flog und schwarz wieder zum Vorschein kam. «Was wir tun können», sprach er weiter, «ist, Fabrikanlagen und Arbeiter in ländlichen Gegenden anzusiedeln, zumindest als Übergangslösung.»

«Welchen Sinn sollte es haben, die Luftverschmutzung lediglich über ein größeres Gebiet auszudehnen?»

«Im Moment ist das unerläßlich. Aber langfristig gesehen, wird die Verschmutzung zurückgehen.»

«Wie steht es mit den Arbeitern? Was halten sie von der Umsiedlung?»

«Nehmen wir ein Beispiel: im Nordosten von China hat man eine neue Industriestadt für einhunderttausend Einwohner errichtet. Manchen gefällt es dort, andere würden lieber wieder in ihre beengten Wohnungen und zu ihrer Verwandtschaft zurückkehren. Außerdem vermissen sie in den Satellitenstädten das kulturelle Leben. Wir Chinesen lieben alles Neue. Wir durchsuchen die Kaufhäuser nach den neuesten Artikeln. Wir durchstöbern die Buchläden nach neuen Übersetzungen oder neuen chinesischen Werken. Wir wollen die neuesten Platten kaufen, die neueste Mode tragen, die Erstaufführung eines Filmes sehen, und das ist nur in Großstädten möglich. Aber gleichzeitig platzen diese aus allen Nähten, und meiner Meinung nach müssen neue Städte auf dem Land entstehen.»

«Wie steht es mit der Wirtschaftlichkeit? Ist es nicht rentabler, die Produktion auf wenige, große Zentren zu konzentrieren, statt sie über das ganze Land zu verteilen und dadurch zusätzliche Maschinen zu benötigen und wertvolle Ressourcen zu vergeuden?»

«In einem Land wie England vielleicht», entgegnete er. «Chinesische Überlegungen müssen davon ausgehen, was für das Volk gut ist und wie die Verhältnisse in unserem Land aussehen. Auf Grund mangelnder Verkehrsverbindungen und unzureichender Energieversorgung müssen wir vor Ort produzieren. Wir müssen unsere Städte im Osten entlasten und in den kleinsten Dörfern Arbeitsplätze schaffen. Das nennt man ‹mit zwei Beinen gehen›, gleichzeitig große und kleine Projekte fördern.»

Es gab noch einen weiteren Grund, die Industrie auf das Land zu verlagern. Jahr für Jahr wanderten Zehntausende von Chinesen in die Städte ab, einige auf legalem Weg, andere durch Bestechung eines Kaders, die meisten jedoch ohne Aufenthaltsgenehmigung. Es waren vorwiegend heimkehrende Jugendliche, die aufs Land geschickt worden waren, oder Bauern, die in der Stadt Arbeit finden und ein neues Leben beginnen wollten. Innerhalb der kommenden fünfzig Jahre würde sich in einigen ländlichen Gebieten ein dramatischer Wandel vollziehen: Mechanisierung der Landwirtschaft, neu errichtete Satellitenstädte und in Industriekooperativen beschäftigte Bauern. Durch die allmähliche Reprivatisierung der Fabriken lag die Verantwortung bei den Bauern selbst, handwerkliche Betriebe und Kooperativen zu gründen.

Der Mann aus Xian lehnte sich zurück und schloß die Augen. Doch nicht lange. Jemand tippte ihn an den Ellbogen und wollte wissen, was er mir, einer Ausländerin, erzählt habe. Er erläuterte unsere Diskussion, wenngleich in abgeschwächter Form, während ich meine Aufmerksamkeit der untergehenden Sonne zuwandte. Jedesmal, wenn ich hinausschaute, kam mir der Wind wärmer, der Reis höher und die Landschaft grüner vor. Im sanften Abendlicht fuhren wir Kilometer über Kilometer an Bienenstöcken vorbei, die die Bahngleise säumten und von Bienen umschwirrt wurden. Im Bahnhof stand auf einem Nebengleis eine ganze Ansammlung offener Güterwaggons mit hoch aufgetürmten Bienenstöcken und den Bienenzüchtern obendrauf, ungeschützt und unbekümmert mit ihren Kochtöpfen und Fahrrädern inmitten der summenden Bienenschwärme. «Das ist eine Tätigkeit für Spezialisten und risikoreich dazu», bemerkte der Mann aus Xian, der meinem Blick gefolgt war. «Eine Familie kann damit ein Vermögen verdienen oder auch alles verlieren. Viele Landbewohner haben sich auf die Bienenzucht verlegt und ziehen den ganzen Sommer über von Ort zu Ort und folgen der Blütezeit. Manche wandern an die dreitausend Kilometer weit.»

Der Tag glitt in die Dämmerung über, die Dämmerung in die Nacht. Bei Einbruch der Dunkelheit war das Abteil so überfüllt, daß man sich nicht mehr bewegen konnte. Menschen standen im Gang, lehnten sich an diejenigen, die am Rand saßen, traten ihnen auf die Zehen. Einige hatten sich kleine Hocker mitgebracht oder kauerten in den Ecken oder thronten auf Tragestangen zwischen den Sitzen oder lagen auf Zeitungen. Mahlzeiten fielen aus; Teewasser kam nicht durch. Niemand benutzte das Klo, man kletterte an den Bahnhöfen durchs Fenster. Abfall häufte sich an, ausgelaugte Teeblätter lagen wie angeschwemmter Seetang neben den Bechern, die Fenster waren geschlossen, und die Luft stand vor Rauch. Unfähig, ein Auge zuzutun, nahmen die Männer ihr Kartenspiel wieder auf, und das Licht blieb die ganze Nacht über an.

Der Himmel draußen war klar. Sterne blitzten an seiner pechschwarzen Kuppel. Ein sichelförmiger Mond flackerte durch die Bäume entlang der Gleise. Den Kopf auf den Tisch gestützt, schlief ich bis zum Morgengrauen.

«Heute ist Dienstag, der 23. Mai. Es ist sechs Uhr morgens, und wir beginnen sogleich mit unserem musikalischen Programm. Nudeln werden am Imbißwägelchen angeboten. In fünfzehn Minuten werden wir in Zhuzhou eintreffen. Fahrgäste nach Changsha, Wuhan und mit Ziel nach Norden sollten hier aussteigen und auf ihren Anschluß warten ...»

Alles reckte sich, gähnte, streckte die Arme aus, dankbar, nicht länger Schlaf vortäuschen zu müssen. Lieder ertönten in vollster morgendlicher Lautstärke, beliebte Schlager aus Hongkong und Taiwan, westliche Melodien in chinesischer Sprache und klassische Musik, schmachtend und sentimental. Die Lieder blieben stets gleich, fanden jedoch allgemeinen Anklang. Man summte vor sich hin, während man die Zahnbürsten zusammensuchte, das Gesichtshandtuch schnappte, über sämtliche Hindernisse im Gang kletterte und sich in die Schlange vor dem Klo einreihte. Wassergespritze über den Waschbecken, Gesichter wurden mit kalten, nassen Tüchern abgerubbelt, die danach ausgewrungen und trockengeschleudert wurden. Ein Gurgeln und Spucken. Fenster wurden aufgerissen, um Teeblätter hinauszukippen, Becher mit frischen Blättern aufgefüllt und mit kochendem Wasser überbrüht, Deckel festgeklemmt, damit sich das Aroma entfalten konnte, und schließlich folgte ein genußvolles, vorsichtiges Schlürfen des kochendheißen Gebräus. Zwei sich gegenseitig behindernde Schlangen kämpften sich durch den Gang, die eine mit Zahnbürsten, Teetassen und feuchten Handtüchern bewaffnet in Richtung Sitz, die andere auf dem Weg zum Nudelwagen.

Der Mann aus Xian stieg in Zhuzhou aus, fuhr von dort nach Wuhan, um seine Schwester zu besuchen, und dann zurück nach Xian. Unser Zug schwenkte nach Süden ab, über Hengyang, Zhenxian und Shaoguan nach Kanton.

Kurz bevor wir in Kanton ankamen, begannen die «blauen Mädchen» mit ihrem Frühjahrsputz. Wir hoben die Beine, schoben unsere Taschen zur Seite, standen auf, setzten uns hin, drückten uns dicht an die Sitzlehne, während der Boden wieder und wieder gewischt wurde, Wände und Tische mit einem Lappen abgeputzt und die Aschenbecher geleert wurden – ein einziges Gewusel um uns sieben herum, zwischen Kisten und Bündeln, Taschen und Körben hindurch. Draußen war das Land heiß und grün. Eine Frau saß im Schatten eines Baumes. In der

Abendschwüle welkte die Ernte dahin. Schlamm trocknete auf dem Rücken der Wasserbüffel. Tomaten reiften, Bambusrohr schoß in die Höhe, Kürbisse wucherten üppig, Bananenblätter rollten sich zusammen, Kiefern sprossen buschig in jungem Grün.

Allgemeines Getummel, Fertigmachen zum Aussteigen. Die Trägheit war verflogen, quietschvergnügt und lebhaft wurden die Türen mit Taschen verbarrikadiert.

Ich war wieder an meinem Ausgangspunkt angelangt.

Die Atmosphäre im *Government Service Workers' Hostel*, wo ich meine ersten zwei Wochen in China verbracht hatte, erkannte ich kaum wieder. Der Direktor des Hotels hatte seinen Anzug ausrangiert und statt dessen ein Paar schicker, weißer Shorts übergestreift. Ich erhielt das letzte Bett in einem riesigen Schlafsaal, der von roten und grünen Deckenlampen beleuchtet und von Ventilatoren gekühlt wurde. Rucksackreisende auf Asientour dösten träge in der Hitze vor sich hin. Rockmusik vermischte sich mit dem Geruch von Marihuana und Schweiß. Halbvolle Becher mit lauwarmem Tee klebten auf schmutzigen, mit Rändern übersäten Tischplatten. Abfallbehälter und Aschenbecher quollen über. Schmuddelige Kleider hingen schlaff von der Leine; Sarongs umhüllten sonnengebräunte Haut.

Am nächsten Morgen verließ ich China mit dem Rücken zur Fahrtrichtung. Ich wollte nicht gehen. Ich war entschlossen, wiederzukommen.

AUF DEM LAND

Im Oktober kehrte ich zurück. Ich hatte China in einem Hochgefühl verlassen – die Tage waren wie im Fluge vergangen. Von Kanton aus nahm ich das Nachtboot Richtung Westen nach Wuzhan und von dort den Bus über Hügel und Ebenen zu einem kleinen, an den Ufern des Flusses gelegenen Dorf, in den Bergen nahe Guilin, das ich Shuliang nennen werde.

Als ich in Shuliang eintraf, war es Winter. Die gezackten Bergspitzen, die schemenhaft zwischen den braunen Feldern aufragten, verloren sich im Nebelschleier der Unendlichkeit, verblaßten zu verzahnten Ketten matten Graus. Zitrusbäume betupften die Aquarell-Landschaft, und Vogelschwärme bekleckslen den Himmel wie Tintenspritzer. Häuser aus hellbraunen Lehmziegeln kauerten behaglich unter grauen Ziegeldächern. Bambusstengel knarrten, und das Blattwerk raschelte im kalten Winterwind.

Der im Herbst geerntete Reis lag in Schwaden zwischen den Kirchturmspitzen-Felsen, und die Blätter waren in später Reife dschungelgrün gefärbt. Der Bus kam unter einem großen, ausladenden Baum zum Stehen, von wo aus zahlreiche Wege und Pfade nach Shuliang hineinführten. Die Luft war klar, der Himmel blau; Vögel und Schmetterlinge schwangen sich empor und meine Stimmung mit ihnen. Ich durchquerte die Felder zu einem freundlichen Gästehaus, wo man mich mit Tee und netten Worten – statt mit Formularen – begrüßte, mein Gepäck entgegennahm und mein Zimmer vom Staub befreite. Im Hof befand sich ein Brunnen und in meiner Thermosflasche ein sandiger

Bodensatz. Aufgebrühte Algenfäden aus dem Fluß schwammen in meinem Tee.

Ich wanderte am Fluß entlang und betrat eine andere, lieblichere Welt, von Jahreszeiten und der Hände Arbeit bestimmt. Ich durchstreifte eine Landschaft mannigfaltigen Grüns: das goldene Grün der Reisfelder, das Smaragdgrün der Gemüsearten, das Lorbeergrün der Zitrusblätter, das beißende Grün des Schaums auf den Tümpeln, das unbestimmte Grün der Bambuswedel, das Nilgrün ferner Gipfel und das Schwarzgrün der Schatten. Der Fluß trieb träge in seinem Bett aus Kieselsteinen dahin, klar wie ausgespülte Weinflaschen, von Algen, fließend wie Ophelias Haar, durchzogen, von gigantischen Bambusfontänen umsäumt. Männer stakten ihre Flöße an Land und häuften ihre Ladung aus Seetang zum Trocknen an den Strand. Mädchen wuschen Rettichblätter im Wasser, Jungen ritten auf ungesattelten Büffeln.

In der angenehm kühlen Abendluft schlenderte ich durch die Dorfstraßen, an holzverschalten Häusern vorbei, wo alte Männer saßen und ihre Pfeife rauchten und Kinder herumpurzelten, deren schäbige, abgetragene Kleidung aus verblaßtem Rosa und schmuddeligem Grauweiß hinten einen Schlitz aufwies und den Blick auf den Po freigab. Durch die zurückgeklappten Läden wirkten die engen Gassen wie ein einziges Gewirr aus kleinen handwerklichen Betrieben: Seilmacher, Tischler, Schmied und Schneider, die emsig wattierte Baumwolljacken für den herannahenden Winter nähten. Dahinter verschwanden die Häuser mit ihren Innenhöfen und versteckten Kammern in geheimnisvollem Dunkel.

An Bootsbauern, Nudelherstellern, Kräuterdoktoren und Ständen mit kandierten Früchten vorbei, führte der Weg zum Strand hinunter, der von einem baumbestandenen Steilufer beschattet wurde. Ich schwamm durch Schlingpflanzen hindurch, weit hinaus zu den klaren, grünen Tiefen in der Mitte des Flusses. Jenseits der Biegung sah ich die Kormoran-Fischer mit ihren Flößen im Schatten der Kliffs. Sie wohnten am gegenüberliegenden Ufer, ihre Boote lagen im seichten Wasser vertäut, Flöße waren auf Steine gehievt, Fischnetze trockneten in der Sonne, deren gelbgrüne Strahlen sich über hohe, mit Gestrüpp bewachsene Felsen ergossen. Ein Stück weiter trockneten ein paar Menschen Persimonen, schälten sie, breiteten sie aus, schoben sie hin und her, drehten sie um, preßten sie zu flachen Scheiben, die im Sonnenlicht glänzten.

Ich schaute zu, wie die Sonne den Fluß entflammte, die Berge sich zu Silhouetten verdunkelten und der Himmel in den Tälern zwischen den Gipfeln aprikosenfarben glühte, bis er sich aubergine färbte und die Leute in den Booten ihre Paraffinlampen anzündeten, die Sterne hervortraten und die Nacht mich in sinnliches Samtschwarz einhüllte, denn ich konnte mich nicht von der Schönheit und Stille dieses vollkommenen Ortes losreißen.

Eines Morgens brach ich bereits in der Dämmerung auf und wanderte am Rand der silbrigen, taubenetzten Gemüseparzellen entlang. Reife Pomelos hingen gelb und prall am Baum, und Persimonen leuchteten kupfern vor dem Hintergrund der tiefgrünen, im Schatten liegenden Felder. Der Pfad tauchte in hoch aufragendes Zuckerrohr ein, das mein Gesicht streifte und meine Kleider näßte, als ich seine Blätter zerteilte und sie hinter mir zischend zusammenklatschten. Er wand sich an alten Grabsteinen vorbei, durch Bambushaine hindurch und kam in einer Ebene zum Vorschein, die mit kleinen, unregelmäßigen Feldern überzogen war und von Kanälen und Erdwällen unterteilt wurde. Wie ein Wattebausch bedeckte der Frühnebel die Felder, die bis zum Fuß der Berge reichten. Ich kam an Kindern vorbei, die mit ihren Taschen auf dem Weg zur Schule waren, und an Frauen, die ihre Wäsche gegen die Steinstufe neben einem Bach schlugen, und an Männern, die einscharige Holzpflüge zu ihrem Fleckchen Land schleppten, um mit dem Pflügen zu beginnen, solange der Boden noch feucht war. Ein zarter Spitzenschleier wilder Herbstblumen bedeckte die Feldränder in einer bislang noch von Straßen und Stromleitungen unberührten Landschaft. Um an einen anderen Ort zu gelangen, ging man zu Fuß. Um etwas zu transportieren, trug man es. Chinas Schultertragen und Feldwege entsprachen unseren Sattelschleppern und Autobahnen.

Ein Mann mit einem Pflug zog mit seinem Büffel aufs Feld. Ich schloß mich an, bemerkte, als ich ihn grüßte, sein zerfurchtes Gesicht, seine verblichene Kleidung und den feinen Flaum seines kurzgeschorenen Haars: Bauern rasierten ihre Köpfe, um Läusen Einhalt zu gebieten und den Barbier zu sparen. Sein dürftiges Schuhwerk zwang ihn, ganz am äußeren Rand des steinigen Pfads zu laufen. Immerhin besaß er einen Büffel. Noch in den sechziger Jahren konnten Chinabesucher beobachten, wie ein Sechs-Mann-Team vor den Pflug gespannt wurde.

«Ist es nicht wunderschön?» Auf den Feldern schimmerte der Morgentau wie Perlmutt. Gewöhnlich freuten sich die Menschen, wenn ein Fremder ihre Heimat bewunderte.

Dieser Mann jedoch nicht. «Nein. Es ist nicht schön.» Zum Glück verstand er Mandarin; die meisten Bauern sprachen nur den Guangxi-Dialekt dieser Gegend.

«Was finden Sie schön?» Da er wahrscheinlich noch nie im Leben gereist war, wußte er vielleicht die Einzigartigkeit dieser Berge nicht zu schätzen.

«Guilin.»

Guilin war schrecklich, häßlich und grau. Nach der Bombardierung durch die Japaner in den dreißiger Jahren wiederaufgebaut, herrschte dort das hektische Treiben einer Touristenstadt. Es war ein schmutziger und habgieriger Ort, der sich kein lukratives Geschäft entgehen ließ und mit englischen Ladenschildern lockte. Das Angebot der Kunstgewerbegeschäfte beschränkte sich auf Polyesterkleidung und Plastikbälle. Spätabends traf man in Garküchen auf Prostituierte. Im Supermarkt kosteten die Lebensmittel fast doppelt soviel wie anderswo, aber ein Einkauf dort galt als Statussymbol. Die Preise schnellten in die Höhe, Obst war inzwischen so teuer, daß es sich die Einheimischen nicht mehr leisten konnten, und Coca-Cola hatte seinen Einzug gehalten. Guilin wuchs unaufhörlich, Hotels und Cafés im Katmandu-Stil schossen wie Pilze aus dem Boden, und die Besucher schürten den blühenden Schwarzhandel. Die Schiffsfahrt auf dem Li nach Guilin kostete die Touristen den achtzigfachen Preis einer Fahrt im einfachen Bauernkahn und brachte China täglich Zehntausende von Yuan ein.

Ich erwähnte dem Bauern gegenüber, daß ich Guilin nicht mochte, aber daß Shuliang einer der schönsten Orte sei, die ich je gesehen hätte.

«Gibt es Berge in eurem Land?» fragte er mich, vermutete, daß ich nur höflich sein wollte.

«Schon, aber sie haben eine andere Form.» Die ringsherum aufragenden Karstberge waren durch Erosion zu skurrilen Höckern und Spitzen, Säulen und Kegeln geformt worden.

«Und was ist mit Reis? Habt ihr Reis?» Importierten, erklärte ich ihm. Er wollte wissen, wovon wir uns ernährten und ob mir das chinesische Essen schmeckte. Ich fragte ihn, ob er glücklich sei und ob er mit dem politischen Regime zufrieden sei. Da die *China Daily* immer nur Positives zu berichten hatte und offizielle Stellen stets betonten, wie gut es den Bauern jetzt ginge, wieviel mehr sie verdienten, wieviel sie zu essen hätten, wieviel freier sie im Gegensatz zu früher wären, interessierte es mich, wie er als Betroffener darüber dachte.

«Unser Leben ist bitter. Wir leiden bittere Not.» Er wiederholte mehrmals das Wort «bitter», *ku*, was ich schon oft in Gesprächen vernommen hatte. Der uns geläufige Begriff Kuli, *ku li*, bedeutet «bittere Kraft».

«Ist nicht vieles leichter geworden?»

«Kaum», erwiderte er und bog mit der Abruptheit einer Figur in *Alice hinter den Spiegeln* in einen Trampelpfad ein. Ich setzte meinen Weg fort, traurig darüber, daß sich am schweren Los der 800 Millionen Bauern so gut wie nichts geändert zu haben schien. Von den Feldern her hörte ich, wie sich die Pflüger gegenseitig zuriefen: «Sie kommt aus England! Sie spricht Chinesisch!»

Inzwischen war mir nicht mehr unbehaglich zumute, wenn ich auf engsten Pfaden umherwanderte, ich fühlte mich nicht länger als Eindringling in die Privatsphäre der Menschen. Kam ich an eine Gabelung, so wählte ich jeweils den Weg, der dem

Anschein nach weiterführte. Ich umrundete eine Hanfpflanzung und fand mich plötzlich einer Ansammlung bäuerlicher Gehöfte gegenüber, die von Lehmmauern umgeben, durch weit überhängende Dächer beschützt und von Zitronenbäumen beschattet wurde. Eine Collage aus Maiskolben, Rapssaat, Schnüren mit trocknenden Kohlblättern, Strohhüten und Weidenkörben bedeckte die Mauern. Frauen hockten im Hof und hackten Blätter für die Schweine klein. Da ertönte ein Ruf: «Hallo!» und ich sah mich einem Mann gegenüber, der ebensowenig Ähnlichkeit mit einem Bauern aufwies wie ich selbst. Am Stoff und Schnitt seines hellgrauen, hochgeknöpften Anzugs, an seiner großen, schlaksigen Gestalt, seinen Schuhen, seiner Brille und seinem frisierten Haar erkannte man sofort den Stadtmenschen. So fernab jeglicher «Zivilisation» waren wir beide gleichermaßen überrascht, hier aufeinanderzutreffen.

«Was machen Sie hier?» fragte er auf englisch. Ausländer waren in Shuliang eine Seltenheit.

Ich erklärte es ihm. «Und Sie?»

«Ich besuche die Familie meiner Frau. Meine Schwiegermutter ist alt und ernstlich krank. Meine Frau machte sich Sorgen und bat mich zu kommen.»

Durch mein Interesse angespornt, erzählte er mir seine Geschichte. Er und seine Frau teilten das Schicksal jener Millionen von Ehepaaren, die auf Grund ihres Berufes voneinander getrennt leben mußten. Zhang arbeitete in einer Fabrik in Guilin und lernte in seiner Freizeit Englisch. Seine Frau und Tochter wohnten im dreihundert Kilometer entfernten Nanning und beabsichtigten auch nicht, wieder nach Guilin zurückzukehren, da dort die Aufstiegsmöglichkeiten geringer waren. Zhang wurde, trotz mehrfacher Versuche, nicht nach Nanning versetzt. Sie trafen sich zweimal im Jahr, drei Tage während des Frühlingsfestes und im Sommer etwas länger, besaßen aber weder die Zeit noch die finanziellen Mittel, sich öfters zu sehen.

Ich stellte mir vor, daß Zhangs Frau während der Kulturrevolution die Universität besucht hatte, nur auf Grund ihrer bäuerlichen Herkunft zugelassen worden war und sich dieser heute schämte. Dies würde auch seine Unbeholfenheit in der ländlichen Umgebung und seine Beteuerung, daß er erst das zweite Mal hier sei, erklären.

Eine alte Dame mit weißem, zu einem Nackenknoten geschlungenen Haar und langem, hagerem Gesicht folgte Zhang nach draußen. Zhang stellte sie als seine Schwiegermutter vor, und sie lächelte und nickte und lud mich ein, das Morgenmahl mit ihnen einzunehmen. Ich zögerte, wie es sich ziemte, aber Zhang bestand darauf und führte mich durch die Tür in der lehmverputzten Mauer in einen etwa dreieinhalb Quadratmeter großen Korridor. Eine Seite war zum Hof hin offen. Eine Leiter reichte zu einem Speicher hinauf, wo Brennholz aufgestapelt war. Ein Kalender hing an der kiefergetäfelten Wand und darüber ein ungerahmtes Porträt Maos, das ihn als einfältig grinsenden Humpty Dumpty aus *Alice im Wunderland* mit einer Warze am Kinn zeigte.

«Mao-Bilder sieht man nur noch recht selten», bemerkte ich. Obgleich von Büchern her ein vertrauter Anblick, hatte ich den «Großen Steuermann» während der letzten vier Monate nur zweimal in der Öffentlichkeit entdeckt. Photos hatte man abgenommen, Parolen übertüncht, Gipsbüsten entfernt, und das Arsenal von Mao-Plaketten, mit dem die Leute ihre Jacken übersät hatten, wurde auf den Flohmärkten Hongkongs verschleudert. Es war erstaunlich, wie selten der Name dieses Mannes erwähnt wurde, den zehn Jahre zuvor eine Milliarde Chinesen unablässig gepriesen und für die geringste Wohltat mit Dank überschüttet hatte. Seine Statuen waren zerstört, seine Bücher wurden nicht mehr gedruckt. Für das Elend der jüngsten Zeit verantwortlich gemacht, kam sein Name fast einem Schimpfwort gleich.

«Ich verehre Herrn Mao!» entgegnete Zhang voller Inbrunst, seine Augen funkelten schwarz und klein wie Korinthen hinter seinen Brillengläsern. Damit hatte er sich als Linker offenbart, als Angehöriger einer im allgemeinen Streben nach materiellen Werten vom Aussterben bedrohten Spezies.

«Und wie steht es mit Deng?» Dengs Photo sah man ebenso selten wie Maos, aber er wurde auch nicht als Idol vergöttert.

«Genauso . . . Herr Mao und Herr Deng sind ein und dasselbe, lediglich ihre Politik unterscheidet sich etwas.»

Ich hätte ihm entgegenhalten können, daß Deng begrüßte, was Mao verurteilt hatte, daß er nicht Idealen, sondern wirtschaftlichen Aspekten den Vorrang gab, wären nicht Zhangs Schwäger, die Wus, in diesem Moment aufgetaucht. Sie brachten niedrige Hocker mit, die sie um den tragbaren Ofen gruppierten. Während Zhang blaß und intellektuell aussah, waren die Brüder Wu sonnenverbrannt und muskulös. Während Zhangs Haarschnitt vom Friseur stammte, stand das Haar der beiden anderen staubig und in Büscheln vom Kopf ab. Zhangs Anzug war aus Synthetik; die Brüder trugen Westen und kragenlose Hemden und grüne Baumwollhosen, die verblichen und geflickt und nicht besonders sauber waren. Durch ihre Turnschuhe schauten die Zehen hervor. Sie grinsten mich unsicher an, hießen mich in ihrem Guangxi-Dialekt willkommen, da sie kein Mandarin sprachen. Zweifellos hatten sie sich noch nie mit Fremden unterhalten, und sie alleine hätten mich sicher nicht hereingebeten. Ich spürte ihre Verlegenheit über die Unordnung im Haus und die Scham über ihre alte Baumwollkleidung und vielleicht auch die latente Angst vor Vergeltung beim Umgang mit Barbaren. Zhangs Beweggründe, mich einzuladen, waren rein egoistischer Natur. Mein Eindringen diente ihm als willkommene Abwechslung gegen die Langeweile, zugleich hoffte er auf Mitleidsbekundungen, daß er drei kostbare Tage in unbequemer Umgebung und mit ungebildeten Bauern, die er kaum kannte, verbringen mußte.

Von unseren niedrigen Holzhockern aus blickten wir über den Türsockel (mit Löchern für die Holzpfosten, die früher Diebe fernhielten) auf eine sonnenbeschienene Landschaft voll leuchtender Blumen. Aus einem glimmenden Meer purpurner Blätter loderten scharlachrote Cannablüten empor. Ihre Wurzeln lieferten Futter für das Vieh oder wurden getrocknet und zerrieben und zu Alkohol vergoren. Jute stand zur Ernte bereit, cremefarbene Stockrosen auf braunen, filzig behaarten Stengeln. Das Haus schien kaum mehr als ein Unterschlupf zu sein, mit Türen zum Schutz gegen Regen und Diebe, und weniger private Sphäre oder Hort des Friedens. Die Übergänge zwischen Haus und Weg, privat und öffentlich, innen und außen waren fließend. Nachbarn errichteten keine trennenden Zäune; Häuser dienten nicht der Zurückgezogenheit. Bauern kamen vorüber, ließen ihre Lasten sinken, um einen Augenblick an der Tür zu lehnen. Andere traten ein und setzten sich auf die Bank an der Wand.

Einer der Brüder versorgte den Ofen mit Stroh und Blättern, und das Feuer flackerte auf, milderte die Kühle des zugigen Durchgangs. Hühner scharrten im dahinterliegenden Hof, wo Körbe und Krüge und Kochtöpfe übereinandergestapelt waren und ein Handkarren an der gelben Ziegelmauer lehnte. Ein Wok mit heißer Brühe stand etwas wacklig auf dem Ofen, darüber lag eine Holzlatte mit Schüsseln, gefüllt mit Soßen, Chili und Koriander in Essig und Sojasoße. Nachdem sie erfahren hatten, daß ich Vegetarierin war, wirbelten sie Tofu und Schalotten durch die Brühe und fischten für sich Brocken von Schweinefleisch heraus, woraufhin ich mich entschloß, diesmal das Fleisch zu ignorieren, denn gute Manieren waren wichtiger als Prinzipien. Wir aßen ohne Schälchen, tauchten jeden Bissen in die Soße und verfrachteten ihn tropfend in den Mund. Zhang bangte um seinen Anzug, aber die anderen aßen schweigend. Die Brüder legten Ästchen und Wurzeln nach, im Wok brodelte es wie Hexengebräu, und wir verzehrten die Mahlzeit, die soviel Mühsal gekostet hatte. Die Männer tranken *mao tai* aus henkellosen Tassen, und als der Tofu zur Neige ging, tunkten wir Stäbchen aus getrocknetem Bohnenquark und zerkleinerte, blasse Kohlblätter in die Brühe. Wir aßen und aßen. Ich hatte zwei Stunden zuvor in Shuliang heiße Sojamilch und warme gedämpfte Brötchen zum Frühstück verspeist und hätte überhaupt nicht hungrig sein dürfen. Nachdem wir den Wok geleert hatten, wurde Reis gebracht, und wir aßen diesen ebenfalls. Am Vortag geerntet, schmeckte er frisch und vorzüglich.

Zhang entschuldigte sich für das Essen.

«Stimmt etwas nicht damit?» Etwas so Schmackhaftes hatte ich in einem Bauernhaushalt nicht erwartet, und ich wußte, daß

Zhang keineswegs bescheiden sein wollte. Bei anderen Essenseinladungen in Shuliang war mir aufgefallen, daß es nur Chili und Reis gab. Und doch verzehrten wir die Mahlzeiten mit großem Genuß – nie wurde ich müde, die verschiedensten Köstlichkeiten überall auf der Welt auszuprobieren.

«Es ist ziemlich primitiv», erwiderte Zhang. «Kein Mensch würde in der Stadt so etwas essen.» Auf einer Abendeinladung in London wäre dieses Mahl als Nonplusultra an Originalität und Kultiviertheit gefeiert worden. «Essen ist das Allerwichtigste im Leben dieser Leute», fuhr er fort. «Es geht ihnen heute besser als je zuvor, und fast jeden Tag gibt es Fleisch oder Fisch.» Aus ihm sprach die *China Daily*, nichts Ungewöhnliches für einen Linken. Seine städtische Herkunft verhinderte, daß er das Leben der Bauern verstand; er sah nur das, was er sehen wollte oder erwartete. «Vor vierzig Jahren konnte sich eine Bauernfamilie nur zweimal im Jahr Fleisch leisten. Heute hält sich jeder Haushalt Hühner, Enten und Schweine und meistens auch einen Hund. Erst wenn sie ihren Hunger gestillt haben, kümmern sie sich um ihre Kleidung. Und erst wenn sie genug neue Kleider besitzen, werden sie ihren Lebensstandard verbessern. Sehen Sie selbst.» Mit einer verächtlichen Handbewegung schloß er den Naturboden, den ungefegten Hof und alles Handgefertigte in Sichtweite ein, blind gegenüber den Gefühlen seiner Schwäger, die höchstwahrscheinlich ihren praktischen Lehmboden vorzogen, weil man darauf schreiben, spucken, alles hinwerfen und sich wohlfühlen konnte. Herr Mao lächelte von der getäfelten Wand herab. «In der Stadt ist es umgekehrt», erklärte Zhang. «Zuerst kommt der Lebensstandard, dann Kleidung und zum Schluß das Essen.» Das schien mir eine interessante Theorie, war bezeichnend für die Kluft zwischen Stadt und Land und für die Geringschätzung, mit der Bauern nach wie vor behandelt wurden.

Wie oft hatte ich gehört, daß die Menschen genug anzuziehen hätten, daß ihre Ration Baumwolle für zwei Ausstattungen pro Jahr ausreichte. War jemand wohlgekleidet, dessen Füße durch die Löcher in seinen Schuhen hervorschauten? Wenn seine Kleidungsstücke zerrissen, geflickt und schmutzig waren und nur unzureichend vor Kälte schützten? In entlegenen ländlichen Gebieten – und China verfügte über weite Landstriche, die viel entlegener, weniger fruchtbar und noch ärmer als Shuliang waren – besaßen ganze Gemeinden keine Kleidung zum Wechseln und, durfte man Augenzeugenberichten glauben, litten teilweise so große Not, daß sie überhaupt nichts anzuziehen hatten.

Während die Brüder sich ausruhten, speisten und sich mit ihren Gästen unterhielten, arbeiteten ihre Frauen und Töchter auf dem Feld. Auf dem Land hatte die Gleichberechtigung der Frau keinerlei Bedeutung. Frauen ging es heute oft schlechter, denn sie verrichteten Feldarbeit, ohne daß ihre Männer im Haushalt mithalfen. In wohlhabenderen Gegenden als Shuliang wanderten die Männer in Fabriken ab, während die Frauen das Feld bestellten. Zusätzlich kochten sie und wuschen die Wäsche und sammelten Brennholz und putzten das Haus und sorgten für die Kinder. Sie standen als erste auf und holten Wasser vom Fluß. Dann zündeten sie Feuer an und bereiteten Tee, oftmals nur heißes Wasser, das sie als «weißen Tee» bezeichneten. Während ihre Ehemänner das Essen bei einem Mittagsschläfchen verdauten, sammelten sie trockene Blätter oder wuschen Wäsche im Fluß. Wenn Männer abends rauchten oder mit Freunden Tee tranken, stopften sie Kleider und kehrten die Räume. Während wir aßen, hatte eine von ihnen in der Küche gestanden und die Gerichte zubereitet – zu schüchtern, um herauszukommen und einer Fremden ins Gesicht zu blicken.

Chinesischen Landfrauen wurde eigenständiges Denken abgesprochen und Intelligenz schon gar. Die wenigen weiblichen Kader wurden weitgehend ignoriert. Frauen mußten sich mit ihrer angeblichen Minderwertigkeit, ihrer zyklischen Unreinheit und den konfuzianischen Vorurteilen, die unzählige Generationen unterdrückt hatten, abfinden.

Während unserer Mahlzeit beobachtete ich den Mann von nebenan, wie er das Haar seiner Tochter entlauste, die Läuse mit den Fingernägeln knackte. Ein Mädchen paßte auf einen Nachbarjungen auf, der die ganze Zeit über regungslos auf der Bank saß, das Gesicht von Stichen angeschwollen, das Haar trocken und kraftlos, sein Ausdruck teilnahmslos und leer.

«So sind die Bauernkinder», meinte Zhang. «Ich verstehe das nicht. Meine dreijährige Tochter, ein wirklich reizendes Mädchen, verlangt ständig irgend etwas. Gebe ich ihr Milch, hat sie eher Lust auf Schokolade, gebe ich ihr Schokolade, kann ich sicher sein, daß sie etwas anderes will. Sie ist immer in Bewegung und redet die ganze Zeit.»

Das wunderte mich nicht. Zhang und seine Frau verwöhnten ihr Kind; dank ihrer finanziellen Situation erhielt es ausgewogene Nahrung und ausreichende medizinische Versorgung.

Als Zeichen ihrer vollkommenen Sättigung drehten die Brüder ihre Tassen um, zerbröselten etwas Tabak von einem mit Rapsöl zusammengehaltenen Klumpen und stopften ihre Pfeifen. Mir brachten sie Pomelos und zeigten mir, wie ich die Schale vierteln, die zähe, weiße Schicht ablösen und die Frucht in zwei Hälften teilen sollte. Ich riß von jedem Stückchen die ledrige Haut ab, spuckte die Kerne aus und nagte am Fruchtfleisch. Als ich mich bückte, um mich am Fuß zu kratzen, bemerkte ich, daß der Boden mit Kernen, Hautfetzchen und Schalen übersät war.

«Sandfliegen!» Ein finsterer Blick Zhangs streifte meine Stiche. Er war ebenfalls durch seine hochmodischen Nylonsocken, hauchdünn wie Pariser, gestochen worden. Er verabscheute die ländliche Umgebung, die die Sandfliegen anzog, und die alte chinesische Angewohnheit, Dinge überall zu verstreuen. «Wenn meine Tochter etwas auf den Boden wirft», betonte er spießig, «gebe ich ihr einen Klaps.»

Die Wus hatten weniger empfindliche Haut, und die Sandfliegen rührten sie nicht an, aber aus Höflichkeit kratzten sie mit. Von diesem Moment an wurde meine Begeisterung über Shuliang von Stichen getrübt. Riesige Beulen bedeckten bald meine Füße, juckten in der Hitze und ließen mich nachts unter der Decke völlig verzweifeln; statt allmählich zu verschwinden, breiteten sie sich weiter aus und wurden immer schlimmer. Ich mied die Sonne, saß im Zimmer, die Füße in einem Eimer Wasser, streckte sie in den Fluß, wenn ich einen Spaziergang unternahm, und riß mir nachts im Schlaf die brennende Haut auf. Durch die täglichen, stundenlangen Fußbäder begannen sie zu faulen – meinen Besuch bei der Familie Wu mußte ich bitter bezahlen.

Ich richtete mich wieder auf und entdeckte einen Neuankömmling. Einer von Zhangs Neffen, ein für Südchinesen stämmiger, vor Energie strotzender Bursche, war vom Feld heimgekehrt, mit zwei großen Körben voll Reis an einer Tragestange beladen. Die Bauern schienen einen Großteil ihres Lebens mit dem Schleppen von Lasten zu verbringen; von Brennmaterial und Getreide, von Wasser und Dünger, und ich bat Zhang, nach dem Gewicht der Reiskörbe zu fragen.

«Achtzig Kilo», erwiderte der Neffe prompt, stolz auf die Kraft seiner sonnengebräunten Muskeln. Im Bewußtsein, daß mein Rucksack nur ein Drittel dessen wog, wollte ich einen Versuch wagen, beugte die Knie, legte die Stange auf meine Schultern, hängte die Seile in die Kerben und wandte alle Kraft auf, um die Körbe hochzuheben. Aber sie bewegten sich nicht. Es gelang mir nicht einmal, einen einzelnen mit beiden Händen anzuheben. Im Gästehaus hatte ich mit leichteren Gewichten geübt, die Seile gestrafft, indem ich Schultern und Rücken geradehielt und mich aus der Hüfte heraus bewegte und durch kurze, schnelle Schritte versuchte, im Gleichgewicht zu bleiben. Schon nach einer Runde durch den Hof mit meinen flachen Sandkörben hatte ich wunde Schultern.

Als Zhang mein Interesse für Dinge bemerkte, die er selbst verspottete oder für selbstverständlich nahm, kam ihm eine Idee.

«Wenn Sie wieder in England sind, müssen Sie einen Artikel über das Leben der Bauern in China schreiben. Die Leute sollen wissen, wie es wirklich aussieht. Die Ausländer, die hierherkommen, fahren nur mit den Touristenbooten den Fluß hinunter. Sie schauen sich die Dörfer und Felsen und das vorbeifließende Wasser an und meinen, die Bauern lebten in einer einzigen Idylle. Sie sehen sie nur von ferne und haben keine Ahnung von ihrer Mühsal und Plackerei. Sie setzen die reizende Umgebung mit sorglosem, unbeschwertem Dasein gleich. So ist es aber nicht.» Chinabesucher werden in dem Glauben bestärkt, daß es die Bauern zu Reichtum gebracht haben: Zeitungen und Zeitschriften berichten endlos über Bauern, die Autos kaufen und Nebenbeschäftigungen nachgehen; revolutionäre Plakate beschreiben mit glühenden Worten die Schönheit des Landlebens; Landschaftsgemälde stellen eine geschäftige und produktive ländliche Utopie dar. Solange wir nicht in chinesischen Häusern wohnen können, den Dialekt der jeweiligen Gegend nicht verstehen, als Ausländer keinen Zugang zu ländlichen Gegenden haben, solange werden wir auch weiterhin in Unkenntnis der wahren Zustände bleiben.

Meine Gedanken schweiften zurück. Im Frühjahr hatte ich zum erstenmal die Gegend um Shuliang durchstreift. Damals war es kalt und feucht gewesen und die Wege matschig. Dorfbewohner mit durchweichten Schuhen zogen schwere, mit Steinen beladene Handkarren hinter sich her. Türen schlossen die Kälte aus.

Auch jetzt nahm ich die Not ringsherum wahr. Hinter der malerischen Fassade knorriger, alter Bauern und verfallener Häuser verbarg sich ein Leben der Armut, Krankheit und des Mangels. Während ich durch den Ort wanderte, die alten Menschen, die auf Stühlen vor ihren Häusern saßen, grüßte, fiel mir auf, daß viele von ihnen beinahe taub und einige blind waren, andere einen Kropf hatten. Ihre ausgemergelten Körper waren von Flicken verhüllt, das Haar fiel ihnen aus, die Haut wies braune Flecken auf. Ohne sich ärztliche Behandlung leisten zu können, blieb ihnen nur das Leiden. Ein weiterer Grund mochte auch der Zustand des örtlichen Krankenhauses sein: schmutzige Fußböden und verschmierte Wände und kaum die allernotwendigsten Geräte. Überall herrschte Unordnung, Patienten saßen wartend herum, Babies schrien, und nichts geschah.

Ich begriff, warum ausländische Besucher nicht gerade ermuntert wurden, Shuliang zu besichtigen. Da die meisten Touristen nicht wußten, daß ihnen der Zugang offiziell nicht verwehrt war, verbrachte ich dort zwei Wochen in herrlicher Einsamkeit. Außer der mangelnden Hygiene (Nahrung und Wasser riefen selbst bei chinesischen Besuchern Darmbeschwerden hervor) wollte man Ausländern wohl auch den Anblick von Verbitterung und Qual ersparen. Reisegruppen wurden die neuerrichteten Siedlungen, das Aushängeschild der Partei, vorgeführt – ebenso wie Touristen in England nur die Ortschaften besuchten, die ihrem englischen Traumbild entsprachen.

Um mir bei dem Artikel zu helfen, der ihm so am Herzen lag (ich hatte ihm im übrigen nicht erzählt, daß ich schrieb; ich erwähnte es kaum jemandem gegenüber, da die Partei die Auffassung vertrat, Schriftsteller entfachten Widerspenstigkeit im Volk), bot er mir eine Führung durchs Haus an. Frühere Generationen des Wu-Clans hatten es mit Hilfe der Nachbarn selbst gebaut – eine nach wie vor gängige Praxis –, im traditionellen Stil, mit einheimischen Materialien, auf die Fähigkeiten der ortsansässigen Handwerker angewiesen.

In wohlhabenderen Gegenden waren Architekten bereits damit zugange, Häuser im westlichen Stil zu entwerfen, die weniger Platz einnahmen, leichter sauberzuhalten waren, Feuer, Überschwemmungen und Erdbeben standhielten und den Polstermöbeln gegenüber freundlich gestimmt waren – Häuser, nach denen sich Bauern angeblich verzehrten. Die Tatsache, daß die meisten chinesischen Bauern ihr eigenes Haus besaßen, widersprach der weitverbreiteten Vorstellung eines durch und durch verstaatlichten China.

«Selbst wenn ich mein Leben lang arbeite», sagte Zhang verdrossen, «könnte ich mir nie ein solches Haus leisten, aber abgesehen davon, kann ich mir überhaupt kein Haus leisten. Ich bin jetzt dreißig, und wenn ich bis siebzig arbeite, beläuft sich mein gesamtes Einkommen während all dieser Jahre auf 20 000 Yuan (etwa 21 000 DM), gerade doppelt soviel wie der Preis für ein Haus. Da haben die Bauern mehr Geld und Möglichkeiten: sie können kontinuierlich sparen und Material ansammeln, sie leben in Großfamilien und arbeiten gemeinsam auf das Haus hin, und schließlich helfen sie sich gegenseitig beim Bau.» Zhang würde nie ein eigenes Haus besitzen, bestenfalls eine eigene Wohnung. Die Stadtverwaltungen hatten bereits damit begonnen, Eigentumswohnungen zu bauen, um die hohen Subventionen für Mietwohnungen einzusparen.

Mehr als viermal so groß wie eine durchschnittliche Wohnung in der Stadt und geräumiger als eine vergleichbare Behausung in Indien, vereinigten sich im Wuschen Haus die vier traditionellen Elemente: Symmetrie, Schlichtheit, Formentreue und Ausgewogenheit. Im Süden mit Blick auf den nahen Fluß und im Norden von gezackten Felsengipfeln beschützt, befand es sich im Einklang mit der Natur und entsprach den Erfordernissen des *fengshui*. Dem Bösen wurde der Eintritt durch eine Geistermauer verwehrt, während wohlwollende Energien durch die auf den Innenhof blickenden Räume strömten.

Jemand wurde ausgeschickt, um die Schlüssel zu den verschlossenen Zimmern zu holen, in denen wertvolle Gegenstände aufbewahrt wurden. Wir gingen an der Küche vorbei, einem Bambusverschlag mit grasgedecktem Dach (als ich später einen flüchtigen Blick hineinwarf, entdeckte ich einen Wassertrog und eine grobe Handgetreidemühle, einen Eimer mit Schweinefraß, einen eingebauten Wok und Steingutgefäße), und betraten den Raum, der dem Eingang direkt gegenüberlag und der bis auf Staubschichten und Hühnerkot völlig leer war. An der schützenden Geistermauer klebten Neujahrsreime, das Papier inzwischen zerknittert und blaßrosa. Die übrigen Wände waren mit Brettern verkleidet und kahl.

«Wozu wird dieses Zimmer benutzt?» fragte ich Zhang. Soviel ungenutzter Raum überraschte mich.

«Als Wohnzimmer», antwortete er vage und ging rasch weiter zu einem dahinter liegenden, kleinen Flur, der zu zwei weiteren Räumen führte. Als die Tür zum ersten zurückschwang, hörte man ein dumpfes Aufschlagen und Rumpeln, wie von hölzernen Kegeln. Ein eigenartiges Licht schimmerte durch die papierverstopften Fenster. In der Ecke stand ein Bett, riesig und düster, hinter einem Netzbaldachin verborgen, der mich an alte Spitzenvorhänge erinnerte. Auf dem Boden kullerten Pomelos, und ein weiteres Dutzend war zu Pyramiden aufgetürmt und leuchtete im braunen Halbdunkel wie Monde.

Nirgendwo fand sich ein Hinweis auf religiöse Zeremonien. Der leere Raum mit der Geistermauer hatte wohl einst den

Hausaltar, die Ahnentäfelchen und die Schreine für die Götter beherbergt. Schriftzeichen hatten vermutlich die Geistermauer geschmückt, *fu* für Glück und *cai* für Reichtum. Shuliang selbst erweckte den Eindruck, als hätten die Roten Garden ganze Arbeit geleistet. Verglichen mit Dali und Fujian beispielsweise, gab es kaum Anzeichen für religiöses Brauchtum, außer hin und wieder ein Spiegel, der das Böse vom Eingang ablenkte, ein verlorener Ahnenschrein oder das Bild eines Türhüters, ein vereinzeltes Weihrauchgefäß oder buddhistische Messingarmreifen. Ob unter Zwang oder aus eigenem Entschluß, der Einfluß der Religion war offensichtlich zurückgegangen.

«Werden in der Familie Götter verehrt?» erkundigte ich mich, Zhang übersetzte.

«Nein!» erwiderten die Brüder. «Das erlauben wir hier nicht!»

«Und Ihre Mutter?» Die alte Frau schwieg, blickte zu Boden.

«Nein. Keiner hier.»

«Und früher?»

«Auch nicht. Na ja, vielleicht ein bißchen, vor der Befreiung.» Das Kind gehorcht dem Vater, die Frau gehorcht dem Ehemann, die Mutter gehorcht dem Sohn. Es deutete einiges darauf hin, daß trotz der langen Jahre politischer Indoktrination viele Chinesen nach wie vor ihrem Glauben treu geblieben waren. Während der Kulturrevolution versteckten sie ihre Altäre und huldigten ihren Göttern im geheimen. Vielleicht traf das für die alte Frau ebenfalls zu.

Folgte man den Flußwindungen etwa fünf Kilometer in südwestlicher Richtung, an unzähligen Berggipfeln vorbei, die sich im grünen Wasser spiegelten, stieß man auf eine Höhle, in der sich ein Tempel verbarg. Stalaktiten ragten wie Reihen von Haifischzähnen blaß in die gähnende Leere. Nur mehr eine bloße Hülle, war der Tempel der Zerstörungswut der Rotgardisten zum Opfer gefallen, die, in blindem Gehorsam dem Vorsitzenden Mao gegenüber, die «Vier Alten» (alte Ideen, alte Kultur, alte Sitten und alte Gewohnheiten) auszurotten suchten. Sie zertrümmerten die vergoldeten Figuren, zündeten die Holzschnitzereien an und übertünchten die Götter- und Drachenmalereien mit Parolen und Aussprüchen Mao Tse-tungs. Traurige Stille lag über dieser von fehlgeleitetem politischen Eifer besudelten Stätte.

Die Behörden in Shuliang rechneten vermutlich nicht damit, daß ausländische Besucher die Mühe auf sich nahmen, den Fluß mit einem Fährkahn zu überqueren und kilometerweit auf schmalen Trampelpfaden am Ufer entlangzulaufen. Zu Stätten der Verwüstung haben Ausländer gewöhnlich keinen Zutritt; erst nach ihrer Restaurierung können sie als «Sehenswürdigkeiten» besichtigt werden.

Zhang hopste unruhig von einem Bein aufs andere, als könne er es kaum erwarten, das Haus zu verlassen. Er schlug einen Spaziergang vor. Während wir uns von Shuliang entfernten, rühmte er die Vorzüge des Landlebens in den schillerndsten Farben: die «wunderbare Landschaft», die «klare, frische Luft», die «singenden Vögel» und «die Blumen am Fluß» – den Reiseführern nachgeplapperte Klischees. Die Fliegen, den Lehmboden und das ungehobelte bäuerliche Wesen hatte er in diesem Moment völlig vergessen. «Ich würde selbst gern in einem Dorf wohnen, wenn ich gleichzeitig in der Fabrik arbeiten könnte und das Angebot der Stadt nicht missen müßte», meinte er. Mein Blick schweifte über die Reisfelder; die Weltoffenheit dieses Mannes war wirklich frappierend ... «Diese Bauern», fuhr er mit der Arroganz eines Städters fort, «haben gänzlich andere Wertvorstellungen als wir. Sie haben von nichts eine Ahnung, außer von Essen und Schweinen und Hühnern und ihrer Ernte. Und ihrem Heim und der Familie», fügte er nach kurzem Überlegen hinzu. Die Großfamilie, einschließlich der damit verbundenen Verpflichtungen, hielt sich vor allem auf dem Land, aus Mangel an Alternativen, als beständigstes Vermächtnis des feudalistischen China. «Meine Schwäger wissen nichts Sinnvolles mit ihrer Freizeit anzufangen. Ein Glück, daß das Fernsehen bald kommt. Es wird ihnen die Augen öffnen.»

Ich empfand es als wohltuend, ohne die «Annehmlichkeiten der Zivilisation» auszukommen. Wenn ich abends vom Fluß heimkehrte und die unbeleuchteten Dorfstraßen entlangschlenderte, sah ich durch die offenen Türen Menschen in einer Umgebung, die in ihren Farben an alte Ölgemälde erinnerte. Die Familie Wu hatte keinen Strom, kein fließendes Wasser, weder Bad noch Wasserhähne. Sie besaßen kein Fahrrad; es gab weder eine Busverbindung noch eine Straße vor ihrer Haustür. Jahre der Entbehrung hatten sie zäh und genügsam werden lassen, und selbst ein höherer Verdienst würde sie nicht zum Verschwenden verführen. Sie arbeiteten hart, wenn es sich lohnte, aber niemand konnte es ihnen verdenken, wenn sie sich für abstrakte politische Ziele so wenig erwärmen konnten.

Ich konnte sie verstehen. Nach fünfunddreißig Jahren der Versprechungen und des Idealismus und tiefgreifender Umwälzungen, die ihnen ebensoviel Nach- wie Vorteile brachten, hatten die Bauern ein Recht darauf, verbittert und mit Unverständnis zu reagieren. 1949 unterteilte sich die Landbevölkerung in drei Hauptgruppen: die Grundbesitzer und reichen Bauern, wobei die Ärmeren unter ihnen gut einen Hektar Land besaßen und diese Position nur mittels harter Arbeit erreicht hatten; die mittleren und armen Bauern, bei weitem die größte Gruppe; und die Besitzlosen, Bettler und Banditen. Kurz nach der Befreiung wurden junge, unerfahrene Kader aufs Land geschickt, um in der sogenannten Bodenreform den gesamten Privatbesitz zu beschlagnahmen und gleichmäßig aufzuteilen. Großgrundbesitzer wurden entmachtet, vier Millionen getötet. Aber ohne Vieh oder landwirtschaftliche Geräte konnten die Armen keine Felder bestellen. Also wurden die einzelnen Haushalte allmählich zusammengefaßt, zunächst zu kleinen Kooperativen und später zu größeren Produktionsgenossenschaften, wobei das Land dem Kollektiv gehörte, die Geräte von allen benutzt und die Arbeit aufgeteilt wurde. Die Folge dieser Politik war die «Volkskommunenbewegung», Teil des «Großen Sprungs nach vorn» im Jahr 1958. Von Peking aus gesteuert, umfaßte jede Kommune Tausende von Menschen, die wiederum Produktionsbrigaden und Produktionsgruppen angehörten. Es war der Staat, für den man arbeitete, der Staat fällte die Entscheidungen, der Staat besaß das Land und vergütete die Arbeitsleistung nach einem Punktesystem, das keineswegs nach egalitären Gesichtspunkten funktionierte, sondern sich an der Körperkraft des einzelnen orientierte. Privatbesitz nahm ab, Grundstücke und Viehbestand wurden konfisziert und «freie Märkte» geschlossen. Die Hälfte ihres Einkommens erhielten die Bauern in Form der sogenannten «Fünf Garantien»: Nahrung, Kleidung, medizinische Versorgung, Schulen und Wohnungen. Obwohl vom Konzept her logisch, scheiterten die Kommunen an der Praxis. Jeder arbeitete so wenig und so langsam wie möglich, darauf bedacht, daß er sich nicht mehr anstrengte als die anderen in seiner Gruppe. Die Organisation war zu zentralisiert und ihre Methoden unwissenschaftlich; Bäume wurden gefällt und zu Düngemitteln verbrannt, Wälder und Wiesen mußten dem Getreideanbau weichen, und die Bauern gruben in den Feldern begeistert nach Kohle. Der Wandel erfolgte rasch und radikal; neuen Kadern mangelte es zwar an Ausbildung, aber nicht an Bestechlichkeit. Mißernten folgten, durch Überschwemmungen und Dürre verschlimmert. Innerhalb von drei Jahren sank die Getreideproduktion auf den Stand von vor zehn Jahren. Zwanzig Millionen Menschen verhungerten.

1966 wurde die chinesische Landbevölkerung erneut gezwungen, sich von ihrer «Absicherung» in Gestalt von Obstbäumen und Gemüsebeeten, Hühnern und Schweinen zu trennen, die man ihnen inzwischen wieder genehmigt hatte. Sie mußten ihren Grund und Boden mit dem Zustrom von siebzig Millionen Städtern teilen, die aufs Land geschickt worden waren, um von den Bauern Bescheidenheit und Anspruchslosigkeit zu lernen. 1979 dann erfolgte ein weiterer politischer Richtungswechsel. Obwohl das Land weiterhin in staatlichem Besitz blieb, wurde die Höhe des Einkommens wieder vom Ertrag abhängig gemacht. Nach dem neuen «Verantwortlichkeitssystem» verpflichteten sich die einzelnen Familien, einen bestimmten Ernteertrag auf dem ihnen zugewiesenen Stück Land zu erwirtschaften oder in einem «spezialisierten Haushalt» eine bestimmte Menge Holz, Fisch, Fleisch, Eier, handwerkliche Erzeugnisse oder Transportmittel zu produzieren und den Überschuß zum Eigenbedarf oder Verkauf zu verwenden. Diejenigen, die ihr Land aufgaben, wurden finanziell entschädigt. Den anderen wurde ein Nutzungsrecht auf fünfzehn Jahre garantiert. Man durfte wieder Land verpachten und Arbeiter einstellen und einem Nebenerwerb nachgehen. Bauern erwarben wieder das Recht, Pflanzen und Kräuter zu sammeln und in den Bergen Fallen aufzustellen. Zwar wurden Projekte auf Dorfebene, wie Bewässerungsanlagen, auch weiterhin im Kollektiv geführt, aber Maos Ziel einer kollektiven Planwirtschaft war damit gescheitert.

Obwohl der Begriff «Kommune» offiziell nicht mehr benutzt wurde, tauchte er in Gesprächen immer wieder auf. Selbst die Adresse der Familie Wu, die sie mir gegeben hatten, damit ich ihnen Photos schickte, blieb gleich: Volksrepublik China, Provinz Guangxi, Kreis Yangshuo, Kommune Shuliang, Produktionsbrigade Qimen, Wu Linguo.

Weder war die Familie Wu ein «spezialisierter Haushalt», noch entdeckte ich in der Umgebung von Shuliang irgendwelche Hinweise auf wirtschaftliche Spezialisierung. Die Umsetzung von Dengs neuer Politik ging nur mühsam vonstatten, und in Shuliang selbst gab es weder Mechanisierung noch Zusammenschlüsse, keinerlei Anzeichen einer «Dorf- und Stadtinitiative», keine Solarenergie oder Biogasanlagen. In Shuliang herrschte ein gemächliches Tempo; die Wus bauten in staatlichem Auftrag Reis an und verkauften ihre Pomelos auf dem Markt von Shuliang.

Nachdem zwanzig Jahre lang freie Märkte untersagt waren, strömten nun wieder alle drei Tage Tausende von Bauern, zu Fuß oder mit dem Boot, nach Shuliang, um die Erzeugnisse ihrer Felder anzubieten. Durch das wiedererlangte Recht, ihre «Kommune» verlassen zu dürfen, nahmen viele die Gelegenheit wahr, Produkte in den Städten zu erstehen und diese im Ort weiterzuverkaufen: Uhren, Kleidung, Töpferwaren und Werkzeuge. Einige eröffneten Büchereien oder kleine Garküchen, andere verdingten sich als Barbiere oder handelten mit Heilkräutern.

«Warum werden die Wus kein ‹spezialisierter Haushalt›?» fragte ich.

«Wahrscheinlich sind sie nicht bereit, zusätzliche Arbeit zu leisten», erwiderte Zhang, «oder es mangelt ihnen an Entscheidungskraft und Motivation. Vielleicht fehlt ihnen auch das Vorbild – Bauern sind recht konservativ, und dann müßten sie eigene Entscheidungen fällen. Aber jedem, der arbeiten will, stehen sämtliche Möglichkeiten offen.»

Die Partei betrachtete «spezialisierte Haushalte» als Modellversuche, als Ermutigung für die weniger Geschickten und als Anreiz für die Unternehmungslustigen. Obwohl diese Politik die Ungleichheit fördere, bestünde jedoch nicht die Gefahr einer Polarisierung der Gesellschaft wie vor der Befreiung – so die Argumentation der Partei. Bedürftige Familien würden vom Staat unterstützt. Dank Dengs Tatkraft war es gelungen, die Produktion in nur fünf Jahren in einem Maß zu steigern, wie es der Große Vorsitzende trotz rhetorischer Brillanz nie vermocht hatte.

Obgleich in vielerlei Hinsicht eine Verbesserung – die Getreideproduktion hatte sich inzwischen verdoppelt –, blieb auch das «Verantwortlichkeitssystem» nicht ohne negative Auswirkungen. Die Geburtenrate auf dem Land war angestiegen, da die Familien durch mehr Söhne ihre Produktivkraft steigern wollten. Die weniger Leistungsfähigen litten Not, und Gemeinschaftsprojekte wurden nicht vollendet; einige Anlagen wurden sogar niedergerissen, Einrichtung und Maschinen verteilt und wiederverwertet. Werkzeuge reichten nicht für alle aus. Das Land wurde so aufgeteilt, daß jeder ein Stück fruchtbaren und weniger fruchtbaren Bodens erhielt; dadurch wurden die Felder immer kleiner, die Bearbeitung mit Maschinen ineffektiv, und die Parzellen der einzelnen Bauern lagen weit auseinander. Auf dem Land gab es einhundert Millionen Arbeitslose. Nicht zu Unrecht kritisierten viele Linke die neue Liberalisierung.

«Welchen gesellschaftlichen Status besaß die Familie vor der Befreiung?»

«Sie zählten zu den armen Bauern. Sie waren stets verschuldet, da sie zu wenig Land besaßen, um sich davon zu ernähren, und außerdem die Hälfte der Ernte als Pacht an den Besitzer in

Shuliang abgeben mußten. Die Wintermonate über hatten sie so wenig zu essen, daß sie praktisch einen Winterschlaf hielten.» Zhangs Darstellung erinnerte mich an die Propagandareden, die noch vor zehn Jahren zur obligatorischen Litanei eines jeden Fremdenführers gehört hatten: «Vor der Befreiung lebten die Menschen in Hütten aus Stroh und trugen Lumpen. Es gab keine Schulen und Krankenhäuser auf dem Land, und die Bauern verhungerten. Heute leidet niemand mehr Hunger, die Kinder gehen zur Schule, und wir besitzen Deiche, die uns vor Überschwemmungen schützen . . .»

Die offizielle Auslegung Chinas feudalistischer Vergangenheit entsprach jedoch nicht der vollen Wahrheit: die Menschen waren erst dazu erzogen worden, sich mit Bitterkeit an die Zeit vor der Befreiung zu erinnern. Viele ältere Bauern fühlten sich früher freier, denn damals konnten sie reisen, wohin sie wollten, und das reichhaltige Angebot der Läden nutzen, wenn ihr Geldbeutel es zuließ. Sie durften ihren Göttern huldigen und so viele Söhne bekommen, wie es ihnen gefiel. Sie konnten selbst entscheiden, was sie anbauen wollten, und die Erträge ihrer Felder behalten. Nicht alle Grundbesitzer entsprachen dem Bild des ausbeuterischen, habgierigen Kapitalisten; manche der heutigen Kader waren auf ihre Art weitaus schlimmer.

Mir fiel etwas ein. «Ich weiß, daß es schwer wäre, zu ihrer Frau nach Nanning zu ziehen. Aber könnten Sie nicht als Bauern auf dem Land arbeiten?»

Zhang kniff seine kleinen, schwarzen Augen zusammen. «Die Regierung freut sich über jeden, der sich dazu entschließt.»

Aber obwohl Zhang die Wus um ihre vielfältigen Möglichkeiten beneidete, mochte er doch nicht mit ihnen tauschen. Auf Grund der feudalistischen Vergangenheit war Grundbesitz nach wie vor verpönt. Ebenso wie Zhang die Position eines Angestellten anstrebte und ein Angestellter die Position eines Selbständigen, sehnte sich der Bauer nach einem Arbeitsplatz in der Fabrik. Trotz der Lobeshymnen und der Tatsache, daß sie die Bevölkerung ernährten, waren die Bauern noch immer die Sklaven des Systems. 1980 betrug ihr durchschnittliches Jahreseinkommen

83 Yuan (etwa 90 DM), obwohl die meisten eigenes Gemüse anbauten, die überschüssige Ernte selbst verkauften, Bezugsscheine für Reis und Öl erhielten; zwei Drittel lebten unter dem Existenzminimum, 120 Yuan im Jahr. Die ärgste Not herrschte in den unterentwickelten Gebirgsgegenden: in den Bergdörfern im Westen von Fujian ernährten sich die Menschen ausschließlich von Bataten und Bambussprossen und wirkten zwei- bis dreimal so alt.

Es fiel trotz allem schwer, sich vorzustellen, daß ein Bauer sich nichts sehnlicher als einen Job in der Fabrik wünschte. Aber die Arbeit in der Fabrik bedeutete kürzere Arbeitszeit, geringere körperliche Anstrengung, bessere Bedingungen, höheres soziales Prestige, mehr Lohn, gesichertes Einkommen und zusätzliche Sozialleistungen, wie Rente. Würden mehr kleinere Fabriken in ländlichen Gegenden gegründet, käme die Landbevölkerung in den Genuß all dieser Vorzüge, ohne auf ihre familiären Bindungen und ihre kulturelle Tradition verzichten zu müssen – dadurch ließe sich die Auflösung natürlich gewachsener Sozialstrukturen vermeiden, die mit der Industrialisierung im Westen einherging. Auf Grund ihrer hoffnungslosen wirtschaftlichen und sozialen Lage, die im Ausland weitgehend unbekannt war, verwunderte es nicht, daß die Bauern auch heute noch bittere Not litten. Würde man die Bauern um ihre Meinung fragen, wären sie die schärfsten Kritiker der Partei und ihrer Politik.

Inzwischen war die Sonne am Himmel ein Stück höher geklettert, hatte die Frühnebel und den Morgentau aufgelöst, die Schatten verkürzt und die Luft erwärmt. Auf den Feldern ernteten die Menschen Reis, ihre Stimmen übertönten den rauschenden Fluß, Staub vermischte sich mit Luft. Sicheln zerschnitten zischend die Stiele; ein Schnitt, ein Hieb. Mädchen plapperten munter, während sie die Garben zur Dreschmaschine trugen, in die Pedale traten, jedes Bündel mit Stroh festbanden und im Stoppelfeld aufstellten. Ein verführerisch beruhigendes Bild, die gleichmäßigen Bewegungen, die rhythmischen Geräusche, und beinahe beneidete ich diese Menschen um die gesunde Unkompliziertheit ihres Lebens und ihre nie angezweifelte Zugehörigkeit. Beinahe.

Zhangs Blick drückte Verachtung aus. Als ich versuchte, selbst die Tretkurbel zu bedienen, mußte ich nach wenigen Sekunden schon aufgeben, da meine Beinmuskeln schmerzten, meine Unterarme prickelten, Augen und Nase im Staub erstickten und der Schweiß mir über das Gesicht rann. Ich hätte nie die Arbeit dieser Bauern verrichten können und Zhang ebensowenig. Ich könnte weder die salzige Hitze des Sommers ertragen noch die Kälte des langen Winters. Ich könnte die schweren Lasten nicht schleppen und die einseitige Ernährung nicht verkraften. Ich würde diese endlose Erntearbeit vom Morgengrauen bis zum Einbruch der Nacht nie durchhalten. Und dennoch, hielt mir Zhang entgegen, seien die Bauern freier als die Menschen in der Stadt. Sie hätten die Wahl, entweder hart zu arbeiten und viel Geld zu verdienen oder herumzusitzen und die Hände in den Schoß zu legen: niemand kontrollierte sie.

In der Ferne waren Männer am Pflügen; ihre Flüche hagelten mit der Überzeugungskraft derber, bäuerlicher Sprache auf die Tiere nieder. Nur die Alten und Kranken blieben in der Kühle der Räume und Höfe zurück, kochten das Essen, kümmerten sich um die Kinder oder wendeten mit flachen Holzschaufeln das Getreide in der Tenne oder wuschen die Wäsche im Fluß. Auf dem Land lebte der Geist Chinas fort: in den Feldern, in der Ernte und im Ackerbau, in den Gebäuden, den Hüten und Tragestangen, im steten Auf und Ab täglicher Mühsal. Während Städte wie Guilin zusehends westlichere Züge annahmen, würde es Generationen dauern, bis Shuliang seine Seele verlor.

Auf dem Feld wimmelte es von jungen Mädchen, den Töchtern dreier Familien, die sich gegenseitig aushalfen. Zhang wurde zunehmend ungehaltener. Warum waren die Mädchen nicht in der Schule? Und wo waren die Männer? Er fragte sie nach ihrem Alter; dreizehn, antwortete die eine, fünfzehn, zwölf . . . Wie lange hatten sie die Schule besucht? Drei Jahre, meinte die andere, die ersten drei Grundschuljahre, dort in dem Gebäude am Fluß, das ihre Eltern mithalfen zu bauen, als es auf dem Feld wenig zu tun gab. Zhang hob an, den Wert guter Schulbildung zu preisen, aber die Mädchen kicherten nur und schauten weg.

Mehr als die Hälfte der Jugendlichen in den ländlichen Provinzen konnte weder lesen noch schreiben. Mädchen, die älter als zehn waren, mußten zu Hause auf ihre jüngeren Geschwister aufpassen oder bei der Heuernte helfen oder ihren Müttern beim Kochen und Waschen zur Hand gehen. Als Teenager hatten sie so viel Getreide produziert, wie sie in ihrem ganzen Leben nicht verzehren konnten. Bücher waren teuer, und Bildung spielte im Leben der Dorfbewohner keine Rolle. Es zahlte sich aus, die Kinder nicht in die Schule zu schicken.

Ich verliebte mich in Shuliang. Wenn ich die Augen schließe, sehe ich die Sonne zwischen den Berggipfeln untergehen und den Himmel sich in Feuer verwandeln, sehe mich im Morgentau durch die Reisfelder streifen oder im glasklaren Fluß schwimmen. Als ich schließlich dort aufbrach, von den Sandfliegen vertrieben und aus Angst vor dem herannahenden Winter im Norden, bedauerte ich seinen Verlust, sobald ich im Bus saß. Ich trauerte während der ganzen Fahrt nach Guilin, während die Landschaft zu Stromleitungen und Beton verkam, und ich wußte, ich würde kein zweites Shuliang finden, würde nie mehr anderen Touristen so lange entfliehen können, kein weiteres Mal dieses Hochgefühl empfinden, das mich trotz aller Unannehmlichkeiten erfüllt hatte. Guilin wirkte häßlicher denn je, als ich vor einem Sanitärgeschäft auf meinen Bus wartete. Und ich dachte, immerhin bin ich noch in China. Wie werde ich es jemals verlassen können?

Es war das einzige Mal, daß ich so fühlte.

IM FERNEN NORDWESTEN

Im Zug herrschte Dunkelheit. Ich folgte dem Bahnangestellten von Abteil zu Abteil, bis wir im vorletzten ankamen. Das Klackern und Holpern der Räder mischte sich mit dem gleichmäßigen Atmen Hunderter schlafender Chinesen. Es war vier Uhr morgens, und ich hatte gerade umsteigen müssen; alle anderen waren schon in Shanghai eingestiegen.

Ein schattenhafter Finger deutete nach oben, auf das letzte freie Bett im Zug. Jeweils drei Pritschen lagen übereinander, die oberste knapp unter der Decke. Zwei zusammengefaltete Laken wurden mir in die Arme geworfen und ein Handtuch, welches das Kissen vor meinem Haar schützen sollte.

Ich war schon seit 30 Stunden unterwegs. Um ein Uhr in der Nacht zuvor hatte ich in Guilin den Zug Richtung Peking genommen. Die 23 Stunden nach Zhengzhou waren für chinesische Maßstäbe kaum mehr als ein Katzensprung, und ich verzichtete darauf, mir einen Schlafplatz zu erkämpfen. Kaschgar lag sieben Tagesreisen entfernt, einhundertdreißig Kilometer vor der sowjetischen Grenze, dreihundert bis Afghanistan und auf halbem Weg nach England. Da ich nur über Hongkong nach China einreisen durfte, hatte es mich einen Umweg von fünftausend Kilometern gekostet, um hierher zu gelangen. (Inzwischen hatte man die Grenzen für Touristen aus Nepal und Pakistan geöffnet.) Indien lag nur eine verbotene Tagesreise entfernt.

Kein vernünftiger Han fuhr freiwillig in den Nordwesten. In der Zeit nach der Revolution als Land der unbegrenzten Möglichkeiten gepriesen, stand die ausgedehnte Nordwest-Provinz

Xinjiang in den achtziger Jahren im Ruf eines zweiten Sibiriens; Menschen wurden dorthin geschickt, um «Schöne Neue Welten» aufzubauen, die Wüste zu bezwingen und Fabriken zu errichten, Kanäle zu graben und Straßen und Eisenbahnlinien zu bauen, zu zivilisieren und zu verwalten und um die Grenze zur UdSSR zu kontrollieren – nicht auf Grund eines Verbrechens, das sie begangen hatten, sondern um die armen Landstriche entlang der Ostküste zu entlasten und um dem geliebten Vaterland zu dienen. Die in den fünfziger Jahren erstellte Bahnverbindung trug entscheidend zur Erschließung des Landes bei, ermöglichte den Siedlern, in diese entlegene Gegend vorzudringen und – in umgekehrter Richtung – ihre Erzeugnisse wie Baumwolle, Knoblauch, Sorghum und Sonnenblumenkerne zu exportieren. Dieses unberührte Land besaß einen unerschöpflichen Reichtum an Bodenschätzen, an Aluminium, Mangan, Uran, Nickel, Kupfer, Öl und Kohle. Noch fehlte es ihm an Kapital, Industrie und Fachwissen, aber bis zum Jahr 2000 würde sich hier Chinas neues Wirtschaftswachstum konzentrieren. Während der letzten fünfunddreißig Jahre hatte man vier bis fünf Millionen Han-Chinesen in dieses unkultivierte Gebiet umgesiedelt und damit die ursprüngliche Bevölkerungszahl verdoppelt. Mit dem Gebaren einer Kolonialmacht zwangen sie die einheimischen Moslems, in immer kargere Gegenden auszuweichen. Die meisten Han-Chinesen schimpften über Xinjiang, nörgelten über das Essen, klagten über die Eintönigkeit und die Tatsache, daß ihre Heimat Tausende von Kilometern entfernt war. Im Winter fielen die Temperaturen weit unter Null. Im Sommer verwandelte der sengendheiße Wüstensand Xinjiang in eine der heißesten Regionen der Erde.

Nördlich von Changsha war es Herbst. Wie trockenes Pergament knisterten die Blätter des gelblich gefärbten Bambus im Wind. Berge von Reis häuften sich auf bereits überquellenden Dreschplätzen. Platanen leuchteten in herbstlichen Gelb- und Brauntönen. Hinter Wuhan, zu beiden Seiten des Jangtsekiang, säumten Weiden und Pappeln die brachliegenden Felder; Lotosblätter welkten wie zerknüllte Papiertüten. Ich legte den Kopf auf meinen Arm und schlief ein; gegen Mitternacht wachte ich auf und stieg um.

An Chinas verkehrsreichstem Eisenbahnknotenpunkt herrschte auch um Mitternacht emsiges Treiben. Menschen hielten auf dem Bahnhofsvorplatz unter wuchtigen, wattierten Baumwolldecken ein Nickerchen oder dösten auf Bänken in den riesigen, schallenden Hallen oder hockten auf ihren Taschen oder warteten mutlos in langen Schlangen. VBAs mit gelben Armbinden auf ihren Uniformen stolzierten umher und zwangen jeden, in einer übertriebenen Anti-Müll-Kampagne, den kleinsten Krümel wieder aufzuheben. Da ich vier Stunden auf meinen Anschluß warten mußte, zog ich mich in den Wartesaal für Damen zurück, wo Männer und deren Gepäck den meisten Platz einnahmen und Babies in Gitterbettchen in den Schlaf gewiegt wurden. Ich rollte meinen Schlafsack auf dem Boden aus, schlief ein und erwachte in einer Pfütze aus Pipi.

Fünf Stunden später bereitete ich mir mein Lager in der Dunkelheit eines etwa siebzig Zentimeter hohen Schachts. Unter mir wölbten sich fünf eingewickelte, friedlich schlummernde Gestalten, die scheinbar völlig unbekümmert vor sich hin schnarchten. Doch in Wirklichkeit hegten die Chinesen mit ihrem am Gürtel befestigten, klingelnden Schlüsselbund und dem mit Fahrradriemen verschnürten Gepäck ein ebenso starkes Mißtrauen gegeneinander wie die Inder, die im Schlafwagen die ganze Nacht über das Licht brennen ließen.

Als ich am nächsten Morgen erwachte, schien die Sonne, und die übrigen fünf Insassen meines Abteils saßen auf den unteren Betten und schlürften heißen Tee. Ich sprang zu Boden, und augenblicklich trat Stille ein: Hälse reckten sich, Münder wurden aufgerissen. Ich war wie gewöhnlich die einzige Ausländerin im Zug, und unser Endziel lag drei Tagesreisen entfernt. Ein Ehepaar mittleren Alters und ihre erwachsene Tochter kehrten betrübt vom jährlichen Besuch der Shanghaier Verwandtschaft zu ihrem unfreiwilligen Domizil in Xinjiang zurück (als Trostpflaster erhielten sie dort dreißig Prozent höheren Lohn und waren vollbeladen mit Radios und Kleidern). Die restlichen zwei

Fahrgäste trugen VBA-Uniformen, er wirkte freundlich, sie zimperlich, beklagte sich über die Kälte oder das grelle Licht, pflückte Fussel von ihrem Wollpullover und klopfte den Staub von ihren hochhackigen Schuhen. Sie entzog sich den Anstrengungen der Reise, indem sie die ganze Zeit im Bett blieb, und ihr junger Begleiter beugte sich über sie und flüsterte ihr zärtliche Dinge zu, wenn er sich unbeobachtet glaubte. Ich fragte sie, ob sie verheiratet seien. «Nein, nur Kollegen», erwiderte er, und sie wandte sich verlegen ab.

Draußen war Winter. Angestrengt schaute ich durch die von tagelangem Staub verschmierten Scheiben. Nördlich vom Jangtsekiang war das Land dürr, blaß und weit. Die Menschen wirkten größer, ihre Gesichter weniger rund. Die Reisfelder und sanften Hügel Süd- und Zentralchinas waren Weizen, Hirse und Sorghum gewichen, einer öden Landschaft aus steinigen Feldern, von Wasserrinnen zerfurcht. Terrassen, wie von Hand geformt, verzierten die steilen Berghänge. Die weichen Lößfelsen wurden von Höhlenwohnungen durchlöchert und erinnerten an romanische Kirchenschiffe. Ausgetrocknete Wasserläufe gestalteten die Täler mit der Abstraktheit und Präzision japanischer Steingärten. Einzelne gelbe Blätter hingen an Pappeln und flatterten verloren im Wind.

Nur ausgedehnte Überlandfahrten vermittelten einen Eindruck von der Weite und Vielfalt Chinas, und dies war meine bisher längste. Da ich mich, verführt von Shuliang, länger als geplant im Süden aufgehalten hatte, begann nun ein Wettlauf mit der Zeit gegen den herannahenden Winter. Bei meiner Rückkehr von Kaschgar im kommenden Monat würde dieses Land wie ausgestorben daliegen. Keine Früchte auf den Feldern, keine Blätter an den Bäumen, keine Bauern beim Pflügen; nur zugefrorene Flüsse und staubbedeckte Felsen und der spärliche Rauch aus fernen Fabrikschornsteinen.

Aber auf der Hinreise faszinierte mich nicht nur die ungewohnte Landschaft, sondern auch die Begegnung mit einem mir fremden Volk. Sie traten in Horden auf: ungepflegte Männer mit feurigen Augen und Adlernasen, die Hirten oder Musiker hätten sein können. Sie rissen an harten, runden Brotfladen und trugen rasierklingenscharfe Messer am Gürtel. Ich erfuhr, daß sie Uiguren waren, der größten moslemischen Minderheit Xinjiangs angehörten. Ich fürchtete ihre Direktheit; beneidete sie um ihr Essen. Gefühlvolle islamische Gesänge schallten aus ihren Recordern, weit angenehmer als die Anweisungen und das Geplärr aus dem Lautsprecher (den ich mit einer Decke und irgend jemandes Regenschirm zugehängt hatte – zur größten Freude meiner Mitreisenden, die ebenso seine Hartnäckigkeit haßten, aber zu autoritätsgläubig waren, um selbst etwas zu unternehmen), und Salven von kehligem Türkisch explodierten in den Gängen. Während die Han in mehrere Schichten langer Unterwäsche und wattierter Polster gehüllt waren, schlurften die grimmigen Uiguren schamlos in durchsichtigen, bis zur Taille aufgeknöpften Hemden herum. «Du Mission*ar*?» knurrte er undeutlich, als er an meinem Platz vorbeischlappte. «Nein», antwortete ich gehorsam, durch seine messerscharfen Augen und das buschige Haar auf seiner Brust eingeschüchtert. Später begriff ich, daß er Doll*ars* tauschen wollte und ich ihn nur mißverstanden hatte.

Verglichen mit den Han, an deren konfuzianische Zurückhaltung ich mich gewöhnt hatte, wirkten die Uiguren wild und bedrohlich. Ihr Lächeln war breiter, ihre Stimmen kraftvoller, ihre Gesten direkter und ihre Augen voller Lust. Von Zeit zu Zeit brachen zwei von ihnen über eine Gruppe Chinesen herein, boten ihnen *mao tai* an, beglückten sie mit ihrem Gesang und erschreckten sie zu Tode. Daraufhin erhoben sie sich wieder, von soviel Friedfertigkeit gelangweilt, und kehrten zu ihren eigenen Leuten zurück, während sich die Chinesen vielsagende Blicke zuwarfen und etwas über Barbaren murmelten.

Zunächst erstaunte es mich, daß es den Han gelungen sein sollte, sich solch ein kämpferisches Volk untertan zu machen. Sie zwangen ihnen ihre Politik auf. Sie beuteten das Land und seine Bodenschätze aus. Sie verboten die arabische Schrift, dann lockerten sie ihr Verbot und genehmigten sie wieder; somit konnte ein junger Uigure zwar seinem Großvater schreiben, aber nicht seinem Vater, da jener nur die lateinische Schreibweise beherrschte. Die Maßnahmen der Regierung zielten auf Vereinnahmung ab: in den Schulen wurde Mandarin gelehrt, Bezugsscheine und medizinische Versorgung wurden eingeführt und die Rechtsprechung geändert. Obwohl angeblich ein höheres Maß an Autonomie gewährt wurde als in jeder anderen Provinz, außer der Mongolei und Tibet, unterlag das Gebiet strenger militärischer Kontrolle, teilweise auf Grund der nahen sowjetischen Grenze und auch wegen des bewaffneten Widerstandes und der Untergrundbewegung der Uiguren, die eine Bedrohung für die Herrschaft der Han darstellten. Anfang der achtziger Jahre war ein Aufstand niedergeschlagen worden, und inzwischen war es zu mehreren kleineren Zusammenstößen gekommen.

Während die Uiguren-Männer gutaussehend und extrovertiert waren und sowohl Freude als auch Groll mit unbändigem Stolz ausdrückten, wirkten ihre Frauen eher schweigsam und mürrisch. Ich beobachtete sie, wie sie auf hochhackigen Schuhen umherwackelten, mit wippenden Röcken und Nylonstrümpfen, die wie Wurstpellen über die zusammengebauschten, rosa oder grünen langen Unterhosen gezogen waren. Sie saßen mit gespreizten Beinen da, wobei mehrere Schichten Schlüpfer zum Vorschein kamen, und lauschten andächtig ihren Männern, die *mao tai* in sich hineinkippten. Nach dem gewohnten Anblick Hanscher Einheitskleidung und Geschlechtslosigkeit stach die Aufmachung der Uiguren-Frauen besonders ins Auge: ihre geblümten, um den Kopf geschlungenen Tücher als Tschador-Ersatz, ihre Kleider ein Ausdruck der Begierde ihrer Männer.

Nachmittags erreichten wir Xian, inmitten einer Ebene quadratischer Felder eingebettet. Unter dem Schleier jungen Winterweizens wirkte das Land fruchtbar und üppig. Bauern waren mit ihren Fahrrädern unterwegs, zogen Handkarren hinter sich her, belebten die Wege mit dem Blau und Olivgrün ihrer wattierten Winterkleidung, die mit Schnüren zusammengebunden war, um die angestaute Wärme nicht entweichen zu lassen.

In Xian und anderen größeren Stationen verließ jeweils etwa die Hälfte der Fahrgäste den Zug, aber auf dem Bahnsteig blickten sie sich dann hilflos um, wußten nichts Rechtes mit sich anzufangen. Es gab kaum etwas zu kaufen und noch weniger zu sehen, und so warteten sie in wachsamen Haufen nahe der Türen, bis das Pfeifsignal ertönte und sie von den «blauen Mädchen» wieder hineingescheucht wurden. Früher hatten während der Aufenthalte gymnastische Übungen zum Pflichtprogramm gehört, wie auch in den Teepausen in der Fabrik und beim Schlangestehen im Restaurant, aber mit Maos Tod war die Begeisterung erloschen.

Der Zug besaß sein eigenes, pulsierendes Leben. Fern der Maschinen und der Hartsitz-Waggons, wo Hunderte von Menschen vier Tage lang saßen oder standen, räkelten sich die Schlafwagenpassagiere auf ihren Betten, aßen und lasen und verschliefen die Zeit. Ein nicht abreißender Strom bewegte sich den Gang hinauf und hinunter: Fahrgäste, die sich neue Eindrücke erhofften oder es sich leisten konnten, im Speisewagen zu dinieren, «blaue Mädchen», wie Kürbisse gepolstert, die fegten und wischten und unsere Thermosflaschen füllten, und ein Uigure, der unseren Tee mit einer Gießkanne auffrischte.

In der Nacht kamen wir an Lanzhou vorüber, einer Stadt am Gelben Fluß und an der legendären Seidenstraße gelegen und fast im geographischen Mittelpunkt Chinas. Jenseits davon, noch fünf Tagesreisen von der sowjetischen Grenze entfernt, erstreckte sich die Wüste Gobi und dehnte sich immer weiter aus. Einst waren weite Flächen mit Wald und Weideland bedeckt, aber der Wald wurde gerodet, das Weideland gepflügt; Kriege taten ein übriges. Um ein weiteres Vordringen zu verhindern, hatte man in den Bergen begonnen, eine neue große Mauer aus Pappeln und Weiden zu pflanzen.

Morgens war es nun kälter und bis acht Uhr dunkel. Die fernen, schneeglasierten Berghänge glänzten rötlichrosa in der aufgehenden Sonne. Der Himmel war hoch, klar und blau, alles übrige braun: die Erde, das Gras, die Hügel, Schafe, Steine, Straßen, Dächer, Mauern, ein alles beherrschendes Graubraun. Die von Ochsen gezogenen Pflüge wirbelten Staub auf; die Vegetation verdorrte im Wind. Unter der Weite des funkelnden Himmels wirkte die Erde verschwindend klein; Dörfer schrumpften zu Spielzeug, die von Schatten geformten Hügel zu einer Handvoll Lehm. Wir würden vergehen, selbst die Lebensdauer der Wüste war begrenzt; nur der unendliche blaue Himmel blieb bestehen.

Wir hielten an: ein paar Hütten, ein Gleis, ein paar verlassene Kohlehaufen. Zerlumpte Kinder wühlten darin herum, machten jedoch sofort kehrt und kamen auf die Schlafwagenabteile zugerannt, reichten uns angeschlagene, kohlengeschwärzte Schälchen hinauf und baten um Brotkrumen vom Vortag und *baozis*, mit Schweinefleisch gefüllte Klößchen. In ärmeren Gegenden war dieser Anblick keine Seltenheit, und vor allem in den ersten Jahren der Kulturrevolution strömten Millionen hungernder Landbewohner in die Städte und Bahnhöfe und bettelten um Essen. Schuldbewußt zogen die vornehmen Leute die Fenster hoch und gaben den Kindern ihre altbackenen Reste in die Hand, empfanden es als demütigend, ihnen sie einfach in die Schalen zu werfen. Aber die Horde schmutziger Kinder mit ihren roten Backen und ihrer natürlichen Schönheit war zu sehr mit Hinunterschlingen beschäftigt, um Notiz davon zu nehmen.

Am vierten Morgen war es noch kälter. Es hatte in die Waggonkopplung hineingeschneit, und ein eisiger Wind blies durch das Kloloch. Die Mongolen nannten dieses Land Gobi, die Wüste, und die Uiguren bezeichneten es als Taklamakan, «geh hinein, und du kommst nie mehr zurück». Niemand schien geneigt aufzustehen.

Jeder Tag bot neue Eindrücke. Am vierten durchquerten wir eine trostlose Einöde steinübersäter Wüstenlandschaft. Unser Zug verlor an Schwung, schnaufte mühsam bergauf, als sei er die Fahrt leid. Die Han wurden täglich verdrießlicher, während die Uiguren lärmten und sich freuten, je näher sie ihrer Heimat kamen. Da sie kein Essen aus den Händen von Schweinefleischessern annahmen, nagten sie an harten Brotkanten und eingelegten Kohlblättern, die sie drei Tage zuvor in Shanghai erstanden hatten.

Ich begann, mich für die Uiguren zu erwärmen. Nachdem ich eine Weile zwischen der sanften chinesischen Höflichkeit der Han und der überschwenglichen Lebenslust der Uiguren hin und her gerissen war, hatte ich mich am vierten Tag entschieden, wem meine Sympathie galt. Als Moslime verstand ich die Uiguren und das, woran sie glaubten, wohingegen es mir bei den Han oft schwerfiel. Für die Han endete die Welt an Chinas Grenze, während die Uiguren ein weit großzügigeres Weltbild besaßen. Den letzten Nachmittag verbrachte ich mit zwei Uiguren, Mitte Dreißig, mit breiten, männlichen Schultern und derber, gesunder Haut. Mir kam es albern vor, Chinesisch mit Menschen zu reden, die aus dem Mittleren Osten stammten, aber auf Grund ihrer begrenzten Mandarin-Kenntnisse und der fehlerhaften Betonung ergänzten wir uns recht gut, und die Verständigung bereitete kein Problem. Ich öffnete mich, vertraute ihnen wie Freunden. Sie brüllten vor Lachen, und die uns belauschenden Han saßen schweigend dabei. Sie konnten sich gehenlassen, etwas genießen, sich selbst lächerlich machen oder verletzt sein. Wir respektierten einander.

Und schließlich spürte ich die Romantik der Eisenbahnen, der endlosen Entfernungen, die sich zu Traumlandschaften entfalten, der großen, schwarzen Lokomotive mit ihren scharlachroten Rädern, die stetig über die Wüstenebene dahinrollen, des Kennenlernens und Auseinandergehens und der sibirischen Kälte entlegener Bahnhöfe, der dampfendheißen Teebecher und der wehmütigen orientalischen Musik, der vollgepfropften Hartsitz-Waggons und der spitzenumhüllten Weichbett-Abteile, in das sanfte Licht der Tischlampen getaucht und von soliden Kadern mittleren Alters belegt.

In der Abenddämmerung liefen wir in Daheyon ein. Ich stieg aus dem Zug und spazierte durch die breiten, staubigen, sich im Dämmerlicht verlierenden Straßen, an fensterlosen Häusern und fahrerlosen Lastwagen und Männern in locker fallenden, fellbesetzten Mänteln vorbei. Daheyon war wie eine Grenzstadt: gesichtslose Mauern, Menschen auf der Durchreise, die Einsamkeit rangierender Dampflokomotiven, sonnendurchfurchte Gesichter und Staubgeruch. Es gab nichts zu sehen, nichts zu tun, und doch bestach der Ort durch seinen herben Charme.

Mein Hotel paßte ins Straßenbild: Neben einem schlammigen, ausgefahrenen Lastwagendepot gelegen, strahlte es die Gemütlichkeit primitiver Blechschuppen aus und wurde nur von Han-Chinesen bewohnt. Der Kohleofen in der Mitte jeder Hütte hatte etwas Anheimelndes an sich, ebenso die rauhe Herzlichkeit und Hilfsbereitschaft unter Reisenden, die auf engstem Raum zusammenlebten. Während die Frauen ihre Füße in Aluminiumschüsseln einseiften, spuckten die Männer Hagel von Melonenkernhülsen auf den Boden. Von den nassen Socken auf der Wäscheleine stiegen Dampfschwaden empor. Das Wellblechdach heulte im Wüstenwind, die verblichenen, abblätternden Wände bogen sich, und meine Rechnung betrug 1,50 Mark.

Während wir auf den Busfahrer warteten, kroch die Morgendämmerung über die flachen Lehmdächer. Melonenkernverkäufer hockten im Staub. Eine rangierende Dampflok stieß einen vollendeten Rauchkringel zwischen den sich am blaßrosa Himmel abzeichnenden Oberleitungen hervor. «Voi che sapate» aus Mozarts *Figaro* erklang in der kalten Morgenluft.

Kaschgar lag drei Tagesreisen entfernt Richtung Westen an der berühmten Seidenstraße, die einst Trauben und Rosen, Jade und Gewürze, Seide und Porzellan durch die Wüste und Gebirge bis zur Mittelmeerküste nach Antioch beförderte. Seit zweitausend Jahren war Kaschgar ein wichtiger Handelsplatz, der erste, den man vom Westen her erreichte. Über diesen historischen Pfad war das Christentum durch die Missionare verbreitet worden, der Islam durch die Türken, der Buddhismus durch die Inder und mit ihnen die Künste und Erzeugnisse der einzelnen Länder. Diesen Weg waren die moslemischen Volksstämme im vierten Jahrhundert gekommen, um sich in der Wüste niederzulassen, lange nachdem die Seidenstraße durch die Han errichtet worden war. Marco Polo hatte sie auf seiner Reise nach Osten, auf der Suche nach Reichtümern, beschritten. In jenen Tagen brauchte man mit einer Kamelkarawane fünf Wochen von Peking nach Kaschgar, und selbst 1984 endete die Bahnstrecke achthundert Kilometer vor dem Ziel.

Im Bus war es kaum wärmer als draußen im Wind. Unser

Fahrer saß in einer abgetrennten, durch den Motor gewärmten Kabine, und wir anderen verkrochen uns fröstelnd in unsere Sitze, Uiguren und Han in unmittelbarer, unangenehmer Nachbarschaft. Die Männer rollten Tabak in Zeitungspapierstreifen und stellten ihre Kragen auf, um die Kälte abzuhalten. Ungläubig beäugten sie mein eines Paar langer Unterhosen – so völlig unzureichend im Vergleich zu ihren dreien.

Wir verließen den Ort – graue Schieferwüste umgab uns. Die Sonne stieg hinter einer Barrikade aus Stacheldraht empor, an der Plastikfetzen im Wind flatterten und das Licht einfingen – ein Bild, das durch den spröden, eierschalfarbenen Himmel noch verstärkt wurde. Wir überquerten flaches Niemandsland, durchstießen eine gerodete Hügelkette, die wie ein kauernder Drachen dalag, und mühten uns die spiralförmigen Windungen eines Tals hinauf, das sonnenüberflutet und staubbedeckt an ein verfallenes Walhall erinnerte. Sein Ausgang mündete in eine Hochebene, die wir in den nächsten drei Tagen zügig durchfuhren und wo vor einer Kulisse aus Licht und Leere die Gedanken abschweiften und jeder seinen Träumen nachhing.

Ich hatte gehofft, daß diese ehemalige Handelsstraße noch immer von Karawanen bevölkert sein würde, daß nichts Moderneres als unser Bus die Makellosigkeit beeinträchtigte. Aber die Seidenstraße diente heute vor allem dem Transport von Kohle, die bergeweise von dunkelgrünen, grimmigen Lastwagen sowjetischer Machart befördert wurde. Telegraphenmaste grenzten uns als eilig vorbeihuschende Gitterstäbe von der Landschaft ab. Die Seitenstreifen waren von den Spuren der Caterpillarreifen zerwühlt, und die Fahrbahn selbst zog sich mit verformter Oberfläche und staubigen Rändern wie ein öliger Schmierfilm durch die reine Wüstenlandschaft. Sie erklomm Buckel, wand sich durch Mulden, tauchte plötzlich wieder auf, rutschte in Täler hinab und riß die Schneeschmelze der nördlich liegenden Himmelsberge mit. Die rauchspeienden Fahrzeuge, der lange Teerstreifen, die Haufen von Kohle und Kohlköpfen minderten die Romantik einer Reise auf der Seidenstraße, die Durchquerung einer der größten Wüsten der Erde zum entlegensten Außenposten der Volksrepublik China, der bis vor einigen Monaten noch für Ausländer verboten gewesen war.

Wenngleich die Tage des einfachen Lebens und des gemächlichen Tempos von Kamelen vorüber waren, blieb ein gewisser Reiz bestehen: Rastlosigkeit und Unternehmungsgeist, ein viktorianischer Bewegungsdrang, ein Voranpreschen und Erforschen, Zähigkeit und Pioniergeist. Das ganze Land war im Aufbruch: Menschen, Fahrzeuge und Benzin, um sie in Gang zu halten. Wir kamen an einem Zug VBA-Männer vorbei, die mit Schaufeln und Waschschüsseln den Straßenbelag ausbesserten – ein Relikt aus vergangenen Tagen, die Karikatur sozialistischen Bauens. Unser Bus beförderte Händler, Soldaten, Kader, unfreiwillige Umsiedler aus den östlichen Provinzen, die durch die Wüste in eine fremde Heimat fuhren.

Nach einer halbstündigen Rast in einer baumlosen Ortschaft erreichten wir die erste einer Reihe von Oasen, die durch unterirdische Kanäle von der Schneeschmelze bewässert wurden und die Südseite des Tarim-Beckens säumten. Eselskarren behinderten die Durchfahrt, und ich lugte durch Alleen aus dichtgepflanzten Pappeln; die tiefstehende Sonne warf ihre Strahlen über die Sorghumfelder und streifte die Wege wie ein Tigerfell. Hufe gruben sich tief in den eselsgrauen Staub. Frauen mit weißen Kopftüchern wuschen Gemüse im Fluß. In einem Hof waren alte Männer am Dreschen und Worfeln, lösten die Körner mit schweren, steinernen Walzen, trennten die Spreu mit Schaufeln und mit Hilfe des Winds. Flüchtige Blicke durch gewölbte und gitterverzierte Torbögen enthüllten weinlaubbeschattete Innenhöfe, Brunnen und Tonöfen, Schafe und Stroh und zum Trocknen aufgehängte Pfefferschoten entlang der Mauern.

Zwischen den Oasen erstreckte sich kilometerweit nichts als eintöniges Schiefergestein, das nur einmal durch Salzsümpfe und salzverkrustete Flächen unterbrochen wurde. Der Anblick runder, riedgedeckter Hütten – nach demselben Prinzip gebaut wie die der Araber an Euphrat und Tigris – überraschte die Han. Hier wohnten Menschen, deren Leben vom Riedgras bestimmt wurde: Schneiden und Fortschaffen, Bauen und Verbrennen, zum Verkauf für Dächer und Zäune und als Brennmaterial. Zusätzlich hielten sie Ziegen und Schafe. Obwohl das «Verantwortlichkeitssystem» bereits 1979 eingeführt wurde, kam es hier erst Mitte der achtziger Jahre zum Tragen.

Gegen Abend durchquerten wir eine weitere Oase. Sonnenlicht überströmte die Sorghumfelder, glitzerte in den reifen Ähren. Es fiel in gelben Rauten durch Pappeln und Weiden. Es fing sich in Strohballen auf Dreschplätzen und Baumwollhaufen, in Getreidebündeln und in Girlanden buttergelber Maiskolben, die die Mauern zierten. An niedrigen Lehmhäusern und staubigen Wegen und abendlichen Rauchsäulen vorbeirumpelnd, kehrte ich heim in das Asien, das ich kannte und liebte.

In der Dämmerung erreichten wir Korla, eine häßliche moderne Industriestadt, und hielten vor einem großen Hotel. «Warum hältst du denn hier?» Die Reisenden standen auf und brüllten den Fahrer durch seine Trennwand hindurch an. Er starrte unwirsch zurück, wendete wortlos und fuhr uns quer durch die Stadt zu einem langen, flachen Lehmblock in einer unbeleuchteten Straße. Diesmal stiegen alle ruhig und der Reihe nach aus, umringten die «Rezeption» und zahlten ihre 1,50 DM. Ich mußte weder meinen Paß vorzeigen noch eines der üblichen Formulare ausfüllen. Ich erkundigte mich, ob die Zimmer geheizt seien. *«Mei you.»* Keine Heizung. «Aber es ist kalt!» beschwerte ich mich. «Es ist nicht kalt», wurde mir erwidert. «Aber die Straße ist gefroren!» – «Wir haben erst den 10. November», hielt man mir entgegen. Winteranfang war in China erst am 15.

Da es kein heißes Wasser gab, entzündete ein Junge etwas Stroh unter einer leeren Benzintonne, um es darin zu erhitzen. Da es kein Klo gab, gingen wir die Straße hinunter zum öffentlichen, das in einem dermaßen verwahrlosten Zustand war, wie ich es kein zweites Mal anzutreffen hoffte. Da es nichts zu essen gab, überquerten wir die Straße und aßen in der einzigen Nudelküche weit und breit, der bereits die Vorräte ausgingen.

Wieder einmal wurde ich in meiner Ahnung bestätigt, daß die Höflichkeit der Chinesen nur so lange aufrechterhalten wurde, wie es ihnen beliebte. Gute Manieren spielten keine Rolle mehr, wenn es darum ging, etwas Eßbares zu ergattern, in den Bus zu drängeln, eine Fahrkarte zu erstehen oder das letzte Bett zu erwischen. Ich wurde geschubst und gestoßen, bis ich stets als letzte aus dem Kampf hervorging. Einen Sitzplatz auf einer kurzen Busfahrt bereitwillig aufzugeben, wenn ein Mitglied des Nachbarschaftskomitees einen beobachtete, war eine Sache; dagegen auf eine Mahlzeit auf fremdem Territorium zu verzichten eine vollkommen andere.

Am nächsten Morgen verließen wir zwei Stunden vor Tagesanbruch die Stadt. Wir kauerten in unseren Sitzen, eifrig bemüht, die Kälte abzuwehren. Ein eisiger Wind pfiff durch die Fensterritzen, und ich stopfte etwas Papier hinein. Die anderen fummelten hilflos an den klappernden Scheiben herum, was mich erneut an die Analogie mit einem Internat erinnerte: die Chinesen als Schüler, die alles auswendig lernten, was man ihnen erzählte, sich nie bemühten, selbst etwas herauszufinden, und die nie aus der Reihe tanzten.

Schon lange nachdem die Sonne schwach und farblos am eisigen Himmel aufgegangen war, froren wir immer noch schweigend vor uns hin. Und plötzlich schwitzten wir, kamen vor Hitze schier um, waren jedoch machtlos, da die Wärme hauptsächlich unserer dicken Unterwäsche zuzuschreiben war. Als die Sonne unterging und die Kälte über uns hereinbrach, mummelten wir uns wieder in alles Verfügbare ein, trommelten mit den Füßen, zogen die Schultern ein, schlangen die Schals um die Ohren und schoben die Mützen über die Augen.

Am frühen Morgen jedoch verwöhnte uns die Wüste mit verschwenderischer Pracht. Kleine, regelmäßige Hügel überzogen die Landschaft, von karmesinroten Kriechpflanzen umschmiegt. Darauf folgte ein wirres Dickicht aus Zimtkassien und niedrigem, dornigem Gestrüpp in den harmonischen Schattierungen der Farbskala eines exklusiven Farbenhauses: Salbei, Lavendel, Stroh und Pilze, marmoriert und miteinander verschmolzen unter perlmuttfarbenem Himmel. Nach dem tagelangen unerbittlichen Kamel-Grau empfand ich diese Palette von

Pastelltönen als angenehmes Zwischenspiel. Aber bei zunehmendem Licht verblaßten die Farben rasch. Mit elegantem Flügelschlag erhoben sich einige schwarzglänzende Krähen von der Straße, und Leere durchströmte meine Seele.

Und wieder lag die Wüste vor uns, kahl und unberührt, und wir waren wieder allein mit der endlosen Weite des Schiefers und der Unbarmherzigkeit des Himmels. In den Oasen herrschte Winter, die Blätter waren abgefallen, und die Felder waren von demselben Graubraun wie der Schiefer. Es gab kaum Verkehr und wenig Fahrräder; eine geringe Anzahl Han und keine Essensstände. Als wir an einer rauchgeschwärzten Lehmhütte Rast machten, wo bärtige Uiguren in zottigen Schaffellmänteln mit bemerkenswertem Appetit schmatzend ihre Nudeln vertilgten, saßen die Han unserer Gruppe schmollend und jammernd daneben. Ebensowenig wie die Uiguren Schweinefleisch aßen, rührten die Han ihnen unbekannte Gerichte an.

Für Uiguren bedeuteten gemeinsame Mahlzeiten auch eine moralische Verpflichtung – sie stärkten die Freundschaft. Gewöhnlich aßen Uiguren mit Uiguren und Han mit Han; ich hatte mich inzwischen den Moslems angeschlossen, als mich jemand auf den Schwarzmarktkurs ansprach. Da ein Kader anwesend war, gab ich keine Antwort. Aber der Kader beruhigte mich: «Reden Sie nur, es ist schon gut. Wir haben zusammen gegessen. Wir kennen uns. Wir sind Freunde.» Im Bus galt dasselbe Prinzip: Han redeten mit Han und Uiguren mit Uiguren, und die Distanz blieb gewahrt.

Sie unterschieden sich in allem nur Denkbaren. Sie unterschieden sich in ihrem Glauben, ihrer äußeren Erscheinung, ihren Verhaltensweisen, in ihrer Kultur und Weltanschauung. Sie kauften in verschiedenen Läden ein, und ihre Kinder besuchten verschiedene Schulen. Während ein Uigure gegen eine Mauer urinierte, würde ein Han dies nur unbeobachtet tun. Während Han in ihren persönlichen Gewohnheiten schmutzig sein mochten – zum Beispiel ihre Unterwäsche den ganzen Winter über nicht wuschen –, würden sie dies nie in der Öffentlichkeit zugeben. Einem Uiguren dagegen schrieb das Ritual Reinlichkeit vor, bevor er eine Moschee betrat, doch seine staubige oder schmuddelige Kleidung wurde ihm auf Grund von Wasserknappheit vergeben. In unserem Bus saß ein junger Bursche, der mit den Zähnen Sonnenblumenkerne knackte und die Hülsen achtlos auf seine Kleider fallen ließ. Hände und Gesicht waren dreckverkrustet, an den Rändern rissig wie getrockneter Schlamm, und aus den Ohren quoll der Schmutz wie Schimmel. Er trug vier Baumwolljacken, alle gleich speckig, und zusammengeknülltes Papier unter seiner Mütze und Stiefel ohne Socken, um seinen Körper von der Kälte zu isolieren.

Gegen Abend wurde die Seidenstraße ihrem Ruf gerecht. Wir fuhren gen Westen, genau auf die Sonne zu, durch Oasen, vom Schattennetz der Bäume überzogen, an Karren vorbei, mit knorrigen Wüstenweiden vollgestapelt, die als Brennmaterial verwandt wurden. Die Sonne glitzerte silbern in den Samenfädchen der wilden Clematis und golden im abgemähten Schilf. Uns kamen Hunderte, wenn nicht Tausende von Eselskarren entgegen, die vom Sonntagsmarkt in Aksu heimkehrten und von wild aussehenden Uiguren mit langen Bärten und in verfilzten, gegen die Kälte hochgezogenen Schaffellen gelenkt wurden. Die Familie saß in Decken eingewickelt hinten im Wagen – Silhouetten vor der untergehenden Sonne.

Nach drei Tagen waren meine Sinne vom Lärm und der Kälte wie betäubt. Der Motor dröhnte, die Scheiben klapperten, Musik krächzte aus dem Lautsprecher. Und meine Rückfahrt von Kaschgar bedeutete drei weitere Tage Wüste und Unbequemlichkeit; drei weitere Tage flüchtig hinter zarten Schleiern dahingleitender Berge, Fuhrwerke und Lastwagen und Telegraphenmasten, winterlicher Oasen und sich ausdehnender Städte; drei Tage über das Hochplateau und danach das sich endlos windende Tal hinab, hin und her geschleudert wie ein Boot auf tanzenden Wellen, dann wie ein Strom durch die Kluft zwischen den graubraunen Drachenfelsen hindurch und weiter hinunter bis zur Ebene von Turfan und zum Bahnhof in Daheyon.

Am dritten Tag war die Wüste grenzenlose, lichterfüllte Weite; nicht das feindselige Licht der indischen Ebenen, das gleißend und grell die Augen blendet, sondern ein sanftes Licht, das tänzelte und schimmerte, wie mit zarter Fingerspitze angetippt, das dämpfte und versilberte und im Staub gespenstisch glimmte. Als die Berge näher kamen, sah ich Farben in ihren Senken: Jade, Koralle und Amethyst. Aus der Ferne wirkten sie wie englisches Hügelland, eine Schöpfung aus Licht und Schatten. Meine Erinnerung an Xinjiang ist von Helligkeit geprägt: von Sonnenschein, der lichtdurchlässige Blätter erleuchtet und in baumstammbreiten Streifen über staubige Wege schweift; von Lichtstrahlen, die aus Rauch Silberfäden spinnen und im Dampf umherwirbeln, die Eselshufe im Staub mit einem Heiligenschein umgeben und im pappelgesäumten Fluß funkeln, wo Frauen in geblümten Kleidern Gemüse waschen; von Sonnenstrahlen, die über Dächer lugen und von Gebäuden, Felsen, Figuren und Bäumen Silhouetten zeichnen. Selbst leblose Dinge wie Rauch und Staub und Luft und Feuer lebten und atmeten in Xinjiang.

An einer Handvoll Erdlöcher, mit Rampen als Einstieg und Dächern aus Ästen, hielten wir an, um Melonen zu kaufen. Kamelherden grasten im dürren Gestrüpp. Dann, nur wenige Kilometer vor Kaschgar, brach unser Bus zusammen. «Das war's», erklärte der Fahrer mit düsterer Miene. Wir saßen herum und warteten, bis der Motor sich abgekühlt hatte. Dann ging es ein paar Meter weiter, wieder anhalten, warten, weiterfahren. So krochen wir in die Stadt.

Auf den ersten Blick hatte Kaschgar keine Ähnlichkeit mit jenem legendären Knotenpunkt Asiens, mit jener von Mauern umgebenen und mit Holzschnitzereien versehenen Karawanserei, die ich mir als Höhepunkt einer einwöchigen Pilgerfahrt erträumt hatte, sondern bot den üblichen, reizlosen Anblick chinesischer Industrievororte mit breiten, leeren Straßen und Fabrikgeländen, Fahrrädern und Telegraphenmasten. Draußen in der Wüste entstanden neue Oasen urbar gemachten und künstlich bewässerten Lands, schützend mit Bäumen umpflanzt, wo Han-Chinesen auf riesigen Staatsfarmen Baumwolle und Weizen anbauten.

Dann überfiel mich jene innere Erregung, wie sie nur ein Ort wie Kaschgar hervorzurufen vermag. Da er erst seit kurzem für Ausländer freigegeben war, existierten weder Stadtpläne noch Reiseführer. Touristengruppen blieben fern, und nur die Entschlossenen und Robusten schreckten nicht vor der anstrengenden Reise zurück. Im Zentrum von Kaschgar lebten überwiegend Uiguren, Usbeken, Tadschiken, Kasachen und Kosaken: alte, schwarzgekleidete Männer, deren Schaftstiefel auf dem Pflaster klirrten, und unter Schals verborgene Frauen, männlichen Blicken entzogen. Man spürte die Weite und das Licht der Wüste, die Fahlheit und Zerbrechlichkeit. Asiatische Gesichter, menschliche Geräusche, ägyptische und arabische Gerüche.

Jenseits der Moschee betrat ich die alte Welt der lehmgeformten Gassen, deren Mauern niemals senkrecht und deren Dächer niemals waagrecht waren und deren festungsähnliche Fassaden nichts über Anordnung und Einrichtung der Räume und des sich darin abspielenden Lebens verrieten. Selbst die Anzahl der Stockwerke blieb ungewiß. Balkenenden sprangen wie abstrakte Skulpturen hervor, Schornsteine ragten wie Pilaster heraus. Manchmal erhaschte man einen Blick auf Holzschnitzereien und kleine Innenhöfe, aber meist waren die Türen verriegelt.

Zum zweitenmal schlief ich in China in einem geschichtsträchtigen Raum, einem ehemaligen Konsulat, fern der anderen Gäste, die in Baracken im Garten untergebracht waren. Die Stille war so durchdringend, daß man sie fast hören konnte. Ich war allein mit den Geistern der Kaufleute und Diplomaten, die in den alten Seidenvorhängen schwebten, sich im Staub unter den orientalischen Teppichen verbargen, im kalten, stillen Zimmer harrten.

Wir hatten den 12. November, noch drei Tage bis zum offiziellen Winteranfang. Nördlich des Jangtsekiang wurde in allen staatlichen Institutionen ab dem 15. geheizt, unabhängig von Breitengrad, Höhe oder Witterung. Südlich davon war kein Winter eingeplant – ich verbrachte später in Shanghai mehrere Tage im unbeheizten Zimmer eines großen Hotels, während die Stadt im Schnee versank.

Die ersten drei Tage hielt ich mich im Freien auf. Ungeachtet der fünftausend Kilometer westlich von Peking, galt nach wie vor dieselbe Zeit, und deshalb herrschte bis zehn Uhr früh Dunkelheit und bis zwölf Uhr mittags Kälte. (Die Zeitverschiebung zu Delhi betrug vier Stunden.) Bei Sonnenuntergang um sieben sanken die Temperaturen stark ab, und ich marschierte durch die Gassen und nächtlichen Basare, um meinem eisigen Zimmer zu entfliehen.

Am vierten Morgen wurde ich von Getrampel und Gesangsfetzen im Flur geweckt, und drei schmutzige, unrasierte Uiguren, die drohend ein ewig langes Rohr schwangen, stürmten herein. Während ich von meinem Bett aus zuschaute, räumten sie meine Hose mit einer Zange aus dem Weg, warfen ein rostiges Blech mitten auf den kostbaren Teppich, stellten einen Kohleofen darauf und befestigten das Rohr mit einem Stück Draht an einer Öffnung in der Wand. Bei meiner Rückkehr am Abend entdeckte ich ein paar Späne Wüstenholz und eine kleine Schale mit Kohlen neben dem lehmverschmierten Ofen, der sorgsam aus gebrauchten Materialien hergestellt war und sicherlich kaum einen Bruchteil meines eigenen Kohleofens kostete.

Kaschgars Zauber lag in der Nostalgie eines Lebensstils, der durch die Regierung in Peking bedroht war. Hinter den Hauptstraßen, zwei breiten Verkehrsadern, in «Straße des Volkes» und «Straße der Befreiung» umbenannt, die sich an einer Bank gabelten, und einer Ringstraße, die die ehemaligen Stadtmauern umschloß, lagen die ungepflasterten Gäßchen, mit Händlern und Handwerkern dicht gedrängt – ein Spaziergang glich einer Reise in die Vergangenheit. Nach Art der orientalischen Basare war jedes Gewerbe in einer bestimmten Straße oder Zone angesiedelt, wobei die Handwerker von Kameradschaft und Solidarität profitierten und die Kunden von Qualität und Kontrolle. Täglich wanderte ich durch diese Gassen und fühlte mich ins Mittelalter, in die Zeit der Gilden, zurückversetzt. Fast alle Gebrauchsartikel wurden noch in Handarbeit hergestellt, und da die Werkstatt der meisten Handwerker zu klein, zu privat oder zu ungemütlich kalt war, zogen sie auf die Straße. Ich sah

Schmiede und Kupferschmiede, Bettenbauer und Tischler, Schuster und Schneider, Hutmacher, die aus Gold- und Silberfäden Käppchen nähten, Drechsler, die noch mit alten Drehbänken arbeiteten, Bäcker, die Fladenbrot in kuppelförmigen Öfen buken, Barbiere, die Köpfe mit furchteinflößenden Rasiermessern schoren, und Töpfer und Schweißer und Schreiber und Goldschmiede und Männer, die aus alten Blechdosen Kessel modellierten. Es gab Händler für gewagte Kurzwaren und Unterwäsche und Recycler von Lumpen, Reifen und Eisen und Verkäufer, die ein Sammelsurium in Säcken feilboten, wie getrocknete, schwarze Blumen zum Polieren der Schuhe und Zucker aus Kameldorn und Kampfer und Brustbeeren und Safran und Beutel mit gelbem Fett.

Die altbewährten Regeln der Nomaden für das Leben in der Wüste wurden in traditionellen Häusern Kaschgars noch befolgt: sperre das Licht aus (einige Räume wurden nur durch ein Loch im Lehmdach erhellt, ähnlich dem Rauchabzug einer Jurte, bei Regen bedeckt); isoliere die Behausung gegen Hitze und Kälte; erwerbe nur tragbare Dinge und belebe die Räume mit Mustern und Farben. Farben leuchteten von allen Seiten: die scharlachroten Decken, die prächtig verzierten Wandbehänge, die mit Landschaften bemalten Möbel, die Blütenornamente auf dem Futter schwarzer Männermäntel, die mit Gold- und Silberfäden durchwirkten Kleider der Frauen, glänzend und mit Quasten besetzt, gelb und purpurn, grün und orange, rosa und türkis – das Äußerste an Kitsch.

Ich saß auf einem *kang* (eine gemauerte Schlafbank, die von einem Feuer oder Rauchfang beheizt wird) in einem Haus in Kaschgar mit einer Schale grünen Tees in der Hand und ließ die Farbenpracht und wohlige Wärme auf mich einwirken. Dicke, gewebte Teppiche bedeckten die *kangs* und waren an den Wänden befestigt. Durchscheinende *ikats* filterten das Sonnenlicht, und scharlachrote Geranien blühten auf der Fensterbank. Spiegel und Kalender zierten die blauen Wände. Emailgeschirr war auf einem Regal gestapelt, und Berge von gemusterten Baumwollkissen türmten sich auf den *kangs*. Ohne die Ecken, das

Fenster und die Tür hätte dies das Zelt eines Nomaden sein können; es gab nichts Chinesisches weit und breit.

Wie lange mochte das alte Kaschgar noch bestehen? Die uralten Gassen, in denen es von Menschen, Schafen und Eselskarren wimmelte, waren ein ästhetischer Anblick und einem Klima mit extremer Hitze und Kälte angepaßt, aber gleichfalls eng und staubig. Die dicht aneinandergedrängten Häuser mit ihren dicken Lehmmauern verfügten weder über fließendes Wasser noch über ein Abflußrohr. Umliegende Dörfer besaßen keine Elektrizität. Neuerrichtete Backsteinklötze nagten an den Grundfesten einer altehrwürdigen Tradition, fraßen sich Stück für Stück in das Labyrinth der zickzackförmigen Gäßchen und in die Zurückgezogenheit verborgener Innenhöfe. Als hoch aufragende, sichtbare Zeichen anmaßenden Barbarentums bedrohten sie die traditionellen Lebensweisen der Gemeinschaft. Trotz seiner Entlegenheit blieb Kaschgar von den Mächtigen in Peking nicht verschont. In der Kulturrevolution zerstörten die Horden der Roten Garden die alte Moschee, verbrannten den Koran, sperrten die Imams ein und verprügelten die Gläubigen, um sie vom Islam zu «kurieren». Sie zertrümmerten arabische Inschriften, schlossen die Märkte und den großen Sonntagsbasar und warfen die Kaufleute und Händler ins Gefängnis. «Warum habt ihr das zugelassen?» fragte ich einen Uiguren. «Es waren zu viele», seufzte er. «Sie hätten uns umgebracht.» – «Wie viele wurden in Kaschgar getötet?» – «Das ist schwer zu sagen. Ach, viele. Allzu viele – Tausende.»

Obwohl die marxistische Ideologie und der islamische Glaube sich gegenseitig ausschlossen, übte die Partei inzwischen eine gewisse Nachsicht: Wo Gewalt versagt hatte, den Widerstand zu brechen, konnte man durch Wohlwollen vielleicht mehr erreichen. Nach der Befreiung hatte man die Hauptmoschee wieder instand gesetzt und zahlreiche kleinere geöffnet. Basare nahmen wieder ihr ursprüngliches Ausmaß an, und nahezu kein Gewerbe in Kaschgar befand sich in staatlicher Hand. Wenige Monate vor meinem Besuch im November hatte China mit Pakistan, Indien und Nepal neue Handelsabkommen unterzeichnet. Die Grenze zu Pakistan war seit zwei Jahren passierbar, die zur Sowjetunion seit einem. Seit zwanzig Jahren verließen nun wieder Seide, Baumwolle, Tee und Tabak China über die Seidenstraße, im Austausch gegen Fahrzeuge und Elektroartikel. Menschen, die in Grenznähe wohnten, durften wieder ihre Verwandten auf direktem Weg besuchen, nachdem sie zwei Jahrzehnte lang den Umweg über Peking und Moskau, mehr als zehntausend Kilometer, auf sich nehmen mußten. Die Bürokratie kümmerte sich inzwischen um Kaschgars koloniales Erbe, um die wohlproportionierten und großzügig gestalteten Gebäude mit ihren Säulenportalen und ihrem milchig-matten Anstrich, die die beiden Hauptstraßen säumten. An die Stelle der bereits niedergerissenen Bauten waren Wohnblocks getreten, die sich, von der Straße abgewandt und von Mauern umgeben, neugierigen Blicken entzogen, und moderne Kaufhäuser, deren Klappläden die Kälte abhielten und deren dunkle Innenräume von verschwendetem Platz widerhallten. Die Behörden wünschten ein modernes und elegantes Kaschgar. Für Eselskarren waren die «Straße des Volkes» und die «Straße der Befreiung» gesperrt, obwohl sie als einzige ein zügiges Vorankommen erlaubten; Essensstände an den Straßenrändern aufzustellen war gleichfalls verboten. In ihrem Bestreben, Kaschgars Hauptverkehrsstraßen dem sozialistischen Einheitsbild anzupassen, hatte die Partei sie erfolgreich in die langweiligsten der Stadt verwandelt.

Ich verbrachte die Abende nahe der Moschee, die mit einer gelbglasierten Ziegelkuppel gekrönt war, vor der an Freitagen Tausende schwarzgekleideter Männer zwischen silbernen Baumreihen beteten, niederknieten, sich erhoben, schweigend, psalmodierend, ihre Gebetsmatten reihenweise im Staub ausgebreitet; nach Beendigung des Rituals schüttelten sie die Matten aus, wirbelten den Staub auf und fädelten sich zwischen den silbernen Bäumen hindurch wieder ins Straßengewimmel ein. Tagsüber wirkte der Platz grau und eintönig, aber in der Dämmerung füllte er sich mit Leben. Baumelnde Glühbirnen tauchten unrasierte Gesichter in buttergelbes Licht, zauberten schokoladenbraune Schatten hervor. Die Konturen des Tages wurden von der Dunkelheit verschluckt, die Farben von Rauch und Dampf erstickt. Der Platz roch nach Holzkohle und Fleisch und Marihuana. (Wurde ein Ausländer damit erwischt, passierte ihm nichts, wohingegen der Uigure, der es ihm verkauft hatte, zu fünfzig Jahren Gefängnis verurteilt wurde.) Kebab-Verkäufer pusteten in ihre glühenden Kohlen und steckten gehackte Leber auf Spieße. Jungen mit Handkarren bauten ihre Waren auf: Sultaninen in Jade, Sepia, Topas und Bronze und süße Aprikosenkerne und getrocknete Pfirsiche und Pflaumen, von bernsteinfarbenem Licht umflackert. Alte Männer versammelten sich. Mädchen gaben Almosen. Betteljungen kämpften auf den Stufen der Moschee. Melonen- und Traubenverkäufer lagerten nahe einem kleinen, eingezäunten Garten, der bei Tag in trostlosen Winterschlaf versank, bei Nacht jedoch zu geheimnisvollen Schattenspielen erwachte. Männer hockten im Dunkel einer Mauer, teilten Karten aus und reichten Joints herum und wärmten ihre eiskalten Finger an einem winzigen Feuer.

Um den Platz herum standen Teebuden und Essensstände. Nudelhersteller übten sich in ihrer allmählich aussterbenden Kunst, wirbelten den Teig durch die Luft, zwirbelten ihn, zogen ihn in die Länge, teilten ihn, bestäubten ihn mit Mehl und produzierten spaghettidünne Fäden. Zusammen mit Hammelfleisch, gewürztem Gemüse und heißem, knusprigem Fladenbrot aus Bienenkorböfen serviert, bildeten sie Kaschgarsche Standardkost. Teetrinker saßen unter festgezurrten Planen zwischen Wänden aus Matten auf Betten, deren Decken von Tee besudelt und von den Stiefeln der alten Männer verdreckt waren, die in würdevollem, wattiertem Schwarz und mit Nerz eingefaßten Hüten in geselligen Paaren im Schneidersitz zusammenhockten.

In Kaschgar wurden Ausländer weniger angestarrt als anderswo. Und selbst wenn man mich anstarrte, störte es mich nicht, denn sobald ich jemanden mit einer Batik oder mit selbstgefertigten Filzstiefeln entdeckte, starrte ich ebenfalls. In der Bank von Kaschgar sah ich ein hellhäutiges Mädchen mit bestickter Kappe und kamelfarbenem Mantel. Zwei schwere, echte Zöpfe reichten ihr bis zum Po. Ihr offenes Haar würde sicher den Boden streifen. Solch langes Haar hatte ich noch nie gesehen. Und ich starrte.

OPPOSITION

«Sie können Ihr Gepäck dort nicht verstauen!» brüllte ein Mann, als ich mit meinem Rucksack über der Schulter nach einem Platz suchte. Die Taschen der übrigen Fahrgäste waren alle im Gepäcknetz untergebracht, und mit geringem Aufwand hätte mein Rucksack ebenfalls hineingepaßt. Aber der Mann war unerbittlich. Als ich es dennoch versuchte, wurde er ärgerlich und schob mich beiseite. Hilfesuchend wandte ich mich an das «blaue Mädchen», das gerade vorbeikam, aber mit einem sicheren Gespür für Scherereien und unerwünschte Einmischung eilte sie davon. Ich war zu müde, um darüber zu diskutieren, lehnte kurzerhand meinen Rucksack an die Bettkante und legte mich schlafen.

Als ich eine Stunde später aufwachte, hatten wir Peking hinter uns gelassen und rumpelten durch gefrorene Landschaft. Schwarze Nacht umgab mich, die meisten Passagiere schliefen, und mein Rucksack war umgekippt und versperrte den Gang. Als ich die Hand danach ausstreckte, beruhigte mich eine warme, wohltuende, weibliche Stimme auf englisch: «Ist schon gut, ich helfe Ihnen.» Mein Rucksack wurde hochgehoben, und ich versank in Erinnerungen. Im Halbschlaf tauchten Bilder von den vorangegangenen zehn Tagen in Peking auf: eine Schar Tauben, die am Himmel kreiste, mit Bambuspfeifen an den Flügeln, die einen Flötenton von sich gaben, wenn der Wind hindurchblies; die Verbotene Stadt mit staubig-rosa Mauern und gelben Dächern, abbröckelnden Steinen und windgebräunten Zypressen, und der Ewige Weg von außen hinein, hinauf, hinunter, entlang, hindurch, unter und über gefrorene Gräben, verdunkelte Hallen, dunstiges Sonnenlicht, Mauern und Innenhöfe, so zahllos wie die Häute einer Zwiebel, stets von dem in China unerfüllbaren Wunsch beseelt, endlich allein zu sein; der Platz des himmlischen Friedens, Tianan Men, in frühmorgendliches Licht getaucht, wenn an den Figuren keine Details erkennbar waren und die Gebäude im Dunst verschwammen und die Sonne rot am östlichen Himmel emporstieg; Tianan-Men-Platz, der mehr als 400 000 Quadratmeter große Mittelpunkt der Nation, der zwei Millionen Menschen fassen konnte, ein angemessenes Symbol für Chinas Zukunftsvision, eine Bestätigung für die Macht der Partei.

Als ich am Morgen erwachte, begrüßte mich ein mütterliches Lächeln, das zur Stimme der letzten Nacht paßte: eine Frau Mitte Fünfzig mit kurzem, gewelltem Haar und geraden, weißen Zähnen, in mehrere Lagen weicher, grauer Wolle gehüllt. Lächelnd bot sie mir Tee an.

Ho Yulan reiste zum erstenmal in ihrem Leben nach Shanghai, um an einer Konferenz für Mittelschullehrer teilzunehmen. Ich nahm an, daß sie über die Abwechslung froh war und sich auf einen Einkaufsbummel und die Sehenswürdigkeiten freute. In jeder Stadt gab es ein anderes Warenangebot, und Shanghai war im allgemeinen auf Grund der vielfältigen Auswahl und der guten Qualität sehr beliebt. Aber nein, es sei nicht genug Zeit. «Die Konferenz wird garantiert langweilig», fuhr sie fort. «Es werden lange Vorträge über Schulbildung gehalten, aber es kommt nichts dabei heraus. Wir übernachten in einem der Wohnheime, und Heizung gibt es auch keine.» Es war Ende Dezember, und auf den Feldern lag Schnee. Unterkühlte Diskussionen in ungeheizten Räumen; Yulan wäre lieber zu Hause geblieben.

Sie zog einige Schulbücher aus ihrer Plastikreisetasche hervor: englische Lesebücher. Ihre Schüler haßten sie, aber sie hatte keine Ahnung, wie sie das Thema interessanter gestalten sollte. Ich schlug Lieder vor. «Aber ich kenne keine», erwiderte sie verzweifelt, «nur ‹Jingle Bells›!» Das war offensichtlich nicht das richtige. «Ich habe keinerlei Möglichkeiten, neue Lieder zu lernen. Ich bekomme weder Tonbänder noch Geld.» Sie unterrichtete an einer Mittelschule in einem Vorort von Peking, südlich vom Himmelstempel. Ich schlug Filme vor. Gab es auch keine. Ich schlug Spiele vor. «Die müßte ich mir ausdenken. Im ersten Schuljahr macht es ihnen sicher Spaß», überlegte sie.

Dann begann sie mir von ihrer Familie zu erzählen. Ich begriff schnell, daß sie das Bedürfnis hatte, ihre Sorgen jemandem anzuvertrauen. Für westliche Ohren klang ihre Geschichte außergewöhnlich schmerzvoll, für Chinesen war sie eher typisch.

Yulans Vater war Professor gewesen, ihre Mutter Lehrerin an einer Grundschule. Sie hatte noch zwei Schwestern, einen älteren Bruder, der in Peking lebte, und einen jüngeren, der als Arzt in Taiwan praktizierte. Bis in die dreißiger Jahre hatte die Familie in einem großen Haus gewohnt, von Luxus und westlicher Kultur umgeben. Nach dem Einfall der Japaner waren sie nach Szetschuan geflüchtet, um bei ihrer Rückkehr das Haus zu verlieren und vom neuen Regime schikaniert und verfolgt zu werden.

«Als wir die Kommunisten zum erstenmal sahen, hielten wir sie für Landstreicher. Die Frauen schnitten sich die Haare ab und zogen Männerkleidung an. Sie verloren jedes Gefühl für Weiblichkeit und Anmut.» Zu diesem Zeitpunkt hätte die Familie noch fliehen können: Eine Million Chinesen folgte Chiang Kai-shek und ließen sich in Taiwan nieder, und Hunderttausende zogen nach Hongkong, aber sie entschlossen sich, zu bleiben und abzuwarten.

Diese Entscheidung bereuten sie bitter. In den fünfziger Jahren lastete man ihnen eine «rechte Gesinnung» und «üble Herkunft» an. 1956 wurden die Intellektuellen aufgefordert, sich öffentlich gegen Korruption und Mißwirtschaft auszusprechen, um kurz darauf in einer Anti-rechts-Kampagne dafür verurteilt zu werden. Aber in der Folgezeit sollte sich der Druck noch verstärken. «Der ‹Große Sprung nach vorn› war eine solche Katastrophe, daß die Menschen noch Jahre danach Hunger litten. Jedes Stückchen Metall wurde eingeschmolzen, um daraus Eisen herzustellen. Es gab kaum etwas in den Läden, und Kohle konnten wir uns nicht leisten. Wir dichteten die Fenster ab, um uns vor der Kälte zu schützen.» Aber erst Mitte der sechziger Jahre wurde die Lage ernst. Mao glaubte, daß die Gewohnheiten der Vergangenheit wie ein Stein auf der Gegenwart lasteten, und seine Überzeugung löste eine breitangelegte Anti-Konfuzius-Kampagne aus und führte zur Vernichtung von Chinas künstlerischem Erbe in der Kampagne gegen die «Vier Alten», deren verheerendes Ausmaß sich kaum ermessen läßt. Um eine noch immer von Klassenhierarchie und kapitalistischen Tendenzen gespaltene Gesellschaft zur neuen proletarischen Ideologie zu bekehren, wählte Mao jene, die am empfänglichsten für Innovationen und am wenigsten von der feudalistischen Vergangenheit verdorben waren: die Jugend der Nation. Als militante Rote Garden nahmen sie zunächst Schulen und Universitäten ein, dann Fabriken, Verwaltungsbehörden und die Volksbefreiungsarmee. Häufig handelten sie ohne Weisung der Parteizentrale, zogen mordend und plündernd wie in einem persönlichen Rachefeldzug durchs Land, zerfielen später in einzelne Splittergruppen und bekämpften sich gegenseitig, bis 1968 die Armee eingriff und wieder Ruhe und Ordnung herstellte. Im anfänglichen Zerstörungswahn brachen sie in Yulans Haus ein, füllten fünf Säcke mit Büchern, zerrten sie auf den Hof und zündeten sie an. Sie zerschmetterten das alte Porzellan und die Platten mit klassischer Musik. Sie zerschlitzten die Kalligraphien und die Bildrollen mit Landschaftsmalerei. Sie durchwühlten die Schränke nach westlicher Kleidung und wiederholten diese Prozedur in jedem verdächtigen Haushalt. «Topfpflanzen waren bürgerlich», seufzte Yulan, «also entfernten wir sie von der Fensterbank. Schöne Kleider waren bürgerlich, also zogen wir geflickte an. Hunde und Katzen als Haustiere zu halten war bürgerlich; sie nahmen sie mit und brachten sie um. Photographieren war bürgerlich ... Einfach alles Unpolitische galt als bürgerlich und konterrevolutionär.»

Nicht an der Vergangenheit zu kleben war an sich ein lobenswerter Zug, aber die mutwillige Ausrottung des Erbes einer

Nation konnte man nur als arrogant und kurzsichtig bezeichnen. Yulans Ansicht nach sollte man aus den Kunstschätzen früherer Zeiten lernen und sich an ihnen erfreuen, unabhängig von der Gesellschaft, die sie hervorgebracht hatte. Selbst besitzlose Arbeiter mißbilligten die blinde Zerstörungswut, mit der hauptsächlich unwissende Kinder und Studenten zu Werke gingen.

Andernorts wurden private Kunstgegenstände konfisziert. Fast zwanzig Jahre später tauchten die wertvolleren Objekte in Antiquitätengeschäften auf, um durch ihren Verkauf an ausländische Touristen Devisen einzubringen. Unverkäufliches wie Photoalben und chinesische Bücher durften die Besitzer zurückfordern.

Die Kulturrevolution – «Kulturdissolution» wäre wohl als Begriff passender gewesen – vernichtete weitgehend Chinas kulturelles Vermächtnis, ohne einen Ersatz dafür zu bieten. Heute, in den achtziger Jahren, befindet sich China in einer Identitätskrise, fühlt sich hin und her gerissen zwischen der Rückkehr zu traditionellen Werten, der Fortsetzung des sozialistischen Kurses und den Verlockungen westlichen Komforts. Unfähig, eine Entscheidung zu fällen und seinen eigenen Weg zu gehen, wird das Land von Unsicherheit und Orientierungslosigkeit bestimmt.

Für ihren ältesten Bruder, einen Physiker, hegte Yulan die größte Zuneigung. Er war in den vierziger Jahren in die USA emigriert, aber 1949 nach China zurückgekehrt, um sein Fachwissen dem Vaterland beim Wiederaufbau zur Verfügung zu stellen.

Von Anfang an bereitete ihm sein sozialer Hintergrund Schwierigkeiten. Naturwissenschaften waren verpönt, nachdem sie von den Kolonialmächten in China eingeführt worden waren. Er stammte aus einer wohlhabenden Intellektuellenfamilie und pflegte Kontakte zu Amerika. Tapfer ertrug er eine Serie demütigender Anklagen vor Massenversammlungen, bis er 1966 von den Roten Garden verhaftet und in einem Arbeitslager in Qinghai interniert wurde, wo er zwölf Jahre lang, bis zu Maos Tod und seiner Rehabilitierung, menschenunwürdigen Bedingungen ausgesetzt war. Mittels politischer Umerziehung wurden die

Gefangenen dazu gebracht, sich gegenseitig zu denunzieren, selbst engen Freunden zu mißtrauen und die Lüge der Wahrheit vorzuziehen. Sie wurden zum Putzen der Latrinen und zur Arbeit in Bergwerken eingesetzt. Aber die Familien erfuhren nichts davon, außer daß sie noch lebten, denn ihre Briefe wurden von der Lagerleitung geöffnet und zensiert. Weder Nahrungsmittel noch Geld oder Nachrichten erreichten sie. Bücher und Schreibpapier wurden ihnen verwehrt. Als sie schließlich entlassen wurden, sahen sie so ausgemergelt aus, daß ihre Familien sie kaum erkannten. Millionen von Menschen waren während der Kulturrevolution in Arbeitslagern eingesperrt; wie viele, vermochte niemand zu sagen.

In China traf ich oft Opfer der Greueltaten jener Zeit. Zum Beispiel den Hotelportier, den einzigen Überlebenden seines Clans. Oder den Metzger, der ein Diplom in Französisch besaß und dessen Eltern sich aus Verzweiflung das Leben genommen hatten. Wei Meng, den Maler, der zehn Jahre lang seiner Kunst entsagen mußte, statt dessen mit Schandmütze und Schandschild durch die Straßen geführt wurde und Schweineställe ausmistete. Die Lehrerin, die aufs Land geschickt wurde, dort an «Kartoffeldiät» halb verhungerte und nächtelang Wandzeitungen mit Parolen bepinseln mußte, so daß sie heute noch an Schlaflosigkeit litt. Den Schriftsteller, den man so mißhandelte, daß sein Kopf anschwoll und er Prellungen davontrug. Jeder mit akademischen oder künstlerischen Ambitionen (oder derer fälschlicherweise bezichtigt) wurde verleumdet, gefoltert oder aufs Land verbannt, um «von den Bauern zu lernen». Ein falsches Bewußtsein legitimierte Gefangenschaft oder Tod. Schüler und Studenten quälten ihre Lehrer, Menschen wurden aus dem vierten Stock gestoßen, mit Eisenstangen geschlagen oder an Mauern gekettet. Die Wogen des Hasses waren von Rachsucht begleitet, schlugen willkürlich heute über diesem, morgen über jenem unseligen Opfer zusammen. Westliche Marxisten folgerten aus dem wenigen, das durchsickerte, daß die Kulturrevolution ein glorreiches nationales Erwachen sei. Für machttrunkene Rote Garden im Schulalter mochte dies zutreffen. Gewalt war erlaubt, um den Wandel herbeizuführen und die Vergangenheit zu begraben. Ausländer strömten in Scharen in das neue China der Barfußärzte und Kader-Erziehungsanstalten und der «intellektuellengereinigten» Städte, blind für Terror und Verwüstung, für die Artilleriegefechte zwischen den Fraktionen der Roten Garden, die beide Loyalität gegenüber Mao Tse-tung beteuerten, aber in Wirklichkeit nur persönliche Machtinteressen verfolgten und für das Ausmaß an Mord, Leid und Chaos verantwortlich waren. Die Kulturrevolution forderte Millionen von Menschenleben, brach wie eine Sintflut über das Land herein. Sie strebte nach Reinigung und Erneuerung und mündete in einen Bürgerkrieg.

Die Rotgardisten wurden vom Vorsitzenden Mao, dem wahren Angeklagten im Prozeß gegen die Viererbande, verraten. Er benutzte sie als Handlanger und Sündenböcke in einer Säuberungsaktion gegen die gemäßigte Fraktion, die ihm seine Macht zu rauben drohte. Als die Roten Garden dann die Initiative ergriffen und damit für ihn zur Bedrohung wurden, schickte er sie aufs Land, wo sie kein weiteres Unheil mehr anrichten konnten. Was für die Betroffenen als jugendliche Rebellion und Euphorie begonnen hatte, endete in Mühsal und Plackerei.

Die Partei gibt inzwischen zu, daß die Kulturrevolution ein schwerer Fehler war. Zehn Jahre im Leben einer Milliarde Menschen und die Erinnerung an das Leid und den Schmerz, die sie wie ein Alptraum heimsucht, werden von Deng als Fehler abgetan. Die Auslöschung von Chinas Tradition wird durch das Eingeständnis, daß alles ein Fehler war, entschuldigt. Kommunisierung war ein Fehler. Das Einschmelzen von Roheisen in Hinterhöfen und die Politik des Getreideprimats waren, neben anderen fehlgeleiteten Kampagnen, bedauerliche Fehler. Aber das Geständnis allein wird bei dem Volk, das über diese sinnlosen Verluste verbittert ist, keine Vergebung bewirken. Wenn in der Vergangenheit all diese vermeidbaren Fehler begangen wurden, welche Hoffnung besteht dann für die Zukunft?

Anfang der siebziger Jahre herrschten möglicherweise schlimmere Zustände als während der wüstesten Ausschweifungen der

Nationalisten. Mao ruinierte innerhalb von zehn Jahren, was er in den vorangegangenen zwanzig aufgebaut hatte. Die «permanente Revolution» nahm ihn völlig in Anspruch. Er opferte Freunde im Streben nach persönlicher Macht. Die wenigsten Chinesen begriffen seine Theorien, aber alle konnten sie auswendig hersagen. Ihr Leben wurde von den Slogans und dem Jargon des kommunistischen, ideologischen Repertoires regiert, als hätte Mao sich von George Orwell inspirieren lassen: «‹Wie versichert sich ein Mensch seiner Macht über einen anderen, Winston?› fragte O'Brien in *1984*.

Winston überlegte. ‹Indem er ihn leiden läßt›, sagte er.

Ganz recht. Indem er ihn leiden läßt. Gehorsam ist nicht genug. Wie könnte man die Gewißheit haben, es sei denn, er leidet, daß er Ihrem und nicht seinem eigenen Willen gehorcht? Die Macht besteht darin, Schmerz und Demütigungen zufügen zu können. Macht heißt, einen menschlichen Geist in Stücke zu reißen und ihn nach eigenem Gutdünken wieder in neuer Form zusammenzusetzen ... Eine Welt der Angst, des Verrats und der Qualen, eine Welt des Tretens und Getretenwerdens ... Es wird keine Treue mehr geben, außer der Treue gegenüber der Partei. Es wird keine Liebe mehr geben, außer der Liebe zum Großen Bruder ... Es wird keine Kunst geben, keine Literatur, keine Wissenschaft. Es wird keinen Unterschied geben zwischen Schönheit und Häßlichkeit. Es wird keine Neugier, keine Lebenslust geben ... Aber immer wird es den Rausch der Macht geben.›»

Die Entlassung aus dem Arbeitslager bedeutete für Yulans Bruder keineswegs das Ende seiner Qual. Obwohl er durch ihre Pflege allmählich seine Gesundheit wiedererlangte, hatte er die besten Jahre seines Lebens eingebüßt. Inzwischen war er sechsundfünfzig und noch immer unverheiratet, denn jede Frau fürchtete, im Falle eines erneuten Umschwungs nach links, das Stigma seiner Vergangenheit. Viele politische (und kriminelle) Häftlinge zogen es nach ihrer Freilassung vor, in der Nähe der Arbeitslager zu wohnen, um sich und ihrer Familie zu Hause Demütigung zu ersparen. Zu stolz, um die Freundlichkeit seiner

Schwester auszunutzen, lebte Yulans Bruder alleine, aß in Nudelküchen, da er nicht kochen konnte, und arbeitete als Techniker in einem Krankenhaus. Eine Rückkehr nach Amerika kam für ihn nicht in Frage. Er wollte einzig und allein vergessen. Aber ein Regime, das sich von ihm abwandte, und die tägliche Konfrontation mit den Auswirkungen der Kulturrevolution ließen dies nicht zu.

Am schlimmsten hatte seine Internierung den Vater getroffen. Als ältestem Sohn und begabtestem von fünf Kindern hatte ihm eine glänzende Zukunft offengestanden, und sein Vater hatte große Hoffnungen in ihn gesetzt. Als seine Mutter starb, heiratete der Vater ein zweites Mal, aber nichts vermochte ihn in seinem Schmerz zu trösten, und über die Jahre grämte er sich zu Tode.

Auch Yulan erfuhr bitteres Leid. Während der zehn Jahre vor der Kulturrevolution wurde sie verhört, öffentlich zur Schau gestellt und in Massenversammlungen verleumdet. Sie mußte in aller Öffentlichkeit ihrer rechten Denkweise und ihrem bürgerlichen Lebensstil abschwören. Sie mußte einen Treueeid auf Mao Tse-tung leisten und Besserung geloben. Der Partei zufolge gab es drei Bewußtseinsebenen: eine äußere oder kollektive, eine mittlere, die man nur mit engen Freunden teilte, und eine innere, die einem selbst oft verborgen blieb. Auf die Offenbarung dieses inneren Bewußtseins zielte die Partei ab. «Ich sollte ihnen meine Seele bloßlegen, damit sie von bürgerlichem Gedankengut gereinigt werden könne, wie sie sich ausdrückten, und wurde gezwungen, Verbrechen zu bekennen, die keine waren, damit mir meine rechte Klassenherkunft vergeben werde. Gedankenreform war ihre Methode, mit Leuten wie mir umzugehen, aber uns konnten sie nicht überzeugen, ganz gleich, was sie unternahmen.» Fünfunddreißig Jahre der Gehirnwäsche hatten nicht vermocht, sie in ihren Grundsätzen zu erschüttern oder ihren Willen zu brechen. Sie war das Kind ihrer Eltern, kein Produkt der Partei – eine geborene Kämpfernatur. Bei weniger unverwüstlichen Subjekten traf die Methode der Gedankenreform zunächst auf Widerstand. Aber allmählich zermürbte sie die

Opfer, bis diese die Sinnlosigkeit einer Gegenwehr einsahen und aufgaben. Dies gehörte zu den grausamsten Praktiken des kommunistischen Regimes.

Während der Kulturrevolution wurde Yulans Umerziehungsprozeß intensiviert. Sie war inzwischen mit einem Arzt verheiratet, der aus derselben Gesellschaftsschicht wie sie stammte, und die beiden hatten zwei Töchter. «Meine Familie wurde von militanten Rotgardisten, die die Macht an sich gerissen hatten, getrennt. Unsere Töchter sind jetzt neunzehn und einundzwanzig, waren also damals noch sehr klein. Wir wurden abwechselnd im Land herumgeschickt: von einer Farm in die Fabrik und wieder auf eine Farm. Während ich draußen auf dem Land arbeitete, hielten sie meinen Mann zu Hause fest, um ihn, sobald ich heimkehrte, zu versetzen. Jahrelang hielten sie uns voneinander getrennt, und unsere Kinder wurden zur Umerziehung und um sie vor der ‹Ansteckung durch unsere bürgerlichen Ideale› zu schützen, in staatlichen Krippen untergebracht. Sie brachten ihnen bei, uns zu bespitzeln und unsere Lebensweise anzuprangern.» Kinder zu indoktrinieren fiel vergleichsweise leicht, und das System sicherte sich wertvolle Informanten.

Entgegen ihrer Überzeugung, daß sich Intellektuelle auf Grund ihrer Ratio nicht als Revolutionäre eigneten, setzte die Partei ihre Strafmaßnahmen fort. Millionen von bürgerlich Vorbelasteten, die in Arbeitslagern nicht unterkamen, wurden durch körperliche Strapazen verschiedenster Art demoralisiert, bis sie schließlich die Lehren Mao Tse-tungs akzeptierten. Noch zehn Jahre später waren die Auswirkungen dieser Strategie zu spüren, wenn Denunzierte gezwungen wurden, Seite an Seite mit Denunzianten zu arbeiten.

«Trotz allem, was passierte, hatten wir mehr Glück als andere», sinnierte Yulan, «schließlich sind wir noch am Leben und wieder vereint. Viele Ehen zerbrachen unter dem Druck politischer Indoktrination. Sie versuchten, uns ein schlechtes Gewissen einzujagen, nur weil wir menschliche Wesen mit Gedanken und Gefühlen waren. Wir lernten, niemandem zu trauen und alles für uns zu behalten. Wir lernten zu lügen, um unsere

Familien zu schützen – und hielten diesen Schein jahrelang aufrecht.»

Um in diesem System zu überleben, bedurfte es der Fähigkeit, wahre Gefühle zu verbergen und sein Fähnchen nach dem Wind zu drehen. Yulan weigerte sich, dies zu tun. Sie war ein Musterbeispiel für unkooperatives Verhalten, hatte die Kommunisten schon vor deren Machtübernahme abgelehnt und sich ihre kritische Einstellung auch während der fünfziger Jahre bewahrt, als die meisten Chinesen die Versprechungen des noch jungen Regimes begeistert aufnahmen. Und nach fünfunddreißig Jahren Chaos, sozialer Umwälzung und persönlicher Demütigung begegnete sie den Idealen der Partei mit größerem Mißtrauen denn je. Mit Niederlagen konfrontiert, ergaben sich die meisten Chinesen ihrem Schicksal; bei Bedrohung schlugen sie den Weg des geringsten Widerstands ein, und im Falle eines Sieges neigten sie zur Tyrannei. Vielleicht waren Yulans Entschlossenheit und Opposition untypisch – vielleicht hatte ich deshalb noch nie ihresgleichen kennengelernt. Eine Atheistin in einer verschworenen Gemeinschaft aus Agnostikern und Fanatikern.

Wahre Kommunisten hingen ihrer Lehre ebenso glühend und unerbittlich an wie gläubige Christen und Mohammedaner der ihren. Obwohl von Natur aus kein spirituelles Volk, akzeptierten die Chinesen die Einsetzung einer patriarchalischen, sogar messianischen Führung. Es kann nicht verwundern, daß das gegenwärtige China keine Philosophen hervorgebracht hat, denn abgesehen von der massiven Unterdrückung, die eine Infragestellung von Werten verhinderte, und dem täglichen Kampf ums Überleben, widersprach es der chinesischen Mentalität, über die Existenz oder das Wesen der Seele zu reflektieren. Die maoistische Religion mit ihren Dogmen und Propheten und heiligen Schriften und ihren Heiligen, die auf dem Platz des himmlischen Friedens in einem Grabmal des Atheismus fortlebten, war allmächtig. Mao wurde schon zu seinen Lebzeiten zur Gottheit. Er definierte Moral und forderte Unterwerfung unter seine politischen Ideale, denn Zweifel würden das System zum Scheitern bringen. In den letzten Jahren seiner Herrschaft war es

Pflicht, in der Morgenversammlung sein Bild ehrerbietig zu grüßen und abends über die Fortschritte des Tages zu berichten. Die Maobibel, *Worte des Vorsitzenden Mao Tse-tung*, wurde während der Kulturrevolution von jedermann herumgetragen (aber ich entdeckte nur ein einziges Exemplar im Papierkorb) und ersetzte das Allheilmittel gegen die Übel der Welt, die traditionellen *Analekten* des Konfuzius, wenngleich sie viele der christlichen Ethik entliehene und von Lenin und Marx übernommene Werte, wie Selbstdisziplin, Gleichheit, Nächstenliebe, Genügsamkeit, Selbstaufopferung und Arbeit, enthielten. (Von Lin Biao zusammengestellt, den man als Verräter Maos aus der chinesischen Geschichte gestrichen hatte, wurde das Kleine Rote Buch inzwischen aus dem Verkehr gezogen.) Sowohl Christus als auch Mao strebten das Paradies an, eine Utopie des ewigen Lebens, frei von persönlichen Bedürfnissen, von den Kommunisten «Zukunft» genannt.

Der vorbildliche junge Kommunist brachte seine Seele dem Staat dar. Mit den Worten O'Briens in *1984*: «. . . jedem Menschen ist bestimmt zu sterben, was der größte aller Mängel ist. Wenn ihm aber vollständige, letzte Unterwerfung gelingt, wenn er seinem Ich entrinnen, in der Partei aufgehen kann, so daß er die Partei ist, dann ist er allmächtig und unsterblich.» Glück hing von der Fähigkeit ab, die eigene Identität auszulöschen – die Partei war Gott.

1984 hatte man die meisten überlebenden Intellektuellen (niemand kannte die genaue Zahl der getöteten, schätzungsweise eine Million) inzwischen rehabilitiert, nicht zuletzt auf Grund ihrer Nützlichkeit für den Staat. Yulans Mann wurde nach Amerika geschickt, um neue medizinische Kenntnisse zu sammeln, aber bei seiner Rückkehr stellte man fest, daß man sein Wissen mangels technischer Geräte nicht verwerten konnte. «Die Partei behauptet, wir seien fünfunddreißig Jahre hinter dem Westen zurück, aber mein Mann vermutet eher fünfzig. Ihm gefiel es in Amerika, und er hat dort gute Freunde. Er ist ganz begeistert von westlicher Technologie und dem angenehmen Leben der Menschen. Nach zwei Jahren

Kalifornien sehnt er sich dorthin zurück. Am liebsten würden wir alle hinziehen.»

Unter dem Vorsitzenden Mao existierte nur der allmächtige Staat. Unter Deng werden die Menschen aufgefordert, ihr Leben den «Vier Modernisierungen» – eine Antithese zu Maos kollektiver Askese – zu verschreiben, die den Anspruch erheben, daß nur persönlicher Unternehmungsgeist China zu Größe und Einfluß verhelfen kann.

Wie würde es nach Deng weitergehen? 1984 war er achtzig Jahre alt. Seine designierten Nachfolger, Zhao Ziyang als Ministerpräsident und Hu Yaobang als Parteivorsitzender, werden eine stabilere und gesündere Wirtschaft vorfinden, aber wird es ihnen gelingen, Dengs Autorität zu festigen und westliche Einflüsse nicht überhandnehmen zu lassen? Oder werden die Linken wieder genügend Macht erlangen, um die ökonomischen Reformen zu sabotieren?

«Fürchtest du, daß es wieder zu einer Kulturrevolution kommen könnte?» fragte ich Yulan.

«Menschen mit meinem Hintergrund fühlen sich niemals sicher, weil man nie weiß, was geschehen wird – obwohl es seit sieben Jahren keinen Umschwung gegeben hat; bisher die längste Zeit, seit die Kommunisten an der Macht sind.» Der Partei zufolge würde es auf Grund der demokratischen Führung keine zweite Kulturrevolution geben. Die meisten Chinesen glaubten, daß die Linken zahlenmäßig zu gering und zu verstreut waren, um sich zu organisieren: die Anhänger der Viererbande befanden sich entweder in Gefängnissen oder hatten ihren Einfluß verloren. Die jetzige Dezentralisierung der Macht wirkte einem politischen Umsturz entgegen. Um den gegenwärtigen politischen Kurs zu ändern, bedurfte es eines weit einflußreicheren Führers als Deng, der zunächst die hinter Deng stehende Arbeiter- und Bauernschaft für sich gewinnen müßte. Aber die Erinnerung an die Schrecken der Kulturrevolution bot vielleicht die sicherste Gewähr für eine stabilere Zukunft.

«Was empfindest du persönlich? Meinst du nicht, daß die gegenwärtige Politik eine Verbesserung gegenüber früher darstellt?» Nach Maos Tod löste innerhalb kürzester Zeit Pragmatismus die politischen Ideale ab, und Machtpositionen wurden wieder mit Experten besetzt. Dengs Führungsstil weckte Vertrauen, da er Fehler und eigene Unzulänglichkeiten eingestand. Der Lebensstandard war gestiegen, und es herrschte eine größere Aufgeschlossenheit Ausländern und allem Ausländischen gegenüber. Aber die Chinesen pflegten die Dinge in Schwarz oder Weiß zu sehen. Yulan bildete darin keine Ausnahme: Helden (Führer westlicher Demokratien) waren makellos und unbestechlich, Feinde (die Partei) die Inkarnation des Bösen.

«Mao und Deng sind ein und dasselbe!» rief sie. «Für beide gelte ich als bourgeois. Gemeinsam haben sie mich mehr als zwanzig Jahre lang beschimpft und gedemütigt. Das Wichtigste im Leben ist die Freiheit, und keiner von beiden hat mir je zugestanden, mein eigenes Leben zu führen!» Die Vehemenz ihrer Worte überraschte mich. «Sie wollen nicht, daß wir etwas lernen, sondern uns nur zu ihrem Ebenbild formen. Sie haben Angst vor uns und müssen uns deshalb unterdrücken!»

Die Intellektuellen haben sich durch Deng größere Freiheit erhofft, sowohl politische als auch kulturelle, und wurden enttäuscht. 1981 wurden Untergrundblätter aus dem Verkehr gezogen, Künstler und Schriftsteller heftig attackiert und Dissidentenbewegungen zum Schweigen gebracht. Die «Kampagne gegen geistige Verschmutzung» bestätigte erneut Dengs politische Linie. Ich hatte mich oft gefragt, ob China noch als kommunistisch bezeichnet werden konnte, was die meisten Chinesen automatisch behaupteten, oder ob die westliche Presse recht hatte, die dem Land kapitalistische Tendenzen bescheinigte. Zweifelsohne hatte eine Abkehr vom Kommunismus der Mao-Ära stattgefunden, aber im sozialen Bereich überwog die marxistische Idee. Ob Karl Marx China je als marxistische Nation anerkannt hätte, sei dahingestellt; es gibt Kritiker, die betonen, Maos Kommunismus sei lediglich junger Wein in alten Schläuchen, eine Fortführung des Imperialismus unter der Herrschaft eines Patriarchen, der gegenüber rigiden Regeln absoluten Gehorsam forderte.

Nach offizieller Darstellung folgte China noch immer der marxistisch-leninistischen Lehre, paßte sie jedoch modernen und spezifisch chinesischen Erfordernissen an; ein sogenannter «Sozialismus chinesischer Prägung». Die Übernahme bestimmter «kapitalistischer Praktiken» – zum Beispiel die Gründung der SEZs und die Einschränkung planwirtschaftlicher Kontrolle – widersprächen nicht der sozialistischen Grundidee, den Besitz der Produktionsmittel in den Händen der Arbeiterschaft zu vereinen. Trotz der innerparteilichen Auseinandersetzungen um die politische Richtung stimmten Deng und die meisten der Führungsriege darin überein, daß Chinas Stärke durch kontrolliertes sozialistisches Wachstum erzielt werden sollte. Doch inwiefern kollidierte die Entwicklung von Produktivkräften mit den Prinzipien des Sozialismus? Konnte sich ein Land sozialistisch nennen, dessen Führer es versäumten, die Interessen des Volkes zu vertreten? Untätige und unfähige Führer, die keinerlei Rechenschaft ablegen mußten? Bestand Sozialismus darin, daß man Kunstschätze gegen die Devisen von Kapitalisten eintauschte, seine Tore Millionen von Touristen, ausländischen Experten und Investoren öffnete und für diese Luxushotels errichtete? War ein Land sozialistisch, wenn Privilegien auf Rang, Status und Beziehungen beruhten? Wenn diejenigen, die hohe Ämter bekleideten, scheinheiligen Marxismus betrieben? Wenn Millionen von Menschen nach wie vor als Lasttiere eingesetzt wurden, Rikschas zogen, Tretmühlen bedienten und vor den Karren gespannt waren, während die Privilegierten in Limousinen vorbeirauschten? Wenn Bauern noch immer in bitterer Armut lebten und die Mehrheit wie besessen materiellem Reichtum nachjagte. Trotz der Treuebekenntnisse zum Marxismus war es bezeichnend, daß in offiziellen Verlautbarungen die Begriffe «kommunistisch» und «marxistisch-leninistisch» durch die unverfänglichere Bezeichnung «sozialistisch» ersetzt wurden, deren sich so unterschiedliche Systeme wie das englische oder das albanische ebenfalls bedienten.

Manchmal schien es, als habe China sich der negativen Aspekte des Kommunismus, Unterdrückung und Kontrolle, verschrieben und die positiven, Egalitarismus und Diktatur des Proletariats, aufgegeben. Das Experiment war gescheitert – obwohl wenige dies zugeben würden. Ebensowenig wie der Marxismus einer Milliarde Chinesen und ihren Problemen auf den Leib geschneidert werden konnte, ließen sich dieselben Menschen nur durch Repressionen und Gedankenreform den marxistischen Idealen angleichen. Da jede Form der Organisation von Natur aus hierarchisch aufgebaut ist, mußte jede politische Theorie der Vergangenheit letztendlich zu Ungleichheit führen. Die kommunistischen Rebellen der dreißiger und vierziger Jahre bildeten die neue Bürokratie, die neue Elite. Im Jahr 1987 werden die Kommunisten ebensolange regiert haben wie die Nationalisten, aber mit nur mäßigem Erfolg. Bisher haben sie weder echte Fortschritte im wirtschaftlichen Bereich zu verzeichnen, noch das Volk zu größerer Toleranz, Weltoffenheit und kultivierteren Umgangsformen erziehen können. In den letzten fünfunddreißig Jahren ist es ihnen nicht gelungen, eine starke, von Gemeinschaftssinn und Humanität geprägte Gesellschaft zu schaffen. Yulans Familie bewohnte ein Zimmer eines traditionellen Hauses in einem engen *hutong*, eine jener schmalen Gassen, die das alte Peking wie ein Gitter durchzogen. Nachdem die Rotgardisten ihr Hab und Gut zertrümmert hatten, hielten sie vor Nachbarn und Passanten ein «Volkstribunal» ab und konfiszierten drei Viertel des Besitzes. «Sie sagten, wir hätten viel mehr Platz, als wir benötigten, und die anderen drei Räume bekäme das Volk. Drei Fabrikarbeiterfamilien zogen ein, bauten Schuppen in unserem Hof und fällten unseren schattenspendenden Baum zum Verfeuern. Das Haus ist verdreckt und verwahrlost, und der Hof ist mit Wäsche vollgehängt. Früher war das Balkenwerk tiefgrün gestrichen, aber inzwischen kümmert sich niemand mehr darum. Wir konnten nichts zuwege bringen. Die anderen Familien drangen in unser Privatleben ein und betrachteten uns als Klassenfeinde. Wir besaßen einmal eine Toilette, aber die wurde von den Roten Garden ebenfalls in Stücke geschlagen – jetzt gehen wir alle die Straße hinunter.»

Ich sah das Haus deutlich vor mir, die fast fensterlose Fassade aus sanft-grauem Mauerwerk, das Unkraut zwischen den Ziegeln des flach geneigten Daches, die alte Holztür einen Spaltbreit geöffnet, ein verstohlener Blick durch den Gang auf den Innenhof. Ein für Nordchina typischer Baustil, seit achthundert Jahren unverändert; vier große Räume, die sich zum Hof hin öffnen. Aber jetzt waren Zwischenwände eingezogen, das Papier in den Fenstern hatte man durch Glas ersetzt, und im Hof drängten sich Holz- und Kohlevorräte und gackernde Hühner.

Peking war einst eine prachtvolle, von mächtigen Mauern umgebene Stadt. Man betrat sie durch kunstvolle, mehrfach geschwungene Torbögen und befand sich inmitten eines Geflechts unzähliger Gassen, von Zehntausenden niedriger Ziegelhäuser und einer Vielfalt kleiner Läden umrahmt. Über sie erhoben sich Paläste und Tempel, Pagoden und Trommeltürme und dunkle, ausladende Bäume – der Inbegriff all dessen, was Mao zu ändern plante. Nach 1949 hatte man die meisten alten Baudenkmäler zerstört, und Peking glich heute einer ganz gewöhnlichen Stadt. Die städtischen Planungsbehörden beabsichtigten, auch die übrigen *hutongs* mit ihren «Viereckhöfen», wie Yulans Haus genannt wurde, niederzureißen, sie durch Einheitsblocks zu ersetzen und lediglich ein, zwei Gäßchen übrigzulassen, um an die früheren Zustände zu erinnern. Und Pekings noch verbliebener Charme, ein friedliches Schlendern durch grauummauerte Gassen, an Fahrrädern, Fußgängern und Pferdekarren vorbei, ginge endgültig verloren. Aber, hielt Yulan mir entgegen, die Wohnverhältnisse seien untragbar. Sie würde liebend gern ihren Hof opfern, wenn sie dafür in den Genuß von fließendem Wasser, einem privaten Klo, Heizung und Gas käme. Alte Häuser wie ihres fielen bald auseinander, waren beengt und zugig und mit winzigen Fenstern versehen. Sie besaß einen einzigen Kohleofen, um den Raum zu beheizen und die Mahlzeiten für die ganze Familie zu kochen.

«Ach, und alles ist so schmutzig!» Sie wischte sich die Hände, um den imaginären Kohlestaub loszuwerden. «Und es kostet soviel Zeit. Im Westen stellt man Heizöfen direkt an die Wand, aber in China stehen sie mitten im Zimmer!» Mir hatte das eingeleuchtet: der Raum wurde gleichmäßig erwärmt, man konnte um das Feuer herum sitzen und zusätzlich von der Wärme des Ofenrohres profitieren. Aber Yulan wußte es besser. «Man verschwendet wertvollen Platz, und der Dreck verteilt sich überall. Wenn ich die Klappe öffne, um Kohlen nachzulegen, kommen mir Rauchschwaden entgegen, und alles wird rußig!»

«Mischt sich das Straßenkomitee noch in deine häuslichen Angelegenheiten ein?» Darüber wäre sie sicher auch ungehalten.

Sie verachtete die Schar herrischer alter Frauen, die nichts Sinnvolleres mit ihrer Zeit anzufangen wußten, als in den Häusern fremder Leute herumzuschnüffeln und der Partei Bericht zu erstatten. «Wenn wir Gäste haben, tauchen sie auf und wollen wissen, wen wir bewirten. Wenn wir Ausländer einladen wollen, müssen wir vorher um Erlaubnis fragen. Manchmal hämmern zwei oder drei von ihnen an die Tür, gucken unter die Betten, inspizieren unsere Kochtöpfe oder befehlen uns, den Hof aufzuräumen und den *hutong* zu fegen. Von der Belästigung abgesehen, nimmt es Zeit in Anspruch.»

Wie die meisten gebildeten Chinesen teilte sich Yulan ihre Zeit sehr bewußt ein. Vielleicht erschien sie ihr so kostbar, weil sie soviel verloren hatte. Vielleicht empfand sie ihr Leben als unerfüllt, hatte das Gefühl, ihre besten Jahre zu vergeuden. Oder ihre von westlicher Kultur geprägte Erziehung ließ sie Leistung mit Befriedigung und Zufriedenheit gleichsetzen. Hinter ihrem ermutigenden Lächeln begann ich die verborgene innere Spannung, die Frustration und Hilflosigkeit angesichts ihres Schicksals zu spüren. Während unserer zwanzigstündigen Reise beklagte sie mehrmals den Mangel an Zeit. Ihre Töchter lernten abends für die Universität, und ihr Mann arbeitete bis spät nachts im Krankenhaus, so daß ihr neben dem Unterrichten auch die Hauptlast der Hausarbeit zufiel. Da sie sich keine Waschmaschine leisten konnte, wusch sie die Kleidung von vier Personen mit der Hand. Da sie keinen Kühlschrank besaß, ging sie täglich einkaufen, und die Zubereitung des Essens dauerte eine weitere Stunde.

Mit schmerzlichen Erinnerungen an die Vergangenheit, Angst um die Zukunft und einem lähmenden Alltagstrott ausgesetzt, lebte Yulan in ständiger Anspannung. Ohne Freunde, denen sie sich anvertrauen konnte, und ohne die Möglichkeit, die Politik der Partei öffentlich zu kritisieren, blieb ihr nur, ihr Herz einer Fremden im Zug auszuschütten. Ich bot ihr Gelegenheit, ihren Kummer und Ärger loszuwerden, und hörte ihr teilnahmsvoll zu – nicht zuletzt, weil mein persönlicher Erfahrungshorizont dem ihren so wenig glich. Im Westen würden sich viele schon unter weniger belastenden Umständen in ärztliche oder psychiatrische Behandlung begeben. Aber in China galt Stress nicht als Krankheit, sondern wurde als bürgerliche Dekadenz oder als bedauerliches, unabänderliches Vermächtnis der Kulturrevolution abgetan. Psychische Probleme, soweit man sie zur Kenntnis nahm, wurden wie rein physische Erkrankungen behandelt: Psychiater waren Quacksalber, und die Existenz von psychiatrischen Anstalten wurde bis vor einigen Jahren verschwiegen – gemeinsam mit anderen Formen sozialen Abweichlertums wie Jugendkriminalität, sexuelle Abnormität, Schwarzhandel –, aus Angst, das «nationale Gesicht» zu verlieren.

Nach acht Monaten engen Kontakts zu Chinesen kam ich zu dem Schluß, daß die meisten sehr leicht ihr seelisches Gleichgewicht verloren. Bei den geringsten Anlässen erregten sich die Gemüter, und Streithähne lieferten sich, sehr zum Ergötzen des sich versammelnden Publikums, hitzige Wortgefechte. Die Intellektuellen konnten das seelische Trümmerfeld, das die Kulturrevolution in ihnen hinterlassen hatte, nicht verwinden. Der immerwährende Kreislauf aus unbefriedigenden Ehen, politischem Druck, unzureichender Ernährung und schwierigen Lebens- und Arbeitsbedingungen überstieg die Kraft vieler. Ich fragte Yulan, wie die Chinesen den ständigen Druck und die nervliche Anspannung bewältigten. Die meisten Männer rauchten, meinte sie, und Frauen teilweise auch, allerdings nicht in der Öffentlichkeit. Einige versuchten es mit starkem Tee, andere engagierten sich politisch oder im Studium. Manche benutzten sportliche Betätigung als Ventil oder auch Alkohol und Raufereien. Wieder andere flüchteten in die Traumwelt von Kino und Fernsehen. Und nicht wenige wurden kriminell.

Photos von Kriminellen hingen als abschreckendes Beispiel an den Anschlagtafeln der Gerichtsgebäude öffentlich aus. Die damit verbundene Schande wirkte sich für die Betroffenen ebenso vernichtend aus wie die Strafe selbst – und wurde nur durch die Schmach einer öffentlichen Hinrichtung übertroffen. 1984 wurden zehntausend Menschen zum Tode verurteilt: wegen «konterrevolutionärer Aktivitäten», Entführung und Raub, Vergewaltigung, Mädchen- und Kinderhandel und Homosexualität. Manchmal wurden die Photos von Darstellungen der Tat begleitet, die an einer Kordel festgeklammert waren: auf Hainan bereicherte sich ein Mann, indem er von einem fahrenden Lastwagen Ladung auf einen Lieferwagen hinunterwarf. Ein Langfinger vergriff sich an einer Handtasche. Ein Mann schlich sich mit einem Dolch an einen nichtsahnenden Fernsehenden heran. Ein anderer überwältigte eine Frau mit brutaler Gewalt; ein weiterer drosch mit einem Spaten auf seinen Rivalen ein . . . Es gab auch Schlägereien in verräucherten Spielhöllen, Überfälle und Bandenkämpfe, ehebrecherische Romanzen, Diebe, die über Mauern kletterten, aus Gefängnissen ausbrachen, rationierte Reissäcke stahlen und aus den Tanks anderer Einheiten Öl absaugten – an Vielfalt und Einfallsreichtum kaum zu übertreffen. Aber den Höhepunkt bildete ein Drama in mehreren Akten: ein Mann eröffnete ein Bordell (Szene eins), engagierte ein paar Mädchen (Szene zwei), und das Geschäft florierte. Kunden drängelten sich an der Tür und hielten die Geldscheine schon in der Hand (Szene drei). Die Mädchen saßen, mit Unterhemd und Schlüpfer bekleidet, auf dem Bett (Szene vier) und fingerten zögernd an den Hemden der Männer herum (Szene fünf) – woraufhin sich der Zeichner diskret zurückzog.

Früher hatte man angenommen, daß die unter Maos roter Flagge geborenen Chinesen, die nunmehr zwei Drittel der Bevölkerung ausmachten, sich zu Staatsbürgern entwickeln würden, die über mehr soziales Engagement und politisches Bewußtsein verfügten, aber das Gegenteil war der Fall. Sie erinnerten an die jüngere Generation in Orwells Roman: «Menschen, die in die Welt der Revolution hineingewachsen waren und nichts anderes kannten, die die Partei als etwas so Unabänderliches wie den Himmel zu ihren Häuptern hinnahmen, ohne sich gegen ihre Autorität aufzulehnen, wichen ihr einfach aus, wie ein Hase hakenschlagend einem Hunde zu entkommen sucht.» Den Jungen fehlte die Erinnerung an feudalistische Ausbeutung, und im Wissen um ihre physische, emotionale und intellektuelle Unterlegenheit gegenüber dem Westen wurden sie täglich aufmüpfiger. Wenn ein kommunistisches System das überlegenere sei, so wollten sie wissen, warum war dann China nach fünfunddreißig Jahren noch so arm? Sie hatten die Unzulänglichkeit satt, Politik und Propaganda waren langweilig und befremdlich, unzureichende höhere Bildung und fehlende Jobs für Schulabgänger ärgerlich, der Mangel an Privatleben und freien Entscheidungen frustrierend. In Ermangelung kultureller, geistiger und intellektueller Führung fielen sie auf die Verlockungen des Westens herein. Unlust und Orientierungslosigkeit drückten sich in Kleidung und Verhalten aus: in Hangzhou zogen sie hordenweise in weit ausgestellten Hosenbeinen durch die Straßen, mit unruhig umherschweifendem Blick, Schnurrbart und einer Zigarettenkippe im Mundwinkel; in Shanghai saßen sie den ganzen Tag mit ebenso unzufriedenen Freunden im Café herum und berauschten sich an oberflächlichem Geschwätz und bittersüßem Kaffee. Einem freudlosen Zuhause und der Kälte draußen entkommen, hockten sie mit hochgezogenen Schultern und aufgestützten Ellbogen da und waren der arbeitenden Bevölkerung ebenso verhaßt wie Drückeberger. In ihrer Hoffnungslosigkeit angesichts der wachsenden Kluft zwischen Erwartung und Realität flüchteten sie sich in Glücksspiel, Alkohol, Bandenfehden und Sex. Im Waschraum unseres Hartbett-Abteils waren die Wände mit obszönen Zeichnungen übersät. Opium erfreute sich wieder zunehmender Beliebtheit und wurde von Indien, Burma und Hongkong eingeschmuggelt.

Desillusionierung machte sich unter den Jugendlichen breit. Die aufs Land geschickten Städter kehrten in die urbanen Zentren zurück und verlangten Integration und Arbeit. Wohnungsnot und Arbeitslosigkeit führten zu Krawallen. Berichte über

Rowdytum auf Fußballplätzen sickerten durch. Jugendliche stellten die Ansichten der älteren Generation in Frage. Immer mehr Menschen forderten die Ausübung demokratischer Grundrechte wie Wahlrecht, Versammlungsfreiheit, das Recht auf freie Meinungsäußerung, Pressefreiheit, das Recht auf Bildung und das Recht auf Widerstand.

«Wir leben nicht, wir existieren nur!» Abwesend starrte Yulan durchs Fenster, blind für das Muster aus schneebedeckten Feldern. «Alles, was ich mag, wird als bürgerlich abgestempelt. Mir schmecken westliche Nahrungsmittel wie Butter und Käse, aber sie sind zu teuer und außerdem bürgerlich.» Aber es gab erste Anzeichen eines Wandels. In der jüngsten Werbekampagne für Milchprodukte gelang es der Partei immerhin, den lang verschmähten Joghurt als kräftigend und wachstumsfördernd populär zu machen, wohingegen Käse weiterhin als Dickmacher verschrien war. Sobald die Partei etwas propagierte, verlor es seinen anrüchigen Charakter. «Ich genieße klassische europäische Musik», fuhr Yulan fort, «und würde gern einmal ins Ballett gehen, werde aber dafür als bürgerlich kritisiert. Und westliche Bücher zu lesen ist gleichfalls bürgerlich.» Persönliche Entfaltung wurde ihr vom System verwehrt. Sich an Dingen zu erfreuen, die ehemals den Reichen vorbehalten waren, wie Gedichte, Gemälde und Symphonien, galt in den Augen der Partei als Sünde. Statt allen den Zugang dazu zu ermöglichen, nahm sie diese Privilegien nur für sich selbst in Anspruch. «Ballett liebe ich besonders, aber ich habe schon seit Jahren keine Aufführung mehr gesehen – zum Teil, weil mir die Zeit fehlt, ewig nach Karten Schlange zu stehen. Aber einmal versuchte ich es doch, und man verweigerte mir die Karten wegen meiner sozialen Herkunft. ‹Für Sie nicht›, hieß es. Allerdings hätte ich die zwei Yuan sowieso kaum aufbringen können.» Als privilegierte Ausländerin hatte ich nicht nur kurz vor der Vorstellung eine Karte für *Schwanensee* bekommen, wahrscheinlich aus einem Vorrat für ausländische Freunde, sondern durfte mich danach mit dem Choreographen und der Primaballerina hinter der Bühne unterhalten. Die Tänzer und Tänzerinnen waren jung und außergewöhnlich gut.

Was Bücher betraf, so waren sie für das gewöhnliche Volk kaum erhältlich. Papierknappheit, lautete die offizielle Erklärung, aber wenn es darum ging, politische Traktate zu drucken, schien stets genügend vorhanden zu sein. Später in Shanghai besuchte ich den Fremdsprachen-Buchladen. Studenten blätterten an einer kleinen Glastheke Vergils *Aeneis*, *Robin Hood* und Werke von Victor Hugo durch, während mir ein riesiges, abgegrenztes Areal zur Verfügung stand, wo ich zwischen Romanen in einem halben Dutzend Sprachen, Kalendern, Postkarten und Büchern über chinesische Politik, Geschichte, Landschaften und Kunst wählen konnte und wo es selbst englische Übersetzungen unbedenklicher chinesischer Literatur gab – das meiste schien harmlos genug, war aber für Chinesen unverkäuflich. Gemessen an Dengs schwungvollen Reden über Öffnungspolitik, war kulturelle Freiheit ein ferner Zukunftstraum.

Maos Glaube an die permanente Revolution hatte dreißig Jahre lang zusätzliche Mittel verschlungen und das Volk weiterhin zum schieren Existenzkampf verurteilt. Jetzt, da es den Menschen besserging, begannen sie nachzudenken und auf ihre Rechte zu pochen. Um den verderblichen Einflüssen kapitalistischer Kultur Einhalt zu gebieten, umschmeichelte die Partei unter Deng die Menschen mit seichter Unterhaltung und großartigen Zukunftsversprechungen. Aus Mangel an Alternativen erschöpfte sich die gegenwärtige chinesische Kultur im Fernsehen. Yulan bildete auch hier eine Ausnahme, denn sie empfand die meisten Sendungen als blödsinnig, sah selbst kaum fern und erlaubte auch ihren Töchtern, sich nur anspruchsvollere anzuschauen.

Fernsehapparate zählten zum festen Inventar der meisten Hotels und waren ein unentbehrlicher Bestandteil chinesischen Familienlebens, so daß auch ich der ständigen Berieselung nicht entgehen konnte, wenn ich auf meinen Zimmerschlüssel wartete oder Freunde besuchte. Ein typisches Programm zur Hauptsendezeit zeigte ganz gewöhnliche Menschen, die in einem noch gewöhnlicheren Park spazierengingen, Kinder auf dem Arm trugen, Stufen hinaufstiegen, den See betrachteten, sich für Photos in Positur stellten, auf Blumen deuteten – dem honigsüßen Kommentar nach zu schließen, wunschlos glücklich. Dann ein Szenenwechsel; diesmal vielleicht eine Fabrik, zwar untypisch, dafür sauber und rationell. Die folgende Sendung mochte im Winter spielen: wieder Menschen, die spazierengingen oder Fahrrad fuhren oder die Straße kehrten oder vergnügt mit Schneebällen warfen. Es gab auch Opern, Akrobaten und Volleyballspiele. Oder leichte Unterhaltung, die den Zuschauer durch photographische Spielereien, durch Zooms, Überblendungen, Vignettierung und Farbeffekte, einen ständigen Wechsel von Lindgrün zu Erdbeerrot zu Zitronengelb zu Feuerrot, in ihren Bann zieht und den Künstler darüber vergessen läßt.

Auch eine weitere Demütigung blieb den Intellektuellen nicht erspart: Nach wie vor war es sicherer, die eigene geistige Überlegenheit zu verbergen, um nicht als bourgeois und elitär angeprangert zu werden. Unqualifizierte Kader beäugten skeptisch alle besser Ausgebildeten, hegten Mißtrauen gegenüber den Wissenschaften und fürchteten Menschen, die nachdachten und eine eigene Meinung besaßen. «Je mehr man lernt, desto dümmer wird man», soll ein Ausspruch Mao Tse-tungs gelautet haben. Die Frage nach der Ausbildung von Akademikern ohne Heranbildung einer Elite, die damit einhergehende Gefährdung der Revolution, stürzte die Partei in ein schweres Dilemma. In der Vergangenheit hatte jeder Intellektuelle harte körperliche Arbeit verrichten müssen. Noch heute verdienten sie schlecht und genossen geringes gesellschaftliches Ansehen.

«Ich bin dreiundfünfzig», vertraute Yulan mir an, «aber ich bekomme nur 89 Yuan im Monat. Dies ist ein Drittel weniger als der Lohn eines Fabrikarbeiters gleichen Alters und weniger als der Verdienst vieler Vorstadtbauern.» Wieviel jemand verdiente, richtete sich nach Alter und Parteitreue, nicht nach Art der Tätigkeit oder Befähigung. Lehrer bildeten keine Ausnahme, dasselbe galt für Ärzte, Künstler, Architekten, Wissenschaftler ... Ich hatte gelesen, daß Intellektuelle wieder auf Grund ihrer geistigen Fähigkeiten und Qualifikation umworben wurden, Yulan jedoch äußerte sich skeptisch. «Durch die ‹Kleine-

Straße-Nachrichten› habe ich gehört, daß wir 1985 eine Lohnerhöhung bekommen werden. Aber die zehn oder zwanzig Prozent sind zu wenig», meinte sie unversöhnlich.

Die Gerüchte bewahrheiteten sich. 1985 bekamen alle Lehrer eine Gehaltsaufbesserung, und den Schülern wurde befohlen, sich respektvoller zu benehmen. Konfuzius wurde rehabilitiert, seine Moraltheorie wieder gelehrt. Und am wieder eingeführten nationalen Lehrertag erhielt Jan in Changsha ein Geschenk aus Mondkuchen und einer Tüte roter Äpfel.

Alle Revolutionen, Anklagen, Verleumdungen und Zerstörungen hatten versagt: die feudalistische Mentalität lebte fort. Fünfunddreißig Jahre der Umerziehung, des Kampfes gegen Tradition und Egoismus vermochten die menschliche Natur nicht zu ändern. Yulan sah nicht ein, warum sie sich für das Wohl eines abstrakten Staates, eines abstrakten Proletariats opfern sollte. Sie war überzeugt, daß ihre Lehrtätigkeit, verglichen mit Feld- oder Fabrikarbeit, höherwertig war und eine bessere Bezahlung rechtfertigte. Zwar hatten sich einige «Klassenfeinde» (Großgrundbesitzer, reiche Bauern, Konterrevolutionäre, Renegaten, Spione, «Machthaber auf dem kapitalistischen Weg») in Würde gefügt und sich, in sackartige Baumwollkleidung gehüllt, frohgemut der Fabrik überlassen, aber andere wehrten sich noch immer mit Händen und Füßen. Yulan war bourgeois. Sie gehörte einer sich erneut herauskristallisierenden Intelligenzija an. Sie fühlte sich den Bauern, Arbeitern und ungebildeten Kadern überlegen. Sie pflegte Etikette und Geschmack. Sie mißbilligte die Gewohnheiten der Arbeiterklasse und verspottete die Funktionäre als Bauerntölpel. Das Volk orientierte sich, laut Yulan, immer am Beispiel seiner Herrscher.

«Sie nennen mich bürgerlich», beschwerte sie sich, «wenn ich ‹danke› und ‹bitte› sage oder mich für etwas entschuldige.» Bauern und Arbeiter hielten diese Höflichkeitsfloskeln für überflüssig.

«Richtig», stimmte ich ihr zu, «ich habe selten jemand diese Worte verwenden hören.» Ich fügte nicht hinzu, daß mir Arbeiter geraten hatten, ihre Benutzung zu vermeiden, da sie als rechts und feudalistisch galten.

«Und wie flegelhaft der Mann sich vorhin aufgeführt hat, als du dein Gepäck verstauen wolltest!» Ich hatte ihn seither nicht mehr gesehen; davon abgesehen hatte ich überhaupt nichts bemerkt, so vertieft war ich in unser Gespräch. «Dieser Mann haßt offensichtlich Ausländer, aber es zeugt von äußerst schlechten Manieren, dies zu zeigen.» Ich wußte, daß Fremdenfeindlichkeit in China weit verbreitet war, aber bisher hatte es mir gegenüber nie jemand zugegeben.

«Vor einigen Jahren versuchte die Regierung, den Leuten bessere Umgangsformen beizubringen», erinnerte sich Yulan. «Sie haben auch mehrfach Versuche gestartet, die Spuckerei zu unterbinden, indem sie in den Straßen und staatlichen Gebäuden Spucknäpfe aufstellten und niedrige Geldstrafen verhängten. Aber alle Bemühungen blieben erfolglos: es hat sich nichts geändert. Viele Chinesen finden die Spuckerei abscheulich, aber ausländische Besucher glauben, es sei eine allgemeine chinesische Angewohnheit, und verurteilen die ganze Nation als ungehobelt.» Nach den letzten Monaten in Hartsitz-Abteilen, von einer kalten, überfüllten und luftverschmutzten Stadt des Nordens zur nächsten und von einer schweren Bronchitis heimgesucht, besaß jemand, der spucken mußte, mein vollstes Mitgefühl. Lungenerkrankungen waren ein weitverbreitetes, heimtückisches Übel.

«Die Busse in Peking sind ebenfalls schrecklich», fuhr Yulan fort. «Nicht nur, daß alle auf den Boden spucken, nein, sie drängeln sich einfach vor, und ich muß mehrere vollbesetzte Busse fahren lassen, bevor ich mitkomme. Und im Bus dann rempeln sie mich an, schleudern ihre Taschen durch die Gegend, lehnen sich an mich und pressen mich gegen die Haltegriffe. An jeder Haltestelle wird fünf Minuten gewartet, weil sich immer mehr hineinzwängen – du hast sicher die Schaffnerinnen gesehen, die auch den letzten noch hineindrücken – und dann lassen sich die Türen nicht schließen. Alles debattiert, und keiner will aussteigen, und die Türen gehen immer noch nicht zu. Heutzutage denkt jeder nur an sich; unsere traditionellen Werte zählen nicht mehr. Kinder haben vor Erwachsenen keinen Respekt mehr und quetschen sich an alten Menschen vorbei, um den letzten Platz zu ergattern. Zum Glück besitze ich ein Fahrrad.»

Yulan war die einzige, die ich kennenlernte, die sich nicht stolz wähnte, der großen Familie der Chinesen anzugehören, die nicht jenem eigentümlichen chinesischen Patriotismus anhing, der Chinesen in aller Welt zu «Familienmitgliedern» vereinte, der sie veranlaßte, ihre Lebensweise beizubehalten und in engen Gemeinschaften zusammenzuleben, der sie nur unter Zwang ihr Vaterland aufgeben ließ und der sie bewegte, in den fünfziger Jahren zu Tausenden zurückzukehren, um ein neues China aufzubauen, und in den Siebzigern das Chaos zu sondieren und in den Achtzigern als Touristen ihr Land zu besuchen, der bewirkte, daß sie ihren Familien Geld schickten und Devisen in wohltätige Einrichtungen, wie Krankenhäuser, investierten. Yulans Einstellung war individualistisch, westlich, der Gegenwart angemessen. So fiel es uns leicht, die Unzulänglichkeiten des Systems aufzudecken, den Mangel an Phantasie, Ehrlichkeit, Humor und feiner Lebensart wahrzunehmen; schwerer hingegen, die weniger greifbaren Vorzüge zu würdigen.

Ich unternahm einen weiteren Versuch. Bislang hatte ich nur Kritik gehört. «Gibt es keine positiven Seiten am Kommunismus?» Die meisten Chinesen, denen ich begegnet war, stammten aus einfachen Verhältnissen und schienen vom Sozialismus profitiert zu haben. Im Prinzip unterstützten sie das System und zeigten für Leute wie Yulan wenig Verständnis. Wei Meng glaubte, sie sei eine große Ausnahme, aber vielleicht hatte er unrecht. «Die Armen haben doch sicher einen Nutzen daraus gezogen. Es gibt inzwischen Wohnungen für die Obdachlosen, Nahrungsmittel für die Hungernden, Schulen auf dem Land, Strom- und Wasserversorgung, mehr Hygiene, öffentliche Transportmittel, saubere Straßen, geringere Gegensätze zwischen Arm und Reich, weniger Krankheiten und Bettler und Bordelle und Korruption . . .»

Yulan schüttelte den Kopf. «All diese Dinge wären sowieso eingetreten, unabhängig vom System. Ein ganz normaler Fortschritt, keine kommunistische Errungenschaft. Die Partei behinderte die Entwicklung höchstens durch die endlose Kette vermeidbarer Fehler – nach fünfunddreißig Jahren sogenannter utopischer Herrschaft gibt es nicht viel vorzuweisen. Unsere Schulen sind nicht besser als die anderer Länder; im Gegenteil, ihre Ausstattung ist unzureichend, und alles wird auswendig gelernt. Unsere Krankenhäuser sind primitiv, und das Personal ist nur mangelhaft ausgebildet. Unsere Künstler werden zensiert. Unsere Fabriken produzieren nichts. Und unsere Zeitungen lügen.»

Auf den ersten Blick hatte die englischsprachige *China Daily* auf mich einen vernünftigen Eindruck gemacht: ein gemäßigtes, relativ ausgewogenes Organ der Parteipolitik. Erst als ich mehr über die nicht druckreifen Aspekte des chinesischen Sozialismus erfuhr, die Armut und Verbitterung, die Stümpereien und Versäumnisse, begann ich zwischen den Optimismus verbreitenden Zeilen zu lesen. Zugegeben, das Blatt gestand Fehler ein und bestätigte den noch immer herrschenden Mangel. Aber Irrtümer und Rückständigkeit wurden ausschließlich den ultralinken Elementen der Kulturrevolution angelastet, offensichtlich im Werben um internationales Ansehen und um ausländische Investoren in Sicherheit zu wiegen.

«Und was Korruption betrifft», griff Yulan mein Argument auf, «so ist die ganze Nation korrupt. Aber das ist nicht verwunderlich, wenn die Regierung den Markt kontrolliert und Gebrauchsgüter rationiert. Veruntreuung von Staatseigentum und von staatlichen Geldern ist weit verbreitet, und fast jeder hat schon irgendwann einmal etwas durch die Hintertür erreicht. Funktionären werden hohe Bestechungsgelder gezahlt, damit sie einen Job vermitteln oder einem Bauern die Aufenthaltsgenehmigung für die Stadt erteilen. Mittlere und höhere Kader – wir nennen sie «Rote Mandarine» – benutzen ihre Dienstwagen für private Zwecke. Sie haben Zugang zu Spezialgeschäften und Kinos, Anspruch auf medizinische Versorgung und auf die Weichbett-Abteile im Zug. Ihre Kinder besuchen Eliteschulen und haben später die Möglichkeit, im Ausland zu studieren. Sie besitzen große Wohnungen und teure Kleidung. Sie verfügen über Foreign Exchange Certificates und kaufen ausländische Produkte in den Freundschaftsläden. Ich habe keine Ahnung, wie sie es bewerkstelligen; ich bin noch nie in einem Freundschaftsladen gewesen!»

Selbst das Faszinierende am Anblick der Reichen und Mächtigen war mir inzwischen verleidet. Vor ein paar Tagen, als ich morgens die Changan Lu, die Straße des immerwährenden Friedens, entlangging, hörte ich ein Sirenengeheul, ein tiefes Brummen von Motoren. Die Stadtbusse kamen ächzend und unter blechernem Getöse zum Stehen, und ein Troß von Staatskarossen glitt lautlos mit der pompösen Feierlichkeit einer Trauerprozession vorüber. Die neuen Mandarine saßen mumienhaft im Dunkel der Seidenvorhänge, zu einer Maske eitler Selbstherrlichkeit erstarrt.

Beamte galten traditionell als die gebildetste und geachtetste Gruppe der sozialen Hierarchie, besaßen ebenso großen Einfluß wie Funktionäre heute. Die höheren Kader schützten ihre Interessen durch ein Netz gegenseitiger Gefälligkeiten, wobei jeder seine persönlichen Ziele verfolgte und Status nach Art der Beziehungen bemessen wurde. Argwöhnisch beobachteten sie sich gegenseitig, eifersüchtig darauf bedacht, daß keiner, der einen ähnlichen Rang hatte, mehr Privilegien als sie selbst genoß. Viele Kader weigerten sich, ohne deftige Schmiergelder eine Genehmigung zu erteilen. Und nicht nur Kader, sondern auch Verkaufspersonal, Fahrer, Arbeiter und Polizisten – sie alle profitierten vom Schwarzhandel. Lehrer bildeten eine rühmliche Ausnahme.

Damit das System funktionierte, benötigten die Führer die Unterstützung des Volkes. Um diese zu gewinnen, müßten Jahrzehnte friedlichen Wirtschaftswachstums gewährleistet sein und ein soziales Klima geschaffen werden, das Korruption überflüssig machte. Dengs Öffnungspolitik bot zunächst zusätzliche Möglichkeiten der Bereicherung auf höherer Ebene; nun müssen den Beteuerungen, Korruption ausrotten zu wollen, Taten folgen. Anfang 1986 wurden die Söhne zweier hoher Kader wegen mehrfacher Vergewaltigung und skrupelloser ausländischer

Transaktionen hingerichtet, ein abschreckendes Beispiel für all jene, die sich ebenso gewissenlos der Privilegien ihrer Position bedienten, um ungestraft Verbrechen zu begehen.

«Und deine Stellung als Frau? Hat die sich nicht verbessert?»

«Daran hat sich nichts geändert», erklärte Yulan entschieden. «In meiner gegenwärtigen Situation bin ich gezwungen, zusätzlich zu meinem Beruf noch den Haushalt zu führen. So bleibt mir keine freie Zeit. Als Kind liberaler Eltern genoß ich in den vierziger Jahren fast ebensoviel Freiheiten wie meine Brüder. Damals waren wir glücklich. Wir lasen Bücher. Wir hörten Musik. Wir malten. Wir mußten viel lernen, aber wir fühlten uns wohl. Die Dienerschaft erledigte die Hausarbeit. Welchen Sinn hat mein Leben heute?»

Yulans Chinabild stand in krassem Gegensatz zu dem der Kommunisten unter Mao: «Vor der Befreiung war dieses Gebiet den Kapitalisten und ihren Kettenhunden vorbehalten» oder «Vor der Befreiung gab es hier eine veraltete Fabrik, die den Imperialisten gehörte. Die Arbeiter wurden ausgebeutet und unterbezahlt. Nach der Befreiung stieg das Selbstbewußtsein der Arbeiter, weil sie nicht mehr für die Kapitalisten schuften mußten. Sie sind gut gekleidet und genährt und haben ein Mitspracherecht im Betrieb. Die Produktion ist um 300 Prozent gestiegen.» Londons Geschichte vor 1984 wurde in Orwells Roman ebenso verzerrt dargestellt: «... ein düsterer, schmutziger, armseliger Ort, wo kaum jemand genug zu essen hatte und Tausende von armen Menschen keine Schuhe an ihren Füßen und nicht einmal ein Dach überm Kopf hatten ... Den Kapitalisten gehörte alles ... und alle anderen Menschen waren ihre Sklaven ... Sie waren dicke, häßliche Menschen mit bösen Gesichtern ...» Chinas Geschichte wurde noch in den achtziger Jahren umgeschrieben, als man die radikaleren maoistischen Doktrinen aus der Parteiliteratur strich. Dr. King, der 1905 China bereiste, als das Land noch von einem Kaiser regiert wurde, berichtete, daß die Menschen auf ihn einen glücklichen, gesunden und geschäftigen Eindruck machten. Er sah weniger Bettler als in Europa, und für die Bedürftigen gab es wohltätige Einrichtungen. Falls Mao ein verwüstetes, von Analphabetismus, Korruption, Hungersnöten und Krankheiten heimgesuchtes Land als Erbe vorfand, so verdankte er dies den Kriegsherren, den Nationalisten und Japanern – eine gewisse Ausschmückung nackter Tatsachen nicht zu vergessen . . .

Obwohl sich Yulan ihre innere Kraft bewahrt hatte, büßte sie ihre Gesundheit und Jugend ein. Niemand konnte ihr die verlorenen Jahre harter Fabrik- und Feldarbeit zurückgeben. «Ich sehe älter aus, als ich bin», sie lächelte traurig, «und meinen Bruder könnte man leicht für siebzig halten. Kummer läßt sich bis zu einem gewissen Maß verbergen, aber letztendlich zeichnet er das Gesicht.» Sie hatte ein solch liebenswertes Gesicht, daß man die Falten kaum bemerkte. Aber Yulan störten sie. Gedankenverloren spielte sie mit dem Saum ihres Mantels. Ich blickte verlegen weg. Wir unterhielten uns den ganzen Tag, während der Zug weiter Richtung Süden fuhr. Obwohl niemand in unserer Nähe saß und das Klappern der Räder jedes Geräusch verschluckte, war ich überrascht, daß sie so offen reden konnte.

«Gibt es noch politische Gefangene?» fragte ich sie.

«O ja – viele tausend. Die Partei hat ihre Spitzel überall. Ein Wort der Kritik an der Partei oder einem der Führer genügt, um im Gefängnis oder Arbeitslager zu landen. Bei politischen Verbrechen gibt es keine Nachsicht.»

«Und jetzt im Zug hast du keine Angst?»

«Hier versteht niemand Englisch», erwiderte sie.

Schnee fiel auf die winterlich kahlen Felder, und der Himmel hing tief und grau. Wir ratterten über eine lange Stahlbrücke, waren aber zu sehr in unser Gespräch vertieft, um davon Notiz zu nehmen. Da klopfte ein Bahnangestellter Yulan auf die Schulter. «Sieh dir den Jangtse an!» befahl er streng. «Das ist die berühmte Nanjing Brücke, die 1969 während der großen proletarischen Kulturrevolution gebaut wurde!» Daß sie ihre Aufmerksamkeit in diesem Moment einer Ausländerin schenkte, bedeutete eine Geringschätzung der Partei und ihres ruhmvollen Vorsitzenden. Gehorsam wandte Yulan den Kopf und betrachtete den Fluß, dessen braune Wassermassen sich unter uns hindurchwälzten. Sie sah ihn zum erstenmal in ihrem Leben.

Yulan war ein Juwel. Unbewußt hatte ich die ganze Zeit über nach ihr gesucht und gewußt, daß sie irgendwo existieren würde. Sie verkörperte das andere China; vor der Revolution geboren, hatte man sie ihres Erbes und ihrer Freiheit beraubt. Ihr mütterliches Lächeln konnte nicht über ihren tief im Innern verborgenen Schmerz hinwegtäuschen. Aber sie mußte ihre Fröhlichkeit bewahren, um nicht den Verstand zu verlieren. Doch für die kommunistische Revolution, die amtierenden Funktionäre, die sie unterstützenden Bauern und Arbeiter empfand sie nichts als Haß.

DER GEIST EINES VERGANGENEN CHINA

Yulan war nicht die einzige, die Demokratie herbeisehnte. Eine Umfrage unter den Dorfbewohnern des Perlflußdeltas ergab, daß die Hälfte der Befragten jederzeit das chinesische Festland verlassen würde, um sich in Hongkong, Macao, Taiwan oder im Westen anzusiedeln. Gegen Ende der siebziger Jahre entkam eine Viertelmillion Menschen jährlich illegal über die Grenze nach Hongkong. Weit mehr wurden aufgegriffen und in Arbeitslager geschickt, nur um nach Beendigung ihrer Strafe einen erneuten Versuch zu wagen. Einige kauften sich frei, bezahlten Bestechungsgelder in Höhe von vier Jahreslöhnen. Andere flohen in mondlosen Nächten über die Berge, verbargen sich unter fahrenden Zügen, kletterten über Barrikaden aus Stacheldraht, zimmerten behelfsmäßige Flöße oder schwammen zwischen den Haien hindurch, ließen ihre Familien in den Dörfern zurück, setzten ihr Leben für den Traum Hongkong aufs Spiel, zogen kapitalistische Ausbeutung der Korruption und dem Elend kommunistischer Herrschaft vor. Die Zeit eilte ihnen davon. Bis 1997 müßten die Erfolgreichen unter ihnen genügend Geld angesammelt haben, um erneut zu flüchten. Wenigen dürfte es gelingen. Für die meisten endete die Reise hier.

Während ich durch die schillernden Straßen Hongkongs lief, überlegte ich, welche Assoziationen der Begriff «China» bei mir auslöste. Beharrlichkeit, lautete die prompte Antwort: ein Volk von einer Milliarde Menschen, das trotz der ungewissen Zukunft tapfer sein hartes Los ertrug. Xiuying, die sich nach Liebe und Erfolg sehnte. Weimins Wissensdurst und Lerneifer. Die Familie

Wu und ihr täglicher Überlebenskampf. Wei Meng, der sein Leben der Malerei opfern würde. Yulan, der Freiheit über alles ging.

Hongkong. Elektrisierend und impulsiv, eklektisch und pulsierend. Wirtschaftliche Metropole, soziales Armenhaus. Geschäftigster Hafen der Welt. Stadt der meisten Fernschreiber, der höchsten Grundstückspreise, der dichtesten Besiedlung; wo Arbeitsmoral herrscht und Geld regiert, wo schlechtverdienende Sekretärinnen sich den Luxus eines Pferdes leisten, wo zwei oder drei Familien in einem Raum leben und sich die psychische Belastung in der Verbrechensrate niederschlägt; wo Schmerz und Elend mit Luxus einhergehen, Einwanderer sich mit Millionären vermischen, wo Baracken im Schatten der Hochhäuser liegen, sich Dschunken und Sampans neben Tankern verlieren und Rassenkonflikte unter der Oberfläche der unergründlichen chinesischen Maske brodeln.

Einerseits wirkte Hongkong sehr westlich. Andererseits spürte man deutlich das Chinesische dieser Stadt, die im Gegensatz zum Festland nicht vom marxistisch-leninistisch Mao Tse-tungschen Gedankengut bestimmt wurde, sondern ihre religiöse und konfuzianische Tradition bewahrt hatte – eine wahre Fundgrube für Liebhaber chinesischer Kultur.

An bestimmten Orten und in bestimmten Momenten fühlte ich mich in Chinas imperialistische Vergangenheit zurückversetzt. So erging es mir in einem Dim-Sum-Restaurant, das viertausend Menschen faßte: Frauen schoben kleine Wagen durch die Gegend, verkündeten lauthals das Angebot ihrer Speisen wie fliegende Händler ihre Waren, verteilten das Essen, dessen traditionelle Opulenz alle Sinne zugleich betörte. Ich fühlte es ebenfalls auf abgelegenen Inseln, wo die Felder den Bauern gehörten, die sie bestellten und ganz nach Belieben bepflanzten. Auch als ich jene alte Frau traf, deren gekrümmter Rücken von den schweren Lasten vergangener Jahre zeugte und deren ganzer Reichtum, ein Armreif aus Jade, ihr Handgelenk zierte. Oder auf den Fährbooten, den verblaßten Dschunken voller Teer und Taue und zum Trocknen aufgehängter Tintenfische. Auch in den auf Pfählen schwankenden Hütten, in den Schuppen an schattigen, felsübersäten Berghängen und in den Hausbootkolonien, die in den Buchten vor Anker lagen. Und ich spürte den Geist der Vergangenheit im Gewimmel der engen Gassen von Western, Wanchai und Yaumatei, beim Anblick von Hochzeitskalendern aus rotem Satin, von Elfenbein und Jade, von kleinen, bunten Papierhäusern und Autos, Booten und Flugzeugen, die an Jahrestagen verbrannt wurden, um das Wohlergehen der Ahnen im Jenseits sicherzustellen. Und als ich Teebuden entdeckte und Vogelstände, Pfandleiher, Kräuterläden, Schlangenverkäufer und Weinhändler – die einstige Mannigfaltigkeit chinesischer Städte, die heute von Kaufhausgiganten verschlungen wurde. Und bei den Rennen am Neujahrstag, wenn ein erwartungsvolles Raunen durch die Menge ging und eine Atmosphäre entstand, wie ich sie von keinem chinesischen Festzug her kannte: der durchdringende Geruch von Pferdeschweiß, das Anschwellen der Spannung in den letzten fünf Sekunden, wenn die fieberhafte, fast körperliche Erregung ihren Höhepunkt erreichte. In diesem Augenblick begriff ich das verborgene Wesen der Festlandchinesen, verstand, wie sich ruhige und intelligente Individuen in brutale Fanatiker verwandeln konnten, wenn sie, wie in der Kulturrevolution, ihren Leidenschaften freien Lauf lassen durften.

Meine selektive Wahrnehmung ließ Chinas Vergangenheit stets von neuem aufleben. Unten am Hafen wurden Dschunken von Kulis mit Strohhüten entladen, die ihren schreienden, noch zerlumpteren Kumpanen Kisten aus Korbgeflecht zuwarfen, wild umhergestikulierten und im Gewühl ihre Handkarren aneinanderrempelten, Baumstämme und Reissäcke auf dürftig bedeckten Schultern oder an schwingenden Tragestangen balancierten. Auf den Haupteinkaufsstraßen tummelten sich die Ärmsten der Armen, barfuß und mit Bündeln bepackt, erbettelten sie Almosen und durchstöberten den Abfall. Durch Fenster und Türen drang das Klicken der Mahjong-Steine – der hypnotisierende Rausch eines Spiels, das nur wenige Minuten oder aber mehrere Tage dauern konnte. An den Berghängen klebten die

Slumsiedlungen, erdfarben, schuppig, von ländlichen Geräuschen durchdrungen: vom Gackern der Hühner, vom Grunzen der Schweine, vom Rumpeln der Handkarren, vom Gesang der Vögel, vom Aufschlagen nasser Wäsche und vom Klatschen der Bananenblätter im schwachen Wind.

In der Zurückgezogenheit der Häuser und Wohnungen herrschte nach wie vor konfuzianische Ethik und Moral. Hongkongs Klassenbewußtsein entsprach dem des alten China, mit der Ausnahme, daß sozialer Status nicht durch Geburt, sondern durch Geld und Einfluß erlangt wurde. Ob Millionäre mit ihrem Fuhrpark an schnellen Wagen, ob englischsprachige Geschäftsleute, ob einheimische Bauern und Fischer oder die vom Festland geflohenen «Proletarier» in den Slums, jeder war sich seiner gesellschaftlichen Stellung bewußt und verhielt sich den Regeln entsprechend. Bildung galt noch immer als der sicherste Weg zum Erfolg, wobei bereits der Qualität der Kindertagesstätte eine nachhaltige Bedeutung zukam. Die meisten Bewohner Hongkongs lebten in festgefügten, hierarchisch strukturierten Familien, die von Patriarchen beherrscht wurden. Männer lehnten Frauen ab, die sich durch Ehrgeiz und Fleiß in einflußreiche Positionen emporgearbeitet hatten und damit die alte, von Männern dominierte Ordnung unterwanderten. Statt Konkubinen, inzwischen gesetzlich verboten, hielt man sich jetzt Geliebte. Die Geburt eines männlichen Nachkommen war auch in den achtziger Jahren überaus bedeutsam; ein Mädchen konnte ihren Eltern weder im Alter beistehen noch sie nach ihrem Tod verehren.

Aber die Seele des alten China wurde in den Tempeln bewahrt. Im Gegensatz zum chinesischen Festland mit seinen wenigen, für Touristen restaurierten Relikten verfügte Hongkong über sechshundert heilige Stätten, die auf eine ehrwürdige, zwei Jahrtausende alte Tradition zurückblickten. Die größeren waren in drei Bereiche unterteilt: zunächst der Eingang in Form einer Geistermauer, von großer Glocke und Trommel flankiert, dann ein weiterer Raum mit Abzugsöffnungen im Dach für den Rauch der verbrannten Papieropfer und der Weihrauchspiralen und schließlich der letzte mit einer Reihe verhüllter Altäre für die Hauptgottheiten des Tempels. Kleinere Schreine und die Behausungen der Tempelhüter lagen zu beiden Seiten.

Manchmal diente der Tempel als Aufenthaltsort und Kultstätte zugleich, und als Besucher wurde man Zeuge eines Familienlebens in typisch chinesisch anmutender Szenerie. Eines Samstagabends im Tam-Kung-Tempel in Shaukeiwan sah ich die Kinder des Tempelhüters auf dem Boden vor dem Hauptschrein spielen. Während ihre Mutter das Baby stillte und die Großmutter einen wattierten Seidenmantel flickte, druckte der Tempelhüter Opfergeld, indem er einen Holzstempel zinnoberrot bestrich und ihn auf die grob zugeschnittenen Papierquadrate drückte. Besen lehnten untätig am Weihrauchbecken, und aus einer offenen Schublade lugten Fächer aus Palmwedel hervor. Eine Einkaufstasche lag nachlässig auf dem Boden. Als die Dämmerung hereinbrach, strömten die Wohlgerüche des Marktes und die Rufe der Straßenhändler durch die geöffnete Pforte.

Weihrauchschwaden hingen schwer in der Luft, erweckten den Eindruck von Alter und Reife, dämpften die bronzenen Rot- und Gelbtöne und schufen eine geheimnisvolle, schattenhafte Harmonie, ein alles umhüllendes Halbdunkel. Die Wände und Altäre waren rauchgeschwärzt, die bestickten Seidenstoffe und die mit Quasten geschmückten, von Dachsparren herunterhängenden Laternen staubig und verblaßt. Das Messing der Schalen, Öllampen und Weihrauchgefäße war trübe. Die lebensgroßen Götter mit ihren langen Schnurrbärten und bis zum Boden reichenden Gewändern wirkten müde und gealtert; ein bläulicher Nebelschleier prägte die Atmosphäre des Ortes.

Der Kindgott Tam Kung prophezeite das Wetter und wurde von Fischern angebetet. Zu Tausenden versammelten sie sich im vierten Mondmonat, um seinen Ehrentag feierlich zu begehen, mit der Geisterwelt Kontakt aufzunehmen, festlich durch die Straßen zu ziehen, dem Tanz der Drachen zuzusehen und um Opfergaben aus Weihrauch und Blumen darzubringen. Aber an diesem gewöhnlichen Samstag hielten sich hier nie mehr als vier oder fünf Gläubige gleichzeitig auf. Wie Phantome glitten sie durch den gespenstischen Dunst, entzündeten die pendelnden Weihrauchspiralen, knieten auf den Kissen vor den Schreinen zum Gebet nieder, warfen Halbmondklappern in die Luft, um ihr Schicksal zu beleuchten, und schüttelten die Trommel mit den Orakelhölzchen so lange, bis sich eines löste und herunterfiel. Sie füllten die Schalen mit Bergen von Früchten, die Vasen mit unzähligen Chrysanthemen und brannten bündelweise dicke, gelbe Räucherstäbchen und rote Wachskerzen vor der vergoldeten Statue Tam Kungs ab.

In diesem seltsamen Zusammenspiel von Mystik und Alltagsleben bewahrte sich der Geist eines vergangenen China. In Hongkongs Tempeln lagerten Kunstschätze, die weder konserviert und von Glas geschützt noch als minderwertige touristische Souvenirs gedacht waren, sondern zum alltäglichen Leben der Menschen gehörten. Das charakteristische architektonische Gesamtbild wurde durch die Vielfalt an Kunstgewerbe erzielt, wobei nur wenige Stücke künstlerische Meisterleistungen darstellten, aber alle von handwerklichem Können und chinesischer Tradition zeugten. Gemälde und Kalligraphien hingen über Tischen und Stühlen aus Eben- und Rosenholz. Reichverzierte Friese, die lokale Heilige und Fabeltiere zeigten, schmückten das Dachgebälk. Der Tempelhüter, der das versilberte Papier zu Päckchen faltete, setzte die Tradition des Holzdruckverfahrens und der Papierherstellung von Hand fort. Die naturgetreuen Gottheiten demonstrierten die Kunst der Bildhauerei, Schnitzerei und Schneiderei: ihre kostbaren Roben, die sie umhüllenden Vorhänge, die Wimpel und Banner und Altardecken – sie alle zierten prächtige Seidenstickereien. Es gab Musikinstrumente, Körbe und Metallarbeiten, Bonsais in Blumentöpfen, Papierdrachen vor den Schreinen, Schnitzereien aus Schildpatt, Elfenbein und Jade – Erinnerungen an ein verlorenes China.

In den meisten Tempeln Hongkongs verschmolzen mehrere Glaubensrichtungen zu einer bunten Mischung und kamen damit einem typischen Wesenszug des chinesischen Volks entgegen, sich im Falle der Unzulänglichkeit bestimmter Anschauungen nach einer passenden Alternative umzusehen. Doch oben in den

Bergen gab es noch ausschließlich dem Buddhismus oder Taoismus geweihte Klöster.

Ching Chung Koon, ein großer taoistischer Tempelkomplex in Hongkongs New Territories, lag eingebettet in terrassierte, mit Bonsais bepflanzte Gärten. Zufällig fand gerade in einer der Hallen eine feierliche Zeremonie statt. Die Wände waren mit Ahnentafeln übersät, erinnerten an eine Zeitungsseite und bildeten einen Kontrast zu den gelben, orangefarbenen und grünen Fichten in den Schalen vorn an den Altären. Ein paar Frauen saßen in einer Ecke und bastelten ein «Geisterhaus» aus buntem Papier, Deckchen und Bambussplittern, ein Puppenhaus mit Gitterwerk in den Fenstern und einem Blumengarten. In der Mitte der Schreinhalle rezitierten sechs Priester in safrangelben Roben und schwarzen Käppchen Gebetstexte und schlugen auf kleine Zimbeln und langhalsige Trommeln, während ein siebter, in einen Flickenumhang gehüllt, am Altar stand. Seitlich davon zauberte ein Flötist eine leichte, luftige Weise hervor. Dann warf der Priester Blumen in die Luft – Chrysanthemen, Ringelblumen und Gladiolen – und ein paar Handvoll Kupfermünzen aus der Qing-Dynastie, um den Seelen in der Unterwelt beizustehen, und Kinder rannten herbei, um sie einzusammeln.

Im Gegensatz zum Festland, wo die städtische Bevölkerung inzwischen gelernt hatte, skeptisch zu sein, liebäugelten die Bewohner Hongkongs noch mit dem Okkulten. Folglich florierte das Geschäft der Wahrsager: Handleser, Astrologen, Kartendeuter, Knochenleser und Wünschelrutengänger. Es wurden Unsummen für «glückbringende» Nummernschilder gezahlt und Zahlen zum Fetisch erhoben. Es herrschte eine weitverbreitete Angst vor der Mißgunst der Götter, wenn ein Glücksfall eintrat, wie zum Beispiel die Geburt eines Sohnes. Und die Furcht, Blut zu verlieren, das als Teil der menschlichen Seele angesehen wurde.

Wie früher im alten China durfte an Hongkongs Umwelt nichts ohne die vorherige Zustimmung des *feng-shui-* oder «Drachen»-Manns verändert werden. *Feng-shui*-Spiegel hingen über den Eingängen, und Goldfischaquarien befanden sich im Flur. Und wenn es mit den Örtlichkeiten der Lebenden schon nicht zum besten stand, sorgte man sich zumindest um die Toten. Sie wurden an Hängen mit Meer- oder Talblick bestattet, vorzugsweise in hufeisenförmigen Gräbern, die die schützenden Berge symbolisierten. Positive Energieströme sammelten sich an der Grabstätte, während die unheilvollen Kräfte abgelenkt wurden.

Bezog eine Hongkonger Firma neue Büroräume, so wurde der Drachenmann um Rat gefragt. Er wies den Angestellten die einzelnen Räume zu und ordnete die Schreibtische an. Möglicherweise empfahl er die Aufstellung eines Goldfischbassins, dessen zirkulierendes Wasser als Fluß-Ersatz diente.

Ein Freund von mir arbeitete in einem Bürohaus mit äußerst schädlichem *feng-shui*. Die Fenster zeigten Richtung Norden auf eine Einbahnstraße, deren Verkehr die Energie vom Gebäude ablenkte; das Meer war nicht zu sehen, und Victoria Peak lag südlich davon. Die meisten Büros konnten nicht vermietet werden, da trotz der großen Nachfrage nur wenige chinesische Firmen das Risiko auf sich nehmen wollten, dadurch Unheil heraufzubeschwören.

Bei Neubauten wurde der Drachenmann mit der Prüfung der Pläne betraut: im Fall der Hongkong-Shanghai-Bank versetzte er die Rolltreppen und riet zu einem Paar steinerner Löwen als Portalwächter. Als ein Freund einen Garten entwarf und der Drachenmann nichts daran auszusetzen fand, forderte dieser, um das Gesicht nicht zu verlieren, die Fertigstellung der Anlage innerhalb einer Woche. Da dies unmöglich war, mußte der Besitzer, um Unglück von sich abzuwenden, bis zum Abschluß der Arbeiten in ein Übergangsquartier ausweichen.

Die Anweisungen des Drachenmanns in Frage zu stellen erwies sich als zwecklos. Im Gegensatz zu einem Ingenieur, der als Begründung für seine Entscheidung vielleicht bauliche Bestimmungen anführen mochte, hüllte er sich in Schweigen und herrschte uneingeschränkt.

Dorfbewohner Hongkongs bedienten sich des *feng-shui*, um öffentliche Mittel zu erzwingen. Was immer die städtischen Planer vorschlugen, stets erfolgte ein empörter Aufschrei: «Die Straße kann hier nicht gebaut werden. Das ist ein wichtiger *feng-shui*-Felsen!» oder «Hier darf nichts errichtet werden, denn dieser *feng-shui*-Baum kann unmöglich gefällt werden!» Die Dorfbewohner erhielten ihr Geld, die Regierung ihren Willen. Die Landschaft Hongkongs wurde nicht nur ihrer Seele beraubt, sondern sichtlich verunstaltet. Gipfel wurden abgetragen, Berghänge ausgehöhlt, weite Flächen für die Bebauung geebnet. Alte Viertel wurden niedergerissen, neue erbaut. Ich wandte den Blick von dieser Häßlichkeit ab – meine Erinnerungen an ein vergangenes China lebten wieder auf.

Drei eindringliche Erlebnisse sind in meinem Gedächtnis haftengeblieben, jedes auf seine Art symptomatisch für ein China, das einst existierte, ich aber erst in Hongkong kennengelernt hatte. Am Weihnachtstag wanderte ich im warmen Sonnenschein die schattige Bowen Road entlang zum *Maiden's Stone*. Durch die Bäume hindurch bewunderte ich das Panorama der Stadt und des Meeres. Obwohl *Maiden's Stone* in Reiseführern nur flüchtig erwähnt wird, hat er für die Einheimischen besondere Bedeutung, da er einer unfruchtbaren Frau zu Fruchtbarkeit zu verhelfen vermag.

Der steile, baumbestandene und mit Felsen übersäte Berg bot einen romantischen Hintergrund für zahlreiche kleine Schreine. Sie waren mit Girlanden aus Opfergaben behängt, mit Früchten und Blumen, Öl- und Weihrauchgefäßen, Plastikwindmühlen und Ausschneidefiguren von Jungfrauen auf Pferden, wobei mir die verschwenderische Pracht einer niedrigen, düsteren Höhle besonders gefiel: Weihrauchspiralen hingen an einem vorstehenden Felsen, und winzige Messinggottheiten leuchteten im Schein einer Miniaturlampe. Ich fühlte mich an Indien erinnert. Die Gemeinsamkeiten zwischen Hinduismus und dem chinesischen Volksglauben waren nicht zu übersehen: die polytheistische Verehrung der Statuen, die Fülle kleiner Schreine in Landschaften und Städten, die für verschiedene Lebensbereiche zuständigen Götter, die Weihrauch-, Blumen- und Nahrungsmittelopfer, das Aufrütteln der Gottheiten durch Glocken und Gongs und die feierlichen Wagenzüge an Festtagen, die Rot- und Gelbtöne der Tempeldekoration und die überwiegend zweckdienliche und weltliche Art der Anbetung.

Mein zweites Erlebnis betraf ein Flüchtlingslager. Der Tradition zufolge existierten nur fünf wichtige zwischenmenschliche Beziehungen: Herrscher und Untertan, Freund und Feind, Bruder und Schwester, Mann und Frau, Eltern und Kind. Die *Analekten* enthielten keinen Hinweis darauf, wie man sich Fremden gegenüber zu verhalten hatte – Rosys Krankheit veranschaulichte das Ergebnis.

Von einem gut zwei Meter hohen Zaun umgrenzt, zusätzlich durch Stacheldrahtgeflecht und Stacheldrahtrollen gesichert, stellte das Lager die Inkarnation jener «fehlenden Beziehung» dar. Von der Straße her unsichtbar und – verständlicherweise – für Besucher nicht zugänglich, gelangte ich doch hinein, da der Wächter mich für die Englischlehrerin hielt und durchwinkte. Als der Irrtum bemerkt wurde, hatte ich bereits genug gesehen und war von den menschenverachtenden Bedingungen, unter denen zweieinhalbtausend Vietnamesen in einem Gebäude hausten, das nur für fünfhundert bestimmt war, völlig erschlagen. Sie waren ungleich schlimmer als in den vollgestopften Mietskasernen, als in den Baracken auf faulenden Pfählen und schlimmer als in den Feldbettenlagern unter Eisenbahnbrücken, denn es herrschte zudem strengste Überwachung.

Die Qualifizierteren hatten inzwischen Arbeit gefunden, aber die Aussicht der ungelernten Arbeiter und Fischer auf Wiedereingliederung war relativ gering. Ihres hoffnungslosen Schicksals bewußt, zogen sie sich zurück, und Egoismus gewann die Oberhand. Sie prügelten sich, stahlen, suchten im Heroin Vergessen. Sie entleerten sich im Flur und auf dem Hof. Sie spuckten auf den Boden. Sie warfen den Müll aus dem Fenster, wo er schlaff an hervortretenden Stangen hängenblieb, die Wellblechdächer der Schuppen im Hof besudelte, in den Ecken vor sich hin faulte und die Abflüsse verstopfte. Sie umgaben sich mit einem Schutzwall, um der Erbarmungslosigkeit ihres menschenunwürdigen Barackendaseins zu entfliehen. Fensterscheiben waren zerschlagen, der Putz bröckelte von den Mauern, Ratten liefen die Korridore entlang. Pfützen bedeckten den Boden, Wasser rieselte die Wände hinab. Hin und wieder wurden die Blocks mit Wasserschläuchen ausgespritzt.

Die Flüchtlinge kapselten sich ab. Jede Familie bekam einen kistenähnlichen Verschlag zugewiesen: ein eiserner Gitterrahmen mit Holzbretterboden und den Ausmaßen 1,80 m mal 1,50 m mal 90 cm, je drei übereinander. In dieser Höhle, hinter einer zusätzlichen Wand aus Pappe und Tüchern, suchten sie mit ihren Fernsehern, Kleinkindern, Kochern und Schreinen Zuflucht.

Die Verwaltung schrieb den Vietnamesen, einem der fröhlichsten und reinlichsten Völker der Welt, selbst die Schuld an den Zuständen zu. Das Lager stellte Küchen zur Verfügung, aber niemand benutzte sie. Ebenso verhielt es sich mit den Klos. In dieser verwahrlosten Umgebung fiel es leichter, sich zurückzuziehen, sich hinter dem Pappkarton seines winzigen Käfigs zu verschanzen. Die meisten Flüchtlinge haßten das Lagerleben, die strengen Vorschriften, die Alkohol innerhalb des Gebäudes untersagten und eine nächtliche Ausgangssperre verhängten. Da sich Hongkongs Behörden jedoch weigerten, Sozialwohnungen an Vietnamesen zu vermieten, blieb ihnen keine andere Wahl.

Mein drittes Erlebnis wirkte noch beklemmender auf mich.

Sie nannten sie die «Stadt hinter Mauern», obgleich es keine Mauern gab, zumindest keine sichtbaren. Legenden und Furcht hatten sie errichtet. Da niemand bereit war, mich zu begleiten, ging ich alleine.

Kowloons «Stadt hinter Mauern» hatte nie zum Zuständigkeitsbereich der britischen Krone gehört und widersetzte sich auch weiterhin jeder Gesetzbarkeit. Als Hochburg der Triaden, eine der zahlreichen Geheimgesellschaften, die einst ganz China durchzogen, galt er als gefährlichster Ort des chinesischen Subkontinents, was ihm wiederum einen besonderen Reiz verlieh. Besuchern wurde geraten, ihn zu meiden.

Äußerlich unterschied sich die «Stadt hinter Mauern» kaum von den übrigen Mietskasernen Kowloons, dasselbe Balkondrahtgeflecht vor den Fenstern und derselbe Antennenwald auf den Dächern – nur schien sie undurchdringlich. Durch einen Spalt zwischen zwei Blocks, kaum breiter als eine Tür, tauchte ich in das Dunkel einer schmalen, mit Läden gesäumten Passage ein. Als sich meine Augen an das künstliche Licht gewöhnt hatten, bemerkte ich, daß ich mich in einer fast autarken Stadt befand, mit einer Mafia aus Krankenhäusern, Zahnärzten und Wäschereien, Bäckern und Nudelständen, Schneidern und Handwerksbetrieben: wer hier lebte oder sich versteckt hielt, brauchte den Ort niemals zu verlassen. Und plötzlich verstand ich auch den Namen: dieses alte chinesische Viertel bestand aus nichts anderm als *Mauern*, aus fleckigen, einengenden und unheilverkündenden Mauern, die ein bedrohliches Labyrinth aus verwundenen und verschlungenen, stetig ansteigenden und abfallenden Gassen umgrenzten. Sie ragten bis zu dreißig Metern auf, ließen kaum einen Spaltbreit Zwischenraum. Schaute man hinauf, entdeckte man einen fernen Lichtstreifen und das gitterförmige Schattenmuster von Fensterrahmen, von der an Bambusstangen trocknenden Wäsche durchkreuzt und verwirrt. Anderswo bildeten die Mauern düstere Tunnels mit grauem Schmierfilm, pelziger Staubschicht und unheimlichen Rohren und Leitungen. Rechts und links hingen Vorhängeschlösser an den Türen, seitliche Abzweigungen verengten sich zu finsteren Ritzen, und schummrige Nischen endeten im Nichts.

Die Mauern lasteten auf mir wie ein Alptraum. Obwohl mir kaum jemand begegnete, spürte ich die Anwesenheit von Ohren und Augen. Trotz der Leere fühlte ich mich wie in einem vollbesetzten, abgedunkelten Theater, kurz bevor sich der Vorhang hebt. Obwohl ich mir keiner unmittelbaren Gefahr bewußt war, empfand ich ein Unbehagen. Von Stromleitungen und Fenstern ging feindseliges Summen und Brummen aus. Wasser gurgelte in den Häuserschluchten, ebenso trübe und drohend wie der Styx. Es rann die Mauern hinab und platschte aus Rohren. Müll verrottete im Rinnstein oder klebte feucht-schleimig im Abflußrohr.

Viermal durchquerte ich die «Stadt hinter Mauern». Manchmal gelangte ich in eine Sackgasse und kehrte um; manchmal ließ mich die Größe und Furchtlosigkeit der Ratten zurückschrecken. Zunehmend übermannte mich ein Gefühl der Hilflosigkeit; eine beklemmende Atmosphäre wie in Kafkas *Schloß* umgab mich. Das Spukhafte dieser Unterwelt zog mich in seinen Bann, trübte meine Sinne und begann meine Wahrnehmung zu verändern.

Eine der letzten Nächte verbrachte ich im buddhistischen Kloster Po Lin. Ich nahm die Fähre nach Lantau und begann von dort den steilen Aufstieg. Tiefhängende Wolken hüllten die Berglandschaft ein und durchnäßten meine Kleidung bis auf die Haut. Alles, was ich erkennen konnte, waren die Kiefern am Wegrand und rotbraune, mit Tauperlen benetzte Gräser. In dieser eigenartigen, stillen Welt schweiften meine Gedanken zurück zu den wenigen ruhigen und friedlichen Augenblicken meines Aufenthalts in China – ich erinnerte mich ihrer sehr deutlich: jene Abendstunde am Ufer des Hangzhou-Sees, als die Dämmerung den Himmel, den See und die fernen Berge in schieferfarbenes Blau tauchte und der Mond silbern und riesig leuchtete. Die Ranken der Trauerweiden streiften das Wasser, und Fledermäuse überzogen den Himmel mit tintenschwarzen Schleifen, wie die Schnörkel auf einer Kalligraphie.

Letzten Monat übernachtete ich bei Vollmond an einem heiligen Berg. Als es zu dämmern begann, ließ ich mich an einem Baum nieder, dessen weiße Blüten ihn wie Sterne schmückten, und wartete auf den Schutz der Nacht, denn mein nächtlicher Aufenthalt verstieß gegen die Vorschriften. Jenseits des Tals verschwammen die Hügelketten in pfirsichblütenfarbenem Dunst. An ihren Ausläufern lagen Streifen von Terrassen, sichelförmige Felder: smaragdgrüner Weizen, blaugrüne Bohnen, die Schaumkronen der Erbsen, eine Spitzenbordüre aus Kohl, brachliegendes Rotbraun, überflutetes Rosabraun, verstreute Haine spindeldürrer Bäume. Wegen solcher Momente verreist man. Als die Nacht hereinbrach, suchte ich mir einen Platz zum Schlafen – kein leichtes Unterfangen in einer Gartenlandschaft, wo jedes Fleckchen Erde genutzt wurde. Aber schließlich entdeckte ich einen Felsen etwas unterhalb der Straße, am Rand eines in Dunkelheit getauchten Tals. Drei Terrassen weiter unten war ein Mann noch am Pflügen, seine nackten Füße platschten im Schlamm, während er den Büffel führte und ihm gut zuredete. Als der Mond höher stieg, leuchteten die überfluteten Felder wie ein silbernes Puzzle, und die Luft war reglos und warm.

Während ich in der wolkendurchtränkten Stille den Berg zum Kloster Po Lin emporstieg, die Straße sich in Kurven immer höher hinaufwand, zwischen Kiefern und Gräsern und dichten Nebelschwaden hindurch stets weiterkletterte und doch niemals ankam, glaubte ich den Planeten menschenleer.

Als ich China endgültig verließ, verweilte ich kurz in Shenzhen, um mein letztes Geld auszugeben. Porzellan und Souvenirs schieden aus, doch schließlich fand ich eine Schachtel mit Seidenanemonen, zerknittert und verblaßt, vom Ladenbesitzer seinerseits verschmäht. Sie kosteten so wenig, daß ich gleich alle nahm. Ich füllte meine Taschen mit Blumen – in memoriam.

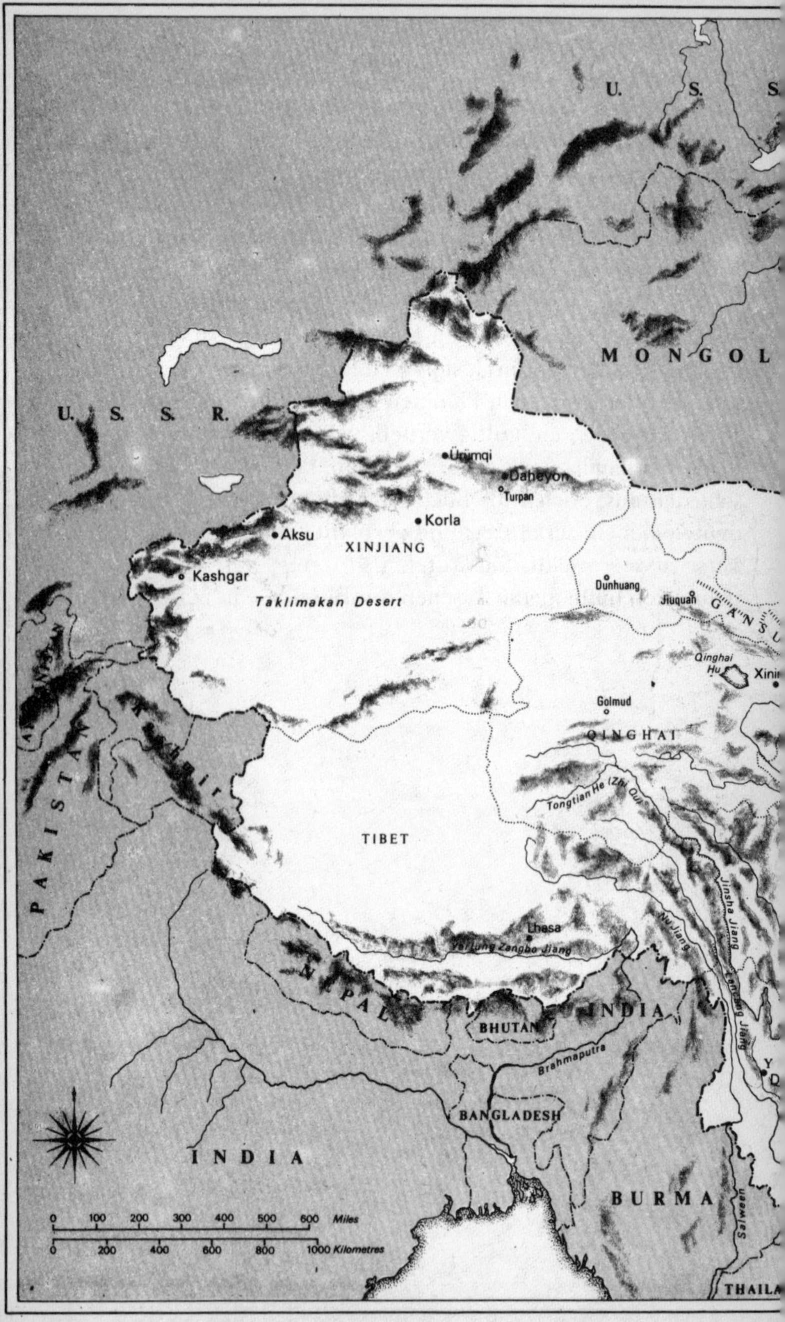
U. S. S.
MONGOL
U. S. S. R.
Ürümqi
Daheyon
Turpan
Korla
Aksu
XINJIANG
Kashgar
Taklimakan Desert
Dunhuang
Jiuquan
GANSU
Qinghai Hu
Golmud
QINGHAI
Tongtian He (Zhi Qu)
TIBET
PAKISTAN
Lhasa
Yarlung Zangbo Jiang
Nu Jiang
Jinsha Jiang
NEPAL
INDIA
BHUTAN
Brahmaputra
BANGLADESH
INDIA
BURMA
Salween
THAILA
0 100 200 300 400 500 600 Miles
0 200 400 600 800 1000 Kilometres

U. S. S. R.
R.
HEILONGJIANG
Harbin
JILIN
SEA OF JAPAN
JAPAN
INNER MONGOLIA
Shenyang
LIAONING
KOREA
Beijing
(Peking)
BO HAI
Tianjin
Huang He
(Yellow R.)
GREAT WALL
HEBEI
HUANG
HAI
(YELLOW SEA)
SHANXI
Jinan
Huang He (Yellow R.)
SHANDONG
Yanzhou
Qufu
Ningxia
SHAANXI
JIANGSU
PACIFIC OCEAN
zhou
Zhengzhou
HENAN
Xi'an
ANHUI
Nanjing
Shanghai
Suzhou
Hefei
Hangzhou
DONG HAI
(EAST CHINA SEA)
HUBEI
Wuhan
Chang Jiang (Yangtze R.)
ZHEJIANG
Chengdu
UAN
Nanchang
JIANGXI
Chongqing (Chungking)
Changsha
HUNAN
Shaoyang
FUJIAN
Quanzhou
TAIWAN
GUIZHOU
Zhangzhou
Xiamen
Guilin
Shantou
GUANGDONG
Xi Jiang
Guangzhou (Canton)
Hong Kong
GUANGXI
Nanning
VIETNAM
Zhanjiang
NAN HAI
(SOUTH CHINA SEA)
Haikou
HAINAN
OS
Sanya
PHILIPPINES

neue frau

Eine Auswahl

Griseldis Fleming
Donna
Sizilianische Frauenstunden (5296)

Liz Roman Gallese
Von den Folgen des Erfolgs
Gespräche mit Spitzenmanagerinnen (5770)

Consuelo Garcia
Luis im Wunderland
Roman (5049)

Martha Gellhorn
Das Wetter in Afrika
Ein Roman in Novellen (12354)

Elfriede Hammerl
Probier es aus, Baby
STERN-Einsichten (12376)

Aritha van Herk
Unter Männern
Roman (5867)

Sylvia Hoffmann
Kältetraining
Roman (4892)

Kathryn Hohlwein
Aufbruch in die mittleren Jahre
Ein Aufenthalt in Taiwan (5843)

Ulla Isaksson
Die Seligen
Roman (5882)

ro ro ro

C 912/10 c